商学院
文库

投资银行学

（第三版）

主　编　王长江

副主编　臧　展　刘圣囡　李因果

扫码申请更多资源

南京大学出版社

前　言

随着经济、金融的发展,投资银行业发生了深刻的变化。纵观国际投资银行业的发展,其具体的业务演变与一国(地区)的经济、金融发展密切相关。以美国为例,2007—2008年发生于美国的金融危机,导致了美国前五大投资银行,即高盛、摩根士丹利、美林、雷曼兄弟和贝尔斯登,有的破产,有的被并购,有的被迫转型为银行控股公司。危机后,美国的投资银行业界与金融监管机构等部门都在深入反思造成危机的根源以及投资银行业的问题,并采取了一系列的改革措施,推动投资银行业的转型与变革。1990年12月,上海证券交易所的成立及之后深圳证券交易所的成立,标志着我国投资银行业(券商)的诞生。我国的券商几乎是从无到有,并伴随资本市场的发展而迅速成长。尽管在发展中经历了许多挫折,甚至一批不合规经营的券商破产倒闭。但整体而言,我国券商行业在逐步向着规范化、法制化、精细化等方向发展,从而推动了我国资本市场以及金融行业、国民经济的健康运行。金融科技的广泛运用、科创板的推出、公司首次发行股票的注册制的稳步推行、北京证券交易所的成功运行等,给我国券商行业带来了新的机遇与挑战。

投资银行的发展历史表明,投资银行是证券和股份公司制度发展到特定阶段的产物,是发达证券市场和成熟金融体系的重要主体,在现代社会经济发展中发挥着沟通资金供求、构造证券市场、推动企业并购、促进产业集中和规模经济形成、优化资源配置等重要作用。现代投资银行已经突破了传统的证券发行与承销、证券交易经纪、证券私募发行等业务框架,企业并购、项目融资、风险投资、公司理财、投资咨询、资产及基金管理、资产证券化、金融创新等都已成为投资银行的核心业务组成部分。特别是金融科技的发展,对现代投资银行的业务产生了革命性的变革。正因为如此,高盛的一位领导说"高盛是一个科技公司"。这足以说明,金融科技在推动投资银行发展中的重要作用。可以预见,金融科技一定会给我国投资银行业带来颠覆性的变化。无论是传统业务还是创新业务,这些颠覆性的变化一定对金融监管提出更高、更科学的要求。金融科技也必将对传统投资银行的风险控制理念、方法等产生巨大影响,需要投资银行业重塑风险控制技术,把科技植入投资银行业务的全过程。

本书从理论到实践详细阐述了现代投资银行业务、投资银行治理结构与风险控制、投资银行监管等问题,也是编者二十多年的投资银行学教学与实践的一些积累。如同编者在教学过程中,借鉴了非常多的学者的研究成果一样,在本书的编写中也参阅了国内外大量的专业研究文献,在此向所有文献的专家致谢!

本书适合作为经济金融类本科生教材,也可作为有关金融机构从业人员、财经类研究生在投资银行业与金融市场方面的专业参考书。因编者水平所限,书中存在许多不足与缺陷,敬请广大读者批评指正!

编者

2022 年 6 月

目 录

第一章 导 论

投资银行在现代金融体系中占有十分独特的位置,其作为金融中介,能够有效地提高资本利用率,能为企业、政府、个人提供融资渠道和融资服务,进而推动经济发展。

第一节 投资银行与资本市场

投资银行是资本市场的介质,一个多层次、多元化、结构合理、功能健全的立体化资本市场,是投资银行金融功能得以充分发挥的外部条件。无论是在成熟市场还是新兴市场,投资银行业都是随着资本市场的发展而成长,并在金融管制放松、行业竞争以及社会、经济等因素的影响与推动下不断进化,走向成熟。

一、投资银行是资本市场的核心

投资银行是伴随资本市场的产生而产生发展的,资本市场的不断创新与发展,推动了投资银行业的创新与发展。同样,投资银行在资本市场上的不断创新,也促进了国际资本市场的稳健发展。从其诞生的那一日起,投资银行就对其赖以产生、赖以生存与发展的主要环境——资本市场的完善和整个经济的发展起到了积极的推动作用。

资本市场是经济发展的产物,现代资本市场是与企业制度的历史演变相联系的。股份公司的发展,出现了两权分离的公司治理结构,为了部分解决股份公司中的代理成本问题,股票二级市场产生了。股票二级市场不仅为股票持有者提供了资产流动性的场所,而且对经理人员构成了约束力和压力。资本市场的出现加速了经济的发展,资本市场成为沟通资金盈余者和资金短缺者之间的桥梁。资本市场的首要功能就是资源配置。一个国家的经济结构一般由四个部门组成,即企业、政府、家庭和国外部门。家庭部门一般是收支盈余部门,企业和政府一般是收支差额部门。盈余部门一般要将其剩余资金进行储蓄,而收支差额部门要对盈余部门举债,收支盈余部门将其剩余资金转移到收支差额部门之中去。其次,资本市场发挥资本资产风险定价功能。资本市场是在这一功能的基础上,指导增量资本资源的积累与存量资本资源的调整。第三,资本市场能提供资本资产的流动性功能。投资者在资本市场购买了金融产品后,在一定条件下可出售所持有的金融产品,这种出售的可能性或便利性,称为资本市场的流动性功能。流动性越高的资本市场,投资者的积极性就可能越高。

资本市场功能的发挥,中介机构功不可没。因为没有中介机构,资本市场就是一个简单的市场,它不可能有人们现在所看到的资本市场的广度和深度。中介机构对于资本市场的效率有着重要的影响,而且它本身也是一个完整的资本市场所不可或缺的组成部分。中介机构的出现,使得资本市场上的活动更方便了,它还有利于扩大资本市场的规模。中介机构之所以能够发展,是因为它能够集中资本市场中的信息,并且可以以较低成本集中处理资本市场中交易双方的信息不对称性,并减弱这种信息不对称性的程度。

资本市场的中介主体之一是投资银行。投资银行作为资本市场最重要的中介,在资本市场中发挥着"纽带"和"灵魂"的作用。首先,投资银行执行着资本市场的资本资源配置功能。现代经济发展日益专业化和社会化,科学技术和产业创新速度日益加快,这使得资金所有者(投资者)不可能有足够的知识和经验去了解投资何种产业或哪个企业才能保证资金的安全与增值;同时也使得资金需求者(筹资者)尤其是新兴产业的资金需求者不可能有足够的声誉和能力筹得所需的大量资金。投资银行作为投资者和筹资者直接融资的媒介和桥梁,能够以最短的时间、最低的成本将投资者手中的闲置资金转移到筹资者手中,实现资金和资源的最优配置。其次,投资银行起着资本形成作用。在一级市场上,投资银行是证券发行的主角和关键环节,没有投资银行,证券发行就不可能顺利或根本就不能实现。投资银行对发行人的责任是提供咨询、协助筹资和制定稳定的融资对策;对投资客户的责任则是为他们提供发行人及其证券的全面调查资料,选择可靠的证券,形成投资判断。大多数证券是通过投资银行对外公开发行的,私募发行的证券也大多以投资银行为代理人。投资银行的专业知识、经验和声誉使得投资者和筹资者之间达成有效的沟通,维持资本市场的有效稳定。第三,投资银行为资本资产提供风险定价。投资银行在发行新证券中,要根据新证券的内在价值、二级市场的收益率或价值水平以及对市场风险的预测来对新发行证券定价,使得新证券能被市场接受。第四,投资银行对资本市场的流动性发挥推动作用。投资银行不断将新的证券引入流通市场,扩大了市场的容量,市场的交易品种不断更新,增加了市场的流动性。第五,投资银行的发展促进了金融工具的创新。市场经济条件下,投资者的风险观念逐步增强,投资决策日趋理性化,投资者要求市场提供新的金融工具以最大限度地规避风险、获取收益。投资银行在开展其业务时需要充分考虑投资者和筹资者的要求,体现资金盈利性、流动性、风险性的最佳组合。随着投资银行业务的拓展和创新,产生了无数的功能多样的新型金融工具。

总之,投资银行在其发展过程中,始终是资本市场的主角,是连接资本市场与实体经济的桥梁;始终保持旺盛的创新能力,通过创新发展资本市场,通过创新发展自己。当传统投资银行向现代投资银行转型时,投资银行的地位和作用进一步提升,成为现代金融的核心。投资银行在沟通资金供求、拓宽融资渠道、构造证券市场、推动企业并购、优化资源配置、促进产业集中、实现规模经济等方面发挥着重要作用,是现代经济增长的重要因素。

二、投资银行的含义

上述分析表明,投资银行是从事证券业务的金融机构,是资本市场的主要中介机构,是连接投资者(资金盈余者)和筹资者(资金短缺者)的纽带和媒介。

投资银行是美国等一些国家的叫法,投资银行在世界各国的称谓不一致,这与各国投资银行起源发展各具特色有一定的联系。例如,英国称投资银行为商人银行,因为英国投资银行的前身是商人银行;日本称投资银行为证券公司,因为它的产生与发展直接依赖于日本证券市场的产生与发展。各国投资银行称法各不相同,反映了各国投资银行业务范围各有侧重;但各国投资银行的本质是相同的。

按照美国著名投资银行家罗伯特·劳伦斯·库恩的分析,投资银行的定义主要有四个层次。最广泛的定义是,投资银行实际上包括华尔街大公司的全部业务,从国际承销业务到零售业务以及其他许多金融服务业务,如不动产和保险。第二广泛的定义是,投资银行包括所有资产市场的活动,从证券承销、公司财务到并购,以及以公平观点来管理基金与风险资本,但不包括向一般投资者销售证券、保险产品、客户不动产代理等。第三广泛的定义是,投资银行只限于某些资本市场活动,着重证券承销、合并与兼并,但基金管理、风险资本、风险管理等业务不包括在内。最狭义的定义是,投资银行仅能在一级市场从事证券承销和在二级市场进行证券交易业务。

许多经济学家认可第二种定义。例如,美国经济学家弗朗哥·莫迪利亚尼在《资本市场:机构与工具》中指出:在金融服务业中,只为客户代理买卖证券而自身没有融资功能的公司是证券公司或称经纪公司,即"投资银行有两项功能:对于需要资金的公司、美国政府机构、州和当地政府以及外国实体,投资银行帮助他们获得资金;对于希望投资的投资者,投资银行充当证券买卖的经纪人和交易商"。

美国经济学家米什金在《货币金融学》中,把投资银行、证券经纪商和证券交易商统称为证券市场机构。他说:"投资银行是在一级市场帮助这个产权首次出售的企业,而证券经纪商和交易商则在二级市场上协助证券交易。"但是,包括原来的美林证券在内的许多经纪公司"从事所有三种证券市场活动,他们既充当经纪人,又充当证券交易商,还充当投资银行家"。

美国《1933年证券法》从法律意义上提出了有关投资银行的含义。该法律规定:"承销商是指任何为证券的分配从发行人手中购入证券,或就证券的分配为发行人提供或出售证券,直接或间接参与任何这类事情的直接或间接认购的人;交易商是指任何一个以其部分或全部时间,直接或间接作为代理人、经纪人或委托人,从事发行证券的报价、买卖或其他证券交易的任何人。"1934年美国的《证券交易法》指出:"证券经纪商是以他人名义从事证券交易的任何人,但是不包括银行。在美国,法律形态上的交易商和经纪商是一体的,只是从事不同证券业务时称呼不同。"

我国许多学者认为证券承销是投资银行的本质,其理由是:① 从各国投资银行产生的历史看,证券承销是各国投资银行的基本业务,证券承销业务的出现是各国投资银行诞生的标志。② 随着投资银行的发展,投资银行业务范围不断扩大,然而,证券承销业务是投资银行各业务中最基础、最核心的一项,没有证券承销,证券发行难以顺利进行,二级市场不能及时补充新鲜血液,整个证券市场难以维持和发展,投资银行的其他业务也难以存在和发展。③ 从事证券承销业务使投资银行与证券市场形成相互依存、互促共进的辩证关系:一方面投资银行的形成发展依赖于证券市场的形成发展;另一方面,投资银行在证券市场中居于核心的特殊地位,投资银行的发展壮大反过来促进证券市场的发展壮大。总之,投资银行、证券承销、证券市场三位一体、不可分割,这就是投资银行的本质特征。

另外,投资银行与证券市场、投资银行与资本市场关系密切。如果说证券市场是投资银行生存的基石,则资本市场为投资银行的发展提供了广阔的空间。现代投资银行许多重要的业务包括资产重组、资产管理、项目融资、财务顾问、资产证券化等都必须以资本市场为依托。资本市场与投资银行之间的关系相辅相成,资本市场造就了现代投资银行,现代投资银行是资本市场的纽带和灵魂。

基于此,现代投资银行的定义可概括为:现代投资银行是以证券承销为本源业务,基于资本市场而不断进行金融创新,促进资金合理流动,优化资源配置的金融中介。

三、投资银行业务

在西方国家,投资银行业有金融百货公司和金融超市之称。经过一个多世纪的不断演化,西方发达国家的投资银行已经突破了证券发行与承销、证券经纪等传统业务,企业并购、风险投资、基金管理、资产证券化、金融创新、投资咨询、财富管理等已成为投资银行的核心业务。总的来讲,可以将国外投资银行的业务分为本源业务与创新性业务。

(一) 投资银行业的本源业务

本源业务是投资银行业最传统的业务类型。西方国家的现代投资银行业本源业务包括以下内容。

1. 证券一级市场业务

证券一级市场业务,即投资银行的证券发行与承销业务,是指投资银行在证券发行市场为融资公司或政府部门公开发售债券或股票的基本业务,也称初级市场业务。投资银行在此市场上业务职权范围很广,包括本国中央政府、地方政府、政府机构发行的债券,企业发行的股票和债券,外国政府和公司在本国和世界发行的证券,国际金融机构发行的证券等。在西方国家,投资银行业的业务发展与创新日新月异,但作为投资银行最本源的证券一级市场业务,一直是衡量一家投资银行业整体实力的最重要指标。

2.证券二级市场业务

一般来讲,西方国家投资银行在二级交易市场的业务主要包括证券经纪、证券自营和证券做市商业务三种形式。

(1)证券经纪业务。证券经纪业务属于投资银行在二级市场的零售业务。以美国为例,在1975年5月1日以前,证券经纪业务的佣金制度一直采取固定佣金制,投资银行业的经纪业务在总利润来源中所占比重较大。但在1975年5月1日之后,协议佣金制代替了固定佣金制,通过经纪业务收取佣金利润的不确定性越来越大。与此同时,金融发展和金融创新进入高潮,投资银行业越来越重视新型业务的拓展。

(2)证券自营业务。证券自营业务与证券经纪业务不同,是投资银行以自己的名义,在自己的账户下进行交易,通过谋取证券差价而获取利润。实质上,投资银行在证券自营业务中为投资者身份。投资银行的证券自营业务,对于活跃证券交易市场的交投,提高证券市场的流动性具有重要意义。同时,投资银行在专业知识和信息上的优势不容忽视,如果对其自营业务没有严格的监管,很容易导致操纵市场和内幕交易行为的出现。正是基于上述原因,西方各个国家对投资银行的证券自营业务都实施严格的管制。

(3)证券做市商业务。从价格决定机制来看,可以把证券交易市场分为两类,一类是订单驱动市场,另一类是报价驱动市场。订单驱动市场(Order-driven Market)又称竞价交易市场,在这种市场中买卖双方直接进行交易,或委托交给各自的代理经纪商,由代理经纪商将投资者的委托交到交易市场,在市场的交易中心以买卖双向价格为基准进行撮合,达成交易。报价驱动市场(Quote-driven Market)又称为做市商市场。在证券市场上,由具备一定实力和信誉的金融机构作为特许交易商,在市场上不断向公众投资者报出某些特定证券的买卖价格,并在该价格上接受公众投资者的买卖要求,以其自有资金和证券商与投资者进行证券交易。美国的纳斯达克(NASDAQ)是典型的报价驱动市场。许多担任首次发行的证券商,在证券出售给公众后,通常充当一段时间的做市商。

(二) 投资银行的创新业务

创新是投资银行发展最根本的特征。现代投资银行业从诞生的那一天起,就没有停止过创新。

1.证券私募

私募是指融资者向少数机构投资者或个人投资者直接发售证券的方式。与证券公募不同,私募不需向证券交易管理者注册登记。私募发行不受公开发行的规章限制,除能节约发行时间和发行成本外,又能够比在公开市场上交易相同结构的证券给投资银行和投资者带来更高的收益率,所以近年来私募发行的规模在不断扩大。由于投资银行在寻找投资者方面具有优势,所以私募一般由投资银行代理进行。

2.基金管理

20世纪90年代以来,基金市场上资本额迅速扩张,许多投资银行不断渗入传统上由投资公司控制的基金管理业。从发达国家的实践来看,投资基金管理业务是投资银行的重要业务。投资银行与基金有着密切的联系:一是投资银行可以作为基金的发起人,发起和建立基金;二是投资银行可作为基金管理者管理基金;三是投资银行可以作为基金的承销人,帮助基金发行人向投资者发售受益凭证等。

3. 资产证券化

资产证券化是指将原来的非流动资产转化为可以公开交易的流动性证券的过程。证券化可以说是投资银行创新的增值服务。在资产证券化的发展中,投资银行一直充当了重要的推动者。投资银行首先将证券化技术用于政府担保的住宅抵押贷款,并依次转向私人担保的住宅抵押贷款、商业抵押贷款、汽车贷款、信用卡贷款等。在这一过程中,投资银行进行了四种金融创新:组建特别目的的机构;分散规避风险;信用构造及提升;现金流量再包装。

4. 风险投资

风险投资又称创业投资,是指对新兴公司在创业期和拓展期进行的资金融通,表现为风险大、收益高。新兴公司一般是指运用新技术或新发明,生产新产品,具有很大的市场潜力,可以获得远高于平均利润的利润但却充满巨大风险的公司。因为风险高,普通投资者往往不会愿意涉足,而这些公司又急需资金的支持,所以为投资银行提供了广阔的市场空间。一般地,投资银行涉足风险投资的层次有三个:① 采用私募的形式为这些公司筹集资本;② 对一些潜力大的公司进行直接投资,成为其股东;③ 更多的投资银行通过设立"风险基金"或"创业基金"为这些公司提供资金来源。

5. 公司并购

投资银行从事并购活动在 20 世纪 80 年代达到高峰,一些著名的国际投资银行业,都把为企业并购重组提供服务作为自己最主要的业务。投资银行在并购业务中为客户提供的服务包括寻找并购目标、估价、融资以及帮助实现并购过程等。

(1) 为并购公司代理策划并购运作。许多投资银行设有并购部,专事并购业务。并购部注重收集有关并购的信息,掌握大量潜在产权交易信息,并在实践中积累并购技巧和经验。投资银行在为客户策划并购工作时,为并购公司寻找合适的目标公司并进行全面、细致的分析,提出具体的并购建议,包括并购价格、并购时间表及相关的财务安排,与目标公司协商并购条件,编制有关的并购公告,提出合理的并购计划。

(2) 确定尽可能合理的并购条件。合理的并购条件是并购成功与否的重要因素。在善意并购中,投资银行为代理方确定诸如并购价格、支付方式和并购以后的重组方案等条件,以便最终确定一个公平合理的并购合同;在敌意并购中,出价是并购成功与否的关键所在,为此,投资银行着重帮助制定一个合适的并购价格。

(3) 为并购公司提供多种融资渠道。为并购公司提供多种融资服务是西方投资银行的重要业务,包括设计融资体系、选择融资工具、降低融资成本、帮助并购公司较好地实现融资计划。

6. 资产管理业务

资产管理业务是指投资银行与客户签订资产管理合同,根据合同约定的方式、条件、要求及限制,对客户资产进行经营运作,为客户提供证券及其他金融产品的投资管理服务。国际上一些著名投资银行很早就开始重视资产管理业务,并将资产管理业务作为公司发展的核心。

7. 咨询服务

投资银行的金融咨询服务包括为客户理财、做金融规划、设计最佳金融结构、制定股息政策、大项目的可行性分析等。咨询服务为投资银行提供了极为丰厚的咨询费收入,尤其是那些声誉显著的投资银行。

8. 金融衍生品业务

金融衍生品业务,也被称为金融工程业务,是 20 世纪 80 年代中后期,随着西方国家公司理财、银行业和债券业的迅速扩张而发展起来的金融业务。金融衍生品业务主要包括以下内容:

(1) 新型金融工具的设计、开发和利用。这是金融工程最主要的研究内容。金融创新思想和对实际金融问题的创造性解决思路的最终体现形式就是新型金融工具,包括以利率、汇率、商品价格、证券价格或指数为基础的期货、期权、远期合约以及各种金融互换产品等。

(2) 创造性金融过程的设计和发展。这主要是为金融机构寻找新的利润来源以及在金融结算方面的方法创新。一方面,金融机构采用金融工程方法实现资产负债管理体系优化以及新业务开发;另一方面,金融机构充分利用金融市场时间、空间、结构和信息方面的差异,开拓和利用新的套利机会。

(3) 针对金融问题提出创造性的解决方略。随着市场的不断变化,经济金融的运行也会出现许多新的问题。特别是公司理财方面,有时不仅要为企业提供现存的或新创的金融工具,还要为企业构建整套金融决策框架。例如,创造性的现金管理策略、债务管理策略、企业融资结构、资产证券化策略等。

9. 项目融资

项目融资是对一个特定的经济单位或项目策划安排的“一揽子”融资的技术手段,借款者可以只依赖该经济单位的现金流量和所获收益用作还款来源,并以该经济单位的资产作为借款担保。投资银行在项目融资中起着非常重要的作用,它将与项目有关的政府机构、金融机构、投资者与项目发起人等紧密联系在一起,协调律师、会计师、工程师等一起进行项目可行性研究,进而通过发行债券、基金、股票或拆借、拍卖、抵押贷款等形式组织项目投资所需的资金融通。投资银行在项目融资中的主要工作有项目评估、融资方案的设计、有关法律文件的起草、有关的信用评级、证券价格的确定和承销等。

10. 国际化业务

随着资本国际化和经济全球化的发展,大型投资银行都在开拓国际市场。通过海外投资、建立分支机构和合资企业,投资银行可以在更大范围内为融资人寻找最便宜的资金并为投资人寻找最好的投资收益。为了适应经济、金融全球化和竞争、避险的需要,国际投资银行在不断推出新金融工具和业务的同时,逐步从专业化经营向多样化、全能化的混业经营转变。同时,各国投资银行通过引进、并购等方式与国内外投资银行合作,做到优势互补,取得规模和竞争效益。

第二节 投资银行发展模式

一、投资银行发展的历史回顾

投资银行在起源和发展初期,就是从事证券承销和经纪业务的金融机构。一般认为,投资银行这类金融机构,起源于 15 世纪欧洲出现的近代商人银行。以英国商人银行为代表的投资银行,被公认为是较早的。按照英国人所编的《银行词典》的说法(F.E.佩里,1983),则起源于 18 世纪,且这些商人办的银行开办的业务很复杂:"商人银行是在 18 世纪时来到英国的移民的活动中发展起来的银行。这些移民原来是商人,在贸易过程中,他们得到了同自己经营贸易有关的世界市场知识。后来他们出了名,人们要求他们承兑票据以便票据更容易出售。特别是由于伦敦发展成为世界金融中心,吸引了外国的商业和金融公司的代表。他们不仅带来了有关国家的经济谋略和信息,还以其首创精神和精明才干制定新的金融方法来满足不断增长的需求,特别是领头为外国政府和大公司筹措长期资金(承销债券等)"。到 19 世纪时,投资银行虽然也从事某些货币市场业务,但主要从事的是资本市场——证券市场业务,从承销政府债券和企业债券,包销公司股票,到参与投资咨询和管理,以及开办股票经纪人业务,直至所有证券交易业务。

与英国相比,美国投资银行起步较晚,但发展很快,堪称现代投资银行的典范。推动美国投资银行发展的原因主要有:第一,战争。美国政府以发行联邦债券的形式承担了独立战争中发行的各种各样债券所遗留的债务,投资银行以积极的介入、专业化的服务帮助联邦政府完成了筹资目标,发展了自身业务。例如,在南北战争中积累了资本的JP摩根,以"辛迪加募购"等金融创新手段成功地承销了各国公债,在帮助各国政府(如1871 年普法战争中的法国梯也尔政府、1898 年美西战争中的墨西哥政府等)渡过难关的同时,成为有力地促进投资银行事业发展的投资银行家。第二,基础设施建设。伴随着资本主义经济迅猛发展而至的交通、能源等基本建设,需要巨量的资金,在铁路债券、政府债券的发行和销售中,投资银行业得以突飞猛进。第三,企业并购。在 1898—1902 年的企业横向并购浪潮中,投资银行以发行可转换债券、并购顾问咨询等业务拓展,推进企业兼并活动,获取可观利润。第四,证券交易。作为证券承销商和证券经纪人,投资银行的发展是与证券市场的不断拓展相伴而行的。早期的美国投资银行也处于自由的发展中,证券市场基本上依靠自律管理。与商业银行的区别是,投资银行无权通过发钞或创造存款来增加货币资金,而主要是充当投资人与资金短缺企业的中介,为客户提供证券发行及投资咨询、推销或包销证券,以从中获取佣金和发行差价。市场开拓与创新能力强劲的投资银行家还通过涉足实业公司的经营管理,控制商业银行、信托公司、保险公司而发展为金融寡头。20 世纪 30 年代以前,尚处于初创期的金融体系是混业经营管理模式,这既与当时的经济发展总量、金融业务发达程度、金融法规及监管的不健全等因素相对应,更是金融企业逐利的本能使然。高额利润的驱动使投资银行与商业银行的业务毫无约束地互相渗透,形成了金融业务的全能机构。

20 世纪 60 年代的公司并购潮,使得投资银行的业务范围有了拓展。许多交易导向型的证券公司凸显出来,利用风险套利的创新业务方式赚取了巨额利润;它们利用做市和交易方面的专业技能,凭借交易的灵活性争取生意,使得证券交易业务在投资银行业务中日益重要起来。1975 年,美国国会通过了《证券法案修正案》,该法案取消了固定佣金制,使证券经纪领域有了更广阔的发展前景。随着交易业务的增加,许多投资银行认识到开发保值工具以帮助投资者抗御风险的必要性,于是开发出普通股份期权、利率期货和利率期权等第一代金融衍生工具。在 20 世纪 70 年代新债券发行的迅猛增长过程中,政府国民抵押协会发展起来一种转手证券,这种债券用它筹措的资金所购买的抵押贷款的收入向投资者按月付息,这种新技术就是证券化的雏形。在这一时期,欧洲债券和垃圾债券也是投资银行业务中的重要创新。随着市场竞争在 20 世纪 80 年代变得越发激烈,促成了金融新产品的不断出现,并产生出一门新的科目——金融工程。投资银行家参与许多新金融工具的初始设计,借鉴其他市场的概念,与债务工具融会贯通,缔造出一系列混合金融工具(如利率及货币互换),并且开发了新工具的交易市场。20 世纪 80 年代后半期则是公司兼并和收购的高峰期,投资银行设计出了杠杆收购的新业务方式。20 世纪 90 年代美国投资银行业务的发展,表现出以下特点:一是传统的证券和经纪作为投资银行来源的业务,仍然在其业务层次中居于基础地位,但都呈收缩态势,其中尤以二级市场经纪业务最为显著。二是创新性业务在总业务收入结构中占有越来越大的比重。三是市场变得更加国际化,跨国界的资金流动,特别是通过证券市场的资金流动显得日益重要,投资银行全球范围的竞争日趋激烈。美国投资银行为了在日新月异的国际金融市场中获得更大的发展空间,攫取更多的利润,纷纷把新的资本集中到创新业务上去,争取以更高的效率在新的领域占有一席之地,于是又形成了以资产管理、购并咨询、证券化、在线经纪为核心的新一代业务。20 世纪 90 年代末以来,美国大型投资银行不断从当初的证券发行造市商向自有账户交易、证券投资,特别是结构性产品投资业务扩张;采取高杠杆率扩张业务规模,追逐高额利润和扩大市场份额等。这些激进创新模式,在给投资银行带来巨大利润的同时,也给它带来致命打击,如 2008 年的贝尔斯登、雷曼的倒闭。2008 年次贷危机爆发后,美联储和美国政府实施了《多德-弗兰克法案》《沃克尔规则》等一系列法案以加强对以投资银行为代表的金融业的监管,直接剥离了投资银行的短期自营业务,同时将投资银行固定收益、外汇和大宗商品(FICC)业务中的农产品、金属及能源掉期等高风险业务拆分,在对投资银行的风险性进行严格监管的同时严重制约了投资银行的业务范围和盈利空间。在这样的环境下,美国投资银行的业务重心随之转移。

相对于英、美而言,日本投资银行的产生有自己的特色,这从日本投资银行的称呼上可窥见一斑。日本称投资银行为"证券公司",因为它的产生与发展直接依赖于日本证券市场的产生与发展。明治维新之后,日本开始建立证券市场,同时出现证券公司。但由于当时资金集中于财阀之手,证券市场资金严重不足,因此,证券公司并不发达。那时,大企业发行的股票往往由同一财团内部消化掉了,而企业债券承销业务又几乎为银行所垄断,因此证券公司的业务范围就十分有限,只是做一些证券买卖经纪业务。第二次世界大战后,日本财阀解体,大量股票和公司债券被释放出来,证券交易有了实质性的变化,证券公司也随之面目一新,并开始经营包销业务。除此之外,对日本证券公司发展起重大促进作用的另一事件是1948年《证券交易法》的颁布和银行分业模式的确立。银行不能经营国债、地方债、政府保证债券以外的其他证券中介业务,绝大部分证券业务规定由证券公司承担,证券公司在证券市场上起主导作用,这大大刺激了证券市场的繁荣,证券公司因此得以迅速发展。

我国投资银行业是伴随着资本市场的发展而产生的。改革开放以前,中国没有资本市场,没有投资银行可言。20世纪80年代末,随着我国资本市场的产生和证券流通市场的开放,产生了一批以证券公司为主要形式的投资银行,商业银行以及保险公司也可经营证券业务。1997年以后,随着商业银行法的实施,我国金融业的分业经营及管理的体制逐步形成,银行、保险、信托业务与证券业务脱钩,诞生了一批金融集团附属的证券公司。

我国的投资银行一般为三种:全国性的、地区性的、民营性的。全国性的投资银行又分为以银行系统为背景的证券公司和以国务院直属或国务院各部委为背景的信托投资公司两类。地区性的投资银行主要是省市两级的专业证券公司和信托公司。以上两种类型的投资银行依托国家在证券业务方面的特许经营权,在我国投资银行业中占据了主体地位。民营性的投资银行,主要是一些投资管理公司、财务顾问公司和资产管理公司等,它们绝大多数是从过去为客户提供管理咨询和投资顾问业务发展起来的,并具有一定的资本实力,在企业并购、项目融资和金融创新方面具有很强的灵活性,正逐渐成为我国投资银行领域的又一支中坚力量。当然,随着我国资本市场的对外开放,中外合资投资银行近年来呈现快速发展势头。

二、投资银行的发展模式

就世界范围看,投资银行的模式演变大致有两种:一是以美国为代表的投资银行与商业银行经历了分离、融合、再分离、再融合的演化进程;二是以德国为代表的投资银行与商业银行始终融为一体,混业经营。相应地,投资银行的发展模式也有两种,即美国式的发展模式和德国式的发展模式。

(一)投资银行模式的历史演进

1. 美国投资银行发展模式

从投资银行与商业银行的关系看,美国投资银行发展就是一部投资银行与商业银行分离、融合、再分离、再融合的历史。美国投资银行发展模式主要可分为四个阶段。第一阶段是分业阶段。美国投资银行产生于 19 世纪初。那时,投资银行与商业银行各自独立,投资银行与商业银行的业务分离也是十分明确的,投资银行主要从事证券承销业务,而商业银行则主要经营资金存贷和其他信用业务。此阶段,"两业"分离不是法律规定的结果,而是历史自然形成的。第二阶段是早期的混业阶段。19 世纪末 20 世纪初,随着美国经济的发展,美国资本市场蒸蒸日上,使得金融业的重心从间接金融逐步转向直接金融,证券市场上的投资、投机、包销、经纪活动空前活跃。证券市场的发展不仅使企业实现了大量的直接融资,证券市场良好的回报还诱发企业抽回银行存款而转入证券投资。这样一来,传统的商业银行业务受到了严峻的挑战。生存的需求,利益的驱使,加上法律障碍少,商业银行利用自己资金实力雄厚的优势大力涉足投资银行业务。与此同时,投资银行也四处组织资金变本加厉地扩展自己的业务,并想方设法侵蚀商业银行业务。此阶段,投资银行与商业银行没有业务界限,自由竞争导致"两业"融合。第三阶段是经济大危机后的分业阶段。1929 年,美国股市在经历了十来年的连续繁荣后开始暴跌,这成了大危机的导火线。在经历了灾难性的痛苦以后,人们开始反思,许多人视"混业"为危机的根源:"混业"使得货币源源不断地流入股市,从而吹起了股市"泡沫",当"泡沫"破灭之后,股票市场崩溃,最终导致经济全面崩溃。为了避免再次发生类似的危机,也为了保护商业银行的安全发展,人们认为有必要切断银行资金向股市流动的通道。正是在这种背景下,1933 年,美国通过了著名的《格拉斯-斯蒂格尔法》,第一次对商业银行与投资银行的分业做了明确具体的规定。该法案结束了美国投资银行与商业银行早期混业经营的历史,确立了分业经营的模式。第二次世界大战后,英、日等许多国家也开始学习美国,纷纷走上了投资银行与商业银行分业的路子。第四阶段是所谓的现代混业阶段。20 世纪 80 年代,由于新的技术革命、金融创新与金融自由化、金融国际化相互作用、相互促进,混业经营成了国际金隔业难于逆转的潮流。美国在面临严峻内外竞争情况下,一方面,从业者想方设法避开《格拉斯-斯蒂格尔法》,扩大自己的业务份额;另一方面,管理当局为了提高金融业在国际上的竞争力,被迫采取一系列推动金融业发展的自由化改革措施。自由化改革措施具体包括以下方面:1977 年放宽了对《证券法》的解释;1978 年放宽了商业银行承销商业汇票和公司债券的限制;1980 年通过《放松管制法》;1987 年允许部分商业银行控股公司通过其子公司介入证券业务;1989 年批准商业银行承销企业债券;1991 年美国财政部颁发了《1991 年联邦存款保险改革条例》,允许某些银行以等于其资本 100% 的数量获得和持有普通股及优先股;1999 年美国国会通过《金融服务现代化法案》,正式废止《格拉斯-斯蒂格尔法》,完成了从"分业"经营到"混业"经营的转变。在此背景下,美国建立了一个监管框架,允许证券公司、商业银行和保险公司在一个金融控股公司的架构下开展业务。由此,美国的金融巨头既可以提供信贷业务又可以提供投资银行业务,包括储蓄和支票业务、信用卡、住房抵押贷款、股票和债券承销、保险、并购顾问、商业贷款、衍生证券、外汇交易等。

2. 德国投资银行发展模式

德国投资银行与商业银行始终融为一体,混业经营。历史上,德国经济和银行业的发展经历了14至15世纪的一度兴盛繁荣和16至17世纪的一蹶不振,直到19世纪30年代德国才开始进入工业革命时期。一方面德国资本主义经济发展相对较晚,资本原始积累不充分,社会闲散资金较少,工商企业自有资金比例也较低,整个社会经济发展相对滞后,市场发育水平低;另一方面,德国又是封建性、军事性很强的暴发的帝国主义国家,它不甘示弱,它要奋起直追挤入强者的行列。这就是德国综合银行形成时的特殊的经济和社会背景。这一特殊背景折射出德国政府与市场关系的特殊性,即德国市场力量较薄弱,政府在经济、金融发展中居主导地位。为了赶超发达国家,德国政府采取了适度的金融优先发展和超前发展的战略,具体内容是政府扶持银行发展,并通过银行发展带动整体经济发展;政府对银行所能从事的各项业务不加限制或极少限制。为了推动大企业创办、改组、合并,政府对银行与企业之间持股关系和人事结合渗透积极加以鼓励,导致长期金融超前发展。德国在原始资本积累非常有限的情况下,为了让经济腾飞,刻意选择了让银行资本与产业资本融合的策略,这使其长期金融发展表现出超前性,也使投资银行一开始依附于商业银行。可见,综合银行是德国在特定社会背景下战略选择的结果。

综合银行的巩固与发展主要取决于三个因素:第一,德国银行与企业关系的特殊性。由于上述历史原因,德国企业对银行一直有很高的依赖,两者的关系极为直接和紧密,这是综合银行得以巩固和发展的基础。第二,德国大银行与政党特殊的利益关系及德国特殊的政治制度在综合银行巩固发展中也发挥一定作用。在德国选举中,是政党而不是候选人发挥重要作用,因此,尽管一些政治家反对全能银行,但由于大银行与政党的利益关系,这种不利于大银行的意见往往被淡化。第三,政府严格的金融监管措施是综合银行得以保存的基本保障。德国综合银行在形成和发展过程中,也多次遇到过危机,尤其是在20世纪30年代世界性的经济大萧条中,综合银行制度已暴露出明显的弱点,一些综合银行因工业企业破产而倒闭,其他一些综合银行不得不改变业务重心,由侧重企业创办和证券业务转为偏重存款业务。第二次世界大战后,德国经济陷入十分困难的境地,再加上来自盟军要求经济民主化的压力,再次极大地限制了德国综合银行的发展。危难时刻,德国政府因势利导,特别注重在完善综合银行制度和加强监管方面花力气、下功夫,使综合银行得以保存并发展壮大。

(二)当代全球投资银行主要发展模式

国际金融业出现的由分业经营体制向混业经营体制转型的潮流,正在逐步冲击着全球投资银行体制的转变。若按照投资银行与商业银行关系等划分,可以将当今全球投资银行分为全能银行附属发展模式、独立发展模式、金融控股公司关系型发展模式等。但投资银行的发展模式并没有优劣之分,现有资料也不能证明一种模式可以打压其他模式而独占市场。

1. 全能银行附属发展模式

在这种模式下,投资银行与商业银行的关系最为紧密,前者是作为后者的一个业务部门而存在,不是一个自负盈亏的法人实体,其最终决策权属于银行。德国"全能银行"模式下的投资银行业务就是这种模式,其在本国资本市场一般具有绝对的优势地位,如德国的德意志银行、德雷斯顿银行、德国商业银行等三家银行垄断了德国的资本市场。同样在瑞士,瑞士信贷第一波士顿、瑞银华宝占有统治地位。近年来,这种模式的投资银行在全球扩张步伐加快,其全球地位不断提升。

2. 独立发展模式

这种模式下的投资银行是独立的市场主体,大多是专营或主营投资银行业务,其行业内专业化程度高。以美林证券、高盛、雷曼兄弟、摩根士丹利等为典型,它们是 20 世纪中叶以后金融"脱媒"的最大受益者。这些投资银行主要从事证券发行与承销、证券经纪与自营、基金管理、风险投资、财务顾问等业务,是美国证券市场的主要做市商。这种模式的缺陷是规模普遍较小,营业场所和业务地点太集中,从而导致市场份额受到冲击。

2008 年,美国大型独立投资银行在金融危机中受到重挫,如雷曼兄弟破产、美林证券被并购、高盛与摩根士丹利转型为金融控股公司等。其根本原因有四个:① 独立投资银行的杠杆比率过高。与银行控股公司相比,独立投资银行本身拥有的资本较少,长期依赖于大量短期借贷进行融资,致使杠杆率过高。通过财务杠杆,独立投资银行可以获得丰厚的回报,但是作为代价会面对更多的风险。② 独立投资银行过分关注自营业务,忽视了传统投行业务。独立投资银行为了吸引投资者,满足自身利益最大化,一味地追求股价的提升,忽视了传统的投资银行业务。以破产的雷曼兄弟为例,资本市场业务占据绝对优势,说明自营业务为主要营业收入来源,而忽视了投资银行的其他传统业务。③ 高风险金融衍生品过度开发。为了扩大盈利,独立投资银行设计出大量复杂的金融衍生产品,有些衍生产品建立在高风险或者是不良的资产之上,导致了金融衍生产品的质量下降。大量金融衍生品投向市场,一方面投资银行没有尽责地向购买者充分说明衍生品可能的高风险;另一方面投资银行自身没有采取有效措施管理风险,从而把风险传递给了更广泛的群体。④ 独立投资银行的监管问题严重。在独立投资银行模式下,外部监管方面,美国证券交易委员会(SEC)是独立投资银行唯一的监管者,监管中存在的问题较多,而且美国政府在金融危机显现之前采取了默许的态度,放纵了独立投资银行的过分杠杆经营行为,客观上助长了投资银行的冒险行为;内部监管方面,投资银行没有完善的风险管理机制,资本充足率很低。

与此同时,美国一些小型独立投资银行在此轮金融危机中却表现突出,与大型投资银行形成鲜明反差。比较有代表性并且公开上市的机构包括 R.詹姆斯、杰佛瑞、格林、K.B.伍德、P.杰佛。它们固守精品店形式,无意于规模扩张;从事以收费为主的投资银行业务,自有账户交易收入占比小;杠杆率较低,接近甚至低于商业银行平均水平;相应地它们的收益和股票价值的波动性小,系统性风险低于美国大型投资银行平均水平;集中于优势客户、市场和业务线。典型代表是格林,该公司集中于围绕客户的投资顾问业务,集中于具有人力、产品、经验等专长优势的几个行业内,基本不从事交易、信贷甚至研究等可能和客户利益发生冲突的业务。即使多元化发展,也是围绕其核心业务向产品和业务深度而非广度扩展。这类机构在未来将会继续维持低杠杆率,并依然故我地不屑于规模之争,力争在特定的领域内建立核心竞争力,更加注重特定的业务线和客户,拥有良好的专业知识和管理技能,成为集中于某一领域的专业化机构,并与全能银行化的投资银行相映并存。

3. 金融控股公司关系型发展模式

在此模式下,投资银行和商业银行同属于某一金融控股公司,二者是一种兄弟式的合作伙伴关系,虽然保持着一定距离,但业务上的相互支持较紧密。因此,该模式本质上是一种介于前面两种模式之间的模式。2008 年 9 月,美国出现全面性的投资银行危机,将次贷危机和金融危机推向了高潮。在贝尔斯登、美林证券被收购和雷曼兄弟破产后,高盛和摩根士丹利转型为金融控股公司。至此,占美国投资银行市场份额 60% 的前五大独立投资银行在这次危机中被全能银行收购或转型为金融控股公司。

这种模式的典型代表是花旗集团,作为一项制度创新,其成功得益于强强联合所带来的协同效应,不但冲击独立发展模式的投资银行业务,也向欧洲传统的全能银行制度发起了挑战,为全球投资银行体制变革提供了有益的借鉴。这一模式的优势体现在:第一,集团控股,联合经营。控股公司的基本作用是形成同一集团在品牌、经营战略、营销网络以及信息共享等方面的协同优势,从而降低集团整体的经营成本并从多元化经营中获取更多收益。金融资产的强关联性和弱专用性,决定了其综合经营比其他行业更能形成规模经济和范围经济,而控股公司结构正是发挥这一优势的合适载体。金融控股公司的投资银行可以借助商业银行开发客户,而独立投资银行则不具有此优势。第二,法人分业,规避风险。法人分业是指不同金融业务分别由不同法人经营,其作用是防止不同金融业务风险的相互传递,并对内部交易起到遏制作用。第三,健全的组织管理结构。金融控股公司的集团总部不从事子公司的经营业务,主要负责集团战略规划、收购、兼并、转让和子公司的股权结构变动,协调内部资源共享形成合力及新领域投资等,但收购兼并后的公司和新投资的公司是实行独立经营、独立核算的。子公司完全独立经营、独立核算,是一级法人单位,独立开展各项业务。集团不干预子公司日常经营活动,只负责派往子公司的董事和提名的总经理等人事、财务、收益、重大投资和内审、风险监督等管理事项和政策业务指导工作。第四,从财务角度看,金融控股公司的资产负债结构相对合理,杠杆比率低。首先,与投资银行自有资本比率较低不同,金融控股公司必须严格遵守《巴塞尔新资本协议》所规定的 8% 最低资本充足率要求,因此,杠杆比率较低(12 以内)。其次,与投资银行资产主要由金融工具和抵押贷款协议为主不同,金融控股公司的资产主要由贷款、交易账户资产、可出售的联邦基金、证券和回购协议组成。因此,金融控股公司相对于投资银行在危机发生后资产受危机的冲击要小得多。

受金融危机的冲击,花旗集团于 2009 年 1 月 16 日宣布重组计划,将旗下业务一分为二,使得近十多年来花旗所创立的"金融超市"模式宣告终结。花旗分拆的原因有多种,其中重要的一个方面是其"金融超市"经营模式不太成功。花旗于 1998 年 10 月与保险和股票经纪公司旅行者(Travelers)集团合并后,总资产跃升至 840 亿美元,市值曾高达 1 550 亿美元。拥有美邦公司的旅行者集团在 1997 年买下所罗门公司后成立了所罗门美邦,促使花旗的保险、商业银行、证券和投资银行等金融服务一应俱全,形成"金融超市",并开创了对客户进行不同金融产品交叉销售的经营模式,使花旗的个人存款客户可获得保险和证券经纪服务,企业贷款客户可获得财务顾问和股票、债券发行等资本市场服务,从而可通过"一站式"服务满足企业与个人的多元化金融服务需求。但由于花旗集团的各项业务缺乏整合,对科技投资匮乏,缺乏协调一致的管理哲学,双主管制使内部权力斗争及各部门、各业务之间条块分割严重,加上花旗集团各部门可自由经营业务(只需向总部提供盈利的经营管理模式),这刺激了各部门追逐短期盈利的冲动,有关部门大量从事高风险的次按相关债券业务,导致其"有毒"资产过多和杠杆比率过高。当然,花旗"金融超市"经营模式的失败,不应归咎于银行业务模式的失败,而应归咎于花旗本身业务管理与风险管控的失败。

再以高盛和摩根士丹利为例,受金融危机等影响,它们最终决定转为金融控股公司。高盛指出:申请转为金融控股公司的根本原因是美联储的监管可以为成员银行提供充分、审慎监督以及获得永久流动性和资金的渠道。在美联储的监管下,高盛将被视为更加安全的金融机构,拥有实力非凡的资产负债表和更加广泛的融资渠道。2008 年 9 月 21 日,美联储宣布批准高盛和摩根士丹利转为金融控股公司。两家公司将能够从美联储获得短期资金支持,缓解流动性危机,并可以设立商业银行,通过吸收存款改善自身资金状况。然而,这将使它们面临美联储、财政部货币署和存款保险公司的严格监管,面临更加严格的资本要求,导致杠杆比例和盈利能力显著下降。这意味着投资银行传统盈利模式发生了根本变化。高盛和摩根士丹利选择转型为金融控股公司乃是无奈之举,是特殊市场环境下的应急之举,核心在于获得美联储融资支持,维持市场信心。

如前所述,金融控股公司的缺陷也不容忽视。一是存在的利益冲突。一般来说,当金融机构提供更多的金融产品,导致它们的客户群不断增加时,机构与客户之间潜在利益冲突的可能性将日益凸现。在金融控股公司模式中,由于所有的业务都在公司自身或在集团的股东拥有的分支机构、附属机构中进行,虽然内部不同机构之间激励潜在冲突恶化的风险并不大,但是有可能使金融中介以牺牲外部人(尤其是缺乏有力法律保障的小投资者、小存款人和小企业客户)利益为代价获取自身利益的可能性被放大。二是安全与稳健性上的问题。以混业经营为内核的金融控股公司客观上为业务种类极为庞杂、资产规模极为庞大的"巨无霸"式金融机构的出现提供了可能。但从金融系统的安全与稳健性角度看,这种机构的出现却并非一件好事。第一,道德风险和逆向选择。首先,从理论上说,通过金融控股公司将现有的联邦安全网从商业银行业间接延伸至投资银行业的做法可能会在未来进一步强化金融中介机构尤其是从事投资银行业务高管的风险承担动机,在未来引发更大可能的金融危机。其次,业务和分支、附属机构的多元化为通过关联交易实现机构运行中的成本和利润的重新分配提供了可能,这可能会引发信息披露的失真,强化其道德风险和逆向选择活动。第二,防火墙。从理论上说,机构分离和旨在确保公司间业务信息隔离的防火墙的有效性可能与穿透防火墙激励的大小有关,进而监管负担总是能由此种激励的弱化而减轻。鉴于信息对于金融业务的极端重要性以及信息产品的特殊性质,同一集团内部各机构之间的信息外溢效应不仅很难被外部察觉,一般更无法为法庭所证实。显然,银行控股公司所属的业务与机构的种类越多、复杂度越高,防火墙有效性可能面临的挑战就越大,出现渗透的可能性也越高。第三,"太大以致不能破产"。当金融中介组织变得越来越大,越来越复杂时,无论是对金融市场和银行经理而言,还是对监管当局来说,它们都有可能认识到为了避免出现系统性冲击导致的风险蔓延,有些金融中介机构的规模或影响太大以致不能破产。三是市场竞争的弱化与金融创新能力的抑制。在过去几十年间,由竞争推动的银行"脱媒"是美国金融模式的一个关键性结构转变。在这个过程中,以资本供求的媒介者、金融工具的创新者、资产增值服务者、金融衍生品市场构造者即做市商等多重身份出现的、与商业银行分离的独立的美国投资银行扮演了极为重要的角色。

　　投资银行发展模式的选择是与特定的经济和金融环境紧密相联的。经济决定金融,西方发达国家的经济运行状况对其投资银行发展模式的抉择有着重要的影响;同时投资银行发展模式要体现稳健与效率的原则。经历了金融危机打击的投资银行应该认识到,自有资金投资等买方业务规模急剧扩大,使得它们在次贷危机中遭受了巨大损失。投资银行应该吸取教训,将业务核心定位于证券承销、财务顾问、资产管理等中介业务,在准确评估和适度承担风险的前提下,适度地参与买方业务,加强风险控制,避免高管人员道德风险和追逐利润冲动,实现平稳发展。

第三节　投资银行的创新与经营原则

一、创新是投资银行的竞争法宝

　　投资银行的生命力就在于不断地进行创新,并从创新中求得生存和发展的新契机。

　　"创新"(Innovation)一词最初由熊彼特在《经济发展理论》一书中提出,他将创新界定为新的生产函数的建立,即是企业家对生产要素进行新的组合,主要包括5种情况:① 新产品的引进;② 新的生产方法或新技术的采用;③ 新市场的开拓;④ 新的原料供给来源的新发现;⑤ 新的企业管理方法或新的企业组织形式的采用和推行。根据这一定义可以推出金融创新的定义,即金融创新是指金融领域中各种要素的重新组合或是指金融领域中"新的生产函数"的建立,是宏观的金融监管当局和微观的金融机构等创新主体为追逐利润和经济效益而进行的金融业创造性的变革和市场化活动,它涵盖了金融领域的一切新生事物,囊括新型金融工具、金融产品、新的融资方式、新的金融市场、新的支付与清算手段以及新型金融组织形式和管理方法的创新等内容。

该定义明确指出了金融创新的主体、目的、本质及内容和表现形式。首先,作为金融创新主体的金融监管当局和金融机构是一切金融创新的策划者和发起者。宏观金融当局金融创新的目的主要是追求整个金融体系效益的提高,进而保证金融体系有序、稳定运行;至于微观金融创新主体,其创新的根本目的在于追求利润最大化,在规避金融管制或规避金融风险的同时,从根本上保证自身利润最大化目标的实现。其次,金融创新的本质是金融业的创造性活动和市场化活动。最后,金融创新的具体内容包括金融产品、融资方式、金融业务、金融市场、金融机构、金融制度和金融企业组织形式等诸方面的创新与变革。

(一) 投资银行金融创新的动因

投资银行的金融创新即指金融业各种要素在投资银行的重新组合,其内容包括投资银行组织机构的创新、投资银行业务的创新、投资银行金融产品的创新和投资银行经营理念的创新,以及用人机制、经营策略等方面的创新活动。其创新动因可从宏观动因和微观动因两个方面加以考察。

从宏观方面的因素考察,投资银行金融创新主要由全球宏观经济的发展趋势所导致。20 世纪 70 年代以来,全球经济的剧烈波动和计算机技术的推广及其在经济领域的运用,从根本上导致了世界范围内放松金融管制的"浪潮"(即金融自由化浪潮)的汹涌;金融自由化所带来的自由竞争迫使金融机构重新组合。投资银行在此潮流下也只有顺势而为,行业内并购重组事件层出不穷,投资银行逐步向"全能银行""金融超市"的方向发展、演变,以求在自由化浪潮中生存下来,并有所发展;同时 20 世纪 70 年代以来的金融自由化浪潮和现代电子信息技术在全球金融市场的日益普及,推动了以资本的国际流动、金融机构的全球化、金融市场的国际化为特征的全球金融一体化趋势的高涨。而日益为世人瞩目的金融一体化趋势、金融全球化趋势和贸易全球化趋势相结合,又孕育并产生了经济全球化趋势。在这种趋势下,金融机构的不稳定性和大规模的国际资本流动及混业经营体制又加剧了全球金融市场和全球金融体系的脆弱性和不稳定性以及风险性。置身其间的投资银行,不得不未雨绸缪,进行金融创新活动以规避面临的系统性风险和其他金融风险。例如,国际投资银行机构为求规避交易对手违约的信用风险而设计、开发了信用衍生产品交易。到 20 世纪 90 年代,在经济全球化背景下,网络经济的兴起与蓬勃发展冲击了现有的投资银行经营机制和经营业务等方面。由于互联网的出现和广泛应用,投资银行已有的证券发行模式、交易模式、结算模式和运作模式等均发生了翻天覆地的变化。证券经纪中介人的角色在此冲击之下将逐步弱化,网上证券交易日渐频繁;现有的证券交易市场由于网络通信技术和通信平台及信息系统的运用,已形成了以路透社为信息传输骨干的无国界的无形电子市场。证券市场效率的提高和证券发行与交易费用的降低迫使投资银行进行金融创新以保证利润最大化目标的实现。

从微观层面考察,投资银行金融创新的动因主要包括四个方面:一是竞争的加剧;二是追求利润的内在动力;三是规避金融管制的需求;四是市场的发展变化。其中竞争的加剧是投资银行进行金融创新的外在压力,而追求利润则是其内在动力,规避管制是投资银行追逐利润本性的外在化,市场的发展变化则是投资银行进行金融创新活动的需求刺激。

首先,经济全球化的发展和新技术的产生、运用使得投资银行等金融中介机构以外的金融组织、机构的交易成本下降,为保持竞争中的优势地位,投资银行等金融中介机构则千方百计地进行金融创新以降低其运作成本,增强其竞争力,抗衡以商业银行为首的其他类型的金融机构并希冀在竞争中稳操胜券。

其次,追逐利润是投资银行从事金融创新活动最直接、最根本的动力。纵观投资银行金融创新的历程,尽管各种金融创新的具体形式千差万别,但其目的均是提高投资银行资产的流动性,降低风险和增加盈利。例如,美林公司在 1985 年创造了流动收益期权票据(Liquid Yield Option Note,LYON),该债券同时具有零息债券(Zero-coupon Bond)、可转换债券(Convertible Bond)、可赎回债券(Callable Bond)和可回售债券的共同属性,流动性很高。该票据在降低风险的同时还可保证投资者的最低收益,因此在推出后,很受市场欢迎。

再次,从投资银行规避金融管制的角度考察,金融管制与金融创新相伴相生。金融管制通常以牺牲金融机构的效率为代价,对金融机构的经营利润产生影响,因此管制之下必有规避管制的金融创新。金融创新的发展对金融体系的安全性构成威胁或形成冲击,则更为高明、更为严厉的管制措施必然出台。严厉的管制措施必然限制投资银行利润的增长,因此投资银行常常设法规避管制,进行金融创新。

最后,从投资银行的需求刺激层面看,20 世纪 70 年代布雷顿森林体系解体,浮动汇率制取代固定汇率制。同时,西方国家对利率管制的放松导致了投资银行面临的国际金融市场利率风险和汇率风险加大,进而导致了投资银行转嫁汇率风险、利率风险的创新需求的产生,于是外汇期货、期权交易、利率期货、利率期权等投资银行的创新产品如雨后春笋,突现在国际金融领域。到 20 世纪 80 年代,爆发了以拉美国家为代表的发展中国家的债务危机,这导致了投资银行转移信用风险管理的要求,于是由投资银行策划的资产证券化等金融创新在金融领域崭露头角,并且日益受到追捧,成为国际金融领域融资方式的一大趋势。进入 21 世纪来,国际金融领域危机频发,各种金融风险因素层出不穷,且比以往更加复杂多变。为规避市场风险和信用风险,投资银行利用金融工程技术,组合复制出各种新型金融工具,如奇异期权、绿鞋期权等以规避风险。

(二) 投资银行金融创新的发展

1. 投资银行的制度创新:以美国为例

投资银行在 20 世纪 30 年代以前一直与商业银行在业务上是混合的,法律上对投资银行的业务也未做出明确的区分。1929 年的经济大危机的结果之一就是 1933 年《格拉斯-斯蒂格尔法》的出台,第一次从法律上明确界定了商业银行与投资银行的分业经营体制。该法案虽然强化了金融监管,规范了金融秩序,但是导致了商业银行生存与发展举步为艰。20 世纪 70 年代以后,美国商业银行竞争力明显下降。而值此商业银行经营窘困之际,美国的投资银行的发展却蒸蒸日上。到了 20 世纪 90 年代,美国投资银行在国际资本市场上几乎无所不能,但投资银行自身的一些弱点也逐渐暴露出来。

金融创新的发展使得证券市场的风险日益增加,置身其中的投资银行面临高风险的威胁,尽管投资银行也设计多种技术手段来规避风险。但是,绝大多数投资银行最为缺乏的是资本金。因此在 20 世纪最后十年,投资银行在国际范围内大肆进行兼并重组,以扩充自己的实力。同时,美国一些投资银行开始向商业银行业务领域渗透,取道欧洲,在欧洲设立商业银行,然后再回到国内开展商业银行业务,从而成功地绕开了《格拉斯-斯蒂格尔法》的管制,实现了投资银行制度的创新。

20 世纪 80 年代,美国对 1929 年的经济危机进行了深刻的反思,认为混业经营并非危机的罪魁祸首,并且欧洲成功的混业经营的事实更是说明美国在危机后的 1931 年对危机所做的调查的结论显然失之偏颇。20 世纪 90 年代,世界各国混业经营趋势的进一步加强和金融机构之间的并购,使美国逐步认识到《格拉斯-斯蒂格尔法》已无存在的必要。美国国会在 1999 年 11 月 4 日通过了《金融服务现代化法案》,该法案从根本上推翻了《格拉斯-斯蒂格尔法》,使美国混业经营模式得到法律上的认同,而以往的投资银行侵入商业银行业务领域的规避管制的创新活动也终于走出了灰色地带。这一次美国投资银行和商业银行制度的变革促使美国投资银行业的发展愈益强大,带来了金融机构业务的历史性变革。

2. 投资银行的金融业务和金融产品创新

自 20 世纪 50 年代以来,投资银行出于宏观金融创新动因和微观层面的创新动因,不断地致力于金融创新领域,推动了现代投资银行产业的发展和现代金融产业的进步。

20 世纪 50 年代末到 60 年代初,西欧各国经济处于战后的恢复和增长阶段,西方经济的战争创伤逐渐愈合,经济步入高速增长时期。高速增长的经济导致国际资本大规模地迅猛流动,冲击了布雷顿森林体系下的固定汇率制度。为履行维护固定汇率制度的义务,西方各国普遍实行了资本管制。管制措施阻碍了投资银行等金融机构利润目标的实现,因此投资银行等金融机构想方设法通过金融创新和变革规避这些管制措施,从而导致了以欧洲货币和欧洲债券为代表的欧洲货币市场的诞生。

到 20 世纪 70 年代初,美国经济每况愈下,美元贬值压力沉重,布雷顿森林体系在尼克松总统执政期间终于崩溃。国际资本市场因浮动汇率制下汇率频繁而大幅地波动而埋于巨大风险之中;同时 20 世纪 60 年代末通货膨胀的复活又把西方各国的经济推入"滞胀"的泥潭;两次石油危机则无异雪上加霜,使国际金融市场的利率变动大起大落等。多种因素缠织交错,使投资银行等金融机构陷身于国际金融市场利率、汇率和商品价格急剧波动的巨大风险之中。为转嫁和分散风险,投资银行等金融机构相继发明了浮动利率票据、外汇期货、外汇远期、浮动利率债券、利率期货和全球性资产负债管理等金融衍生工具和风险管理手段。其中美林公司在 1977 年推出的现金管理账户(Cash Management Account)的创新则揭开了金融创新浪潮的序幕。

早期的金融创新为 20 世纪 80 年代金融创新的大力发展提供了必要的基础。20

世纪六七十年代的金融远期、浮动利率债券、可转换债券和股票期权等金融创新在 20 世纪 80 年代逐渐蜕变为传统业务。值此兴盛的金融工程则将投资银行推到了 20 世纪 80 年代金融工具创新的浪尖。投资银行的"金融工程师"匠心独运,对蜕变为传统业务的 20 世纪六七十年代的金融工具进行整合,从而设计出更为新颖、独特的新型金融工具。在这一方面,美林公司于 1985 年推出的流动收益期权票据集零息债券、可转换债券、可购回债券和可回售债券的优点于一身,堪称 20 世纪 80 年代金融创新的个中翘楚。

20 世纪 90 年代至今,金融创新的发展渐呈燎原之势,全球经济一体化,经济自由化和经济全球化趋势的发展推动了金融创新的近一步发展。投资银行在该时期金融创新中仍遥遥领先于其他金融机构,在新型衍生产品创新领域独领风骚。其典型的代表如信用衍生品的产生和迅速发展。该产品由一些寻求转嫁互换业务带来的信用风险的大投资银行于 1992 年和 1993 年在纽约的互换市场上最早创造出来,并很快赢得了市场投资者的欢迎,发展迅速。各投资银行(如美林公司、雷曼兄弟、花旗银行、JP 摩根和摩根士丹利等)均是该衍生产品的早期参与者和建设者。德意志银行、德雷斯顿银行以及日本的大和证券公司和樱花证券公司也不甘人后,从 1996 年开始纷纷云集到这一新的业务领域,促成了 20 世纪 90 年代投资银行金融创新领域壮观的浪潮。

二、投资银行经营原则

尽管投资银行在实践经营中形成了各自不同的盈利模式,但由于其业务的多样性和其业务难以用资产负债表形式加以反映等特点,从而造成了其各具特色的经营管理原则。作为一种企业,投资银行具有企业的共性,因此追求盈利是投资银行的根本目的;同时,由于投资银行处于复杂多变的国际资本市场环境之下,面临巨大的风险,因此,投资银行还必须确保其资产的安全性。而为了保证资产无损失或损失较小地回流到投资银行,投资银行就必须保持其资产的充分流动性。因此投资银行在其经营中必须将盈利性、安全性和流动性作为其经营的基本原则,并结合经营环境的变化和社会的变迁兼顾创新性原则和社会性原则。

(一) 盈利性原则

企业的经营目标是追求利润的最大化,但如何通过诸种手段达到短期利润与长期利润的结合则是投资银行盈利性原则的具体体现。投资银行的利润是其各项收入扣除各项支出后的余额。其收入主要包括经纪佣金收入、证券承销收入、利息收入、自营差价收入、投资账户收入、投资信托销售收入、资产管理收入、咨询顾问收入、商品收入和其他证券相关收入;其支出主要包括利息费用支出、日常的经营管理费用支出、工资支出、研究开发费用支出和财务费用支出等。

由于投资银行出售的产品主要是服务,是智力产品,因此服务的效率和服务质量就成为其盈利水平的决定性因素。因此,广纳贤才,提高服务水平与服务质量,赢得客户青睐,就成为现代投资银行追求利润最大化的主要手段。具体来说,现代投资银行的盈利性原则主要包括以下四个方面。

1. 证券投资的盈利性管理原则

投资银行凭借其雄厚的资金实力和研究力量,频繁出入证券市场,进行投资或投机性的证券自营买卖业务。投资银行通过对宏观经济环境和微观企业主体经营状况、发展前景的研究分析,或运用现代投资组合理论的基本原理,实行多样化的证券组合投资策略;或利用资本资产定价模型(CAPM)的基本原理进行证券套利,从而有效地分散了非系统风险,保证了证券自营业务稳定的获利水平。同时,根据风险可能隐藏着巨大收益的可能性原理,投资银行还从事高风险、高收益的风险投资业务。

2. 证券承销的盈利性管理原则

投资银行在进行证券承销业务时应与证券发行主体亲密合作,充分而详尽地调查证券发行主体的资本结构、经营状况、组织管理体制、运作效率和发展前景,并对整个行业的景气度、市场情况及宏观经济环境进行细致的分析研究。然后根据研究的结果,对发行证券的企业实体进行评估,并向其建议发行的证券种类、价格和数量。同时,为了保证自身盈利水平的实现,投资银行还应在证券承销期间采取多种手段确保所发行的证券价格的稳定。

3. 金融服务的盈利性管理原则

投资银行的金融服务性业务越来越成为其核心业务,投资银行在这方面的管理主要有两点原则:一是尽可能采用简洁、明了、统一的定价方法;二是投资银行应根据企业具体特点以及投资银行市场中的同业竞争情况进行灵活定价。但无论如何必须遵循一个原则,以"优质服务,合理价格"赢得广阔而长久的市场。

4. 节支原则

这要求投资银行应不断通过经营规模的扩大实现规模经济以降低成本。同时应提高工作效率,包括改善工作机制和工作程序等。投资银行应通过扩大市场规模,提高工作效率,提高服务质量,需要突出注意短期利益与长期利益的协调,以求得利润最大化。

(二) 流动性原则

流动性指资产价值在不遭受损失或损失极微小的情况下的变现能力,是一种足以应付各种情况对资金需要的能力,即资金的流动性。流动性原则要求投资银行在其经营管理中应做到:① 确保其存量资产应能随时变现;② 确保能随时筹措到增量负债资金;③ 确保在变现资产或筹措负债资金时都必须遵循成本最小的原则。

投资银行进行流动性管理应做到如下几点:① 首先,投资银行应制定合理而科学的流动性管理原则的目标模式及其管理理念和经营思想;其次,投资银行应能准确把握证券市场的行情走势,市场资金的供求状况,财政政策、货币政策的动向,以及宏观经济的发展趋势等。② 短期性资产应依照期限结构占有或增加一定比例,以便在发生流动性需要时能及时偿付而不至于造成资产损失。③ 应掌握和开拓低成本的筹资渠道。

为此,投资银行应不断地进行金融产品的创新活动,发展与机构投资者的协作关系,积极参与同业拆借市场。④ 应着重考虑包括现实成本和机会成本在内的成本因素,如出售资产时,应考虑经纪费用、证券收益与损失、税收的增加或减少等。当增加负债时应考虑经纪费用、保险费用、服务费推销成本、利息支出等。

（三）安全性原则

该原则通过对风险的控制和化解得以实现,是指投资银行在经营过程中为使其资产、收入以及生存、经营、发展的条件免遭损失,避免金融风险所应遵循的原则。

该原则要求:① 投资银行应就其风险资产或具有风险的具体业务向保险公司投保,即采用保险的方式或与客户订立抵押条款、担保条款等方式进行纯粹风险的规避,确保其经营的安全性。② 根据现代投资组合理论的基本原理,实现多样化投资,包括授信对象多样化、资产种类多样化和行业多样化等;同时投资银行的资产期限结构应趋于短期化,从而有利于增强流动性以应付市场风险和信用风险。另外。应进行风险规避和风险转嫁,运用期货、期权、互换等衍生工具进行套期保值等。③ 应针对服务对象进行缜密调查,将其置于宏观经济环境中进行考察,根据不同的服务对象、不同的经济环境,制定合理的收费标准。

（四）社会性原则

该原则是指投资银行的经营活动不应产生外部不经济或其经营活动应增进社会效益的原则。作为证券市场、资本市场的核心,投资银行在促进资本合理流动、资源优化配置方面起到了无可替代作用;而证券市场、资本市场的组织运行也要求投资银行必须坚持社会性原则,否则,投资银行将失去生存的基础。

为了实现社会性原则,首先,投资银行应明确其社会成本。社会成本包括正常的社会成本和非正常的社会成本,前者主要指社会为维持投资银行开展正常业务活动所应付出的合理代价;后者则指因投资银行经营不当,而导致社会直接或间接付出的额外代价,即外部不经济。其次,应采用多种技术或组织手段,降低社会成本,增加社会效率。再次,投资银行家应深入社会实际,广泛开展社会调查,以求准确把握宏观经济运行走势和微观经济主体的发展走势,从而确认社会的边际成本和边际效益,制定自身的行为目标。

（五）创新性原则

该原则是指投资银行应不断地进行金融领域的创新活动的原则。这一原则随着时间的发展和全球经济的发展已越来越重要。20 世纪 70 年代以来,金融自由化、金融一体化、经济全球化和经济金融化等趋势拍岸而来,金融业分业经营体制日薄西山;投资银行、商业银行之间并购重组浪潮愈掀愈高;互联网的飞速发展并日益普及于金融业;这些宏观的发展变化导致了投资银行面临着前所未有的残酷竞争环境。在此环境下,唯有不断地进行金融创新,以全新的金融服务取悦于客户才可能在竞争中生存、发展。

创新原则要求现代投资银行应首先从战略的高度把金融创新摆在首要位置,从现代投资银行生存和发展的战略高度来认识、实施金融创新活动;同时应加强人才引进和储备,加强研究开发的资金投入,大力进行金融创新的研究与开发活动。投资银行还应建立有关宏观经济政策及走势分析研究机构,加强对金融市场未来发展、客户需求变化的预测与分析,从而使开发出的新型金融产品能适应市场需求,赢得市场并取得较大的市场份额。

除此而外,投资银行还应建立先进的数据库系统和管理信息系统;应积极发展"金融百货公司"等"一揽子"业务,通过收购、兼并或成立附属公司等方式向商业银行领域浸透,实现业务多元化中的专业化。

上述五项原则互相之间是矛盾的统一,五者不可兼得。投资银行在经营管理中应尽可能实现五性原则的协调统一和均衡发展,争取实现五项原则的最优搭配。

三、创新与投资银行家

尽管投资银行创新的原始动力来自系统内部提高运行效率的要求,但最终推进创新的则是具有创新精神的投资银行家,他们是推动投资银行创新的内在因素。

(一) 对投资银行家的认识

金融家是专门从事金融活动的企业家,而投资银行家是有特殊风险偏好,可能是金融家群体中金融创新能力最强的一个群体。投资银行在初起阶段,离不开投资银行家的抚育。从英国的家族制商人银行,到美国快速成长阶段的摩根、美林、高盛等,投资银行家以无限责任制的私人信用(有别于国家信用),较好地履行其金融功能:信息传递、专业化融资中介。与银行家相比,投资银行家的私人信用与信誉可能更重要,这从早期的投资银行称为"商人银行",并常冠以个人姓名中可以得到佐证。现代投资银行体系中,尚有许多具有较强竞争力的冠之以个人或家族姓氏的投资银行,它们的规模一般不比商业银行大,但是运行效率、创新能力、市场竞争力常在一般的商业银行之上。就投资银行家的来源看:第一,有家族企业传人与职业经理的初始身份之别。世家或非世家一般与资本的积累有关。从著名的投资银行家看,摩根、罗斯柴尔德等皆出生于富有的商人之家,把高盛从家族制——合伙制企业发展为现代企业的传人们,显然也是将先人的基业发扬光大了。从职业经理层转化的投资银行家则不胜枚举:从美国的"垃圾债券"之王迈克尔·米尔肯、投资天才布鲁斯·谢尔曼,到中国民国时期"江浙财阀"中的银行家等。在经过一定的资本积累后,这些职业经理们将资本要素与人力资源禀赋、专业素养、积攒的声誉和人脉关系相结合,从被资本家所选择的经理人成为职业投资银行家。第二,从金融家与实业家两条途径转型而来。就金融机构的人力资本来看,商业银行与投资银行的服务对象类似,两种金融业务所面临的金融资产具有高度的相关性,银行家与投资银行家的知识积累是趋同或高度相关的。银行家与投资银行家的最大区别可能在于风险的偏好上。银行家是较为典型的风险规避型的金融家,而投资银行家则是善于在承担风险中抓住市场机遇的金融家。若从一般企业家转型为投资银行家,则往往是在产业资本与金融资本的深度融合中实现。

(二) 投资银行家的作用

在金融全球化过程中,投资银行的作用举足轻重,而国际上任何一个投资银行发展的背后,都有一个或若干个杰出的投资银行家。投资银行家最重要的资本,是他们作为"金融工程师"的智慧,是他们与卖主和买主的深厚关系及他们的声望和信誉。投资银行在杰出的投资银行家的领导下,逐渐形成自己的企业文化、价值观和一套行之有效的运行规则。投资银行属于高智能的专业化服务的企业,其最大优势是人才而不是资金。投资银行从事的业务具有专业性强、涉及面广的特点,因此需要具备足够的技能和经验积累,需要具备完善的高智商的人才。投资银行的主要资产和所出卖的主要产品都是人的智力。因此,建立一支高素质的投资银行家队伍是投资银行产业真正具有竞争力的最重要保证。投资银行家的作用具体表现在如下几个方面。

1. 运用高智慧,追求财务上的最优值

投资银行家业务宗旨就是以最少的投入获得最高的产出。在承销业务中,即指为证券发行者实现最低的资金成本,而为投资者取得最大的风险收益率。股票发行者的最低资金成本来源于最高的资本化,而股票投资人的最佳风险收益率要靠市场资金总额达到最低限来实现。债务发行者的最低资金成本来源于最低的利率和最宽松的契约条款,而债务投资人的最佳风险收益比率要靠最高的利率和最严格的契约条款来实现。追求财务上的最优值,以最低的成本筹集到资金是投资银行家的使命,整个行业都围绕这一目标在运作。投资银行家通过选择和设计适合各种不同融资环境的金融工具,使投资银行实现最佳运作。

2. 独立判断与尽职调查

投资银行家既要为筹资者负责,也要为投资者负责。这就要求他们必须具有独立的判断力。以承销业务来说,投资银行家要使投资者相信,投资银行推荐给他们的证券经过投资银行家的独立判断,确保了披露内容的真实、完整和准确。而尽职调查则是独立判断的表现形式。投资银行家必须对客户实施有关内容的认真调查,不管这一过程多么繁杂、费力。这是法律程序的要求,是维护投资银行客观公正地位的要求。

3. 金融创新与新产品开发

金融创新与新产品开发是投资银行获得竞争优势的重要途径。近年来,随着利率、汇率、价格波动的日益频繁,经济、税收、法律政策的进一步细化,客户的需求日益复杂。针对不同的细分市场,开发出满足各种需求的金融新产品,已成为投资银行的一大法宝。目前国际性投资银行无不将维持一流的创新能力写入其准则中,而投资银行家的作用就是将金融创新和新产品开发工作贯彻到各业务环节中去。

4. 促成资金的有效供给和利用

无论对投资银行所服务的客户而言,还是对投资银行自身而言,都需要满足资金的有效供给与需求。对客户公司而言,资金的有效供给对于顺利地实施其经营战略有着重要的意义,资金的有效利用意味着资金应分配到能产生最高收益而又风险最低的地方,为此投资银行家必须了解,从事承销所获资金将如何在客户公司中应用。对投资银行本身而言,这一准则具有相当的重要性。投资银行家既要保证有足够的资金来支撑证券承销、证券交易等业务活动,又要能充分利用其资金,以获得稳定的收益率。

5. 维护客户利益

投资银行家应像优秀的建筑师那样,能亲密无间地与他们的客户一起发挥作用,同时应像卓越的工程师那样,协调所承担的各个方面的工作,坚持各种活动与任务的内在一致性。当面临是对客户眼前利益负责还是对长远利益负责的矛盾时,投资银行家要有能力严格按照事实做判断,以消除后患和隐患。

第二章

投资银行的风险、监管与治理结构

高风险是投资银行固有的属性,因此投资银行风险管理水平的高低直接决定了其业绩表现甚至存亡。健全且有效的风险管理及控制可以促进投资银行业的平稳运行,提高证券市场投资者的信心。完善的治理结构是投资银行建立科学的风险管理机制的基础,只有不断完善投资银行治理结构,才能巩固其风险管理体系的基础。

第一节　投资银行风险及其管理

一、投资银行风险表现

投资银行的风险就是指由于种种不确定的因素使得投资银行的实际收益与预期收益发生偏离,从而蒙受损失或减少获取收益的可能性。国际证券交易会组织将投资银行所面临的风险划分为市场风险、经营风险、流动性风险、管理风险、法律风险和系统风险等六大类型。

市场风险是指因为证券市场行情变动而引起的投资实际收益率偏离所预期收益率的可能性,包括经济周期风险、利率风险、汇率风险。经济周期风险是指因国家经济状况的变化而引起的对证券机构经营损益的影响。它对投资银行的影响来自两个方面:一是因为宏观调控,银根松紧,或经济发展自身的变化对证券机构经营损益的直接影响;二是经济状况变化对证券发行主体、投资者等的影响而产生的对证券机构的间接影响。利率风险是指由于利率水平的不确定性变动使得收益减少、丧失甚至出现亏损的可能性。利率受多种因素影响,投资者无法确定利率的大小。证券机构筹集的资金基本上是成本较高的市场性资金。由此,利率风险的影响主要有两个方面:利率调整对资金筹措、运用的直接影响;利率调整对有价证券所产生的间接影响。汇率风险,通常是指汇率的波动导致损失的风险。从 1973 年世界各国普遍采用浮动汇率制以后,汇率的波动更加频繁,外汇市场的不确定性因素增多,投资银行面临的汇率风险更加复杂。

经营风险,是指投资银行在日常经营过程中发生亏损的不确定性。一般来说,投资银行可以通过正确的经营策略、科学的决策程序、一定的技术手段、严格的管理制度,将这类风险降到最小限度。经营风险主要包括信用风险,即金融机构的信用授予(贷款、有价证券等)因交易对手的情况恶化等原因不能按当初约定条件偿还而发生的危险,因而又被称为违约风险。如果投资银行视金融法规于不顾,超越经营范围,开展融资业务,一旦发生违约情况,就会给投资银行造成资产价值损失的风险。随着我国信用交易活动的开展,信用风险必将成为投资银行越来越多遇到的主要风险。

流动性风险,是指投资银行不能以合理的成本及时对某一不利仓位进行弥补操作,或不能以合理的成本及时对交易提供资金支持,或投资人集中赎回时造成的可能损失。对投资银行而言,如果没有足够的现金支付到期的债务,就会被迫出售资产;如果资产的流动性差,该资产就很难以正常的价格出售,投资银行就要遭受损失。

管理风险,是指由于投资银行自身管理中存在问题、隐患导致的风险。管理风险主要包括五个方面:① 事务风险,是指投资银行从业人员在业务、事务处理过程中,由于处理程序不完善、工作责任心不强等原因,发生事务处理失误而导致投资银行收益或信誉受损的风险。② 内保(内部保安工作)风险,是指投资银行从业人员的违法犯罪活动造成损失的不确定性。③ 凝聚力风险,是指由于人力资源尤其是业务骨干流失所引起的投资银行经营管理的不确定性。④ 技术风险,是指因投资银行内部计算机系统或通信系统等业务所依赖的高科技设备出现故障而产生的危险。⑤ 操作风险,是指因交易程序和管理系统不恰当地运作而导致的金融损失,一般包括公司控制系统的崩溃、越权的交易行为、交易欺诈、内部会计记录不完整、不熟练的员工以及不稳定和易被侵入的计算机系统等造成的风险。

法律风险主要指因不合法而不具备法律效率的合约造成的损失。法律风险既包括合约本身非法,也包括合约参与方无权缔结合约。

系统风险是指因某个市场主体的问题而引发"多米诺骨牌"效应,导致整个金融市场出现危机;或者因投资者信心危机导致市场危机。例如,由于社会、经济、政治等因素而引起的收益损失,包括政治风险、利率风险、汇率风险、通货膨胀风险、供需失衡风险、政策风险等。这种风险一般表现为所有证券都出现了价格变动,很难通过投资组合规避。

投资银行所从事的具体业务不同,其所面临的风险各不相同。例如,在投资银行的承销业务中,其所面临的风险有三个:① 市场风险,即指当市场行情出现大的转折时,投资银行因缺乏足够的项目储备而错过了承销业务量的机会,或因没有预见到市场环境的变化而被迫包销大量证券,从而降低了资产的流动性。② 信用风险,即指当发行人不能或不愿履行承销合同时投资银行所面临的风险。③ 道德风险,即指相关项目人员没有做到应尽的调查职责,对项目公司材料的准确性、全面性、真实性没有进行深入细致的了解等对投资银行带来的损失等。又如在投资银行自营业务中,其所面临的风险主要表现为环境风险、市场风险、经营决策风险以及操作风险等。环境风险是指投资银行经营环境发生变化而造成的风险;市场风险是因自营业务部门对大势及具体投资项目的判断、价格控制失误而出现的风险;经营决策风险是由于投资银行因决策失误、经营不善、经营水平差、成本费用高等原因导致的风险;操作风险则指因内部管理出现漏洞、管理失控或存在缺陷,使得内部人操作不当等出现的风险。

二、投资银行风险成因

(一)投资银行内存脆弱性

首先,投资银行内在脆弱性表现在其高负债经营上。一方面,在投资银行业务获利能力强的情况下,能大幅度提高股东权益收益率,为股东获取满意的回报;另一方面,高负债经营加大了投资银行的经营风险和风险控制的难度。其次,投资银行内在脆弱性表现在其业务的竞争压力上。一方面,全球投资银行之间为瓜分有限的资本市场而展开激烈竞争,金融创新产品不断涌现,而随着金融产品的日益复杂,金融风险也相应增加;另一方面,金融业混业经营使得商业银行重返证券业,加剧了证券业的竞争。

(二)金融资产价格的过度波动性

金融资产价格的剧烈波动原因主要有:① 金融资产难以定价。作为虚拟资产的金融资产,影响其定价的因素很多,诸如宏观经济政策、经济周期、社会政治状况、产业政策以及公众心理等。② 投机力量与信用交易机制对价格波动起到推波助澜的作用。③ 市场信心不稳定和"羊群效应"心理对金融市场价格波动的影响巨大。④ 各种金融创新工具的广泛运用,使得影响金融创新工具价格的因素变得难以把握。

(三)公司治理机制缺陷

股东对投资银行董事会的约束弱化,股东大会空壳化和管理不善,导致了对投资银行决策层与经理层约束的弱化等。

(四)内部控制失灵

投资银行内部控制失灵主要表现在:① 投资银行的内部控制不能涵盖其全部业务和市场,出现控制"真空",如巴林银行的内控失灵在管理制度上源于对矩阵管理制度的运用不当。根据矩阵管理制度,公司在世界各地的不同业务负责人必须向有关产品和业务的全球或地区产品经理或业务经理报告。对此制度的运用不当,就会产生两个致命弱点:其一是由于地方业务负责人需向不同产品的经理报告而常常混淆汇报渠道,以及出现职责划分不明;其二是地区经理可能会不愿意或无法对其管辖范围内进行的业务活动做出监管。巴林银行在内控制度上的失误就是最好的说明。② 投资银行各部门之间的协调沟通不够健全,导致在危机发生初期无法事前预警。③ 投资银行高层所制定的全面内控制度,未被其全体员工全面执行或认同,内控制度仅停留在文件形式上。④ 投资银行内部信息的非真实性、非充分性及公司报告渠道的不畅。内部控制有效性的前提条件是投资银行内部信息能及时、准确地按一定的渠道汇集于公司决策层及其主管经理。

(五) 外部约束弱化

外部约束主要由市场约束与政府监管两部分构成。市场约束是否有效由两方面决定:一是外部市场是否完备和有效。市场的有效性则以市场参与者提供信息的充分性,对管理层进行奖惩的适度,以及向投资者提供准确、有意义、及时、透明的信息为前提。投资银行定期提供翔实而准确的信息,有助于证券市场的参与者对投资银行所面临的风险有一个连续性的评价,正确地估计眼前或未来的盈利情况。二是投资银行管理层对各种市场信号变化的意识和反映程度。

现实中,市场势力和信息问题是造成金融过程中市场失灵的主要原因。由于有关价格和金融产品信息传递不畅,加上外部环境具有不确定性,获取信息的"搭便车"行为及在金融服务使用者与供给者之间的信息不对称,市场上大的投资银行往往凭借其实力通过提高价格以获取超额利润而损害市场效率。投资银行治理结构中委托—代理问题、道德风险问题的存在,投资银行管理层倾向高风险之投机现象日趋普遍,加上系统失灵的"风险传染效应"等问题的存在,对投资银行的市场约束失败就变得不可避免且日趋严重。政府对投资银行监管的弱化,则导致了投资银行更趋脆弱。

三、投资银行风险管理

投资银行风险管理是对风险进行防范和补救,它包括风险回避、风险分散、风险转移、风险补偿等多种方式。风险回避主要指在资产的选择上避免投资于高风险资产,通过对资产期限结构进行比例管理等方式来回避风险;风险分散主要指投资银行通过资产投资的多样化,选择相关性较弱的,甚至是完全不相关或负相关的资产进行搭配,以实现高风险资产的风险向低风险资产扩散;风险转移是指如果风险分散后,仍有很大风险存在,就通过合法的交易方式和业务手段将风险转移到别人手上;风险补偿是指通过将风险报酬打入价格,订立担保合同进行保险等方式以保证一旦发生风险损失,可以有补救的措施。

国际上,以美国为代表的投资银行,根据其风险管理的特点,运用信息管理系统、投资银行组合法和 VaR(Value at Risk)技术等全面加强对投资银行业的风险管理,增加了投资银行风险管理的可靠性。其中 VaR 法作为一种技术工具,对风险管理的影响巨大。以 J.P.摩根为代表的大型金融机构花费大量的投资开发了基于 VaR 理念的风险管理技术和软件产品。

(一) VaR 基本含义

VaR 是指在正常的市场条件和给定的置信水平(通常是 95% 或 99%)上,在给定的持有期间内,某一投资组合预期可能发生的最大的损失。要确定一个投资银行或金融机构的 VaR 值,必须先确定三个系数:第一个系数是要确定持有期限或目标期限问题。持有期限是指衡量回报波动性和关联性的时间单位,也是取得观察数据的频率,它应根据组合调整的速度来具体确定。第二个系数是观察期间。观察期间是对给定持有期限的回报的波动性和关联性考察的整体时间长度,是整个数据选取的时间范围。第三个系数是置信水平的选择。置信水平过低,损失超过 VaR 值的极端事件发生的概率过高,这使得 VaR 值失去意义;而置信水平过高,则超过 VaR 值的极端事件发生的概率可以得到降低,但统计样本中反映极端事件的数据也越来越少,这使得对 VaR 值估计的准确性下降。

(二) VaR 值的计算

迄今为止,VaR 计算方法多种多样,但并没有资料证明哪种方法最好。常用的方法有历史模拟法、方差—协方差法、蒙特卡罗模拟法等。

(1) 历史模拟法。以历史可以在未来重复自身为假设前提,直接根据风险因子收益的历史数据来模拟风险收益因子未来变化。在这种方法下,VaR 值直接取自投资组合收益的历史分布,而组合收益的历史分布又来自将组合中每一金融工具的盯市价值表示为风险因子收益的函数。因此,风险因子收益的历史数据是该 VaR 模型的主要数据来源。

(2) 方差—协方差法。假定风险因子收益的变化服从特定的分布(通常是正态分布),然后通过历史数据分析和估计该风险因子收益分布的参数值,如方差、相关系数等,从而根据下式得出整个投资组合收益分布的特征值。

$$VaR_a = k(\alpha)\sigma_p = k(\alpha)\sqrt{\sum_{i=1}^{I}\sum_{j=1}^{I} x_i x_j \rho_{ij}\sigma_i\sigma_j}$$

式中,σ_p 为整个投资组合收益的标准差;σ_i、σ_j 为风险因子 I 和 J 的标准差;ρ_{ij} 为风险因子 I 和 J 的相关系数;x_i 为整个投资组合对风险因子 I 变化的第三度(有时称为 Delta)。在正态分布的假设下,x_i 是组合中每个金融工具对风险因子 I 的 Delta 之和。

(3) 蒙特卡罗模拟法。它是通过随机产生的风险因子回报值来模拟组合的收益分布。风险因子的回报值既可以通过历史数据模拟产生,也可以通过假定参数的方法产生。

(三) VaR 的优点

VaR 的最大优点在于它把金融机构的全部资产组合的整体风险概括为一个简单数据,以此来表示风险管理的核心——潜亏。VaR 不仅可作为金融监管的依据,更是投资银行进行投资决策和风险管理的有效技术工具。投资银行利用 VaR 方法进行营运资金管理,指定投资策略,通过对所持有资产风险值的评估和计量,及时调整投资组合,以分散和规避风险,提高资产运营质量和运作效率。VaR 因其鲜明的特点和易操作性,在众多的风险管理方法中格外引人注目:① 可以用来简单明了地表示市场风险的大小,没有任何专业背景的投资者和管理者都可以通过 VaR 值对金融风险进行判断;② 可以事前计算风险;③ 不仅能计算单个金融工具的风险,还能计算由多个金融工具组成的投资组合风险,这是传统金融风险管理所不能做到的。

(四) VaR 的缺点

首先,VaR 方法衡量的主要是市场风险,如果单纯依靠 VaR 方法,就会忽视其他各类的风险,如信用风险等。其次,从技术角度看,VaR 值表明的是一定置信水平内的最大损失,但并不能绝对排除高于 VaR 值的损失发生的可能性。这种情况一旦发生,给经营单位带来的后果就是灾难性的。所以在金融风险管理中,VaR 方法并不能涵盖一切,仍需综合使用各种其他的定性、定量分析方法。例如,摩根士丹利仅把 VaR 模型作为其风险管理和检测的一部分,交易柜台、交易部门和公司层次还使用敏感性模拟系统等更多的风险监管和控制工具。

第二节　投资银行监管

证券市场是一个高风险市场,作为证券市场灵魂的投资银行,时时刻刻面临巨大的系统性风险和非系统性风险。在证券市场上,由于投资银行在其所经营的一切业务中,总是会持有股票、债券等金融资产。而这些金融资产价格非常容易受到市场信心、投机以及信用的影响,且金融资产本身就是虚拟资产,其价格无法准确确定,因而这些金融资产价格波动过大,使得投资银行常常面临巨大风险。另一方面,投资银行本身的高负债经营也使得投资银行处于高风险之中。因此,加强对投资银行监管,促使其规范、稳健运行,保证证券市场稳定,保护投资大众的利益,是各国的普遍做法;也是保证一国金融安全,促进国民经济发展的重要手段。

一、投资银行监管理论分析

监督(Supervision)与管制(Regulation)简称为监管,投资银行监管实质上是指为了实现证券市场的公平、公正、公开而由监管机构利用各种手段对投资银行所采取的一种有意识的、主动的干预和控制活动。

(一) 一般理论

在经济学中,关于监管的理论与观点各式各样,相对而言,公共利益理论、俘虏论和监管经济学等三种观点较为成熟。

1. 公共利益理论

该理论的假设条件有二:其一,市场本身是有缺陷和脆弱的。如果不进行监管而放手让市场本身发挥作用,其运行必缺乏效率;其二,要提高市场的运行效率,必须有政府的干预。市场运行的无效率或低效率可能来自自然垄断、外部性或信息不对称等。该理论认为,广大公众希望纠正某些社会个体与组织的不公平、不公正和无效率或低效率等现象,监管是政府对公众这样希望的一种回应。即通过监管,可改善资源配置,保证收入分配的公平。

2. 俘虏论

该理论一个代表性的模型是"生命周期模型",其假设条件有:① 一些公众或团体在共同利益的驱使下组成了短暂的同盟,并迫使立法机关通过立法成立旨在保护公共利益的监管机构;② 新成立的监管机构就是要对被监管者实施有效的监管;③ 由于被监管者削弱了监管机构的力量并最终将监管机构演变为保护其自身利益。所以该理论认为,伴随着时间的推移,监管机构会越来越被被监管者所支配,监管将不是保护公众利益,而是保护被监管者的利益,从而使得监管将严重损坏正常合理的资源配置。

3. 监管经济学

该理论把监管现象看成是一种商品,此种商品的分配受到供求关系的支配。在某些情况下,监管将使生产者和消费者双方受益。也就是说,监管的需求来自国家可以通过监管使得利益集团的经济地位得到改善。企业可以从政府监管中得到阻止竞争者进入、直接的货币补贴等利益。而监管的供应则来自那些想方设法谋求当选的政治家,他们需要选票和资源。由于接受监管的利益集团明白,通过监管能够从政治家那里得到好处,因而它们愿意承担相应的成本。由于这种供求关系的相互作用而产生了监管。

上述关于监管的三种理论,发展得最完善的是公共利益论,即由于存在市场失灵而产生监管的需求,通过监管可以消除市场失灵所带来的价格扭曲,从而弥补市场机制在资源配置过程中的效率损失。但该理论不能解释为什么监管者会背离初衷而与被监管者形成相互依赖的关系,也不能解释此种监管需求是如何转化为监管实际的。俘虏论则论证了究竟是什么原因导致了对监管的需求,深入地考察了监管者的实际行为和动机。但该理论不能解释监管的供给是如何产生的,不能解释监管者为何会背离初衷而与被监管者形成相互依赖的关系。监管经济学是在前两种理论基础上发展起来的一种新的监管理论。该理论运用了经济学中的供求理论,阐述了监管的供给是如何产生的,以及监管的供给与需求之间是如何相互作用的。

各国的实践证明,投资银行业存在着市场失灵问题。加强对投资银行业的监管,应该是在维护公平竞争的基础上保护公共利益,因此本章从经济学的角度分析投资银行监管问题,在分析时更多地侧重于公共利益论方面的基本原理。

(二) 投资银行监管的目标与原则

1. 投资银行监管的目标

国际证监会组织(IOSCO)提出的监管目标是:保护投资者,保护证券市场公平、有效和透明,减少系统性风险。具体可以概括为以下三个方面:

(1) 切实保护投资者的合法权益。投资银行的服务对象是投资者,投资者是金融市场的参与者和出资者。投资者的利益必须得到保护,免受因误导、欺诈或操纵造成的损失。

(2) 促进投资银行业的安全与稳定。投资银行面临公司风险、市场风险、利率风险、汇率风险、违约风险、政治风险、社会风险、流动性风险等,因而是一个高风险行业。由于存在"多米诺骨牌"效应,一旦某投资银行发生危机,则可能殃及整个金融市场,造成金融危机。因而加强对投资银行监管,促使投资银行在合法范围内稳健经营,降低和防范风险,保证投资银行体系的安全性和稳定性,是投资银行监管的重要目标。

(3) 保证投资银行公平竞争、高效运行。竞争的公平性是通过对投资银行的监管,创造一个平等的竞争环境,从而鼓励投资银行在竞争的基础上提高效率。即通过监管,既要保护投资银行的机会均等和平等地位,又要防止和打破垄断,提高投资银行运作效率。

2. 投资银行监管的原则

投资银行的监管原则同其目标是相辅相成的,具体的原则为具体的目标服务,而具体的原则常常体现在法规之中。概括而言,投资银行监管原则如下:

(1)依法监管的原则。即投资银行必须受到国家金融管理当局的监管;对投资银行的监管必须依法而行,必须保持监管的权威性、严肃性、强制性与一贯性,从而达到有效性。具体而言,对投资银行监管的主体应由法律确定,监管主体必须在法律授权的范围内行使权力,监管主体行使权力不得有悖法律。如果监管主体行使权力时程序违法,则行为视为无效。从投资银行监管的实践来看,实施监管活动的主体是多元化的,可以是国家,也可以是证券业协会或者证券交易商协会,还可以是证券交易所或别的什么机构。选择什么样的机构作为投资银行监管主体,不完全是从经济角度考虑的结果,是政治、经济、历史、传统等各个方面共同作用的产物,因此各个国家都有自己的特色。几乎所有国家的投资银行监管活动都是由政府部门、行业协会和证券交易所共同完成的。

(2)适度竞争原则。即投资银行监管的重心应该是创造适度的竞争环境;形成和保持适当竞争的格局;避免造成投资银行高度垄断,失去竞争的活力与生机;防止出现过度竞争、破坏性竞争从而危及投资银行业安全与稳定等。总之,对投资银行监管,要鼓励、倡导和规范竞争,提高投资银行体系的整体效率,而不得压制竞争。

(3)配合性原则。配合性原则是指对投资银行的监管行为应该相互配合。首先,不同监管主体之间要高度配合。一方面,不同监管主体之间的职责范围要明确划分;另一方面,在具体执法时,不同监管主体之间不能相互推诿或相互扯皮,而应该加强配合。其次,同一监管主体之间及上下级机构之间职责划分要合理明确,相互配合。再次,监管要与宏观调控之间相互配合。

(4)监管成本最小化和收益最大化原则。由于存在市场失灵,作为社会公共利益代表的政府必须通过建立证券市场监管机制来对证券市场与投资银行的运作进行不同程度的干预。然而,此种监管是有成本的,一方面表现为不合理的监管行为(监管不足或监管过度或滥用监管权)会对证券市场与投资银行的规范发展造成重大的损害;另一方面是政府监管本身要耗费大量的人力、物力和财力。这两个方面的成本就构成监管机制的运行成本。所以投资银行监管应当遵循监管成本最小化与收益最大化的原则,合理地设计投资银行监管组织体系的结构,制定行之有效的监管制度,建立一支精通证券市场专业技术知识和具有高度敬业精神及职业道德的高级监管队伍,这是充分发挥和提高投资银行监管机制的功能和效率,降低投资银行监管机制运行成本的必要条件。

二、投资银行监管体制

由于各国的政治体制、经济体制、证券市场发育程度和历史传统习惯不同,形成了各种不同的投资银行监管体制。而随着证券市场的发展变化,投资银行监管体制也或多或少地发生了变化。但就总体而言,投资银行监管体制可以分为集中型监管体制、自律型监管体制和综合型监管体制三种类型,并且近年来这三种监管体制出现了融合之趋势。

(一) 集中型监管体制

集中型监管体制是指政府通过专门的证券市场管理法规,并设立全国性的专门的证券监管机构来实现对全国证券市场及投资银行的集中统一管理。在这种体制下,政府积极参与对证券市场及投资银行的管理,并且在监管中占主导地位;而各种自律性组织,如证券业协会等则起协助政府监管的作用。美国、日本、韩国等都属此类,其中美国最为典型。

1. 集中型监管体制的特点

其一,强调立法管理,具有专门的、完整的、全国性的证券市场管理法规。例如,美国的立法管理上分为三级:一是联邦政府立法,包括《1933 年证券法》《1934 年证券交易法》《1935 年公用事业控股公司法》《1939 年信托契约法》《1940 年投资公司法》《1940 年投资咨询法》《1970 年证券投资者保护法》等;二是各州政府立法,即《蓝天法》,它大致可分为防止欺诈型、登记证券商型、注重公开型、注重实质管理型等四种;三是各种自律组织,如各大交易所与行业协会制定的规章。日本则以《1948 年证券交易法》为核心,构建了一系列证券专项立法并形成完整的法规体系。

其二,设立统一的、全国性的证券管理机构来承担证券市场及投资银行监管职责。这类机构由于政府充分授权,通常具有足够的权威维护证券市场与投资银行的正常运行。这种全国性的专业监管机构可分为两种:一是由专门机构专职监管证券市场与投资银行。例如,美国证券市场的专门管理机构是根据 1934 年证券交易法设立的联邦证券交易委员会(The Securities and Exchange Commission,SEC),它由总统任命、参议院批准的 5 名委员组成,委员全部为专职,不得兼任其他公职,也不得直接或间接从事证券交易。SEC 领导全国市场咨询委员会、联邦证券交易所、全国证券商协会。证券交易委员会具有对全国的证券发行、证券交易所、证券商、投资公司等依法实施全面监管的权力,是统一管理全国证券活动的最高管理机构,是美国证券市场的政策中心、管理中心和信息中心。以 SEC 为"塔尖",包括各州设立的监管机构和各种自律组织,形成了美国式金字塔型投资银行监管体制。美国国会负责投资银行业监管的立法,美国证券交易委员会对国会负责;美国证券交易委员会负责根据国会立法来制定有关投资银行监管方面的法规,并依法对投资银行及其业务活动进行监管,是最为重要的投资银行监管机构;各州设立的监管机构依据各州的立法,在其管辖范围及区域内对投资银行及其业务活动进行监管;各种自律组织负责监督各自市场上交易及其成员的活动,它们制定和修改的规则必须由美国证券交易委员会批准。二是由附属机构来对证券市场与投资银行进行监管,这种附属机构是政府的某部门,如中央银行、财政部。日本的政府监管职能是由大藏省证券局承担,日本的《证券交易法》规定,投资银行在发行有价证券前必须向大藏省登记,证券交易的争端由大藏大臣调解。法国的证券交易所管理委员会从属于财政部。财政部长还有权发放、取消经纪人的执照,对经纪人实施惩罚,决定开设或关闭证券交易所,并制定适用于它们的规章。但是,财政部长一般不干预证券管理机构和经营机构的业务决策和具体活动,而是通过证券交易委员会调节交易市场。而巴西证券监管机构是该国中央银行体系的一部分。巴西投资银行的监督机构是证券委员会,它根据巴西国家货币委员会(巴西中央银行的最高决策机构)的决定,行使对投资银行的监管权力。这一体制可能会产生过多的行政干预等现象,但因将一国宏观金融的监管权高度集中于中央银行,有利于提高监管效率。

2. 集中型监管体制的优点

集中型监管体制的特点决定了它具有两个明显的优点:① 其法规、机构均超脱于证券市场的当事之外,能更严格、公平、有效地发挥其监管作用,更注重对投资者的利益进行保护。并且能起到协调全国证券市场的作用,防止政出多门、互相扯皮的现象。② 具有专门的证券市场及投资银行监管的法规,统一监管口径,使市场行为有法可依,提高了监管的权威性、严肃性和公正性。

3. 集中型监管体制的缺点

① 在实际的监管过程中,政府主管机构与自律部门的相互配合可能难以完全协调。② 当市场行为发生变化时,有时不能做出迅速反应,并采取有效措施。即由于证券市场与投资银行具有特殊性,任何立法都不可能规定得详尽无遗,而且法律的废、立、改必须经过特定的程序,因而证券立法监管难以贴切于市场,并跟上市场的变化和发展。③ 政府作为监管机构直接管制证券市场与投资银行,很难做到适度,实现既保持市场稳定秩序,又促进市场高效运作的管理目标。

（二）自律型监管体制

自律型监管体制是指政府除了某些必要的国家立法外,较少干预证券市场及投资银行。对证券市场及投资银行的监管主要由证券交易所及证券商协会等组织进行自律监管,强调证券业者自我约束、自我管理的作用。自律组织主要通过其章程和规则对其成员的行为进行引导和制约。自律组织有权拒绝接受某个证券商为会员,并对会员的违章行为实行制裁,直至开除其会籍。实行自律型监管体制的典型代表是英国,其他原英联邦国家和地区也多采用这一监管体制,如澳大利亚、新加坡、马来西亚及中国香港地区。

1. 自律型监管体制的特点

第一,对证券市场及投资银行的监管主要依靠自律机构的自我管理。以英国为例,英国是世界上证券市场发展较早的证券发达的国家,但英国一直没有设立专门的证券监管机构,对证券市场及投资银行的监管主要由独立于政府机构之外的证券市场及其交易参加者组成的自律组织负责。1986 年以前,这种自我管理主要通过英国证券业理事会和证券交易所协会以及收购与合并问题专门小组等为核心的非政府机构实行有组织的自我管理。证券交易所也承担自我管理的职责。1986年,英国通过了《金融服务法》(The Financial Services Act,FSA),该法案将投资业的自我管理与政府的立法管理相结合,同时根据《金融服务法》,英国成立了半官方性质的证券监管机构——证券和投资局(The Securities and Investments Band Board,SIB),形成由贸工部、证券和投资局、自律组织三级组织构成的监管体制。三级制的证券监管体制的建立并未完全改变英国证券自律监管体制,原因有二:其一,贸工部的监管职能大多通过证券和投资局间接执行,而证券和投资局的管理实际上更近似于自律管理;其二,由于立法并未将所有的自律规则纳入贸工部及证券和投资局复查范围内,自律组织仍根据自己管理的特定投资行业的特点制定了大量详细的可操作的自律规则,实现对证券市场自律监管。

第二,政府很少干预证券市场。在英国,政府没有一个专门负责管理证券市场及投资银行的机构。贸工部公司登记处仅登记公开说明书,不加审核。英格兰银行基于金融目的仅对一定金额以上的发行,行使同意权,而实质审查,完全操纵在交易所手中。此外英国也没有一个专门的有关证券交易的法规,对证券交易的一些法律规定都分散在其他不同的经济法规中,如《公司法》《防止欺诈(投资)法》等。

2. 自律型监管体制的优点

自律型监管体制的优点表现为:① 它将政府对证券市场及投资银行的干预减少到最小程度,从而保证证券业自主地按市场规则进行证券活动,为投资保护和创新竞争的市场并存提供了最大的可能性。② 它不仅让证券交易商参与制定和执行证券市场管理条例,而且鼓励他们规范地遵守这些条例,这样的市场管理将更有效。③ 具有丰富专业知识和市场管理经验的自律机构,在操作上具有的灵活性,对市场变化和突发事件具有高度的敏感性,更能适合复杂多变的证券市场的特点和证券业发展的需要。

3. 自律型监管体制的缺点

自律型监管体制也存在自身的局限性,表现为:① 对自律型监管通常把重点放在市场的有效运转及保护证券交易所会员和其他证券业自律组织成员的经济利益上,对投资者利益往往没有提供充分的保障。② 其监管者本身又是市场的参与者,其非超脱的地位难以保证监管的公正性。③ 由于没有一套完备的证券立法为基础,缺乏强硬的法律后盾,其监管手段往往显得软弱无力。④ 由于没有全国性的监管机构,比较难以实现全国证券市场的协调发展,容易造成混乱状态。

(三) 综合型监管体制

该体制是介于集中型监管体制和自律型监管体制之间的一种监管体制,它既强调集中统一的立法管理,又注重自律约束。该体制又称为分级管理型监管体制,它包括二级监管和三级监管两种子模式。二级监管是中央政府和自律型机构相结合的监管;三级监管是指中央、地方两级政府和自律机构相结合的监管。采用这一监管体制的多为大陆法系国家,如德国、意大利等,其中德国最为典型。

综合型监管体制的特点表现为:① 对证券市场和投资银行监管的法律多,但没有统一的证券法。以德国为例,关于投资银行监管的法律、法规在《证券交易法》《证券交易条例》《银行法》《投资公司法》《外国投资公司法》《联邦储备银行法》《贸易法》和《刑法》等法律中都能找到,但没有建立统一的证券法来规范证券市场的运作。② 没有建立相对独立的法律实体统一监管投资银行。以德国为例,其对投资银行的监管主体包括5个层次。第一是银行监管局,负责履行法律手续,如机构审批、撤换执照、日常监督等。银行监管局依据《银行法》《投资公司法》《证券交易法》《股份公司法》等对银行的业务经营进行监管,以控制银行所承担的风险。为保护投资者利益及避免利害冲突,1991年1月银行监管局发布了银行行员交易规则,要求信用机构应注意其行员在从事有价证券、外汇、贵金属及衍生性商品交易时,不得侵害银行及客户的利益。第二是德国联邦储备银行,不但有权对银行的存款、贷款、结算等商业银行业务进行管理,而且有权干预证券市场的活动,并收集各家银行的有关股本、资产、负债等详细统计数据,向银行监管局提供,以便银行监管局对银行进行监管。第三是证券交易委员会,由证券交易所的主要参加者组成,负责对证券交易进行日常监管。第四是证券上市批准委员会,由银行和产业界的代表组成,负责核准证券的上市,审查上市证券的信息公开情况。第五是注册证券经纪人协会。按规定,所有的正式证券经纪人都必须加入注册证券经纪人协会。该协会由州法律管辖,它也有自己的决策与执行机构。当遇到重要法规时,它必须同证券交易委员会进行协商。

由于集中型监管体制和自律型监管体制各有优点,也各有局限性,因此在经历了多次股灾之后,以及随着证券市场日益国际化,各国都十分注意吸收其他类型的证券监管体制的优点,改革国内证券监管体制,出现了证券市场及投资银行监管体制融合的趋势。一方面,实行集中型监管体制的国家开始注重自律监管的作用,通过立法和监管制度的改革,承认和加强自律监管的作用。美国是集中型监管体制的典型代表,但其证券商协会、证券交易所等在证券监管中也发挥日益重要的作用,特别是场外交易市场,主要靠证券商协会的管理。不过,2010年7月21日,随着被称为美国"大萧条"以来最严厉的金融改革法案——《多德-弗兰克华尔街改革和个人消费者保护法案》的正式生效,美国投资银行监管进入了一个新的历史阶段。这一法案首先成立了由包括财政部长和美联储主席在内的九家金融监管机构负责人组成的金融稳定监督委员会,其主要职责在于识别和防范系统性金融风险,拥有广泛的职权。同时,还对具有系统性风险的金融机构提出了更高的资本充足率、杠杆限制、流动性和风险管理要求。该委员会拥有"先发制人"的监管授权,即为了防范可能的系统性风险,委员会在2/3多数投票通过后,可以批准美联储对大型金融机构进行强制分拆重组或资产剥离。此外,为了降低金融机构"大而不倒"情况出现的可能性,法案建立了新的系统性风险监管框架,把所有可能带来系统性风险的商业银行和非银行金融机构都纳入美联储的监管之下。同时,还引入了"沃克尔规则",其核心在于限制商业银行和银行控股公司从事自营性交易,限制商业银行投资私募股权基金和对冲基金(投资额不超过商业银行一级资本的3%),禁止商业银行做空或做多其销售的金融产品。其次,为消除之前的监管重复或监管漏洞,法案通过强化对资产证券化市场运作流程的监管,加强和扩大SEC的监管权,协调商品期货交易委员会(CFTC)和SEC两大监管机构之间的监管冲突,以及(在撤销储蓄监督局和货币监理署基础上)组建国家银行监管署,强化了对金融市场的综合监管等。总体上看,这一法案的颁布实施尽管并没有彻底改变美国原有的多边金融监管体制,但加大了美联储的监管权力,相当程度上提高了美国金融监管的统一性。另一方面,实行自律型监管体制的国家开始注重通过立法局建立统一的证券监管机构,加强对证券市场及投资银行的政府监管和立法管制。例如,自律型监管体制的典型代表英国,在1986年通过的《金融服务法》后,建立了证券和投资局,专门负责证券市场及投资银行的管理。尽管这一机构不是官方机构,但其在管理方面吸收了集中型监管体制的很多做法。

三、我国证券公司分类监管与净资本监管

(一) 分类监管

为有效实施证券公司常规监管,合理配置监管资源,提高监管效率,促进证券公司持续规范发展,根据《证券法》《证券公司监督管理条例》等有关法律、行政法规的规定,中国证监会于2009年5月26日制定《证券公司分类监管规定》(以下简称《规定》),并于2020年7月进行第二次修订。证券公司分类是指以证券公司风险管理能力为基础,结合公司市场竞争力和持续合规状况,按照本《规定》评价和确定证券公司的类别。

证券公司风险管理能力主要根据资本充足、公司治理与合规管理、动态风险监控、信息系统安全、客户权益保护、信息披露等6类评价指标,按照《证券公司风险管理能力评价指标与标准》进行评价,体现证券公司对流动性风险、合规风险、市场风险、信用风险、技术风险及操作风险等管理能力。资本充足,主要反映证券公司净资本以及以净资本为核心的风险控制指标情况,体现其资本实力及流动性状况;公司治理与合规管理,主要反映证券公司治理和规范运作情况,体现其合规风险管理能力;动态风险监控,主要反映证券公司风险控制指标及各项业务风险的动态识别、度量、监测、预警、报告及处理机制情况,体现其市场风险、信用风险管理能力;信息系统安全,主要反映证券公司治理及信息技术系统运行情况,体现其技术风险的管理能力;客户权益保护,主要反映证券公司客户资产安全性、客户服务及客户管理水平,体现其操作风险管理能力;信息披露,主要反映证券公司报送信息的真实性、准确性、完整性和及时性,体现其会计风险及诚信风险管理能力。

中国证监会按照分类监管原则,对不同类别证券公司规定不同的风险控制指标标准和风险资本准备计算比例,并在监管资源分配、现场检查和非现场检查频率等方面区别对待。

(二) 净资本监管

1. 净资本内涵

净资本是国际上通行的投资银行风险监管指标。美国、英国、欧盟、新加坡、澳大利亚和中国香港等国家和地区均通过净资本等指标对投资银行进行风险监控,并在法律上规定了当投资银行净资本等指标低于规定标准时应限期补足,否则监管部门有权采取限制其业务活动直至关闭公司等监管措施。在这种有效的外部风险监管体系支持和

推动下,投资银行通过不断完善和深化内部风险控制机制,在风险可控、可测、可承受的前提下不断创新发展,涌现出许多具有国际竞争力的大型投资银行。

所谓"净资本"是指根据投资银行的业务范围和公司资产负债的流动性特点,在净资产的基础上对资产等项目进行风险调整后得出的综合性风险控制指标。净资本是衡量投资银行资本充足和资产流动性状况的一个综合性监管指标,是投资银行净资产中流动性最高、可快速变现的部分,它表明投资银行可随时变现以满足支付需要的资金数额。形象地说,净资本是假设投资银行的所有负债都同时到期,现有资产全部变现偿付所有负债后的金额。针对金融企业,银行的监管指标是资本充足率,保险的监管指标是偿付能力,而券商的监管指标就是资产的流动性。通过对投资银行净资本的监控,监管部门可以准确、及时地掌握投资银行的偿付能力,以防范流动性风险。

根据国际证券监督委员会组织(IOSCO)技术委员会在2002年的定义,投资银行的流动性风险是指投资银行在不影响资产价值的情况下,无法及时以有效成本的方式履行义务的风险;对有些投资银行而言,则是指由于缺少足够的有效资源而无法持续盈利和经营的风险。根据此定义,投资银行的流动性风险可能导致两种后果:第一种后果是,流动性风险可能使证券公司无法履行到期债务而面临破产危险;第二种后果是,流动性风险导致投资银行丧失继续盈利的能力,不良资产情况严重。造成投资银行流动性风险的原因有资产和负债两个方面。资产方面的流动性通常是指公司资产的变现能力和成本;负债方面的流动性是指公司能通过举债获得资金的能力及成本,也即公司的融资能力和成本。资产的流动性往往影响着负债的流动性。资产流动性强,负债的流动性也强;反之亦然。流动性好的资产,不仅可以通过变现迅速满足投资银行对资金的需求,还可以作为债务的担保,是投资银行维持较高资产负债率的前提。因此,保持良好的资产流动性是金融机构经营管理的基本原则。

在国际金融机构监管体系的发展演变中,对投资银行等证券经营机构采用以净资本为核心的风险监管体系,已经体现和包涵在不同监管机构的要求中。IOSCO就向各监管当局提出了针对投资银行的一系列的监管指引,包括1989年10月的《投资银行资本充足率标准》、1990年11月的《跨国投资银行资本金要求》、1996年3月7日的《保证金报告》、1997年5月的《资本充足率标准比较》、1998年5月的《投资银行及其监管机构风险管理与控制指南》、2000年5月的《投资银行信用风险管理及其对投资银行和监管者的建议》等。美国在19世纪30年代以后就逐步建立了以净资本为核心的风险监管制度,美国监管部门规定,投资银行经营不同业务的,其净资本绝对指标最低标准为0.5万美元至100万元美元不等,相对指标为净资本不得低于负债的6.67%。英国证券及期货管理委员会(SFA)在1992年颁布了建立在Markwitz(1952)的投资组合理论基础之上的投资组合法,并把它作为投资银行自有资本管理的基本方法。我国在2000年9月引入了以净资本为核心的风险监管体系;2006年7月,又颁布《投资银行风险控制指标管理办法》,并于同年11月1日开始实施,标志着我国投资银行的风险管理跃上专业化、国际化的新的发展平台。

2. 海外投资银行净资本的核算办法

(1) 投资银行资本充足率的规定。

国际证监会组织对投资银行资本充足性有一个概念性、指导性的要求。实际中,各国和地区都根据自身的实际情况,从维持充足的自有资本或净资本以保护投资人和债权人利益的角度出发,分别制定了更为详细的制度。

美国证券交易委员会(SEC)在 1934 年的《证券交易法》中,首次对投资银行的资本充足性做出了规定,该规定称为"原始方案"。方案要求投资银行营业第一年,总负债不能超过净资本的 8 倍,第二年起总负债不得超过净资本的 15 倍。其反映出的监管理念是"负债应有足够高流动性的资产作为担保"。原始方案中的核心内容是有关"净资本"的计算。SEC 关于净资本的定义是净资产加上部分次级债,再减去资产中不能立即转换为现金或变现后将产生一定比率损失的项目扣减额。

在"原始方案"推出之后,SEC 为了进一步强化对投资者的保护,于 1975 年又另外颁布了一个"替代方案",该方案要求投资银行的净资本不得低于借方余额(投资银行向其债务人或客户之应收款项)的 2%,同时不得低于 25 万美元。投资银行可选择两种方案中的一种,向主管机关申报。从实际情况看,拥有较多所有权交易账户的大投资银行一般倾向采用"替代方案",而一些主要从事经纪业务的小投资银行则往往采用"原始方案"。2004 年,美国 SEC 又增加了一种新的净资本计算规则,提供了第二种净资本计算方法。该方法是自愿选择的,而非强制性的。只要投资银行资金雄厚(如持有 50 亿美元以上净资本)、风险控制措施得当,都可以选择采用第二种净资本计算方法,即通过其内部的数学模型来计算其市场和衍生品相关的信用风险,而不需要再按常规方法计算,也无须再遵循负债与净资本的比例限制要求。当时美国五大投资银行(高盛、雷曼兄弟、美林、摩根士丹利及贝尔斯登)都申请采用了第二种净资本计算方法。2004 年后,针对大型投资银行的净资本比率限制实际上已经不存在,而正是这一比率限制的取消,进一步助长了投资银行的杠杆经营倾向,各大投资银行纷纷大举借债经营,直到 2008 年投资银行危机全面爆发。

(2) 各类证券风险头寸计提的规定。

计算净资本时所涉及的核心问题是如何对投资银行所持有的各类资产按其流动性和风险特征的不同而按一定比例计价,即对这些资产可能存在的市场风险损失和变现损失拨付一定的准备。尽管目前关于证券头寸风险的资本计提的计算方法有很多,但以美国的综合法、欧盟的积木法和英国的投资组合法最具代表性。

综合法规定证券组合风险的资本计提比率相当于多头头寸价值比重的某一特定比例再加一部分空头头寸价值比重之和。积木法在计算头寸风险的资本计提时分别以交易簿净值(多头头寸的价值减去空头头寸价值的绝对值)和毛价值(多头头寸的价值加上空头头寸价值的绝对值)的一定比例作为计提的基础。投资组合法建立的理论基础是马科维茨于 1952 年提出的关于证券投资组合风险的计量模型。

3. 我国以净资本为核心的风险监控指标体系

中国证监会结合我国证券行业的发展现状和投资银行经营发展与监管两方面的经

验教训,尤其是投资银行综合治理工作取得的经验,在借鉴国际经验的基础上,研究制定出了以净资本为核心的风险控制指标管理办法和净资本计算规则。

2006 年 7 月,中国证监会公布的《投资银行风险控制指标管理办法》(以下简称《管理办法》)对投资银行净资本的规定是:根据投资银行的业务范围和资产负债的流动性特点,在净资产基础上对资产负债等项目进行风险调整后得出的综合性风险控制指标,主要反映净资产中的高流动性部分。《管理办法》中以净资本为核心的风险控制指标体系分两个层次:一是规定净资本绝对指标和相对指标及其标准,使公司业务范围与其净资本充足水平相匹配;二是风险准备,即规定投资银行应根据业务规模计算风险准备,以实现对各项业务规模的间接控制,同时配合对部分高风险业务规模进行直接控制,从而建立各项业务规模与净资本水平动态挂钩机制。2020 年 1 月 23 日,证监会发布了《证券公司风险控制指标计算标准规定》,并于 2020 年 6 月 1 日实施,其调整的风控指标体系有:一是鼓励价值投资,引入长期增量资金。对证券公司投资政策性金融债、指数基金、成分股等适度"松绑",推动资本市场引入长期增量资金。二是有针对性地强化资本约束,防范突出风险点。重点规制股票质押、私募资产管理、私募基金托管和代销服务等高风险业务,并对高杠杆、高集中度资管产品,第一大股东高比例质押、履约保障比例较低等特定情形,进一步优化了计算标准。三是结合市场发展实践,提升指标体系完备性。结合"资管新规"以及近年来相继推出的沪伦通、科创板、信用衍生品、股指期权等新业务,明确风控指标计算标准,实现对证券公司业务和风险的全覆盖。四是满足差异化发展需求,择优释放资本空间。结合证券公司分类评价结果,将"连续三年 A 类 AA 级及以上的证券公司"的风险资本准备调整系数由 0.7 降至 0.5,进一步提升优质券商的资本使用效率。

第三节　投资银行治理结构

治理结构(Corporate Governance,有的翻译为公司治理机制、公司督导机制等)是一整套控制和管理公司运作的制度安排,可以分为内部治理结构和外部治理机制。内部治理结构,是通过公司内部产权制度安排来实现的;外部治理机制,是通过公司外部竞争的市场体系来实现的。公司内部治理结构是基于委托代理理论和产权理论,对代理人实施激励机制从而在公司的各个利益主体之间进行剩余控制权与剩余索取权有效配置的一套产权制度安排。因此,产权的明确界定、产权的合理配置以及由此决定的利益激励机制是内部治理结构的主要内容。公司外部治理机制主要是基于市场竞争机制,包括通过债权人的控制竞争、产品市场竞争、经理人市场竞争、控制权市场竞争等对公司内部人施加约束的制度安排。即通过公司外部市场体系提供充分的公司经营信息和对公司及经营者行为进行客观的评价,从而形成一种竞争的市场环境和交易成本低廉的优胜劣汰机制,以达到对公司经营者进行有效激励和监督的目的。

一、投资银行产权结构演变

西方发达国家的投资银行,按产权制度划分类,主要包括合伙制和公司制两种形式。其起源绝大多数为合伙制企业,合伙制因其所有权与管理权合二为一,能充分调动管理者的积极性,同时保证投资银行经营的稳定性和连续性,一度被认为是投资银行最理想的经营方式。美国合伙制投资银行保持了100多年的辉煌历史,直到1999年高盛公司上市,合伙制才退出历史舞台。

(一) 有限合伙制

合伙,是指由两个或两个以上合伙人拥有公司并分享公司利润,合伙人即为公司主人或股东。在有限合伙制下,企业里存在普通合伙人和有限合伙人,前者出一部分资金,主管企业的日常业务经营,并承担无限责任;后者只提供资金,其承担的义务仅仅限于财务方面,并不参加企业的日常经营,只负担有限责任。

有限合伙制主要特点表现为:① 所有者和经营者的物质利益得到了合理配置,从制度上有了保障。在有限合伙制投资银行中,有限合伙人提供大约99%的资金,分享约80%的收益;而普通合伙人则享有管理费、利润分配等经济利益。② 除了经济利益提供的物质激励外,有限合伙制对普通合伙人还有很强的精神激励,即权力与地位激励。在有限合伙制企业中,有限合伙人作为投资者不参与公司运营;而普通合伙人作为经营层,全权负责公司的运营和管理,可以充分发挥其知识水平,享有风险业务的控制权,并从获得的权力与地位中最大化个人效用。③ 有限合伙制由于经营者同时也是公司所有者,并且承担无限责任,因此在经营活动中能够自我约束控制风险,并容易获得客户的信任;同时,由于出色的业务骨干具有被吸收为新合伙人的机会,合伙制可以激励员工进取和对公司保持忠诚,并推动企业进入良性发展的轨道。④ 激励约束的有效性。从实践来看,有限合伙模式的激励约束机制主要表现在以下方面:一是通过把剩余索取权分配给最有信息优势、最难监督的成员(普通合伙人)的"自我监督机制",为所有者和经营者的物质利益创造及配置提供了较强的制度保障;二是通过权力和地位的变迁,为团队成员提供了强有力的精神激励;三是其内含的经营者与所有者合并以及无限责任要求,不仅为约束合伙人风险承担、维持其自身声誉提供了制度保障,还可以激励员工进取和对公司保持忠诚,推动企业进入良性发展的轨道;四是资本投入和声誉的双重抵押给合伙人提供激励约束的对等机制等。

(二) 股份制:投资银行治理结构中权力有效制衡的产权基础

现代股份制的优点,在于它通过股份制的一整套运作机制,实现了产权明晰化,使终极所有权与法人所有权真正分离。现代股份制下的终极所有权与法人所有权的分离,其主要特征是:第一,法律形式规范。出资者成为股东后,对其入股的资本拥有股权。他拥有出资或购买公司股票的权利和凭股票获取股本的投资收益(股息和红利)或在股市上出售股票以谋取市场收益。作为股东,其以投入资本额为限承担有限责任。出资者出资所组成的股份公司在法律上被赋予独立的人格,拥有独立于出资者之外的地位,拥有占有、经营、支配、处置和收益的各种权力。因此,终极所有者与法人之间不存在超经济性强制,法人所有权不依赖于终极所有权而独立存在,公司产权取得了独立的存在形式——法人资本。第二,永久性分离。在股份公司内部,终极所有权与法人所有权所面对的客体是同一的,但反映的却是不同的法律和经济关系。前者界定了公司财产最终归谁所有,体现一定的所有制性质;后者体现的则是公司财产由谁占有、使用,收益与处分的关系。第三,以法人为中介的间接分离,形成了出资者、公司法人、经营者等多元主体并存的格局。在产权边界清晰条件下,各利益主体的权利和义务具有对称性。出资者凭借股票获取资本收益,在失去对公司资产控制权的同时,以投入资本承担有限责任;公司法人拥有法人所有权,并以法人资产对其债务承担最终清偿责任;经营者在法人代表机构授权下执行公司资本与业务营运,其收入、升迁、声誉等直接与公司资产营运相联系。第四,股权约束(终极所有者对法人所有权)存在于公司外部,使公司产权独立化。相对于所有权与经营权分离情况下所有权约束表现的物权约束而言,股权约束机制("用手投票"和"用脚投票")更规范、更制度化,保证了公司产权的独立化,公司发展与所有者根本利益的一致。

尽管合伙制投资银行模式具有非常显著的优点,但在实践中,其最大的问题就是合伙制投资银行面临合伙人数量的上限,进而无法在筹集足够规模的资本金的同时吸引交易需求,构建日益高效的业务支撑体系。投资银行采用股份制的组织形式,是社会化大生产和商品经济发展到一定阶段的产物。以美国证券业为例,有限合伙制投资银行几乎完全被股份制上市公司代替了。1970年,美国证券市场上出现了第一家公开上市的投资银行——唐纳德·卢夫金和杰略特公司。但因影响有限,直到1971年7月,美林证券公开发行上市,才真正揭开了大型投资银行由合伙制向股份制转变的序幕。1981年10月,所罗门公司脱离了合伙制的轨道成为公众公司。高盛公司于1999年完成了公开发行,美国最后一家合伙制投资银行消失了。至此,美国所有的投资银行都变成了股份制上市公司。

有限合伙制投资银行向股份制上市公司转化的主要原因:一是扩充资本金的压力。合伙制企业原本就是更适合小企业和中介业务的组织模式,而标准的中介业务并不需要多少资本金。但是,投资银行业务则大为不同,往往是集中介和交易者于一身。随着金融产品的不断发展和资本市场的膨胀,合伙制投资银行在争夺证券承销业务时,常常深感自身资本规模太小。特别是在利率变动充满不确定性的时代,加上大型企业的发债或股票规模越来越大时,预测上一个点的误算,都可能会绷紧投资银行的资金链条,甚至导致破产。因此,合伙制投资银行迫于扩充资本金的压力,不得不选择股份制的形式,通过发行股票并上市来迅速增大资本实力。二是承担无限责任的风险和压力。20世纪70年代,随着华尔街金融创新尤其是金融衍生工具的发展,证券市场的规模和风险同时被"杠杆效应"放大了。投资银行因为一次业务的失败而导致破产的可能性大大增加,这使得合伙人不得不忧虑风险的底线。三是激励机制的掣肘与人才竞争的压力。合伙制投资银行对优秀业务人员的最高奖励就是接纳其成为合伙人。这种奖励机制建立的基础是:员工希望成为合伙人,因而不在乎短期收入。股份公开上市的公司,在分配制度上实施按盈利提成的分配制度。由于金融工具的创新,一线的业务人员虽然很多并非是合伙人,但常常能为公司创造惊人的利润。然而,其成为合伙人的可能性却极小。对于这些优秀的一线业务人员来说,经过漫长等待成为一名合伙人与短期获暴利相比,后者的诱惑更实在。这使得上市公司在与合伙制投资银行进行人才竞争时处于优势地位。

二、投资银行股权结构特征

股权结构是指一个公司股东的构成状况,一般分为三类:一是高度分散股权结构,即相当多的股东持有数量相近的股票。由于股权非常分散,股东"搭便车"的动机和"集体决策成本"等问题很难解决,公司的控制权掌握在经理层手中,股东放弃或失去了相应权力。二是高度集中股权结构,即少数股东拥有相对多数的股票。大股东拥有绝对权力,小股东的权力丧失,且大股东可能会利用投票权以牺牲小股东利益为代价来改善自己的境况。三是适度分散股权结构,既有一定的股权集中度,又存在若干大股东,有利于股东有效地行使控制权,但控股股东之间也会存在利益冲突。可见,在高度分散的股权结构下,容易出现"内部人控制"现象。小股东参与公司治理的成本与收益不对称,从而没有积极性去参与公司治理。在高度集中的股权结构下,大股东会直接派人或亲自担任公司董事长,对经理人员进行监督;或通过提交议案、向管理层施加压力、替换管理者等方式参与公司治理。在适度分散的股权结构下,大股东有积极性去参与公司治理。

对于投资银行业,不同的股权结构对所有者、管理者行为的激励约束是不同的。投资银行业股权结构大致上可分为三类:① 股权高度分散型(英、美模式)。这类投资银行依托发达的资本市场,股权几乎都是由机构投资者或个人投资者持有,以英、美投资银行最为典型。② 股权相对集中型(日、德模式)。这类投资银行的股权由少数法人组织集中持股,法人之间相互持股现象普遍,以日、德投资银行为典型。③ 股权高度集中型。政府一般为这类投资银行的大股东,处于相对控股甚至绝对控股地位。

在一定条件下,股权结构能够影响甚至决定投资银行治理结构。因为股权结构不同,股东行为也会随之不同,对投资银行治理结构发挥作用的影响也不一样,如表2-1所示。

表2-1 不同股权结构对公司治理结构作用的影响

股权结构 治理结构	高度集中 有绝对控股的股东	高度分散 不存在大股东	有一定集中度 存在相对控股股东
激励机制	强	弱	一般
监督机制	一般	弱	强
外部接管市场	弱	强	一般
代理权竞争	弱	弱	强

表2-1中,第一种情况说明,在股权高度集中、有绝对控股股东的情况下,控股者

凭借其掌握的充分信息,能在股东大会上就投资银行的重大经营决策问题做出符合实际与股东利益的决定,选出能真正代表股东利益的董事,控股者严格控制董事会。由此董事会受到所有权的自我约束和激励,监督机制、外部接管市场和代理权竞争这三方面治理机制的作用较弱或是一般。第二种情况下,所有权结构越分散,对经营者的约束就越弱化,很容易形成经营者内部人控制局面。尽管在存在外部接管市场的间接约束下,能够对经营者有所制约。但经营者可能会通过制造虚假信息等方法掩盖投资银行经营中的不良状况以谋取个人利益,这意味着外部市场约束会趋于无效。当股权结构属于第三种情况时,相对控股的大股东们能对投资银行的重要议案进行有效审议和合理决策,选举他们的代表进入董事会,使董事会能按股东利益行使经营决策权,聘任称职的经理层(投资银行家)并对他们进行有效的监督与奖惩,使经理层(投资银行家)能合理有效地行使经营权。当然,由于相对控股大股东之间可能存在分歧、经理层(投资银行家)进入董事会、信息不完全等原因,经理层(投资银行家)可能会产生机会主义行为。而且如果相对控股的大股东董事与经理层(银行家)合谋,则会损害小股东的利益,导致投资银行治理效率低下。总之,上述分析说明,与高度集中、有绝对控股股东的一元产权结构相比,多元产权结构有助于提高投资银行治理结构的效率,但并不是任何多元化的产权结构均对投资银行的治理效率存在积极作用。多元产权结构本身也有一个合理化问题,产权过于分散和过于集中可能都会导致投资银行治理绩效的降低。只有合理的产权结构(股权结构)以及由此形成的对经营者的监督和激励才能保证投资银行治理目标的实现。因此,股权结构是否适度,将直接影响到投资银行治理的效率。要最大限度地防止投资银行治理效率的损失,就必须安排好投资银行中的股权结构。

作为当今世界上最发达的美国投资银行的股权极为分散,机构投资者尽管占有较大比重,却被众多的机构投资者所分散;个人投资者所拥有的投资银行股权占有重要地位。不过,美国投资银行的股权具有很高的流动性。美国投资银行发行在外的股票大多是可以自由公开交易的活性股。活性股是指投资银行所发行在外的股票中,扣除公司高级管理人员和员工的内部持股,持股比例达5%以上的股东所持股票以及其他在交易上受到限制的股票后其余交易比较活跃的股票。美国投资银行股权具有高流动性的原因在于:一是股权结构的高度分散化使得每个机构投资者直接参与公司治理的成本往往高于其可能获得的收益;二是多数机构投资者在公司治理专业水平不高且所拥有的信息不充分;三是许多机构投资者较注重短期收益,一旦其所持股份的投资银行业绩不好时,他们便卖掉所持股票,使投资银行的股权具有较高流动性。

三、投资银行董事会制度

董事会制度安排对投资银行业治理结构效率的提高起到了积极的促进作用,因为董事会掌握聘用、解雇和奖惩高层管理人员的权力。各国的实践表明,并没有一个固定不变、能为所有投资银行所仿效的治理结构模式,但董事会的独立性、董事会的责任性和外部的稽核机制作为投资银行有效治理结构的重要内容则得到业内认可。董事会是由股东大会选举出来的、由不少于法定人数的董事组成的、必备的、代表投资银行行使其法人财产权的会议体机关。董事会是投资银行法人的经营决策和执行业务的常设机构,经股东大会的授权,能对投资银行的投资方向及重大问题做出战略决策,董事会对股东大会负责。董事会通过对日常投资银行业务的检查与监督,可以随时纠正投资银行家为首的高级经理人员的不当经营行为,且一旦认定投资银行家不称职和业绩考评不合格,就会解雇投资银行家或对其进行报酬上的惩罚。董事会质量较高的投资银行其股权回报高于董事会质量较差的投资银行。质量较高的董事会从事管理更有效率,投资银行未来也更会成功。因为:其一,董事会是投资银行的最高控制系统,它本身具有天然的内部监督机制;其二,若投资银行董事会能有效地监督经营者做出正确的经营决策,投资银行绩效将超过那些董事会作用较弱的投资银行;其三,由外部董事积极参与的董事会有利于改善高层经营者的结构和提高投资银行绩效,因此外部董事的合理比例是衡量董事会效率的标准之一;其四,当董事会行使职权时,投资银行机构成本便会降低,股东的财富便会增加。因此,各国投资银行业以及监管机构都将董事会建设作为公司治理结构的重点,以提高董事会运行的质量。

(一) 强化董事会的独立性

董事会的独立性是投资银行治理结构合理化的核心环节。大多数董事独立于投资银行或投资银行经营管理层,就可以形成一种对投资银行经营管理层的监督制衡机制。美国许多业内人士认为董事会中的绝大多数董事应是相互独立的,或至少董事会应当由足够独立的董事来运作。

衡量投资银行董事会独立性的标准之一是董事会的结构,即董事会的组成及各部分相互之间的关系。董事会结构是董事会真正发挥作用的基础,关系到投资银行的权力平衡问题,直接决定了董事会的绩效及其在投资银行事务中的责任。董事会的结构可以从两个方面来分析:一是外部董事与执行董事在董事会中的构成情况;二是董事会中各专业委员会的设置。首先,就外部董事与执行董事在董事会中的构成来看。外部董事是指在投资银行内部不担任管理职务的董事,即非执行董事。外部董事中非投资银行股东单位派出的、与其无经济关系的社会人士,称为独立董事。理论上讲,投资银行引入外部董事,能够对内部执行董事起到监督作用,防范内部人控制问题。当大多数董事独立于投资银行或投资银行经营管理层时,就能对投资银行经营管理层进行有效的制衡。其次,通过各专业委员会的设立,以有效发挥董事会制衡与决策作用。国外投资银行董事会建立的专业委员会一般包括:① 提名委员会,其职责是向董事会提出有能力担任董事的人选,也包括对现有董事会的组成、结构、成员资格进行考察,以及进行董事会的业绩评价。一般地,提名委员会由独立董事组成,并建立自己合适的构成,规范提名程序,以避免出现关系网和裙带主义,保证董事会候选人的独立性。② 合规性委员会。针对投资银行业的特殊性,国际金融机构常常在董事会中建立合规性委员会,来审视董事会决策及决策程序,投资银行现行的规章制度是否合法合规,以及管理层提供信息的准确度。③ 稽核委员会。这一委员会主要由外部董事会成员构成,在这些成员中至少有一位成员拥有稽核方面的经验。稽核委员会的重要职责之一是录用称职的稽核人员,其目标是确保雇用的稽核人员最终对投资者和稽核委员会而非银行的管理层负责。④ 薪酬委员会。薪酬委员会拟订投资银行经营者的报酬方案,并报董事会通过。因为要决定经营者的薪酬,薪酬委员会的成员一般由外部董事选举产生并经董事会同意的独立外部董事组成,由此能保证在决定经营者报酬过程中的公平性。怎样使经营者的薪酬与绩效挂钩,促使经营者努力使银行价值最大化,是薪酬委员会的使命。总之,各个专业委员会的建立,明确了董事会的各种责任,有利于董事会对投资银行经营信息的获取,促进了董事之间的交流,从而更好地发挥董事会的作用。

(二) 加强董事会对投资银行风险的监控

除了上述的专业委员会,风险管理委员会也是投资银行的董事会下设的一个重要专业委员会。通过风险管理委员会,董事会来集中控制投资银行的整体风险及风险结构。一般地,风险管理委员会的主要职责是:设计或修正投资银行的风险政策和程序,签发风险管理准则;规划各部门的风险限额,审批限额豁免;评估并监控各种风险敞口,使总体风险水平、风险结构与投资银行总体方针一致;在必要时调整投资银行的总体风险管理目标。风险管理委员会下设不同形式的风险管理部门,它们均独立于业务部门。市场风险管理部门负责监管投资银行在全球范围内的市场风险结构(包括各地区、各部门、各产品的市场风险);信用风险管理部门负责监管投资银行在全球范围内的各业务伙伴的风险敞口额度。在业务授权方面,董事会将业务审批授权以及转授权,通过制度和程序配置到业务线各层级的业务问责审批人(业务总经理、业务主管、高级客户经理及客户经理),同时将授信审批授权及转授权的权责通过制度和程序有效配置到风险管理线各层级的授信问责审批人(风险管理总经理、风险管理主管、高级风险经理及风险经理)。同时董事会有权要求投资银行高级管理层定期向其报告,以获取充分的信息来监控投资银行的运行状况。可见,董事会通过风险管理委员会及有关制度的建立,能对投资银行高级管理层风险管理行为进行有效的监督,强化了投资银行风险管理的独立性、权威性和全面性,保证了投资银行在有效管理业务风险中实现持续稳健发展。

(三) 构建合理的董事会规模

董事会作用的发挥,需要有一定数量的董事,这可以增强专业知识互补效果,吸收各种不同意见以减少投资银行风险。过多的董事也存在不良影响,这是因为当董事人员过多时,一方面董事会成员之间的沟通与协调会出现困难;另一方面也存在"搭便车"动机。通常情况下,影响投资银行董事会规模的因素主要有:① 是否发生兼并事件。如果投资银行兼并刚发生,则因为两个投资银行董事合并在一起,董事会规模达到最大。而随着某一方逐渐控制投资银行,另一方董事将不得不离开董事会,而导致规模缩小。② 投资银行总裁偏好。如果投资银行总裁希望减少董事会的约束,可能会增大或减少董事会规模而对董事会进行控制。③ 外部压力。随着外界要求增加外部董事呼声的提高,投资银行董事可能会呈上升趋势。④ 董事会内部机构设置。当董事会下设专业委员会较多时,则必然出现规模扩大现象。另外,董事会规模通常受到投资银行多样化经营及股东投资组合状况的影响,投资银行多样化经营必然要吸收多领域的专家进入董事会;投资较集中的投资银行股东倾向选择谨慎决策的董事会结构,而大规模分散投资的股东则倾向于选择投资策略较激进的董事会。因此董事会的适度规模,应该紧密结合投资银行自身经营特点、经营战略以及投资银行所面临的外部环境而决定。

四、投资银行激励机制

作为董事会成员的董事和作为经营者的投资银行家,都充当着代理人角色,存在代理成本问题。当理性的董事、投资银行家预期自己的收益降低或激励不足时,就会采取机会主义行动(道德风险),损害所有者利益。因此如何设计有效的激励约束机制,促进董事会有效运行,保证投资银行家努力工作,是投资银行治理结构的重要内容。

(一) 投资银行激励机制的运行流程

投资银行激励机制的运行流程包括三个阶段:① 激励机制的设计。国际投资银行激励制度方案的设计重点包括四个方面的内容:一是奖励制度的设计;二是职位系列的设计;三是员工培训开发方案的设计;四是其他激励方法的设计,包括员工参与、沟通等。一般来说,国际投资银行对员工上一年度的出色业绩予以及时的奖励。奖励制度设计的内容包括晋资、奖金和福利待遇。在晋资程序设计中,根据上年度考核的绩效和公司的晋资指标,确定晋资名单。处于原职位最高工资等级的员工,只有获得职位提升,才能晋资加薪。奖金的设计包括销售特别奖、部门经理奖和购房基金奖,以对那些做出突出业绩和贡献的员工和经理予以奖励。同时为了培养员工的团队精神,设立部门奖,奖励依据为部门考核分。② 激励机制的实施。在实施中,国际投资银行非常注重考核制度的设计。它重点要解决两个问题:一是考核谁,即在分类的基础上,确定不同的考核对象,包括对员工的考核、部门的考核和项目的考核;二是考核什么,即考核的过程应当是规范的,根据一定的流程进行,针对不同的考核对象,设计出不同的操作性强的考核流程。③ 激励机制的效果衡量。主要衡量国际投资银行激励体系本身对提高工作绩效所起的作用。首先,员工是否相信他们的努力可以反映到绩效评估中去。对于大多数员工来说,答案是否定的。原因是多方面的,可能是员工缺少必要的技能,也可能是评估的标准无法准确衡量,甚至可能是认为上级不喜欢自己或对自己存在成见。所以,员工被激励程度低的一个原因是他们认为自己的努力不会得到回报。其次,员工是否相信高绩效能带来高水平的奖励。许多员工认为高绩效与奖励之间没有多大关系,原因是组织的报酬不是仅仅以绩效为依据。如果奖励的标准是按资历或者是与上级的亲密关系,员工就可能认为绩效与奖励之间没多大关系,因而不被激励。

(二) 对董事的激励与约束

狭义的董事激励机制主要是董事的薪酬。从历史的角度分析,董事薪酬的趋势是:其一,现金薪酬已从固定的年度聘用费转变为出席费,用现金支付的底薪增长相对缓慢;其二,给董事的非现金薪酬增长快于现金薪酬,结果是董事的综合报酬采取执行官员薪酬的形式,增加了复杂性;其三,董事非现金薪酬中增长最快的部分是股票,包括股票期权和限制性股票。董事的薪酬是基于得到合理补偿和报酬,使董事的经济利益和股东的长期目标保持一致性,可以采取多种不同的形式,包括支付每年的聘金、董事会及其委员会会议出勤费,实施延期薪酬计划、失职补偿计划,以及提供有关保险福利,等等。在投资银行上市后,董事薪酬中应有一定比例出自上市股票,使董事薪酬与公司业绩挂钩。调整董事薪酬应由董事事务委员会提出建议,经董事会充分讨论并获得一致通过。

　　对董事的约束主要体现在董事会的责任性、对董事的考评机制与选聘机制上。在美、英等实行单层制董事会的国家,一般是由外部董事或独立董事组成的薪酬委员会评价公司的执行董事和其他高级经理人员的绩效,并核定对他们的报酬。董事履行职务获取报酬的重要途径是出席董事会议的会议津贴,支付方式越来越多地采用股票或股票期权的形式。董事违反公司章程越权决策或未能尽责造成股东利益损失的,需要承担相应的法律责任。从法律上讲,投资银行董事会成员的核心职责是尽可能使投资银行管理层在从事经营活动时遵守相关的法规。董事会成员还应尽可能去了解投资银行活动的细节。当投资银行产生问题时,董事有义务去调查并监控事态的发展,以至最终拿出解决问题的办法,这就是董事的责任心。另一方面,应建立科学的董事考评机制。为促使董事尽心尽职,使董事会在最佳状态下运转,科学的董事会与董事考评机制必不可少。例如,英、美、法等国家建立了股东代表诉讼制度,即当公司自身或公司法人代表怠于通过法律诉讼追究给公司利益造成损害的董事、监事或其他高级管理人员的责任时,符合条件的股东可代表公司提出诉讼。这一制度加强了股东对经营管理者和董事的监督,促使其勤勉尽责,防止权利的滥用。

第三章 证券承销

证券承销是投资银行最基本的业务,是投资银行主要利润来源之一。证券承销能力的大小是判断投资银行整体实力的一个重要指标。在公司证券发行过程中,投资银行不但要向发行人提供全面与专业化的服务,而且要承担一定的法律责任和市场风险,也要对投资者负责。

第一节 证券发行制度

一、证券发行概述

所谓证券,是指用于证明持有者有权按其所载取得收益的权益凭证。本书中的证券主要指的是资本证券,用以证明投资事实和投资者因其投资行为而获取的相应权利,包括股票、债券等。

所谓证券发行就是指企业、政府或其他组织为筹集资金,依据法律条文,按照一定的程序向投资人出售资本证券的行为。证券只是一种凭证,所以其发行与一般的商品交易不同,具有如下特点:① 证券发行的主体、过程受到严格的法律限定;② 证券发行是发行人直接向社会投资人筹集资金的形式,发行对象具有广泛性和分散性的特点;③ 证券发行实质上是一种"权钱交易",发行人发行证券,让渡包括收益权等相关权利而获得资金,投资人则正好相反。在证券发行市场上,投资银行充当资金需求方与资金供给方的中介人。

证券发行分类方法很多,主要有以下几个分类标准。

(一) 按发行对象分

按发行对象分,证券发行可以分为公募和私募两种方式。

公募也称公开发行,是指发行主体通过承销商或承销团分销,把证券出售给不特定的社会投资者。公司通过公募方式发行股票,其优势主要体现在:第一,有利于筹集大量公司经营所需的资金,它可以让范围十分广泛的投资者参与证券的认购。第二,有利于提高股票的流动性。第三,有利于提高发行者的知名度。公募发行的股票在市场上会被许多相关机构追踪报道,提高了公司的社会声誉,有利于公司的长远发展。第四,有利于发行者巩固与扩大业务伙伴。如果公司的发展前景好,其客户、供应商及业务伙伴就可能购买公司的股票,成为发行者的股东,从而有利于他们在业务上的进一步合作等。不过公募的发行费用较高,难度较大,况且高度的透明信息披露也可能给公司带来不利影响。

私募也称私下发行,就是发行主体直接把所发行的证券出售给特定的投资者,省去投资银行等中介机构的参与,投资银行在私募发行中的主要任务是协调筹资者与投资者的关系,鉴定潜在的发行者和潜在的投资者,设计出适合的证券,促成发行过程。一般地,公司进行私募发行股票的原因可能有:公司股票发行的规模过小,达不到公募的要求;公司过去曾有过不良记录;为特定复杂项目融资;公司筹集资金规模过大等。私募发行股票有其自身的许多优点:第一,大大节省发行费用。一般地私募发行采用直接发行方式,不需要证券公司或投资银行的承销,不用支付承销费用。第二,通常情况下,私募不必向证券监管机构申请注册,节省了申请时间与注册费用。第三,私募不必进行公开的信息披露,有利于保护商业机密等。当然由于私募面临的投资者较少,往往难以筹集大规模资金、私募股票转让的条件也受到限制等,因此私募市场的发展具有局限性。

作为世界上私募制度非常健全的美国,其核心是豁免制度。美国的证券发行豁免制度包括豁免证券和豁免注册两个方面。前者是指针对某些证券发行人的性质和证券的特殊性所做出的豁免制度。属于豁免类的证券有公共权力机构和银行发行的证券、短期商业票据、非营利组织证券、住房信贷协会等类似组织发行的证券、某些受联邦监督管理的普通运输企业发行的证券、根据破产法由接管人或受托人在法院批准下发行的证券、保险单和年金合同等。后者也称豁免发行、交易的注册豁免。美国的豁免注册法律法规较为复杂,其豁免注册的对象一般包括小额发行证券的豁免,小企业发行证券的豁免,私募发行证券的豁免,仅为交换而进行的证券发行,仅向某一州内居民或准居民发行和出售的证券,一般投资者、交易商、经纪人的全部或部分证券交易行为的注册豁免,二级市场交易的豁免。

与私募制度相对应,美国私募市场的结构和层次是世界各国最为齐全的,主要包括PORTAL系统、地方性柜台交易市场和部分粉单市场。PORTAL系统的全称是"全美证券商协会私募发行、再销售、交易与自动清算、交割系统",是专门为合格的投资者之间交易私募股份而建立的一套独立于联邦证券交易所和NASDAQ的交易系统。机构投资者和经纪商的终端直接与PORTAL系统相连,可以很方便地进行私募股票的买卖交易。地方性柜台交易市场参与交易者是当地的经纪商及所联系的有关投资者,发行公司及股票是大约10 000家小型公司所发行的公司股票。粉单市场上并不全是公众公司,也有部分私募公司的报价,其参与交易者非常广泛。

(二) 按发行方式分

按发行方式分类,可以分为直接发行和间接发行两种方式。

直接发行又称自办发行,是指筹资者直接向投资者发行证券,证券中介机构不参与或只参与少部分的辅导工作。不足之处在于发行风险由筹资者独立承担,过大的风险则可能影响资金的筹集。间接发行是指发行人通过金融中介机构代为发行,而这些机构往往有着众多高素质的专业人员和优越的销售渠道,了解市场行情和发行技巧,所以这种发行方式成功率较高。不足之处在于发行成本比较高。

(三) 按发行的证券种类分

按发行的证券种类分,可以分为债券、股票和基金等三种。

债券是债务人在筹集资金时,依照法律手续发行,向债权人承诺按规定利率和日期支付利息,并在规定日期偿还本金的一种有价证券。债券的种类繁多,分类方法多样,如按照发行主体可分为政府债券、金融债券和公司债券。政府债券是国家、政府机构和地方政府所发行债券的总称。因发行主体不同,政府债券又可分为中央政府债券、政府机构债券和地方政府债券。金融债券是银行或其他金融机构为筹集信贷资金而向社会发行的一种债务凭证。由于金融机构的资信程度高于一般的工商企业,金融债券具有较高的安全性和流动性。公司债券是工商企业对外借债而发行的债务凭证,它由发行债券的公司对债券持有人做出承诺,在一定时间按票面载明的本金、利息予以偿还。

股票是有价证券的一种主要形式,是股份有限公司签发的证明股东按其所持股份份额享有权利并承担义务的书面凭证,是股份有限公司筹集长期资本而公开发行的一种有价证券。按照不同的方法与标准,股票可以分为不同的类别。按照股东享受的权利与义务的不同,股票可分为普通股与优先股。普通股是股份有限公司发行的代表股东享有平等权利与义务、不加限制、股利不固定的股票。普通股具备股票的最一般特征,是股份公司资本结构中最基本的部分。优先股是股份有限公司发行的在取得股利与公司剩余财产时具有优先权的股票。按照股票票面上是否记名,股票可分为记名股票与无记名股票。记名股票是在股票上记载有股东姓名并将其记入公司股东名册的一种股票。记名股票的转让、继承都要办理过户手续。无记名股票是指在股票票面上不记载股东的姓名或名称,也不记入公司的股东名册,仅记载其股票数量、编号及发行日期。无记名股票的转让、继承无须办理过户手续,只要将股票交给受让人,就可发生转让效力。按照股票票面上是否标明面值,股票可分为有面值股票与无面值股票。有面值股票是公司发行的票面标有一定金额的股票。持有这种股票的股东,对公司享有的权利与承担义务的大小,以其持有的全部股票的票面金额之和占公司发行在外股票总面值的比例大小而定。无面值股票是指在股票票面上不标明票面金额,而只能载明其所占公司股本总额的比例或股份数,其价值随公司财产价值的增减而增减。

在中国,股票还可按照投资主体不同,分为国家股、法人股、个人股与外资股。国家股是有权代表国家投资的部门或机构以国有资产投入而形成的股份;法人股是企业法人以其可支配的资产向公司投入形成的股份,或具有法人资格的事业单位与社会团体以国家允许用于经营的资产向公司投入而形成的股份;个人股是社会公众或公司内部职工以个人合法财产投入公司而形成的股份;外资股是外国和中国香港、澳门及台湾地区投资者购买人民币特种股票而形成的股份。此外,中国公司还可按发行对象与上市地区,将股票分为 A 种股票、B 种股票与 H 种股票。A 种股票是向大陆地区个人或法人发行的、以人民币标明面值并以人民币认购和交易的股票;B 种股票与 H 种股票是向外国和中国香港、澳门及台湾投资者发行的,以人民币标明面值,但以外币认购和交易的股票,其中,B 种股票在沪市和深市上市,H 种股票在香港上市。

基金是一种利益共享、风险共担的集合投资方式,即通过发行基金单位,集中众多不确定投资者的资金,交由专业投资机构即基金管理公司进行运作,所得的收益由投资者按照出资份额分享,基金管理公司收取一定的管理费用。

二、证券发行的审核制度

在经济金融化和金融证券化的今天,证券发行对于任何一个国家而言都是很重要的,需要认真对待,各国也将证券的发行工作纳入法制化管理的轨道。由于各国证券市场建立的时间大不相同,市场发育程度存在很大的区别,另外各国法律法规健全程度也不尽相同,在政治、文化、历史、经济等方面的巨大差异注定了现阶段各国的证券发行管理体制应采取不同的形式。细微的差别不是本书所探讨的问题。仅仅从大的方面看,证券发行管理制度大致有两种基本形式:证券发行注册制和证券发行核准制。

(一) 注册制

证券发行注册制是指证券发行申请人依法将与证券发行有关的一切信息和资料公开,制成法律文件,送交主管机构审查,主管机构只负责审查证券发行申请人提供的信息和资料是否履行了信息披露义务的一种证券发行审核制度。

注册制的特征包括以下方面:① 公司发行证券的权利是自然取得的,不需要政府特别授权。不限制企业股权融资的法人权利,处于不同发展阶段和发展水平的企业均可以依法进行股权融资。公司发行证券,只要发行人在材料申报后的法定时间内未被证券管理机构拒绝注册,发行注册即为生效。② 信息披露是注册制的核心。注册制强调整个资本市场运行过程的核心是真实、准确、完整、及时的信息披露。监管的职责重心是督促企业向投资者披露充分和必要的所有决策信息,注册审核机关不再对企业的资产质量和投资价值进行实质判断,也不对发行人"背书"。投资者依据所有披露信息做出决策,上市不意味着监管部门对企业做出了价值判断。管理者的职责是保证信息公开与禁止信息滥用,加强信息披露监管力度和处罚力度,打击虚假信息披露、欺诈发行等违法违规行为。③ 证券发行审核机构只对注册文件进行形式审核,不进行实质判断。证券发行注册的目的是向投资者提供据以判断证券实质要件的形式资料。投资者自己进行价值判断,做出投资决策。证券管理机构的重要职责是审查信息披露的全面性、真实性、准确性与及时性,让公开原则贯彻始终。企业按照监管要求披露所有信息后,投资者做好价值判断工作,对自己的投资行为负责,政府不承担价值审核责任。④ 注册制强调事后控制。强调市场的约束机制,加强对上市企业、保荐机构和中介的事中事后监管,实行宽进严管,重在事中事后监管,严惩违法违规,保护投资者合法权益。

注册制体现了金融市场主体活动的自主性与政府管理的效率性和规范性的高度结合。以美国为例,《1933 年证券法》和《1934 年证券交易法》规定,凡是在证券交易所公开上市的证券,都必须向证券交易委员会和证券交易所发行注册。对在场外交易市场进行的证券发行,只要发行公司的资产超过 100 万美元,股东人数超过 500 人,都要向证券交易委员会发行注册。在美国,证券发行前需注册登记的内容有公司的经营状况,包括公司的开办时间、过去五年内的发展状况、主要客户群的状况、重要的国内外市场、同业竞争状况等;公司的财务资料,包括近三年的资产负债表、损益表、现金流量表及相关财务比率统计;财产详细情况;证券主要持有者名单,即 90 天以内持有公司 10% 以上证券者的名单;董事、监事和经理层人员持股及报酬情况等。

美国实行双重注册制度,即证券发行公司既要向证券交易委员会发行注册,也要在所上市的证券交易所注册,其注册的内容与程序基本相同。

(二) 核准制

证券发行核准制就是指证券申请人不仅要依法公开一切与证券发行有关的信息并确保其真实性,还要具备符合法律、法规和证券监督管理机构规定的实质要件,由证券审核机构决定是否准予其发行证券的一种制度。这些实质要件主要包括公司所处的行业、经营性质,管理人员资格、资本金规模、各种证券权力是否平等、公开资料是否充分真实等。核准制遵循实质管理的原则。

核准制的优点表现在:一是对拟发行的证券进行形式上和实质上双重审查,获准发行的证券投资价值有一定的保障;二是有利于防止不良证券进入市场,损害投资者利益。缺点则是主管机关负荷过重,在证券发行种类和数量增多的情况下,可能质量不保;容易造成投资者的依赖心理,不利于培育成熟的投资者;不利于发展新兴事业,具有潜力和风险性的企业可能因一时不具备较高的发行条件而被排斥在外。

(三) 中国证券发行审核制度

1. 历史演进

我国股票发行审核制度的历史,是伴随证券市场的成长与变化,在摸索中逐步发展的过程,也是证券监管思路逐渐向成熟市场靠拢的过程。

第一阶段:审批制(2001 年前)。我国证券市场开始并没有全国统一的监管体制,而是由地方政府进行管理,在发行监管上也是地方政府审批制,这与我国在 20 世纪 80 年代实行的计划经济体制密切相关,也是当时管理证券市场的一种思路。1993 年 4 月 22 日,国务院颁布《股票发行与交易管理暂行条例》,规定了发行规模控制,也就是额度管理。主要做法是国务院证券管理部门根据国民经济发展需求及资本市场实际情况,先确定总额度,然后根据各个省级行政区域和行业在国民经济发展中的地位和需要进一步分配总额度,再由省级政府或行业主管部门来选择和确定可以发行股票的企业(主要是国有企业)。在这种额度管理下,对发行人的信息披露并不严格要求,仅仅作一般性的信息披露。从 1996 年开始,我国新股发行采取"总量控制、限报家数"的审核办法。即由国务院证券管理部门确定在一定时期内应发行上市的企业家数,然后向省级政府和行业管理部门下达股票发行家数指标,省级政府或行业管理部门在上述指标内推荐预选企业,证券主管部门对符合条件的预选企业同意其上报发行股票正式申报材料并审核。我国证券市场发行的审批制,有利于政府对证券市场的推动和干预,对我国证券市场的建立、发展、规范有着关键作用。但证券发行本质上是市场行为,而过于严厉的政府干预存在许多弊端。特别是随着中国资本市场的发展,这种弊端显得愈来愈明显。第一,在审批制下,企业选择行政化,资源按行政原则配置,上市企业往往是利益平衡的产物,担负着为地方或部门内其他企业脱贫解困的任务,资本市场资源配置功能扭曲。第二,企业规模小,二级市场容易被操纵。第三,证券中介机构职能错位、责任不清,无法实现资本市场的规范发展。在审批制下,股票发行对象的遴选推荐与审批,均在行政权力框架内进行。证券中介机构的职能,主要是协助拟发行人做好股票发行申报和股票承销,充当的是"IPO 助手"角色,而 IPO 信息披露质量的把关功能,事实上已被边缘化。第四,对投资者合法权益的保护不够。在审批制下,股票发行额度或指标由股票发行管理机关掌控,拟发行对象由各地方政府和行业管理机构遴选推荐,发行股票的首要目的是为了解决国有企业的资金问题;而投资者合法权益保护问题并未引起监管当局的足够重视,真正意义上的投资者合法权益保护机制并未有效建立。

第二阶段:核准制(2001 年至今[①])。我国于 2000 年 3 月 17 日颁布了《股票发行核准程序》,正式确立了证券发行核准制原则。自 2001 年开始正式实行核准制,取消了由行政方法分配指标的做法,改为按市场原则由主承销商推荐、发行审核委员会独立表决、证监会核准的办法。一般来说,核准制的内容主要涵盖两个层面:一是审核 IPO 信息披露的合规性。重点审查 IPO 信息披露资料的真实性、准确性、完整性、及时性。二是审核 IPO 公司的质量、投资价值及投资风险。根据 IPO 的信息披露资料,重点审查拟发行人的主体资格、经营年限、资产状况、主营业务、财务数据、关联交易、同业竞争、持续盈利能力、公司治理、募投项目等内容,对拟发行人的公司质量、投资价值以及投资风险进行专业评估和判断。通过实质审核,证券监管机构可以甄别筛选那些信息披露合规且公司质量优良、募集项目前景光明、投资风险较小的 IPO 项目予以放行。

我国核准制的最初实现形式是通道制,即由证券监管机构向各综合类券商下达可推荐拟公开发行股票的企业家数。只要具有主承销商资格,就可获得 2 至 9 个通道,具体的通道数以 2000 年该主承销商所承销的项目数为基准;新的综合类券商将有 2 个通道数,主承销商的通道数也就是其可申报的拟公开发行股票的企业家数。实行通道制的目的主要是为配合证券发行核准制的推行,提高申请发行股票企业及申请文件的质量,维持证券发行核准工作的正常秩序。尽管通道制改变了过去行政机制遴选和推荐发行人的做法,使得主承销商在一定程度上承担起股票发行风险,并且获得了遴选和推荐股票发行的权力,但通道制下股票发行"名额有限"的特点未变,其缺陷也是明显的。

---

① 2019 年科创板实行注册制;2020 年创业板实行注册制。

第一,通道制本身并不能真正解决有限的上市资源与庞大的上市需求之间的矛盾,无法根本改变中国资本市场深层次结构性失衡的问题。第二,通道制带有平均主义的色彩,导致投行业务中的优胜劣汰机制难以在较大范围内发生作用,不利于业务的有效整合和向深度、广度发展。第三,通道制对主承销商的风险约束仍然较弱,不能有效地敦促主承销商勤勉尽责。

为了在现有框架内最大限度地发挥核准制的作用,提高我国上市公司整体质量,增强中介机构对于发行人的筛选把关和外部督导责任,促使中介机构能够把质量好、规范运作的公司推荐给证券市场,自2004年起我国证券监管部门正式引入保荐代表人制度。所谓"保荐代表人制",就是由保荐机构(券商)负责发行人的上市推荐和辅导,核实公司发行文件中所载资料的真实、准确和完整,协助发行人建立严格的信息披露制度,不仅承担上市后持续督导的责任,还将责任落实到个人。保荐制是在英国、中国香港等成熟资本市场的创业板上实行的制度,其主要内容是加大保荐机构的责任,通过使它们对所保荐企业的合规运营以及信息披露承担持续性担保责任,充分发挥它们在证券发行上市中的作用,提高上市公司的合规运营能力和内在质量。我国保荐代表人制度的主要内容是:一是建立了保荐人和保荐代表人的注册登记管理制度。相关制度对企业发行上市提出了"双保"要求,即企业发行上市不但要有保荐机构进行保荐,还需具有保荐代表人资格的从业人员具体负责保荐工作。这样既明确了机构的责任,又将责任具体落实到了个人。二是明确了保荐期限。根据相关规定,企业首次公开发行股票和上市公司再次公开发行证券均需保荐机构和保荐代表人保荐。保荐期间分为两个阶段,即尽职推荐阶段和持续督导阶段。三是确立了保荐责任。保荐机构应当建立健全证券发行上市的尽职调查制度、对发行上市申请文件的内部核查制度、对发行人证券上市后的持续督导制度;保荐机构应当遵守相关法律法规,诚实守信,勤勉尽责,尽职推荐发行人证券发行上市(包括首次公开发行股票和上市公司发行新股、可转换公司债券等),持续督导发行人履行相关义务;保荐机构履行保荐职责应当指定保荐代表人具体负责保荐工作。在保荐期间,保荐机构和保荐代表人应承担辅导、尽职调查、规范、跟踪、揭示风险、指导等职责,并做出保证和承诺,如果违反则承担相应的法律责任。四是引进了持续信用监管和相应惩罚措施。中国证监会建立保荐信用监管系统,对保荐机构和保荐代表人进行持续动态的注册登记管理,将其执业情况、违法违规行为、其他不良行为等记录予以公布等。

2. 全市场注册制

2022年3月5日,政府工作报告中指出,全面实行股票发行注册制,促进资本市场平稳健康发展。这预示着在我国的上海证券交易所、深圳证券交易所和北京证券交易所的所有板块均将实行注册制,即全市场注册制。我国的注册制主要是以信息披露为中心,以投资者需求为导向,在中国证监会注册,由监管部门一定程度上把握上市节奏,在交易所进行上市注册和实质审核的框架体系。在注册制下,具体要求包括以下方面:一是要求监管机构站在投资者的角度审查信息披露的针对性、全面性、可读性;审查的核心是信息披露,不对投资价值进行判断,不对信息披露的真实性和准确性负责;对于信息披露可能存在的矛盾、遗漏或误导之处,监管机构有权要求发行人进行澄清或者追加披露,甚至要求撤回注册文件或者对注册文件做出不予生效、终止生效的决定。二是要求投资者为价值判断的主体,投资者以发行人公开披露的信息为依据做出投资决策。投资者的投资决策成为发行是否能够成功的关键因素,如果投资者判断其不存在投资价值或者存在虚假信息,做出不予购买的决策,就会导致发行失败。三是要求发行人和中介机构对信息披露的真实性和准确性负责,其中发行人负主要责任;如果能证明中介机构未能履行勤勉尽责义务的,中介机构也要承担连带责任,构成刑事责任的要追究刑事责任。四是要求股票发行和上市是相互独立的环节,其中发行环节主要由监管机构把关,而上市环节由交易所把关。在多层次资本市场环境下,交易所可以根据自身的定位和发展需要设置不同的上市门槛,所以不同规模、资质的企业可以根据自身的需要选择适合自身发展的交易场所申请挂牌上市。五是注册制的实施要求法制体系、惩戒机制以及投资者保护机制协调发展,在放松准入环节限制的同时,更需要健全配套法律法规,特别是加强中后端监管执法和完善保护投资者权益的措施,这是注册制顺利实施的必要保障。

3. 注册制对我国投资银行业务的影响

全市场注册制下,对投资银行的定价能力、研究实力、销售能力和风险控制能力等都提出了更高的要求,投资银行原有的项目选择和价值评判体系彻底变化,从监管导向转为市场导向。具体来讲:一是投资银行的组织架构需要转变,成立行业性部门,提供专业性、行业性的服务,从行业专家的角度判定拟上市公司的可持续经营能力。二是提升投资银行的定价能力。注册制后,投资银行的核心职能真正回归到价值挖掘和价值判断上,关注企业是否为社会、为投资者创造价值。由于注册制后,股票的供给量大幅增加,而且不以盈利为考核是否能上市的标准,所以股票发行能否成功很大程度上取决于股票的上市定价是否合理。如果合理定价,不但可以成功发行上市,而且不会给投资银行的经营带来风险;如果发行失败,会受到监管部门的相应处罚等,最终会失去机构投资者的信赖。因此合理的定价至关重要。三是产品设计能力需要提升。未来投资银行业务需要更加强调差异化竞争优势,在项目资源争取上,也要更强调综合服务能力、产品设计能力和风险管控能力,以客户为中心,为客户提供全生命周期的金融服务。四是进一步提升投资银行的风险控制能力。为了保证所承销企业不出现伪造财务信息、上市后短期业绩大幅下滑等现象,投资银行就需要把重心放在项目质量、发行人提供信息的可靠性、管理层的稳定性、未来经营能力等细节工作上,对拟上市企业做出质量判断。同时注册制强调事后监管,加大对中介机构的处罚力度。因此,投资银行比以往面临的经营风险更加严峻,需要加大风险控制力度。

三、证券发行的信息披露制度

证券发行的信息披露制度,是指发行人在公开发行证券时,根据法律法规的规定,公开与证券发行有关的重大事实材料的一种法律制度。如果违反,将承担相应的法律责任。

美国是最早建立发行信息披露法律制度的国家。美国的《1933 年证券法》作为其第一部证券法案,以发行制度为基础来规范证券市场,其基本原则就是通过充分的信息披露来增加市场的透明度,从而保护投资者的利益。美国证券发行的信息披露主要是在注册报表中的披露。根据《1933 年证券法》,申请注册文件由两部分组成:一是招股说明书;二是公司财务报表。前者是质量上的重要信息,主要披露公司的基本情况和公司管理层的管理质量和业务素质等。这些与股东收益没有直接关系的信息称为软信息,包括公司董事会的组成及董事、高级管理人员的资历、薪酬,公司控股股东的基本状况,公司及董事、高级管理人员的法律诉讼情况,公司普通股的股价、股利等情况。后者是数量上的信息,主要披露资产、负债和利润等经营状况的信息。这些信息称为硬信息,包括根据会计准则制作的各类财务报表,公司财产统计及明细。该部分是信息披露的重点。

《日本证券交易法》是以美国证券法为蓝本的,吸收了美国信息披露制度的核心内容。《日本证券交易法》规定,有价证券的募集或推销,在发行人未向大藏大臣就该证券的募集或推销进行呈报时,不得进行。这些呈报的内容主要包括该公司的目的、商号及有关资本和出资的事项;该公司的营业及其经营状况及其他有关事业内容的重要事项,该公司的负责人或发起人的有关事项,以及其他依大藏省令规定为公益及保护投资者所必要的事项等。

英国本身是披露哲学的发源地。1986 年开始,英国关于金融证券制定了成文法,对证券发行进行了详细规定。1995 年,英国专门制定了《1995 年证券公开发行规章》,对证券发行做了全面的规定:任何证券在联合王国内首次公开销售时,销售人应当发布该种证券公开招募说明书,以使公众自销售人首次发出要约至要约届满,均能于联合王国内某一地点无偿获得该说明书。

我国公开发行证券信息披露制度的规范体系包括三个层次:第一层次是《公司法》《证券法》。《证券法》中明确规定,证券发行必须实行公开、公平、公正的原则。"三公"原则的重要体现就是在发行中实行信息披露制度。这两部法律对证券发行上市文件的披露做出原则性规定,要求信息真实、准确、完整,并明确规定信息披露的责任。第二层次是《公开发行证券公司信息披露的内容和格式准则》,对公开发行中须披露的内容、呈报格式做出了详细的规定。第三层次是上海证券交易所、深圳证券交易所和北京证券交易所的《上市规则》,是由交易所自行制定的规则,是对应如何进行信息披露、信息披露的具体管理等提出的指导意见。随着我国全市场注册制的实施,不断完善我国资本市场的信息披露制度,其意义在于:一是有利于保护投资者。注册制下,发行主体向市场和投资者提供真实准确的信息,投资者根据发行主体披露的信息和客观事实做出投资判断,其中真实有效的信息披露是投资者做出合理投资决策的前提,而虚假陈述、故意不披露重大信息等行为不仅导致投资者做出错误决策,还会影响证券市场的稳定发展。因此,信息披露制度的完善有利于确保投资者充分地了解发行主体的各项信息,从而进行决策,尽可能规避投资风险。二是有利于发挥证券市场自我调节作用。根据有效市场理论,资本市场的机制运作效率体现在证券价格能够全面反映市场的所有信息,信息越充分,市场运行效率也越高。注册制下,股票的发行、上市、退市是市场根据优胜劣汰原则自我调节的结果,而信息的透明、公开在很大程度决定了市场是否能够有效地自我调节,是否可以高效地运作。完善信息披露制度能够保障市场获取充分有效的信息,降低发行主体的信息披露成本和监管机构的工作强度,有利于投资者对不同发行主体进行横向对比以做出更加理性的决策,从而确保市场充分发挥自我调节作用。三是有利于减少信息不对称。在市场运行的过程中,发行主体与投资者之间天然地存在着信息不对称,发行主体依靠其信息优势,可能会做出内幕交易、操纵市场等非法牟利行为。为尽可能减少证券市场中存在的信息不对称现象,完善的信息披露制度必不可少。

第二节　股票承销

股票承销市场包括首次公开发行和后续发行。首次公开发行(Initial Public Offerings,IPOs)是指公司第一次向社会公众投资者发行证券,通常是普通股票。公司在建立之初往往在非公开市场筹集资金,对公司进行孵化,然后在股票市场公开发行股票,进入发展阶段。首次公开发行可以由新建公司自身来完成,但由于其程序复杂,处理不当会对公司的财务、竞争力和声誉造成损害,因此,现在几乎所有的首次公开发行都由投资银行来承担。在公司首次公开发行后,公司还可能以增发新股和配股方式筹集资金,一般称为后续发行(Seasoned Equity Offering,SEO)。同样,公司后续发行也离不开投资银行的承销。股票承销业务是投资银行的本源业务,是交易业务、经纪业务和收购兼并等其他业务的基础。投资银行的承销业务是企业取得成功的一种市场化评价机制。对于企业和企业家来讲,是否取得成功不是通过制定具体的标准,而是通过第三方的评价,这个第三方就是投资银行。投资银行作为承销商,既是股票发行的设计师,又是股票发行的主要运作人,它不仅为股票发行设计方案,同时要承诺购买股票,然后将其出售给投资者。投资银行把发行者和投资者的目标很好地结合起来,即发行者实现了融资的目的,投资者实现了获得投资机会的目的。承销商作为公正代理人,利用其在资本市场长期形成的信誉,证明发行价的确定与内部信息是一致的。承销商不仅是证券交易中介,也是信息传递的媒介,还充当准"担保人"的角色,利用其市场认可的信誉为发行股票的企业提供"担保"。这也说明,承销商必须高度重视自己的声誉,声誉是承销商充当"认证中介"的基础,也是承销商在公司发行股票过程中提高信息质量的保证。概括而言,承销商在股权融资中发挥的作用大致可以从以下两个角度进行解释:一是降低交易成本;二是降低信息不对称程度。在股权融资时,市场中的各个参与主体存在较高的交易成本。对于发行者而言,证券发行意味着不仅需要在新股发行之前掌握相关法律制度,还需要在新股发行之时准备、制定相关发行方案,同时了解投资者意向、寻找潜在投资者。这类搜寻、学习、信息处理等活动需要耗费发行公司大量的时间和资金成本。对于投资者而言,在认购公司新股时需要对公司经营业绩、发展前景等进行明确的判断,这就意味着需要收集、筛选和处理大量发行公司的相关信息和资料。由于承销商具有专业化优势,他们可以通过规模经济降低发行过程中的发行成本;同时作为证券市场中频繁出现的参与者,他们可以凭借自己的关系资源有效降低买卖双方的搜寻成本。从降低信息不对称的角度而言,承销商可以有效地克服事前的逆向选择和事后的道德风险。前者在于强调承销商专业的信息生产功能,高声誉的承销商可以凭借其专业能力和规模优势对处于信息劣势的投资者提供有效的信息。后者则体现了承销商的认证筛选作用,高质量的公司会聘请高声誉的承销商以证明自身发行价格与内在价值相统一。为了维护自身声誉,高声誉承销商也会谨慎地挑选高质量的公司。此时,承销商的认证筛选功能在缓解投资者和企业之间的信息不对称中起到关键作用。

一、公司股票融资

一个公司的融资需要常常来自公司的成功经营。公司的融资途径主要有公开发行股票、私募、创业资本投资(或风险投资)和债务融资。公司的管理者在经营融资时必须深入分析各种融资方案。理论上说,只有在公司无法从其他途径取得资金时,公司管理者才可能考虑公开发行股票。

(一) 公司公开发行股票的优点

一般地,公开发行股票有以下优点:① 有利于公司筹集大量资金,增强进一步融资的实力。有广泛股权基础的公司在需要时可以更容易地进入资本市场进行融资;而且上市公司有严格的信息披露要求,其公众的信任度更高,这样使得公司的借款能力更强。② 通过上市使股权具有了流动性。流动性带来一系列变化:首先,前期投资者可以通过出售股权实现退出;其次,由于股权具有了流动性,投资者要求的最低收益率下降;再次,职工持股可以实现变现,有利于公司留住好的员工,提高公司的生产能力和雇员股东的长期忠诚度;最后,公司上市形成了"用手投票"和"用脚投票"的双重激励约束机制,有利于改善公司治理结构,提高管理效率。③ 提高声望。上市公司通常要比非上市公司名声大,这有利于上市公司的产品和服务占据更大的市场。

(二) 公司公开发行股票的缺点

1. 成本较高

公司公开发行股票的成本较高,但具体数额并不固定。公开发行股票的成本一般包括以下方面:第一,直接成本。直接成本包括直接费用(如承销商的佣金、给承销商的某些直接开支的补偿、在公开发行前以低于发行价的价格向承销商出售证券以及给予承销商对未来发行的优先选择权等)、法律费用、会计费用、印刷费用,以及交易所的上市费用等。第二,压低价格的成本。因为发行价格通常低于发行后市场的价格,购买了新发行的证券的投资者获得了好处而公司的原有股东在某种程度上遭到损失。第三,隐藏的和未来的成本。公司上市过程中,经常会出现一些预料不到的成本,如与专家、顾问、会计以及承销商联系所发生的额外交通费、娱乐费、电话费等;宣传费和公司上市的开支,如要定期递交报告等。

2. 可能分散公司控制权

新股公开发行带来股权分散,原有的业主可能失去对公司的控制权。

3. 公司组织成本也随着股权分散而增加

股权分散后,小股东既无法实现权利,也无充分激励参与公司管理,会导致"搭便车"行为。股权分散使管理者的地位凸现,经营权和所有权分开,代理问题不可避免。

4. 信息披露

上市公司的信息披露规则涉及的内容是非常广泛的。在美国,公司一旦上市,其披露的信息内容涉及高层管理人员的薪水待遇、业务交易、利益冲突、竞争地位、公司的未来发展计划、重大合约以及法律诉讼情况等。此外,一旦发行股票声明生效,按照美国1934年的《证券交易法》规定,公司的财务必须予以披露等。

5. 股价下跌

如果该公司股票的价格下跌,公司资产缩水,可能会影响到该公司的信用等级、二级市场定价、公司雇员队伍的稳定等。

二、投资银行股票承销的前期策划

(一) 承销商在证券发行中的职责

从证券发行流程可以看出,承销商几乎参与了证券发行的全过程,承销商的职责主要包括咨询与服务、发行成功担保、信息沟通中介、发行人市场形象维护等。

1. 发行咨询与服务

承销商的咨询功能主要体现在证券发行前的发行方案设计、申报材料制作和向监管部门提交注册等方面。一般来说,发行人希望能够以最小成本融入所需资金。承销商作为专业化的金融中介,不但熟悉证券发行流程和监管机构规则,而且熟悉包括融资方和投资方在内的各种客户的不同需求,以及金融市场最新动态,可以有针对性地设计适合发行人的发行方案,如发行的证券种类、发行条款、发行时间窗口、目标客户群等。在申报材料制作过程中,承销商可以协助发行人制作各种申报文件,如编制招股说明书。

2. 发行成功的准担保人

只要承销商承接了发行业务,无论是哪一个承销模式,承销商均具有不同程度的担保作用。因为承销收入与发行是否成功关系密切,承接项目本身就意味着承销商对发行成功具有一定的信心。在意向投资量超过发行量时,主承销商还需调整分配和调整承销合同的承销金额,确定最终的发行对象。在这一过程中,主承销商必须保证分配方案的合理性,避免分配方案存在的缺陷影响发行结果。

3. 发行人与投资者的信息沟通中介

证券发行过程中,承销商需陪同发行人拜访重要客户,进行推介和路演。路演时,承销商需向潜在投资者介绍发行人情况,发行证券的种类和价格等要素,还需回答潜在投资者的提问。由于更加了解不同类别客户的需求差异,承销商的参与对提高路演时的沟通效率具有重要意义。事实上,承销商的声誉和经验本身即可向潜在投资者传递证券的投资价值信息。

4. 发行人市场形象的维护者

证券上市后大幅下跌或者没有流动性均有损发行人的市场形象,不利于其日后进行再融资。为此,发行人非常希望投资者持续关注公司的证券,在市场波动时维护其交易价格。鉴于对发行人较为了解,很多时候承销商成为发行人的最优选择。承销商还可以联系分析师跟踪公司情况,在证券缺乏流动性时提供做市服务,同时在不违反相关规则的情况下维护新发证券的二级市场交易价格。

(二) 投资银行对发行人的选择

投资银行选择企业主要考虑两个因素:第一,企业成功上市的可能性。发行人素质如何,将关系到投资银行承销所承担的风险,并可能直接决定股票承销的成败。即并不是任何公司都可以发行股票筹措资金的,投资银行为了确保发行顺利进行以实现收益或提高利润,会谨慎选择发行人开展服务。投资银行承销业务的第一步就是在众多的公司当中选择那些适合公开发行的公司。一般地,投资银行在选择发行人时要考虑的因素包括是否符合股票发行条件,即股票的发行应该符合国家的相关法律规定及证券监管部门的要求;是否受市场欢迎,一般来讲,发展迅速行业中的引人注目的公司,有良好业绩和获利记录的公司,掌握独特技术或拥有专利的公司,比较受市场欢迎;公司是否有良好的增长潜力;管理层是否具有优秀的素质等。第二,成功上市后,投资银行能获取佣金。投资银行佣金的主要来源是承销费用,承销费用是根据企业募集资金的一定比例收取,规模大的企业往往募集资金较多,投资银行收取的佣金相应较高。因此,大型的投资银行会以其强势地位、较好的声誉以及关系网抢夺到更好的项目资源,即规模更大、利润更好的企业。

(三) 拟发行人选择投资银行

投资银行想找到一个理想的客户实现名利双收,发行公司也是如此,尤其是首次公开发行的公司如果第一次发行就遭遇失败,那以后在股票市场再想筹资就很难了,或者被迫加大筹资成本如压低发行价格等。所以拟发行公司也会谨慎地选择投资银行,其依据的标准通常是:

(1) 投资银行的从业资格。这主要包括投资银行中证券从业人员的专业素质、投资银行的决策水平、股票承销的经验等。

(2) 投资银行的资金实力。在股票发行中,一般发行人希望能采用证券包销的方式以加快筹资进度以及转嫁筹资风险等,这样投资银行就需要有较为充裕的资金购入发行股票的全部(全额包销方式下)或者剩余部分(余额包销方式下),以减少麻烦,解除后顾之忧。

(3) 投资银行的分销能力。投资银行组团承销时,各个承销商尤其是主承销商的分销能力非常重要,这主要涉及投资银行的分销经验、分销经营网点和分销业务人员的市场营销推广能力等。

(四) 拟发行人和投资银行签订承销协议

在完成了拟发行人和投资银行的双向选择后,两者会先签订承销意向书,该文件不具有法律约束力,只是有利于双方沟通了解和发行可行性研究的开展。接下来投资银行对公司发行股票进行可行性研究,包括几个方面:① 股票发行市场近期的供求状况分析。在股票大量发行的时候再去发行或许不是一个好时机;股票流通市场的股票交易情况也是应该考虑的因素,在流通市场交投清淡的情况下发行股票不容易成功。② 发行股票的用途。如果筹资的目的是项目建设,那么朝阳产业或者新兴项目的筹资容易发行成功。③ 股票发行的规模和种类。④ 其他,如认购申请期限、股票款项缴纳的机构等。

完成了股票发行的可行性研究之后,如果公司董事会表决通过发行计划,那么拟发行公司和投资银行就可以签订具有法律效力的承销协议书。在美国,承销协议书具体规定了双方的权利义务,有着固定的格式,其基本条款是:有关发行证券的情况;向投资银行支付价款的规定;承销团成员的名单,以及各承销商所分销的数量;证券发行和销售的时间、交付方式和价款支付方式;各承销商购买证券应承担的基本义务;证券发行公司对有关事项的承诺,包括支付印刷费和其他费用,提供发行说明书的副本等;证券发行公司对登记文件以及其他材料的准确性承担担保责任;证券发行公司保证赔偿承销商因登记文件或者发行说明书存在虚假陈述或者重大遗漏而承担的民事责任,但是如果该登记文件或者发行说明书存在虚假陈述或者重大遗漏是因为承销商提供的信息而造成的,不在此限。如果各承销商提供给证券发行公司的信息存在虚假陈述或者重大遗漏的,各承销商应当为证券发行公司承担由此造成的损失。如果其中部分承销商违反协议没有承购证券,证券发行公司可以另行物色其他承销商。在承销完毕之前,如果遇到特殊情况,允许承销商终止承销。自此,拟发行公司和承销商的关系就确定下来。承销商对发行人披露信息的真实、完整和准确性承担责任,以确保公开市场信息的可信性。

在承销协议中最值得注意的是承销方式的确定。一般说来,股票承销可以分为三种方式。

(1) 包销,也称全额包销,即投资银行(承销商)与发行人签订协议,由投资银行(承销商)垫付资金全额购入发行人股票,然后再向一般投资者发售。在包销情况下,承销商要承担销售和价格的全部风险。对于发行人来说,这种方式的优点是能及时获得所需资金,但往往发行价格较低,实际上支付了较高的发行成本,且发行人也无法得到可能出现的溢价销售的好处。

(2) 尽力代销,是指投资银行仅作为发行人的发行代理机构,帮助发行人尽力推销股票。在发行期结束时,如果尚有股票没有发售完,则由发行人自行收回,投资银行不承担任何责任。大多数的尽力代销采取了全部或无效(也叫足额销售)的做法,即在预定日期之前未售出规定的最少数量的股票,则此次发行取消。在这种方式下,投资银行与股票发行公司之间是单纯的代理关系,仅从推销企业股票中收取一定的手续费。由于不承担发售不出去的风险,投资银行也不会从发行成功中获得额外的报酬。一般地,这种方式在两种极端情况下采用,即在投资银行对此次发行信心不足或股票发行公司信心很足的情况下为减少发行费用时。

(3) 余额包销,即投资银行和发行人签订协议,投资银行帮助发行人出售股票,在发行期结束时,如果股票仍有剩余,则由承销商购入余额,伺机卖出。余额包销方式可以保证发行人按发行计划如数筹集到所需资金,但所筹集资金须等到承销期满才能得到。在西方国家,余额包销方式一般是配合认股权发行而采用的。因为并非公司所有股东都会行使认股权,则根据投资银行与发行人协议,投资银行在发行期结束时,有义务购入未使用的认股权所代表的股份。

在股票承销时,具体采取何种方式,由发行人和承销商商议决定。从投资银行的角度来看,一般会考虑下列因素:① 发行人在证券市场上的知名度和信誉状况。如果发行人市场知名度高、信誉良好,则可以采用包销的方式;反之,则宜采用代销的方式。② 发行人使用资金的时期性。如果发行人急着使用资金的话,则一般采用包销方式,减少发行人的等待时间;反之,如果发行人并不是很急需这笔钱的话,则可以考虑采用代销方式,在承销期结束时再得到所筹的资金。③ 中介机构的技术能力和资金能力。如果投资银行在证券市场上有着很好的市场号召力和开拓能力以及众多发行成功的经验,并且资金较为充裕,则可以采用包销的方式,以得到较高的回报;反之,还是用代销方式更加稳妥一些。④ 发行的性质。如果是首次公开发行(IPOs),而投资银行对此次发行的市场前景把握不住时,应该采用代销的方式;如果是为以前的客户办理后续融资,如增发新股、增资扩股等,则可以使用包销的方式。从发行人角度看,一般情况下,如果发行人筹集资金量大、市场知名度不高、急需资金投资,则适合选择包销方式;反之,如果发行人信誉度好、知名度高、在短期内能顺利发行证券,则应采用代销方式。

由于公司发行股票的规模有不断扩大趋势,因此由单个投资银行承销的情况已经比较少见,一般是由发行人联系一个主承销商(往往是它的上市保荐人),联合若干个副主承销商和副承销商,组成承销团(或承销辛迪加,Underwriting Syndicate)来进行股票的分销工作,并以各自承销的部分为限分摊相应的风险。承销团的规模和结构取决于证券发行的规模、类型和发行地区。承销团一般由实力雄厚的投资银行发起组织,由它作为牵头经理人或主承销商。主承销商的主要职责是:代表承销团与发行人就承销条件进行谈判,确定证券发行数量、发行价格和承销差价等;组织承销团的成员签订分销协议,落实各成员的承销份额,明确各自的权利和义务,并根据各承销商的承购数量分配承销费用(收益);负责稳定发行市场的证券价格等。承销辛迪加方式是国际上流行的证券包销方式。我国相关法律也规定:向社会公开发行的证券票面总值超过人民币 5 000 万元的,应当由承销团承销。承销团应当由主承销商和参与承销的证券公司组成。

(五) 尽职调查

尽职调查是指中介机构(包括投资银行、律师事务所和会计师事务所等)在股票承销时,以本行业公认的业务标准和道德规范,对股票发行人及市场的有关情况及有关文件的真实性、准确性、完整性进行的核查、验证等专业调查。作为承销商的投资银行进行的尽职调查,一方面直接关系到其承销风险和承销利益,另一方面直接关系到承销商对招股说明书的保证责任。

投资银行尽职调查的主要内容有:① 拟发行人是否符合发行的条件。这在实施核准制管理的国家中尤为重要,拟发行人的资本规模、产业结构、经营性质等都直接关系着能否被证券主管部门批准发行,所以投资银行必须认真考虑这些因素,否则很可能辛苦一场而无所收获。② 拟发行人的资质条件。这主要是指投资银行要认真研究拟发行人的信用状况、先前发行(如果有的话)的情况等。一个信用状况不好或者前次发行失败的公司很难再次发行成功。③ 拟发行人提出的条件。这主要是指投资银行必须研究拟发行人拟发行股票的总量、结构(优先股、普通股比例)、拟发行人要求的承销方式等。对于条件苛刻不易成功的发行主体,投资银行应当考虑放弃,否则一旦发行失败,对于投资银行的声誉影响很坏。④ 当前股票市场的供求情况。如果现在股票二级市场交投活跃,则一级市场上股票发行容易成功,也是发行的良好时机;如果二级市场上交易清淡,离场气氛浓郁,则一级市场上的发行也就很难成功。所以投资银行应该根据市场情况决定是否发行以及合理选择发行的时机。

投资银行在尽职调查过程中,要按照法定程序,对发行人所提供和填写的申报材料进行全面、细致的核查。这主要包括对公司管理层的背景情况进行直接询问;与公司的主要客户、供应商及其他当事人(如发行人的律师事务所、会计师事务所、资产评估机构等)举行会谈,开展调研取证;对有关行业资料要向权威部门查证;由主承销商的律师事务所对发行人所签订的全部法律文书、合同进行审查等。

三、股票估值方法

股票估值理论经历了从传统理论向现代理论的转变。传统的股票估值理论着重于价值发现功能,从企业角度入手考察股票价格决定因素;现代估值理论则从投资者的角度出发,更多的考虑了投资的现实情况:投资者往往不是投资于一种股票,而是投资于多种股票而形成的投资组合。

(一) 传统股票估值理论

传统股票估值理论基本思想是:股票具有其内在价值,它是股票价格的稳固基点,股票价格以股票的内在价值为基础,并决定于内在价值,当股票市价高于(或低于)其内在价值时,就出现卖出(或买进)机会,股票价格总是围绕其内在价值而上下波动的。

对内在价值进行估计,目前流行的、较有影响的估价方法主要有以下三种。[1]

---

① 陈海明,许琳:股票定价理论的发展及其对我国的适用性研究,《中央财经大学学报》,2003 年第 12 期。

1. 现金流贴现模型

现金流贴现（Discounted Cash Flow，DCF）模型是基于预期未来现金流和贴现率的一种估价法。威廉姆斯（Williams，1938）在《投资价值学说》一书中首先提出了普通股的一般估价方法。其基本思想是：股票是一种收益凭证，其在未来所产生的各期收益的现值之和就是股票的价值，股票价格应该根据其价值来确定。根据所采用的现金流不同，现金流贴现模型又可分为股利贴现模型和自由现金流贴现模型。

（1）股利贴现模型。

股利贴现现金流模型主要运用收入的资本化定价方法来决定股票内在价值。按照收入的资本化定价方法，任何资产的内在价值是由拥有这种资产的投资者在未来时期中所接受的现金流决定的。一种资产的内在价值等于预期现金流的贴现值。对于股票来说，贴现现金流模型的公式如下：

$$V = \sum_{t=1}^{\infty} \frac{Dt}{(1+k)^t}$$

式中，Dt 为在未来时期以现金形式表示的每股股票的股利；k 为在一定风险程度下现金流的合适的贴现率；V 为股票的内在价值。

此外，随着 Dt 和 k 赋值不同，股利贴现模型又可细分为零增长模型、稳定增长模型、复合增长模型等。

（2）自由现金流贴现模型。

自由现金流（Free Cash Flow to Equity，FCFE）贴现模型可以表述为：

$$V = \sum_{t=1}^{n} \frac{FCFE_t}{(1+WACC)^t} + \frac{P_n}{(1+WACC)^n}$$

式中，$FCFE_t$ 为 t 时刻预期每股自由现金流，它是指税后净利润扣除了用于企业发展壮大的净营运资金增量和净固定资产增量（固定资产投资扣除折旧）后，可以分配给股东的部分，即自由现金流 $FCFE$＝税后净利润＋折旧－营运资金的增量－固定资产投资；$WACC$ 为资本加权平均成本，它是由不同融资渠道的成本依其市场价值加权平均后得到；其他同上。

2. 相对估价法

相对估价法是一种将目标公司与其具有相同或近似行业和财务特征的上市公司比较，通过参考可比公司的某一比率来对目标公司股票价值进行估值的方法，因而也称为可比公司法。即：

股票价格＝可比公司的比率×目标公司的经营成果

常用的比率主要有：价格/收益比率（即市盈率）、价格/账面价值比率、价格/销售收入比率、价格/现金流比率、净资产溢价倍率等。

（1）价格收益比率。

市盈率法是股票估值过程中使用较多的一种方法，计算公式是：

$$可比公司市盈率倍数＝可比公司股本市场价值÷可比公司净利润$$

市盈率倍数法适合比较成熟的行业,如制造业、消费品等行业的估值。因不同国家和公司运用的会计准则不同,使净利润指标的可比性减弱,所以在具体使用时必须对不同的会计准则核算的净利润指标进行调整。此外,由于可比公司在不同的证券市场上市,不同市场的市盈率水平相差较大。为了调整这种差异,有时也采用相对市盈率方式。

$$可比公司相对市盈率倍数＝可比公司市盈率倍数÷当地市场平均市盈率$$

市盈率能够得到广泛运用的原因是:其一,它是一个将股票价格与当前公司盈利状况联系在一起的一种直观的统计指标;其二,对大多数股票来讲,市盈率容易计算且易得到,使得股票之间的比较十分简单;其三,能作为公司的风险性与成长性等的代表;其四,能反映市场上投资者对公司的看法。市盈率估值法是我国证券市场常用的方法。

(2) 价格/账面值倍数法。

该法也称为有形账面值倍数法,是根据可比公司有形账面值与公司股本市值之间估算目标公司股本市场价值的方法。对于某些行业来说,公司股本的市场价值完全取决于有形账面值,如银行、房地产等。有形账面倍数法计算公式为:

$$可比公司有形账面倍数＝可比公司股本市值÷可比公司有形账面值$$

$$有形账面值＝普通股股东权益－商誉－其他无形资产$$

这一方法的原理是资产的市场价值反映了资产的盈利能力和预期未来现金流,而账面值反映的是初始成本。所以如果在获得一项资产后,其盈利能力显著增加或降低,则市场价值就会与账面价值产生显著差异。运用这一方法的优点:一是账面价值提供了一个对价值相对稳定和直观的度量,投资者可以使用它作为与市场价格相比较的依据。对于那些从不相信使用未来现金流量贴现法所计算的价值的投资者而言,账面价值提供了一个非常简单的比较标准。二是此法提供了一种合理的跨企业的比较标准,投资者可以通过比较同行业中不同公司的这一比率来发现价值被高估或被低估的企业,为下一步的投资提供依据。三是即使那些盈利为负,从而无法使用市盈率进行估值的企业也可以使用此法来进行衡量。这一方法的缺点则表现在:企业账面价值会受到折旧方法与其他会计政策的影响,不能用这种方法对采用不同会计制度的公司和不同会计制度国家的公司进行比较;有形账面价值对没有太多固定资产的服务行业来讲意义不大;如果公司持续多年亏损,则公司权益的账面价值可能为负,这一比率也为负。

(3) 价格/销售收入倍数法。

价格/销售收入倍数法是指根据可比公司销售收入与公司总价值之间的关系来估算目标公司总价值的方法。

$$可比公司销售收入倍数＝可比公司总价值÷可比公司销售收入$$

前两种方法因可能会是负值而变得没有价值,而这一方法在任何时候都可以使用,甚至对最困难的公司也是适用的;公司的销售收入不像利润与账面值那样而受到折旧、存货和非经常性支出所采用的会计政策的影响,因此这种方法具有稳定性。当然如果公司的成本控制出现问题,这一方法也可能出现问题。因为尽管利润和账面值有显著下降,但销售收入可能不会大幅下降。

(4) EBIT/EBITDA 倍数法。

可比公司 EBIT/EBITDA 倍数＝可比公司总价值÷可比公司 EBIT(EBITDA)

公式中所用的公司总价值与市盈率倍数法中所用的公司股本市场价值不同,公司总价值等于公司股本市场价值加上公司净债务。EBIT 倍数法排除了公司利息支出和所得税的不同对公司盈利的影响,能够更准确地反映公司的盈利能力。EBITDA 倍数法进一步将折旧和摊销也计算在内,强调公司创造现金流量能力,通常应用于需要大量先期资本投入的行业和摊销负担较重的行业,如电信、石油、天然气、航空等行业。

3. 经济附加值法

经济附加值(Economic Value-Added,EVA)的基本理念是:资本获得的收益至少要能补偿投资者承担的风险,也就是说,股东必须赚取至少等于资本市场上类似风险投资回报的收益率。站在股东的角度,只有当一个公司赚取了超过其资本成本的利润时,才能为公司的股东带来价值,公司的价值才会增长。

EVA 实质上是一个经济利润,它与传统会计利润不同,它还必须减去所投入的资本的费用(包括债务资本成本和股权资本成本的机会成本)。也就是说,EVA 是衡量公司税后利润(Net Operating Profit Adjusted for Tax,NOPAT)超过其加权平均资本成本(Weighted Average Cost of Capital,WACC)的部分。即:

$$EVA＝NOPAT－WACC$$

公司的市场价值由两个部分组成:一是当前的营运价值,这是对公司当前营运业务的市场价值的一种度量;二是公司未来增长价值,用于度量公司期望增长价值的贴现值,是公司将来能够得到的每年一系列 EVA 的折现值,即公司的市场价值＝股权资本总额＋预期经济附加值的现值。知道了公司的市场价值后,再将其除以总股本则可计算出股票的内在价值。

4. 净资产倍率法

净资产倍率法又称资产净值法,是指通过资产评估和相关会计手段确定发行人拟募资产的每股净资产值,然后根据证券市场的状况将每股净资产值乘以一定的倍率,以此确定股票发行价格。

$$发行价格＝每股净资产值×溢价倍率$$

每股净资产值是公司财务的静态指标,可以用来衡量股份公司的清算价值,即股份公司在清算时投资者依据持有的股权比例可分得的公司资产净值。

(二) 现代股票估价理论

现代股票估价理论成为一个专门研究领域确立下来,是许多经济学家共同努力的结果。早期的工作主要是对不确定条件下量化模型的建立提出一些构想。例如,费雪(Fisher,1932)首次提出了未来资产收益不确定条件下可以用概率分布来描述的观点。此后,马夏克(Marschak,1938)、希克斯(Hicks,1946)等学者经过一系列的研究,认为投资者的投资偏好可以看作是对投资于未来收益的概率分布矩的偏好,可以用均方差空间的无差异曲线来表示,并认为"大数定律"在包含多种风险资产投资中将发挥某种作用。此外,他们还提出了风险溢价(RiskPremium)这一重要概念。

1. 现代证券组合理论

在此基础上,马科维茨(Markowitz)于1952年发表了题为"证券组合的选择"的论文,他根据统计学上的均值、方差和协方差等指标,将单个股票和股票组合的收益和风险进行量化,将复杂的投资决策问题简化为收益—风险(期望值—方差)的二维问题,给出了投资者如何通过建立有效边界,并根据自身风险承受能力选择最优投资组合,以实现投资效用最大化的一整套理论,即现代证券组合理论(Modern Portfolio Theory,MPT)。

2. 资本资产定价模型

以夏普(Sharpe,1964)、林特纳(Lintner,1965)和莫辛(Mossin,1966)为代表的一批学者,在马科维茨工作的基础上,开始把注意力从对单个投资者微观主体的研究转到对整个市场的研究上,考虑若所有遵循马科维茨定义下的投资者共同行为将导致怎样的市场状态。在各自独立状态下,他们先后得出了有关资本市场均衡的相同结论,即著名的"资本资产定价模型"(Capital Asset Pricing Model,CAPM),从而开创了现代资产定价理论的先河。用 $E(Ri)$ 表示股票(组合) i 的预期收益率, $E(Rm)$ 表示市场组合的预期收益率, Rf 表示无风险资产收益率, βi 表示股票(组合)收益率变动对市场组合的预期收益变动的敏感性。CAPM 可以表达为:

$$E(Ri) = Rf + \beta i [E(Rm) - Rf]$$

CAPM 的提出,一改以往证券理论的规范性研究方法,加上当时经济计量学的迅速发展和日趋丰富的数据资源,CAPM 很快便引起经济学家们的广泛兴趣。但 CAPM 严格的假定条件却给经验验证造成了很大障碍,使得学者们不得不致力于对假定条件进行修改,以使其更符合实际。这项工作主要集中在 20 世纪 70 年代及其前后几年。其中代表人物有迈耶斯(Mayers,1972)、默顿(Merton,1973)及埃尔顿(Elton,1978)等。然而,放松 CAPM 假设所产生的真正有价值的研究成果并不多,原因在于"当放松其中的一个条件时,仍可以得到一个与 CAPM 相似的定价模型,但同时放松两个条件时,就无法得出一个确定的均衡定价模型"(Ross,1976)。

3. 因素模型和套利定价理论

CAPM 虽然绘出了理性投资者在均衡市场状态下的证券选择模式,但它没有进一步揭示影响均衡的内在因素是什么,这些因素是怎样影响证券价格或收益的。而因素模型正是在两种证券的价格或收益具有相关性的假设前提下,试图找出并分析对证券价格或收益影响较大的经济因素,并较准确地量化这些因素对证券价格或收益的敏感程度,使证券价格或收益有更合理的解释和更简便的估算方法。因素模型是由夏普于1963年最早提出,由于它往往以指数形式出现,所以又称为指数模型。以目前广为流行的夏普单因素模型为例,该模型认为各种证券收益的变动都决定于某一共同因素。该模型可表示为:

$$Yi = ai + biF + ei$$

式中,Yi 为证券 i 的收益率;ai 为其他因素为零时的收益率;bi 为证券对因素的灵敏度;F 为因素的数量指标;ei 为随机误差项。

与此同时,一些学者选择了放弃 CAPM 假设,以新假设条件为出发点重新建立模型。其中最重要的成果当推罗斯(Ross,1976)的"套利定价理论"(Arbitrage Pricing Theory,APT)。该理论根据在完全竞争的市场中不存在套利机会的基本假设,直接将资产收益定义成一个满足以多因素(如工业总值、GNP 等总体经济活动指标、通货膨胀率及利率等指标)作为解释变量的线性模型。这样 APT 的工作就是从众多的可能影响因素中找出一组因素的线性组合来拟合定价模型。尽管 APT 看起来极其类似一种扩展的 CAPM,但它是以一种极其不同的方式推导出来的。APT 模型实际上简化了假设条件,因而具有更现实的意义。所以,其自 20 世纪 70 年代产生以来便迅速得到人们的普遍重视和广泛应用。

4. 期权估价方法

经典的期权定价理论,就是在一个完全的市场环境里,在一般均衡原理的基础上,推演出无套利均衡定理和风险中性定理。根据一般均衡理论,如果金融市场是动态完全的,那么,所有的金融资产,都可以根据风险中性定价原理给出唯一的价格。然后,在基础资产的价格具有连续样本路径的扩散过程的假定下,用一个基础资产和无风险证券的组合动态地"复制"期权的非线性的报酬结构;常用的期权定价模型有二项式模型和布莱克—斯科尔斯定价模型。

假定公司只有两种资本,一是发行股票筹集资金 C,二是发行零息债券筹集资金 $Xe^{-Rt}X$;X 为到期支付的债券本息,R 为债券的筹资成本(债券的连续复利到期收益率),e 为自然对数的底,T 为债券的期限;并假定在债券到期前无股利支付。对股东而言,在债券到期日,当公司价值 V 少于负债 X 时,股东一无所有,公司价值全部归债权人所有;当公司价值 V 大于负债 X 时,其超过部分全部归股东所有。公司股东实质上拥有执行价格为 X 的公司资产看涨期权。如果公司经营成功,$V > X$,则这个期权是一个实值期权,股东将执行期权,其盈利为 $V - X$;如果公司经营不善,$V \leqslant X$,则这个期权是一个虚值期权或平价期权,股东将放弃执行期权,实际上是与公司脱离财产所有权关系,其盈亏为 0;若考虑看涨期权的成本,则股东将损失购买股权的投资成本 C。

公司的当前价值 V 可以被合理假设为一种连续变动的随机变量,X 为公司债券总面值;σ 为公司未来市场价值(不包括其他短期债务的价值)年波动率;T 为公司债券到期日。布莱克—斯科尔斯定价模型不需要修改就可以直接对股票进行定价。由于在布莱克—斯科尔斯定价模型中不包含反映投资者风险偏好的变量,因此在用该模型为股票估值时,不需要估计投资者的预期收益率,也不需要预测公司未来的现金股利金额以及增长模式,从而在一定程度上克服了股利折现模型的缺陷。

5.行为金融学对股票估值理论的发展

上述估值理论都是基于"理性人"、套利和有效市场假定,而行为金融学对"理性人"假设提出了质疑,从投资者的实际决策心理出发,使得研究更接近实际。按照行为金融学的观点,大多数投资者并非是标准金融投资者而是行为投资者,他们的行为并不总是理性的,也并不总是风险回避的。行为金融学通过对现代金融理论的核心假说——"理性人"假说的质疑,提出了期望理论,认为投资者对收益的效用函数是凹函数,而对损失的效用函数是凸函数,表现为投资者在投资账面值损失时更加厌恶风险,而在投资账面值盈利时,随着收益的增加,其满足程度速度减缓。在金融交易中,投资者的心理因素将使其实际决策过程偏离经典金融理论所描述的最优决策过程,并且对理性决策的偏离是系统性的,并不能因统计平均而消除。在此基础上,行为金融理论对其他相关方面也提出了质疑,并提出了自己的模型。例如,行为金融理论对有效市场假说的挑战,行为组合理论(BAT)对现代资产组合理论(APT)的挑战,行为资产定价模型(BAPM)对CAPM的挑战。BAPM模型是1994年提出的,指出市场上有两种交易者,一种交易者是信息交易者,信息充分,严格按照传统的CAPM模型进行资产组合,不会犯认知错误,并具有均值偏好;而另一种交易者是噪声交易者,他们不会按照CAPM模型来构造自己的资产组合,会犯认知错误,没有均值和方差方面的偏好。事实上,这两类交易者在市场上是互相作用的,共同决定证券市场的价格,市场是否有效取决于这两类交易者的比重:如果是前者在市场上起主导作用,那么市场是有效的;如果是后者起主导作用,那么这个市场是无效的,这是BAPM模型对CAPM模型的调整。

(三)注册制下投资银行IPO定价流程

注册制新股发行采用市场化的询价、定价及承销机制,将估值定价权直接交给市场,进而提高定价效率和资源配置效率。注册制下,投资银行IPO定价流程包括承销组织、研究估值、机构销售、信息披露等四个对IPO定价构成重要影响的方面。一是承销组织。注册制下,投资银行作为核心中介,需有效组织市场参与各方,充分进行市场化询价,确定发行价格区间。投资银行的承销组织能力很大程度上决定了询价质量。二是研究估值。例如,目前的科创板新规要求主承销商的投行部门对拟上市企业进行质量评估、风险识别和价值判断,同时要求证券分析师提供投资价值报告,上述研究不仅用于判断企业是否符合科创板上市条件,还作为承销商对发行价的建议,供询价对象参考。只有通过科学合理的研究与估值,才能正确引导投资者预期,有效形成合理的发行定价,发挥稳定市场的作用。三是机构销售。提升机构投资者占比不仅可以培育价值投资氛围,推动市场定价合理化,还能减少资本市场的炒作行为,构筑稳健的市场生态。目前科创板制度新规大幅调增面向七类专业机构投资者的网下新股发行比例至80%以上,这就要求投资银行不断提升机构销售能力,增强机构客户参与度,吸引长期优质投资者。四是信息披露。注册制实行以信息披露为核心的发行审核制度。监管机构不对拟上市公司进行实质性审核,由中介机构披露上市公司信息,由市场判断企业投资价值。充分的信息披露是市场定价的基础,是投资者分析判断项目的重要保障,也是促成社会资源有效配置的必要条件。

四、发售机制

上述介绍的公司股票估值方法的结果不能替代公司发行新股的市场定价。新股价格最终还要由市场上的投资者对公司股票价值判断以及供求关系等诸多因素来决定。在完成发行新股的估值工作以后,发行公司的主承销商就要根据新股发行的具体情况选择合适的新股发行定价方式(发售机制),最终确定能够反映市场需求状况的发行价格。

(一) 发售机制种类

1. 固定价格法

固定价格法是指承销商事先按照一定的标准确定发行价格,再由投资者进行申购。这一方式下,承销商和发行人在定价时并未充分获取相关的定价信息和市场需求信息。根据定价之后 IPO 的分配情况,固定价格方法可以进一步分为允许配售和公开发售两种。美国的尽力推销方法是前者的典型例子。在股份发售时,承销商拥有分配(至少是部分的)股份的权利。固定价格公开发售方法则更为熟悉和多见,欧洲、亚洲的许多国家、新兴市场国家都曾经或正在使用这种方法。除了上述特点,公开发售机制一般还具备以下特征:① 从承销商确定价格、投资者申购到 IPO 真正上市交易之间,往往有几周的时间差。② 投资者申购需要事先缴款,申购未成功后返还,该笔资金的利息由发行人获得。③ 存在一定的"歧视":尽管实行公开发售机制的国家都贯彻"公平原则",即同样规模的申购应当拥有获得同样股份的权利,但是它们却往往通过对申购上限的限制实行对大规模申购的歧视,从而向小的投资者倾斜。固定价格制度下发行方式相对简单,销售成本低,对承销商的要求不高,比较适合市场容量较小、个人投资者比重较大的国家或发行量比较小的项目。

2. 累计投标询价制度

累计投标询价制度的主要特点在于投资者有部分 IPO 定价的权利,主承销商在初步确定新股发行价格区间之后,通过发行公司的路演推介,向机构投资者征求需求量和需求价格信息并建立簿记,在此基础上对发行价格进行修正,最后确定发行价格。主承销商和机构投资者对新股发行价格的判定主要以二级市场同类股票价格为参考。累计投标是目前国际上最常用的新股定价方式之一,尤其在美、英等机构投资者比例较高的国家更为普遍。自 20 世纪末以来,很多国家(如德国、英国等)在新股发行中,除运用累计投标询价方式外,同时建立了基于新股的预发行市场。所谓新股预发行市场,是指对已经被核准进行首次公开发行,但尚未正式定价和交易的新股预先进行交易的市场。这一方式有利于减少新股发行中的信息不对称现象,完善了新股发售过程中的价格形成机制,推动了股票 IPO 市场的健康发展。

累计投标方法一般可分为三个阶段:按照某一新股发行定价方法确定新股询价范

围—路演询价—确定最后的发行价和分配股票。

第一阶段,由承销商对拟上市公司进行尽职调查,然后确定一个新股发行的询价范围,与此同时,投资银行还要确定哪些投资者可能申购新股。

第二阶段,展开由承销商、发行人和机构投资者共同参与的路演。路演是证券发行过程中一项十分关键的推销活动,通过承销商对上市公司的全面推介,让发行人能够有机会与机构投资者进行沟通交流,使得投资者对发行人有一个全面的了解。在参考询价区间并对新股进行估价的基础上,投资者报出新股申购的价格以及在相应的价格下愿意申购的新股的数量。投资银行在对新股进行最后定价之前通常要"建立一个账簿"(Build a Book),这在美国已是一个标准的新股发行操作模式。在账簿中通常记录了有关新股发行所有的相关信息,包括每一个提交的报价(如果存在申购限定价格的话),其对应的报价机构投资者名称及申购新股的数量(或申购资金总额)。在账簿中还报出了投资者申购的日期以及其后每一次的价格修正(包括取消申购的信息),同时在账簿中还记录了作为管理者的辛迪加成员所收到的报价数量等相关信息。

在国外的美式累计订单询价机制中,报价可以分成三类,即"市价报价"(Strike Bid)、"限价报价"(Limit Bid)和"分步报价"(Step Bid)等。市价报价是一种只报出一定申购数量的股票或申购金额而不考虑发行价格的报价(如购买 100 万股股票或总值为 500 万美元的股票)。在限价报价中,申购者要报出他愿意购买该新股的最高价格(即最高限)。在一个分步报价中,申购者实际上向承销商提供的是一个对新股的需求曲线,换句话讲,一个分步报价是一系列限制性报价的集合(即申购者针对不同的限价报价而报出一系列相对应的申购量)。在实践中,大部分的申购报价是直接报价。

第三阶段,承销商通过询价、路演收集到一系列申购报价及对应的申购数量等信息并依据这些信息确定最后的发行价格。美式累计订单询价机制最为明显的特点是,最后发行价格的确定是在承销商征求愿意购买新股的投资者的意见后确定的。换句话讲,在美式累计订单询价机制中承销商在最终确定发行价格时已经拥有了相当多的有关新股方面的信息。在询价过程结束时,由于所有投资者对股票的需求都被汇总到账簿管理者手里的单一账簿中,承销商便可以对相关报价信息进行汇总以形成一条需求曲线,再根据事前确定的发行总量,把最后价格定在至少能够满足发行总量的水平上,从而形成最终的新股发行价格。IPO 股票最终发行价格的确定并未依据任何事先确定的规则,而是由投资银行与上市公司依据其对投资者申购新股信息的理解相互协商,斟酌决定。一般来讲,发行价格的确定并不是在股票的总需求与总供给相交的那一点上。由于根据发行价格可以对需求量进行调节,因此承销商在确定发行价格时可以有效地控制市场对新股的需求,投资银行在设定新股发行价格时通常要使其需求超过供给,使新股发行出现超额认购,即最后的定价要在市场出清价格之下。从具体的发行实践来看,承销商在确定最后的发行价时一般要留出 15％左右的上涨空间。

在国外,投资银行从机构投资者那里搜集报价的时间大约为两周左右。在封闭账簿后,投资银行立即确定最后的发行价格,然后将股票按照各种(自定的)规则分配给投资者,这也是美式累计订单询价机制与拍卖制的一个较为明显的区别,即在美式累计订单询价机制中新股定价及分配新股的规则并不对外公布,而是交由投资银行来决定。一般来讲,新股会被以相同的发行价格同时分配到不同的投资者手中,而那些表示需要较多股票的投资者将被分配到更多的股票。在美式累计订单询价机制中,投资者的报价并不代表一种必须购买的承诺,然而由于投资者与投资银行之间所建立的长期关系及不断进行着重复的交易,因此投资者很少对其所报出的价格违约。

3. 拍卖制度

拍卖制度的最主要特征是其较高的市场化程度。在这一机制中,价格的确定是在收集信息之后进行的,同时股份的分配也根据事先规定的规则在现有的投标基础上进行,因此承销商和发行人的影响力比较有限。在 IPO 发售中,具体拍卖方法包括统一价格拍卖和差别价格拍卖。这两种拍卖方法都要求所有投资者在规定时间内申报申购价格和数量,申购结束后主承销商对所有有效申购按价格从高到低进行累计,累计申购量达到新股发行量的价格就是有效价位,在其上的所有申报都中标。唯一不同的是,在统一价格拍卖中,这一有效价位就是新股发行价格,所有中标申购都是按该价格成交。而在差别价格拍卖中,这一价位则是最低价格,各中标者的购买价格就是自己的出价。此外,各国还存在多种略有变化的拍卖机制,较广泛运用的是"肮脏拍卖",即发行人在拍卖的时候将价格设定在低于出清价格的水平上。澳大利亚、比利时、芬兰、法国、匈牙利、新西兰、英国和美国都曾使用这一方法,在比利时、法国和英国的 IPO 中较为常见。智利的证券交易所中使用的是类似于英式拍卖方法的机制,以色列和新加坡则分别使用两种不同的两阶段统一价格拍卖。英式拍卖方式是指在拍卖时喊出一个最低价,如果至少有两个竞标人愿意购买,就继续提高价格,直到仅有一个竞标人愿意购买为止。在以色列,第一阶段竞价由机构投资者进行,他们的投标将予以公布且不能收回。之后第二阶段,即包括个人投资者的一般拍卖开始,机构投资者可以继续申报,但只能以不低于第一阶段报价的价格进行。他们在这两个阶段中的申报将结合起来。在以色列的两阶段竞价中,最终的中标价格只有一个,但在同样的前提下,第一阶段的申购将有购买的优先权。而新加坡的两阶段竞价则是另外一种形式:第一阶段是对一部分新股的固定价格公开出售,第二阶段才进入剩余股份的统一价格拍卖阶段,第一阶段的固定价格为拍卖的发行底价。有些国家对竞标申购也存在与固定价格发售类似的申购上限限制,体现对小投资者的政策倾斜,或通过剔除过高的申购而限制"搭便车"现象的出现。

4. 混合定价制度

由于各种定价制度的特点不同,许多国家(地区)根据本地股票市场的环境选择混合定价制度,包括拍卖/公开发售混合、拍卖/累计投标询价混合等,但目前普遍选择累计投标询价和固定价格相混合的混合发行定价制度,中国香港是这种制度的典型代表。

在香港的混合发行定价制度下,发行股份总额分为两部分:香港认购部分和国际配售部分。在大部分情况下,两者分别占招股总额的 10%~15% 和 85%~90%。其中香港认购部分供公众、机构及专业投资者公开认购,超额认购时按申购量比例配给;国际配售部分由承销商售予经其甄选的国际(包括香港)投资机构及专业投资者,股份的配给原则与累计投标方式一致,允许承销商歧视性配售,发行价格由国际配售部分的累计投标询价确定;同时,为了最大限度地使两个市场的需求达到平衡,混合定价制度引入了回拨机制。混合定价制度既发挥了机构投资者对最终定价的影响,又保护了一般投资者介入收益甚高的 IPO 过程的权益,特别适合正在走向成熟或开放的新兴市场使用,在美国等成熟股票市场也有使用。但该种制度下的发行成本和抑价程度都高于累计投标询价制度。

(二) 比较与评价

1. 分配机制差异

分配机制是发行价格、发行数量决定机制能否高效运行的基础。固定价格法下,承销商无权任意分配股票,投资者通过摇号或抽签的方法决定所获份额。拍卖机制中分配则取决于事先的拍卖规则和投标人所出的价格,而不能考虑某一投标人和拍卖人过去的关系。累计订单询价机制同其他发售机制的关键区别在于该机制赋予承销商自由分配股票的权力。正是由于承销商拥有自由分配股票的权力,才使得承销商可以通过选择合适的规则,将不同的报价和购买意向同股票分配数量相联系,以吸引投资者揭示自己真实的认购意向和所获信息,从而更有效地进行价格发现,降低新股折价程度,提高新股发行效率。

当然累计订单询价机制并不能消除新股折价现象。新股折价,也称 IPO 抑价,是指发行定价存在着低估现象,即新股发行定价低于新股的市场价值,表现为新股发行价格明显低于新股上市首日收盘价格,上市首日就能获得显著的超额回报。理论上讲,一个有效的 IPO 市场是不应该存在超常收益率的,但实际上这一现象普遍存在于世界各国股票市场。

2. 定价过程的差异

在固定价格方式下,不存在专门的市场推介环节,发行价格的确定在很大程度上依靠发行公司及承销商的谈判能力。而且,承销商与发行公司讨价还价的结果在发行之前就固定下来。相反,在累计投标方式下,发行价格的确定包括几个步骤:确定价格区间、累计定单询价和修正价格。即股票的发行主要依靠市场推介,又称为“路演”。其基本作用是让投资者了解所发行的股票,并引起投资者的购买兴趣。在竞价发行方式下,虽然有不同的竞价招标方式,但都是以承销商和发行人认可的股票价值作为发行底价,以此为基础由投资者进行竞价,是一种高度市场化的发行方式。

3. 定价适当性的差别

在固定价格方式下,价格的确定与发行公司及承销商的谈判能力有直接关系。承销商为减少包销的风险,必然尽量压低价格。此外,价格的确定缺乏明确的判断标准,因而该方式所确定的价格难以反映市场需求,出现定价不适当。相对而言,该方式所确定的发行价格低于另外两种方式。在累计投标方式下,价格较为适当。在市场推介环节,承销商通过路演向投资人及零售经纪人介绍公司状况,散发或送达配售信息备忘录和招股文件,传播与发行公司有关的声像文字资料,发送预定邀请文件并询问定价区间。承销商对反馈回来的投资者的预订股份订单进行统计,可以大体确定承销的结果和超额认购倍率,从而确定合理的发行价格。而竞价方式是由投资者以投标方式相互竞争来确定股票发行价格,能够直接反映投资主体对新股价格的接受程度,最终使发行价格更接近新股上市后的市价,但该方式受市场成熟度和投资者判断能力的影响较大。

4. 在不同市场反应下的灵活性不同

在固定价格方式下,如与市场预期不符,承销商和发行公司将处于较为尴尬的境地。在认购股票的发行期,如果市场形势发生不利变化而未及时做出调整,很有可能出现认购不足的情况。相反,如市场反应良好,超额认购倍数很高,承销商必然面对发行公司因定价过低,减少筹资的指责。累计投标方式则较为灵活,如果在市场推介过程中,投资者反应不准,在原定价格范围内,没有足够的认购意向,主承销商一般会与发行公司协商,下调发行价格或将发行时间推迟,在市场好转后再发行。而当市场反应良好,出现配售量超过原定发行量时,承销商可动用"绿鞋"条款,要求发行公司增加发行部分证券。"绿鞋"条款,即超额配售选择权的俗称,也称"绿鞋期权",具体来说是指新股发行时,发行人授予主承销商的一项选择权,获此授权的主承销商按同一发行价格超额发售不超过包销数额 15% 的股份,即主承销商按不超过包销数额 115% 的股份向投资者发售。在本次增发包销部分的股票上市之日起 30 日内,主承销商有权根据市场情况选择从集中竞价交易市场购买发行人股票,或者要求发行人增发股票,分配给对此超额发售部分提出认购申请的投资者。由于超额配售选择权的做法源于 1963 年美国一家名为波士顿绿鞋制造公司的股票发行,因此超额配售选择权又俗称"绿鞋"。绿鞋机制的具体应用:如果发行人股票上市之后的价格低于发行价,主承销商用事先超额发售股票获得的资金,按不高于行价的价格从二级市场买入,然后分配给提出超额认购申请的投资者;如果发行人股票上市之后的价格高于发行价,主承销商就要求发行人增发15% 的股票,分配给提出事先提出认购申请的投资者,增发新股资金归发行人所有。绿鞋机制的引入,可以起到稳定新股股价的作用;可以维护发行后股价的相对稳定,有利于维护发行人形象;可以使募集资金量保持一定的弹性,在增加股票发行的情况下,增加发行人的筹资量。

竞价发行方式同样由投资者表示出对新股的需求,再根据需求情况确定最终的发行价格。该方式同样可以有效地发挥价格发现功能,缩小发行价格与上市价格之间的差距。在累计投标方式下,承销商有配发股份的决定权,而在竞价方式下只能实行价高者得之的配发方法,因而竞价方式在选择理想股东结构方面的功能不如累计投标方式。

5. 适用的市场环境不同

从国外的实践看,固定价格方式适用于发行规模相对较小、投资人多为散户的市场;而累计投标方式要求发行规模相对较大,并且机构投资人处于市场主导地位的市场环境,因为发行价格的确定主要依靠市场推介来获取投资者的市场信息,而这只有在相对成熟的市场环境中才能得到满足。竞价发行方式对市场环境的要求更高,因为最终发行价格完全由投资者之间的竞价产生,这就要求投资者具有良好的价值判断能力和理性的投资观念,从而一个高度发展的证券市场是必备的前提条件。

五、发行后市场的交易

当新发行的股票以发行价出售给原始购买人时,发行后市场的交易就开始了。为了确保所发行证券价格的可信度和稳定性,投资银行在承销期内会采取稳定价格策略,以防止交易失败或发行后市场上的价格低于原始发行价。如果在发行后市场上的首次交易中新股价格走跌,承销商的声誉会受到影响。但价格支持在法律上的最大障碍是与市场操纵的界定,因此各国对此一般有严格的规定。

在美国,证券法令规定,承销商在承销新证券时必须采取价格稳定措施,其方法和金额必须在公开说明书中表示出来。当真正开始托市时,主承销商还要向 SEC 通报。SEC 同时要求托市的价格不准超过发行价或其他交易商的最高报价,托市的时间不能超过一定天数,否则都将视为违反反操纵条例。美国的价格支持方式主要有以下几种。

(一) 简单的支持方式

承销商在发行价格或发行价格以下设置限价买入指令,减缓或阻止交易价格的下跌,从而起到价格支持和稳定的作用。

(二) 卖空补进的支持方式

这一方式有两种操作策略,其中以如前所述的被称为"绿鞋"的方式最为普遍。与"绿鞋"相反,如果超额配售权未得到发行公司的认可(假设承销商仍然超额发行了15％的股票,此时,承销商建立了 15％的净空头头寸),那么,在股票上市以后,无论价格上涨还是下跌,承销商都须补进股票,将净空头头寸平仓(平仓以后股本总额仍为100％)。此举也可以起到支撑股价的作用,然而由于承销商必须在二级市场补进股票,因此价格上涨时承销商将遭受亏损。与"绿鞋"相对应,这一方式被称为"光脚鞋"。

上述两种方法通常被承销商一并使用,以增大买卖空间、操作灵活度和市场支撑能力。

(三) 惩罚性的支持方式

一般而言,股票上市初期的抛压主要来自一级市场持股大户的抛售行为,这些持股大户是组成承销团的证券公司和投资银行(即分销商)。如果主承销商预计可能出现股票的需求不旺,可以事先与各分销商签定旨在减少抛售的协约,规定股票上市行情看淡时,分销商的抛售行为将遭到协议约定的惩罚,主承销商有权扣减其支付给分销商的分销费用。

可以看出,前两种方式从刺激需求入手,后一种方式从抑制供给入手。

(四) 虚拟交易

这是指承销商在尚未决定实际的发行价格或条件时,经主管机构核准后,彼此对该证券所进行的交易行为,而此时尚无实际的证券发行,因此一般称为"灰色交易"或"预先交易"。承销商可以利用证券的市场反应,了解市场需求,以决定较适当的发行价格,避免巨幅涨跌。

承销商价格支持所持续的时间少则一个小时,多则长达一个月。承销期结束后,所有市场流通的证券都遵循相同的交易规则,价格支持到此为止。因此,新证券未来的长期价格走势则由市场决定。但一个值得关注的现象是,新股长期走势往往表现为弱势,即新股发行一段时间后其收益的长期走势弱于市场平均收益。无论在发达的资本市场,还是其他资本市场,这一现象普遍存在。关于新股上市后长期弱势现象的原因,国外的经济学家尝试了从各种角度进行解释。一种观点是"机会窗口"(Window of Opportunity)假说,指出许多公司会刻意选择公司价值被明显高估的时机发行,这样便可以用较低的成本融得更多的资金。一种是"盈余管理"假说,指出公司管理者会有意地操纵收入,从而促使投资者对即将发行的新股产生过于乐观的预期,并以高估的价格买入新股。一种是"狂热"(Fads)假说,即认为证券市场的投资者存在"狂热"心理,其投资行为并不符合经典文献中的理性预期假设。还有的强调投资者信息的不对称性,由于新股发行前关于该股票的信息并不充分,加上许多市场缺乏对新股的卖空机制,因而造成只有那些对该股票抱有非常乐观预期的投资者才愿意去购买,客观上导致了新股价格被高估。也有的将新股长期弱势的原因归结为后期公司业绩不良,他们认为由于公司管理者同股东的利益目标存在差异,管理者会倾向于以牺牲股东的利益为代价,将发行股票获得的资金或多余的现金流投到不良的项目中。

第三节 债券承销

债券是一种筹措中长期资金的融资工具或债权凭证,债券持有人有权向债务人按期取得固定利息,到期收回本金。在西方发达国家,债券是资本市场的主要融资工具之一,发行债券是政府、公司与银行等广泛运用而投资者愿意接受的一种融资方式。债券可以在金融市场上自由买卖,其价格可以根据债券的供求状况、市场利率高低等情况而定。

一、债券概述

(一) 债券特点
债券作为资本市场上重要的金融工具,具有如下基本特点:
(1) 偿还性。
债券均有规定的到期日,发行人要按期向投资者支付利息并偿还本金。
(2) 安全性。
一般地,债券的利率固定,收益稳定,风险较小。此外,在公司破产时,债券持有人享有优先于股票持有人对公司剩余资产的索取权。

（3）流动性。

债券能在金融市场上自由转让，即可以迅速变为货币而又不会在价值上蒙受损失。

（4）收益性。

一方面投资者在持有期内根据债券的规定，可以得到稳定的利息收入；另一方面投资者通过在金融市场上买卖债券，可以获得资本收益，即通过买卖债券获得差价收益。

当然，上述四个特点之间是存在矛盾的。即若某债券的流动性强、安全性好，则该债券会成为金融市场的热门债券而引起投资者的青睐，由此该债券的价格就会上升，收益率则下降；反之，若某债券的风险大，流动性差，则购买者会少，债券价格低，收益率相对就高。

（二）债券种类

（1）按照发行的主体不同，可分为政府债券、公司债券与金融债券。

政府债券主要有公债券、国库券、政府机构债券和市政债券等。其中市政债券是地方政府发行的债券，其筹集资金的目的是用于如建设新学校、建设水净化工厂、修建途经乡村的高速公路、建造城市体育中心，以及用来偿还旧债。在美国，市政债券是指州和地方政府及其授权机构发行的有价证券，其发行目的是一般支出或特定项目融资，它是美国地方基础设施融资的主要工具。根据信用基础的不同，美国的市政债券可分为一般责任债券与收益债券。一般责任债券可以由州、市、镇和县发行，均以发行者的税收能力为基础（以一种或几种税收的收入来偿还），本金与利息定期支付，基本无违约情况出现。一些一般责任债券不仅以征税权力做保证，而且以规费、拨款与专项收费来保证，这类债券也称为双重担保债券。收益债券是指为了建设某一基础设施而依法成立的代理机构、委员会或授权机构发行的债券。这些基础设施包括交通设施（收费公路、收费桥、机场、港口）、医院、大学生宿舍、公用事业等。通过这些设施有偿使用的收入来偿还债务。收益债券的风险往往比一般责任债券的风险大，但利率较高。另外，按照美国《1986 年税收改革法案》的规定，市政债券的税收待遇有三种情况：用于公共目的的债券，其利息收入免缴联邦所得税；用于私人项目的债券需要缴纳联邦所得税，但可免缴债券发行所在州的所得税和地方政府所得税；既非政府目的又非私人目的的债券，如住宅与学生贷款，也是免税的，但发行数量受到限制，而且利息收入被优先作为选择性最低税收的项目。目前绝大多数市政债券是用于公共目的的免税债券。

金融债券是指商业银行与其他金融机构为筹集资金而发行的借款凭证。金融债券的属性，各国因法律不同而不一样。在欧美，金融机构发行的债务凭证属民间公司债券，受有关公司债券法管理，不专门叫金融债券，即在欧美国家没有金融债券的概念。在日本，金融债券相对于公债，与社债即公司债券同属民债。金融债券是根据日本的有关特别法律而行，主要有长期信用银行法、外汇银行法、农林中央金库法、商工组合中央金库法。

（2）按照债券的募集方式不同，可分为公募债券和私募债券。

公募债券是以不特定的多数投资者为对象而广为募集的债券。一般而言，国债的发行通常采用公募的形式。私募债券是债券发行时不面向一般投资者,而面向与发行人有特定关系的投资者募集的债券。

(3)按照债券本身分类,可分为附息债券、浮动利率债券、贴现债券、可转换公司债券、附新股认购权公司债券。

附息债券也称定息债券,是为了支付利息而在券面上附有息票的债券。浮动利率债券是债券利率随市场的变化而做相应的调整。西方国家为了增加中长期债券的吸引力,在确定浮动利率时,根据预先选定的某一种市场的利率作为参考指标,随参考利率的波动而变化。贴现债券也称无息债券或零息债券,债券券面上不附有息票,也不规定债券收益率,发行人以低于票面值的价格予以发行,到期按票面金额收回,发行价格与偿还金额之间的差价即是利率。可转换公司债券,在一定条件下赋有持票人可转换为该发行公司股票的权力。如果持有人不愿意转换成股票时,可以继续持有,直到偿还期满收回本金。附新股认购权公司债券在一定条件下对该公司的债券持有人赋予其有权按所订的价格向发行公司请求认购新股票。

二、债券的信用评级

一家公司若要公开发行债券,通常要经由专业的机构评定其信用等级。信用等级对于债券的收益率和风险有着较大的影响。

债券评级制度始于美国,通过拥有大量债券分析、会计、统计、财务专家的专业评级机构进行。现在全球最权威的债券评级机构是标准—普尔公司(Standard & Pool's Corporation)和穆迪投资者服务公司(Moody's Investor's Service)等几家(见表3-1)。它们依据下列标准对一家公司所发行的某种债券进行评级:① 该种债券违约的可能性。即债务人根据负债条件按期还本付息的能力,这主要与公司的基本面状况有关系,涉及公司的发展前景,即分析公司所处的行业性质是"朝阳产业"还是"夕阳产业";公司在同行业中竞争能力如何;原料进货和成品销售渠道是否畅通等;公司的财务状况,与公司还本付息能力最为密切的指标是流动比率、速动比率、周转率等指标;公司本身的信用状况,包括公司还款拖欠状况等。② 债券发行时的约定条件。包括分析公司发行债券时有无担保或抵押;在公司发生危机时,债务的清偿顺序。

表3-1 全球著名的信用评级机构

机构名称	成立年份	市场定位	短期评级代号	长期评级代号
穆迪投资者服务	1909	全球	P-1 to P-3	Aaa to C
惠誉 IBCA	1913	全球	F-1 to F-4	AAA to D
标准普尔	1922	全球	A-1 to D	AAA to D
达夫与菲尔普斯	1932	银行	达夫-1 to 达夫-3	1 to 17

按照上面的标准,穆迪投资者服务公司把债券分成三等九级,标准—普尔公司把债券分成四等十级,每一级代表不同的还本付息能力和债券风险,如表3-2和表3-3所示。

表 3 - 2　穆迪公司债券信用评级表

等　级	说　明
Aaa	最高质量
Aa	高质量
A	上中质量
Baa	下中质量
Ba	投机性因素
B	通常不值得正式投资
Caa	可能违约
Ca	高度投机性,经常违约
C	最低级

在各级别前后可以加"＋"或者"－"号以表示"略好"或"略差"之意。

表 3 - 3　标准—普尔公司债券评级信用评级表

等　级	说　明	备　注
AAA	最高级	还本付息能力最强,投资风险最低
AA	高级	很强的还本付息能力,但保证程度略低于、投资风险略高于 AAA 级
A	上中级	较强的还本付息能力,但可能受环境和经济条件的不利影响
BBB	中级	足够的还本付息能力,但是环境和经济条件的不利变化可能导致偿付能力削弱
BB	中下级	债券还本付息能力有限,具有一定的投资风险
B	投机级	风险较高
CCC	完全投机级	风险很高
CC	最大投机级	风险最高
C	低级债券	一般表示未能付息的收益债券,规定盈利时付息但未能盈利付息
D	违约债券	违约,但尚有一些残余价值

在各个级别前面可以加上 1、2、3 表示统计债券质量的优、中、劣。

另外,如果发行的是外国债券或者国际债券,那么还要对发行国的社会、经济、政治环境加以分析,作为债券评级的另一因素。

三、公司债券的发行和承销

投资银行参与公司债券的发行和承销时,有很多业务与股票承销是类似的。投资银行需要与发行人相互调查、双向选择,然后制订发行计划并签订承销协议。发行计划主要涉及以下内容:债券期限及利率,债券发行总额,发行对象,发行方式,溢价、平价还是折价,公司财务情况,项目可行性研究,还本付息的资金来源,经济效益预测等。发行计划还必须经过发行公司董事会表决通过。法律一般要求 2/3 以上公司董事出席且超半数通过发行计划方有效。在此基础上形成公司董事会决议,涉及债券发行总额、券面金额、发行价格、利率、发行日、偿还期限、还本付息方式等内容。

此后,向政府主管部门上报发行文件,经批准后可以着手发行组织工作。承销商应开展宣传推介活动,利用其所拥有的销售网络将债券出售给投资者。债券能否在承销期内顺利销售,不但与债券的发行条件有关,而且与承销商的声誉、承销团的组织结构和实力有关。

在随后的债券承销发行工作中,债券与股票非常类似。由于公司债券发行量一般比较大,所以债券承销一般也需组成承销团,签订承销协议,明确各层次承销商的权利和义务。

从组织承销团的角度来看,对于企业债券的主要投资者来说,无论是机构投资者还是散户投资者都需要包括在其中,而投资银行则承担着企业债券主承销人的责任,其需要对外部机构进行引入,让其完全地参与到债券承销的过程当中,之后选择一些实力雄厚的承销人组成具体的承销团。目前在具体的实践过程中,无论是英国组织承销团模式还是美国组织承销团模式都具备实际意义,投资银行可根据实际情况对更具针对性的模式进行选择。所谓英国模式主要就是由两个投资银行进行组合,共同对承销的业务进行承担,如果债券并没有达到预期的发售效果,那么两个投资银行就必须要发挥包销团的作用,根据协议比例对未能出售的债券进行购买。从美国模式的角度来看,其存在着一个同意承销债券的投资银行组合,同时也具有负责销售的集团,在具体实践过程中,投资银行需要对总包销团进行组织,负责开展债券的管理与发行工作。随着国际债券市场的持续发展,无论是分包集团还是销售集团都已经不是整体承销过程中的必需品,但管理集团却必须要存在,参加到管理集团当中的投资银行应做出承诺,为债券发行人向投资者发售具体的债券,根据现实法律,其对投资银行做出的包销承诺进行了确保,这也就相当于投资银行为企业承担了具体的包销风险。由于具体的协议完全是由发行人和相关的管理集团进行签订的,所以管理集团的所有成员都需要对包销的义务进行承担,即便债券发行失败,管理集团的成员也必须要对债券的具体价格进行承担,并对没有售出的债券金额进行支付,这就直接体现了投资银行在企业债券承销中的具体作用。除此之外,在对管理人协议进行签订的基础上,还需要对主承销人的主导作用进行突出,投资银行在对单独的分包销集团进行了组织后,能够对管理集团成员的具体包销风险进行减轻,而对于分包人来说,其也必须要依靠现有的法律行为,对自身的权益进行保护。所以,在承销团当中,处于从属地位的集团为分包销集团,而作为主承销人的投资银行则需要对分包人进行合理的管理。可见,在企业债券承销中,投资银行承担着极为重要的责任,发挥着无可替代的组织作用。

同样的是,公司债券承销业务中,对债券的定价是重要的一环。投资银行在为公司债券定价时所考虑的因素主要有:① 资本市场上资金供求状况。如果市场上资金需求大于供给,则定价较高;反之亦然。② 利率水平。公司债券的收益率水平应该略高于基准利率。③ 发行公司的资信状况及该种债券的评级。关于债券的评级前文已经详细阐释过。一般评定等级越高,债券风险越小,所对应的收益率相对较低,故而一般资信好的公司和有着担保抵押及求偿权级别较高的公司债券定价较高。④ 利率水平的变化。市场利率上升时,债券价格下跌;市场利率下降时,债券价格上升。⑤ 政府的金融货币政策。由于政府的金融货币政策可以极大地改变市场利率水平和市场资金供求状况,所以在定价时,关注货币政策动向是非常重要的,否则将酿成重大损失。美国1979 年 10 月在债券承销之中就出现过这样的例子。当时承销商以组织辛迪加的形式承销 IBM 公司的新债券,美联储一项货币政策的变化——上调金融市场短期利率,企图以压缩基础货币从而达到削减银行贷款的目的,结果造成该公司的债券价格陡然下跌,承销商根本无法按照原定的发行条件把新债券销售出去,酿成了很大的损失。

实践中,债券价格的确定依据其收益率,而收益率等于同期限的国债利率(无风险利率)加上一定的风险溢价。

在可转换债券的承销业务中,投资银行应该与发行人一起对可转换债券的要素进行合理设计。这些要素主要包括以下方面:① 标的股票,一般是发行人自己的股票,也可能是其他公司的股票。② 转换价格,即将转换债券转换为每股股份所支付的价格。我国相关法规规定,可转换公司债券的转股价格应在募集说明书中约定。价格的确定应以公布募集说明书前 30 个交易日公司股票的平均收盘价格为基础,并上浮一定幅度。③ 转换比率,是指每张可转换债券能够转换的普通股股数。④ 转换期,是指可转换债券转换为股份的起始日至结束日的期间。⑤ 赎回条款,是指可转换债券的发行人可以在债券到期日之前提前赎回债券的规定。⑥ 回售条款,是指在可转换债券发行人的股票价格达到某种恶劣程度时,债券持有人有权按照约定的价格将可转换债券卖给发行人的有关规定。设置回售条款,是为了保护债券投资者的利益,使他们能够避免遭受过大的投资损失,从而降低投资风险。⑦ 强制性转换条款,是指在某些条件具备后,债券持有人必须将可转换债券转换为股票,无权要求偿还本金的规定。这一规定的目的在于保证可转换债券顺利地转换为股票,实现发行人扩大权益融资的目的。

公司债的承销费用不如股票那样有弹性。虽然费用均是由发行人和承销商讨价还价形成的,但是由于股票不确定因素较多,承销商对股票走势强弱判断不一,收取的费用可能差别很大;债券则不然,因其不确定因素少,所以在一定的市场条件下,资信状况大致相同的发行公司所支付的承销费用也大致相等。

四、国债的发行和承销

(一) 国债的发行方式

在以公募方式发行国债的市场上,一般的发行方式有以下几种。

1. 固定收益出售方式

这是在金融市场上按预先确定的发行条件发行国债,其特点是:第一,认购期限较短,从国债开始发售到收益,一般必须在几天(最长为两周)的时间内完成。第二,发行条件固定,即国债的利率与票面价格相联系且固定不变,按照既定的发行条件出售。第三,发行机构不限,金融机构、邮政储蓄机构、中央银行、财政部门等都可以以此方式或代理发行国债。

2. 包销法

主要是指承购包销发行方式,即由发行人和辛迪加财团或中央银行签订的承购包销合同,合同条件通过双方协商确定。由于辛迪加集团的成员是大的投资银行或是中央银行,它们对市场情况非常了解,为了分销国债,它们要求较低的价格和较高的利率,而发行者总是要求较高的价格和较低的利率,以便降低成本。所以两者之间的讨价还价常常能确定一个接近由市场供求决定的价格或利率水平。

3. "随买"方式

通过这种方式发行国债时,要根据市场情况,委托发行机构在金融市场上设专门柜台经销。这种发行方式较灵活,可以根据市场利率变动随时调整发行。

4. 拍卖发行方式

我国国债自1999年银行间债券市场化发行以来,发行的债券品种基本上是中长期债券,财政部在银行间市场1999年至2004年第3期所发行的债券,全部采用单一价格拍卖方式(即投标者按照相同的价格支付这个价格被称为终止价格。终止价格就是中标者中最低的投标价格,即总需求量等于或高于总供给量的最高价格)。从2004年第4期债券开始,全部采用混合拍卖方式(混合拍卖中,全场加权平均中标利率为当期债券票面利率;投标利率低于或等于票面利率,按票面利率中标;投标利率高于票面利率,低于规定数量的标位,按各自中标利率与票面利率折算的价格承销;投标利率高于票面利率一定数量的标位,全部落标)。

目前,美国所有的可转让国债券都是采用拍卖方式发行的,并且都是采用收益率拍卖方式,财政部根据在拍卖过程中决定的票面利率来发行已公布的全部国债券数额。一般财政部不设定投标的最大收益率(即最小价格),也不任意增加或减少已经公布的发行规模,除非是授予由纽约联邦储备银行保管的外国官方账户或是联邦储备体系公开市场操作账户。

一般地,在财政部公布发行新的国债券和国债券实际发行之间可能会有一周左右的时间。在此期间,财政部允许对即将发行的债券进行交易(即招标前交易)。这样做的目的是有利于价格发现,减少拍卖过程中的不确定性:潜在的竞争性投标者可以从招标前交易中得到有效的价格信息,从而决定参与投标的价格;而非竞争性投标者也可以从招标前交易中估计拍卖的平均价格,从而决定是否进行非竞争性投标。竞争性投标,是指投标人提出购买的价格和数量;而非竞争性投标,是指投标人只提出购买的数量(非竞争性投标人购买的数量通常不超过20万美元,如超过此数,则参加竞争性投标)而不用报出投标价格。在开标时,拍卖人首先满足所有的非竞争性投标,然后根据约定的拍卖方式满足竞争性投标,所有中标的竞争性投标者支付价格的加权平均数就是非竞争性投标者支付的价格。

目前美国国债券收益率拍卖方式主要有两种。

第一种是多价格拍卖,也被称作歧视性价格拍卖。目前,除了 2 年期、5 年期中期债券和通货膨胀指数化债券外,其他的可转让国债券都是通过多价格拍卖发行的。在多价格拍卖中,财政部首先满足所有非竞争性投标者的投标,再按照收益率(在国库券拍卖中是贴现率)从低到高的顺序对所有竞争性投资者进行排序,并分别卖给他们所愿购买的国债券数量,直到卖完所有的已公布发行的国债券。所有的竞争性投标者根据他们各自的收益率(或者是贴现率)报价支付价格,收益率报价最低的投标者最有可能中标,但中标后支付的价格却是最高;相反,收益率报价最高的投标者中标后所支付的价格会最低,但中标的可能最小。而非竞争性投标者支付的价格是所有中标的竞争性投标者支付价格的加权平均数。

第二种是单一价格拍卖。自 1992 年 9 月开始,财政部对每月发行的 2 年期和 5 年期中期债券进行单一价格拍卖,而通货膨胀指数化债券的单一价格拍卖则是从 1997 年 1 月开始。在单一价格拍卖中,所有的投标者都是按照收益率进行投标的,并且票面利率也由拍卖决定。财政部按照收益率从低到高的顺序对所有投标者进行排序,并分别卖给他们愿意购买的国债券数量,直到卖完所有的已公布发行的国债券。但是,与多价格拍卖不同,所有中标的竞争性投标者都按照最后中标者的收益率报价(中标者中的最高收益率报价)支付购买价格,即每位中标者支付的价格是相同的,并且是所有中标者中最低的报价。

(二)国债承销

很多国家并不是所有的投资银行都可以直接参加国债的承销业务。为保证国债发行工作的顺利进行,尽可能避免发行失败,这些国家实行了国债的一级自营商制度。该制度的核心就是对一级承销商的主体资格由政府的有关部门进行认定,并进一步明确发行主体与一级自营商之间的权利和义务。一级自营商,美国称作一级交易商。在美国,有权认定一级交易商的机构是作为财政部发行国债代理人的联邦储备委员会。联储认定的一级交易商既包括投资银行,也包括商业银行,特别是"货币中心商业银行"。认定的标准主要看这些机构是否达到一定的资本要求,并且愿意在货币市场上与联储进行交易。承诺上述条件后,在联储通过公开市场业务执行其货币政策时,这些机构就有义务与联储买卖国债。一级交易商的责任是对各种国债券进行做市,并积极参加财政部组织的国债券拍卖。它们应成为有效的做市商,方便联邦储备委员会公开市场操作,并为其提供各种有效的信息。传统上,招标竞拍的国债报价,只限于那些具有一级交易商资格的机构来提出,非一级交易商不允许直接报价,而必须通过一级交易商。后来由于报价操纵竞拍程序现象的发生,这种状况才有了改变。一些被称作"客户"的非一级交易商被允许直接参与竞报,而无须通过一级交易商递交定单。

我国的一级自营商是指具备一定资格条件并经财政部、中国人民银行和中国证监会共同审核确定的银行、证券公司和其他非银行金融机构。国债一级的自营商可直接向财政部承销和招标国债。具备国债一级自营商的条件主要有：① 具有法定最低限额以上的实收资本；② 有能力且自愿履行《国债一级自营商资格审查与确认实施办法》规定的各项义务；③ 具有一年以上国债市场上的良好经营业绩,且在前两年中无违法、违章经营的记录,信誉良好。取得一级自营商的机构同时就拥有了相应的权利并履行相应的义务。

第四节 证券承销收益与风险

一、承销收益

投资银行参与股票承销不可能是义务的。在这个过程中,投资银行会向发行人收取一定费用,承销服务费用是投资银行的主要利润来源之一。承销服务费用是指承销商承担证券发售而向发行企业收取的全部手续费,即承销商通过承销直接获取的报酬。承销费用的支付形式因承销方式的不同而不同。在尽力推销方式下,承销商只收取代理费,这种费用一般在选定主承销商的时候就已经确定。而在包销方式下,承销费用以承销差价的方式支付。所谓承销差价就是招股说明书上的发行价格与承销商支付给发行企业的价格之间的差额。在美国承销差价是在第三次定价的时候,通过主承销商与发行人协商决定的。在美国证券发行市场上,承销差价基本上为总承销金额的 7％左右,而澳大利亚、日本、中国香港和欧洲,承销差价的水平大约只有美国的一半。

一般而言,承销差价分为三个主要部分:第一部分是管理费用。它是支付给负责发行准备工作的承销商的费用。管理费用取决于发行的难度和复杂性,它一般在主承销商和副主承销商之间分配,承销团的其他承销商得不到管理费用,其中主承销商将得到较大的份额。第二部分是承销补偿。这部分费用与承销风险相关。在包销方式下,承销商按事先约定的价格买下全部将要发行的证券,然后向其他投资人发售。在这个过程中承销商要承担证券销售不出去的风险,承销补偿就是对承销商所承担的这种风险的补偿。第三部分是销售费用。发行企业必须支付承销商在销售证券过程中所发生的各种支出,如广告费用、承销商的旅行费用、印刷费用、承销商律师费用等。

影响承销服务费用的因素主要有:① 承销规模的大小。在正常的条件下,承销规模的大小是决定承销报酬大小的最主要因素。一般地,如果承销规模较小,承销差价的百分比就相对大一些,这是因为发行规模小的企业往往不够稳定,风险较大,同时还因为发行规模小使得每股摊派的承销固定成本较多。② 发售证券的难度和复杂性。这与发行企业的类型和发行企业的质量相关,成立时间长、规模大的企业由于有比较高的市场知名度,发售这类企业的证券比较容易,因此其承销费用相对较低;相反,那些成立时间短、规模小的企业风险就比较大,因此其承销费用较高。③ 发行风险。由于发行企业的规模越大、成立的时间越长,投资者和承销商对这类企业的熟悉程度就越深,因此与这类企业相关的发行风险就越小。④ 发行价格。在发行价格不受管制的情况下,发行企业与承销商协商确定发行价格,如果采用包销方式,承销商需要在承销费用中得到风险补偿。发行价格越高,承销商承担的风险越高,承销费用也越高;而发行价格越低,承销商承担的发行风险也越低,承销费用也就越低。⑤ 承销市场的结构。承销商之间的竞争会导致承销服务费用的降低,承销商之间的竞争性越强,承销服务索取的承销服务费用越低。⑥ 承销商与发行企业的长期关系。承销商要准确制定发行价格就要对发行企业的专有信息(如企业的财务状况、管理能力、经营绩效以及任何可能降低企业投资价值的内部信息等)进行投资,如果这些信息具有可持续的利用价值(如果这些专用信息在企业下次发行过程中仍然有用),则承销商在重复承揽同一个发行企业的证券承销业务时,就可以获得规模经济的优势。因此,如果承销商能够重复承揽同一家企业的发行业务,其收取的承销服务费用就可能更低。⑦ 发行企业的股权结构。国外有关研究表明,企业经营者持股比率越高,代理问题就越少,承销商对发行企业监督的难度也越小,因此承销商收取的承销服务费用与发行企业经营者持股比率负相关。⑧ 承销商声誉。由于承销商声誉具有信息披露和认证中介两种功能,高声誉承销商为了确保自己的声誉资本价值不受损失,在审核拟上市公司质量时就会采取较为严格的标准,在确定发行价格时尽量使其更接近拟上市公司的真实价值而在股票上市后也会尽力关注上市公司的长期业绩,所以高声誉的承销商所承销的股票自然就会获得投资者的青睐。而对拟上市公司而言,选择高声誉的承销商来承销股票,不仅可以减少发行风险,而且可以筹集到更多的资金,更可以借助承销商的声誉来提升本公司的声誉。为此,拟上市公司愿意向高声誉承销商支付较高的承销费用。这是对承销商高声誉价值和高质量服务的补偿,同时也是对高声誉承销商持续维护自身声誉价值的一种激励。

二、证券承销风险

(一)承销风险表现

投资银行在证券承销取得收益的同时,也面临较大的风险。以股票承销为例,从风险的来源看,投资银行股票承销业务风险的具体表现为系统性风险和非系统性风险。

1. 系统性风险

系统性风险又称为宏观风险,主要是指波及整个证券市场的风险,它主要来源于政治、经济以及社会环境的变化,包括政策性风险、市场发育程度的风险,属不可分散风险。

(1)政策性风险。

政策性风险是指因国家政策变动造成市场急速变化,从而对证券公司正常的承销业务所造成的风险。主要包括国家宏观政策(货币政策、财政政策)的调整、行业限制与鼓励发展之间的变化、主要经济指标的波动、经济周期的影响等。在我国 A 股股票承销业务中,政策性风险不仅包括国家宏观政策的变化调整,还体现在国家对股票承销业务相关政策的调整变化上,如发行制度的变化,以及股票价格的政策性指引等。政策的变化可能导致证券公司股票承销业务无限延迟甚至被取消。

(2)市场发育程度的风险。

市场发育程度的风险是指证券市场的监管程序和投资者的成熟程度对证券公司股票承销业务可能带来的损失。我国证券市场是一个新兴的市场,存在市场构成因素不成熟所导致的功能不完善,在市场发育不足的情况下,市场的自发调整、自我优化的功能还不能有效地发挥作用。

2. 非系统性风险

非系统性风险是指投资银行在股票承销过程中,由于决策失误、经营管理不善、违规操作、违约等一些原因,导致金融资产损失的可能性。非系统性风险包括市场风险、操作风险、法律风险、信用风险、流动性风险。

(1)市场风险。

市场风险,又称为价格风险,是指因市场波动而导致证券公司某一头寸或组合遭受损失的可能性,实质上是公司的金融工具或证券价值随市场参数变动而波动所产生的风险。市场波动包括以下方面:① 利率、股价、商品价格及其他金融产品价格的波动;② 收益曲线的变动;③ 市场流动性的变动;④ 其他市场因素的变动。在股票承销业务中,市场风险更多的表现为股票价格的波动。

(2)操作风险。

新资本协议框架认为操作风险是指金融机构因信息系统不完善、内控机制失灵、诈骗或其他一些原因而导致的潜在损失。具体包括以下方面:操作结算风险,指由于定价、交易指令、结算和交易能力等方面的问题而导致的损失;技术风险,指由于技术局限或硬件方面的问题,使公司不能有效、准确地搜集、处理和传输信息所导致的损失;内部控制风险,指由于超风险限额而未被觉察、越权交易、交易或后台部门的欺诈等原因而造成的风险;人为风险,指由于人为错误、专业知识不够而产生的失误或欺骗。在股票承销业务中,操作风险一直存在于整个流程中,即项目选择阶段、审批阶段、承销环节以及客户的后续服务。

(3)法律风险。

法律风险是指因不能执行合约或因合约一方超越法定权限的行为而导致损失的风险。在股票及债券承销业务中,法律风险是指承销商在履行承销协议约定的义务的同时,没有遵守有关法律、行政法规的诸多义务性规范和禁止性规范,而受到处罚且承担相应的法律责任。以高盛承销马来西亚主权基金 1MDB 债券为例[①]:1MDB(1 Malaysia Development Berhad)成立于 2009 年,前身为马来西亚北部的一个州属主权财富基金,后由时任马来西亚总理兼财政部长纳吉布更名为"一马发展有限公司",成为隶属财政部的国有投资机构。1MDB 成立的初衷是支持基础设施建设项目,包括投资

---

① 董士君:"高盛因债券承销支付天价罚款事件分析及启示",《债券》,2021 年第 3 期。

马来西亚和中东地区的发电厂及其他能源资产,以及吉隆坡的主要房地产开发项目。1MDB 于 2012 年 5 月至 2013 年 3 月以私募融资方式发行三只 10 年期美元债,总额为 65 亿美元,高盛是此三只债券的独家承销商,并采用包销形式。三只债券均在伦敦证券交易所挂牌转让,债券持有人主要包括大马银行、阿布扎比主权基金等。2015 年 2 月,英国媒体首次报道 1MDB 发债募集资金被挪用 7 亿美元,随后丑闻持续发酵。2015 年 7 月,马来西亚总理纳吉布被控告涉及此案。2016 年 4 月,因前期存续债务规模超过 100 亿美元,加之丑闻严重影响持续融资能力,1MDB 宣布利息违约(随后共同担保人 IPIC1 宣布代付利息)。2020 年 8 月,马来西亚检方最终确认,在 1MDB 发行的三只债券所募集的 65 亿美元资金中,共有 26 亿美元被挪用。经马来西亚政府、香港证监会等审理调查,确认高盛在承销 1MDB 三只债券过程中存在以下事实:第一,高盛在债券承销中收取约 5.81 亿美元佣金,相当于债券承销总额的 9%,这一比率数倍于市场普通债券的承销费率。第二,1MDB 的三只债券发行过于密集(10 个月内融资 65 亿美元),甚至第三只债券(30 亿美元)在没有明确投资项目时就进行了发行,且债券募集资金的收款专户为非常规境外私人银行而非马来西亚的商业银行。第三,高盛的内控部门已因反洗钱原因拒绝马来西亚银行家刘特佐申请成为高盛的私人财富管理客户,但是高盛在知悉刘特佐作为 1MDB 项目推荐人的情况下,依然同意对 1MDB 发债立项并签署包销协议。在出现上述多项预警情况的同时,高盛没有采取有效措施,最终导致债券募集资金被非法挪用。马来西亚对高盛的三家子公司(高盛亚洲、高盛新加坡、高盛国际)提起诉讼,最终罚没 39 亿美元。香港证监会对高盛亚洲开出 3.5 亿美元罚单,为香港证监会有史以来的最大罚单。高盛集团也同意支付 29 亿美元的罚金,与美国司法部针对此事达成和解。按照与各地监管机构达成的协议,高盛最终支付超 50 亿美元罚款。此外,高盛十余位现任和前任高管也被追讨 1.74 亿美元薪酬,其中涉案重大的个人受到终身证券市场禁入、不适当人选等处罚。

(4)信用风险。

信用风险是指由于交易对手不能或不愿履行合约承诺而使证券公司遭受的潜在损失。这些合约包括按时偿还本息、互换与外汇交易中的结算、证券买卖与回购协议、其他合约义务。我国投资银行因专业性中介机构(如会计师事务所、律师事务所等)未能尽职,或存在因争取承销业务而给拟发行公司提供贷款或银行贷款担保,因拟发行公司无法按时履行合约,而导致其信用风险的发生。

(5)流动性风险。

流动性风险又称变现能力风险,主要有两种形式:一是非现金资产的流动性风险,二是资金的流动性风险。前者是指非现金资产不能按现有市场价值及时变现而导致损失的可能性;后者是指现金流不能满足支出的需求而迫使机构提前进行清算从而使账面潜在损失变为实际损失,甚至导致机构破产的可能性。流动性风险有时在证券市场上表现得非常明显,尤其是在有跌幅限制的情况下,跌停板上巨量的卖盘和稀少的买盘将使现价下股票资产转变为现金资产几乎不可能。一旦承销占用大量资金,引发投资银行的资金短缺,将使投资银行很快陷入危机中。

(二) 国外投资银行对股票承销业务风险控制的经验借鉴

1. 对承销方式的选择

美国投资银行承销业务采取包销方式对其净资产有严格的要求,只有满足一定的净资本要求,才能采取包销方式进行股票承销业务。除了满足监管部门对净资本的要求以外,投资银行在采取包销方式时也极为慎重。从近年来股票发行的统计来看,美国大约三分之二的证券发行采取包销方式,三分之一采取代销方式;投资银行通常对信誉好的公司的股票发行采取包销的方式,即使销售不完,风险也不大;而对投资风险较大的股票主要采取代销方式。

2. 灵活定价

在定价和销售过程中,国外投资银行也采取各种方式回避市场波动,尽量减小包销风险。主要方式包括以下几种:

第一,在证券发行的定价过程中,尊重市场,通常采取累计投标定价方式,使得价格充分反映市场当期的供求情况,避免了固定价格发行过程中可能出现的市场变化带来的风险。

第二,在价格确定后的配售过程中,采取了多种稳定价格机制,避免可能对包销剩余证券的跌价影响。

第三,利用 415 规则分散风险。美国证券交易所于 1982 年通过了相应的法规(Rule 415),允许某些发行人在未来两年内一次或多次发售一定数量的某种证券。这意味着发行人一定数量的筹资可以根据市场情况在一定期限内多次进行,也意味着承销商发行不了的证券可以在以后有利的市场环境下重新发行,避免了投资银行较大的包销风险。

3. 衍生工具的运用

若存在一定数量的包销证券没有发售出去,国外投资银行运用一些方法来规避承销风险,如通过金融期货和期权的运用,避免了可能的价格损失。

第一,金融期货的运用。

采用股票指数期货可以降低投资银行在承销过程中的价格风险,即通过在股票实际发行前卖出相应期货的方式为他们购入的股票套期保值。假设一家投资银行承销 1 000 万美元的某公司普通股,并以固定价格每股 100 美元购入,在投资银行购入该股当天,标准普尔 500 指数期货定价为 200 点,每点代表 500 美元,即每份合约价值 10 万美元。投资银行希望通过出售 100 份标准普尔 500 指数期货合约来防止未售出股票部分的价格风险。在随后 4 天中,所有发行股票以每股 90 美元的平均价格售出,这样投资银行的价格风险损失就是 100 万美元。而此时标准普尔 500 指数期货的协定价也落至 190 点,即 9.5 万美元。投资银行通过买入合约平仓而在期货市场上获得 50 万美元 [= 100 × (100 000 − 95 000)] 的收益,使得投资银行将承销损失从 100 万美元降至 50 万美元。

第二,期权的运用。

期权的基本特征在于它给合约持有人的是一种选择权力而非强制义务。它一般分为看涨期权和看跌期权,前者给予合约持有人在未来某时以事先约定的价格购买某种基础资产的权力,而后者则赋予合约持有人以约定价格售出某种基础资产的权力。

期权在承销业务中是一种合适的风险管理工具。由于采用公开竞价方式报价,投资银行报出一个价格但并不能肯定是否能承担证券销售工作,金融期货只能使投资银行降低价格风险,却没有考虑到承销过程中竞价的结果。这时只要购买一份看跌期权就可以满足在此情况下的风险管理需要。如果承销资格在公开竞价后没有争取到,那么投资银行就可以选择不执行看跌期权合约,它的损失也仅限于购买这项看跌期权的价格。如果争取到承销资格,该项看跌期权又可以帮助投资银行防范价格风险,因为一旦承销股票价格下跌,看跌期权合约允许投资银行以较高的价格卖出该股票。如果该股票价格上升,投资银行也不执行该期权合约,虽然付出了一笔期权费,但在承销市场上却获得了收益。

(三) 承销风险控制策略

1. 建立项目选择和项目评估制度

项目选择一般需要经过项目研究阶段、初步选择阶段、项目拟订阶段、评价决策阶段,要求承销部门在寻找和确定投资项目时,不仅要建立"统一领导、专业分工、集中管理"的管理体制,还应建立详细、可操作的项目评价体系。

2. 建立健全承销项目风险评估制度和风险预警与控制系统

在承销风险逐渐增大的情况下,提高承销项目的决策质量,建立健全项目风险评估制度和风险预警与控制系统就显得尤为重要。为此,应组织力量建立专门的项目风险评估机构,对项目的开发和运作进行分析和研判,设置专门的风险预警与控制系统,化解和防范可能发生的承销风险。

3. 适应性调整内部管理体制、运作思路与模式

必要的观念创新和制度创新是投资银行适应市场要求的前提基础。在观念上,要采取具有创造性的思路,从短期行为转变为长期服务,同企业要建立持久的战略性伙伴关系或长期财务顾问关系。在制度上,要建立健全有效的内部控制制度,依据新的发行工作特点制定新的决策机制和风险控制机制。

4. 建立项目风险管理责任制度

要通过严格的奖励与处罚规定,促使项目小组或项目经理更加积极地负起责任,针对可能发生的风险,进行实时追踪监控,及时、全面地了解项目风险状况,并做出有效控制。

5. 分项目建立企业档案

通过尽职调查和发行申报材料的制作,建立起完备系统的客户档案,能为控制项目风险提供最为直接、可靠的资料;另一方面,有利于双方长期合作,使承销商能在对企业

提供服务的同时,进行动态的监控。

6. 培养战略性合作伙伴

规避政策和市场的风险最好的办法就是"精做"和"少做",这也是在市场化过程中树立信誉的最佳选择。因此,投资银行应努力与重点客户保持战略性的合作关系,这种战略性合作伙伴的选择,应从行业特点、企业潜力、经营班子、属地环境等多个方面进行考察。一旦确立战略合作关系,公司应调动所有的资源优势,协助企业制定中长期战略发展规划,通过双方的长期合作,共同谋得长远的利益,实现双赢。

第四章 证券交易

投资银行在证券交易中扮演着不同的角色,可以作为中介机构代理客户进行交易,可以自己直接进行证券交易,可以充当证券交易的做市商等。投资银行在证券交易中的不同角色,应该严格遵守相应的公平、公正、公开原则。

第一节 证券经纪

证券市场的参与者众多,投资者在进行交易的时候不是直接将买卖指令下达给交易所主机,而是通过一定的中介机构传递交易指令。我国有关法律规定:证券交易所应当为组织公平地集中竞价交易提供保障,即时公布证券交易行情,并按交易日制作证券市场行情表,予以公布。因此,证券交易所是集中交易场所,交易厅内席位有限,一般投资者不能直接进入证券交易所进行交易,只能通过特许的证券经纪商做中介来完成交易。而中介机构在此过程中,充当证券经纪商并收取一定的手续费。投资银行就是这个中介,在证券经纪业务中充当经纪商的角色,接受并传达客户的交易指令,经交易所主机撮合成交以后,向客户回报成交单,并完成后续的清算、交割、过户等手续。

一、证券经纪业务概述

这里的经纪业务,是指投资银行不动用自有资金买卖有价证券,而是作为有价证券买卖双方的中介人,按照投资者的委托指令在证券交易场所,包括证券交易所和场外市场的交易柜台,买入或者卖出有价证券的业务。在我国,证券经纪业务主要是指证券代理买卖业务,即证券公司接受客户委托代客户买卖有价证券,还包括代理还本付息、分红派息、证券代保管、鉴证以及代理登记开户等,是证券公司最基本的一项业务。证券公司不在该代理证券买卖中承担价格风险,不分享客户进行证券交易的收益,但证券公司会对所提供的证券经纪服务收取一定比例的佣金,作为证券经纪业务的收入。

证券公司经纪业务具有以下特点:① 证券经纪业务的业务对象具有广泛性,包括上市交易的股票、债券,以及场内交易的基金等。证券经纪业务的对象还具有价格变动性,因为证券的价格受宏观经济、市场供求、政策及调控、投资者心理等多方面因素的影响,会呈现价格涨跌的特点。② 证券经纪业务具有中介性,是一种代理委托交易关系的代理活动。证券公司只是充当证券买方和卖方的代理人,不以自己的资金进行证券交易,也不承担交易中的价格风险。③ 证券经纪业务具有客户指令的权威性,在证券交易过程中,客户作为委托人,证券公司作为受托人。证券公司必须严格遵循委托人的委托要求,根据客户的委托指令代客户完成证券交易,对于委托指令中的证券类别、数量、价格和交易时间等要素,不得自作主张擅自更改。④ 证券经纪业务客户资料的保密性,客户资料包括客户账户相关信息,如证券账户和资金账户的信息、客户账户密码等;客户交易相关信息,如买卖的证券品种、证券持仓、数量及价格等。如因证券公司导致客户资料泄露给客户造成损失,应由证券公司承担赔偿责任。

为了保证证券交易的顺利进行,各国对证券经纪商的资格取得和行为规范都有着严格的法律规定。各国法律均规定只有取得交易所会员资格的投资银行才可以进场交易,即投资银行从事证券经纪业务,必须具备一定的条件:

(1) 应该拥有一定的资本额,缴纳足够的营业保证金,并缴纳会员费以确保交易所的软硬件设施建设和正常运作;

(2) 应该具有相当数量的证券从业人员,而专门从事经纪业务的人员更需有较高的业务素质;

(3) 投资银行还需经过交易所理事会和经纪商工会等机构审查同意后方可从事经纪业务,其派驻交易所的人员除需要有很高的专业素质以外,还得经过严格的证券经纪人从业资格考试;

(4) 规范经营,按照规定收取佣金,按照法律规定经营业务,不得违规违法,否则予以重罚。

投资银行从事证券经纪业务时,根据其所从事的具体范围,可以把投资银行经纪业务划分为狭义经纪业务和广义经纪业务两类。所谓狭义经纪业务是指投资银行所从事的代客买卖业务;而所谓广义的经纪业务则除了代客买卖之外,还包括投资咨询业务、客户资产管理业务、投资计划设计与创新业务等业务形式。这里只讨论狭义的投资银行经纪业务,而投资咨询、资产管理、金融创新等将在以后的章节中分析。

就我国投资银行经纪业务发展而言,随着我国证券市场规模的日益壮大和规范化程度的逐步提高,以及投资群体的不断扩张,经纪业务正面临新的转型,即由发展初期的粗放经营、多元经营转向规范、专业化经营,从只提供简单化、低层次的委托代理服务,转向高层次、多方位服务。具体体现在以下方面:① 证券经纪服务的载体从实体营业部向实体营业部与虚拟营业部并存转变;经纪业务的定价机制与盈利模式出现较大的差异。国内国际环境的变化使得未来证券经纪业的竞争更加激烈,证券公司赢得客户的核心竞争力靠的是低廉的价格和优质的服务。因此,价格竞争将会首先成为证券公司经纪业务的竞争战略,价格竞争离不开证券公司低成本的经营战略,以网上交易为代表的虚拟营业部具有基本不占用营业空间、节约人力物力、成本低、不受地域限制、交易快捷、私密性好等特点,已经成为我国经纪业务的发展方向。成熟市场的经验也表明,即使是提供全面服务的证券公司往往也将提供低成本的网上交易手段作为其价值定位的一部分。因此,未来科学技术在经纪业务发展中将起到越来越重要的作用。在定价模式上,成熟市场的经验表明,很多市场在发展初期,证券公司采用的价值定位往往千篇一律,无差别性;随着市场不断走向成熟,证券公司的价值定位会发生很大的分化,提供高附加值服务的证券公司其定价能力将会大大提升,从而使得整个盈利模式发生分化。目前,我国证券公司经纪业务的发展已经告别单一价格战而转向了多样化的竞争策略。② 随着证券营业部由传统的提供交易通道服务向综合理财服务中心和产品销售中心转化,证券公司经纪业务服务模式从“坐商”向“行商”的转变,营销在经纪业务中的作用将大大提高。长期的卖方市场条件下,证券公司是“坐商”,既缺乏市场和产品营销的意识,也缺乏营销的组织体系,更缺乏营销的人才和经验。在市场竞争激烈,客户需求日益多样化和需求层次提高的情况下,如何根据客户需求制定有效的市场营销策略,发现、选择和确立目标市场和目标客户,培育和认清自己的经营特色就显得特别重要。在股票换手率日益降低、交易量萎缩的情况下,证券营业部要生存就必须进行业务转型,以实现收入来源的多元化。提供多样化的理财产品服务,进行综合理财产品销售,不仅可以满足客户的多样化需求,提高客户服务的水平,而且有效地实现了收入来源的多样化。③ 证券经纪服务关系从以证券公司为中心向以客户为中心转变;服务内容从以提供交易通道为主向以提供金融咨询服务为主转变;服务外延从单纯的证券经纪服务为主向以证券经纪服务为主的一系列金融理财产品以及融资服务转变,服务特色从标准化向基础服务标准化、专业服务个性化转变。如前所述,随着市场竞争程度加深和投资者日益成熟,客户的需求日益多样化并对服务质量提出了更高的要求,要求证券公司提供更加专业化、个性化的理财服务。市场的发展,客户需求层级的提高,要求证券经纪商不仅提供通道服务和一般性的咨询服务,而且必须能够提供一系列金融理财产品以及必要融资服务,不仅提供标准化的服务,而且更大层面上必须能够提供各类专业化、个性化服务。

二、证券经纪业务流程

投资银行的经纪业务可以在交易所和场外市场进行,但是一般交易所市场的规模比较大,因此此处只讨论证券交易所的操作规程,其一般是包括开户、委托、成交、清算交割和过户等。

(一)开户工作

开户不是一个简单的客户填写申请书的过程,而是投资银行与客户建立广泛联系,开展其他业务的基础。

在客户开户以前,投资银行与客户都必须进行一定的调查工作,然后进行双向选择。投资银行从事经纪业务的时候,首先开展对潜在客户的调查,包括以下方面:① 客户的基本情况,如姓名、住址、职业。② 客户的投资目的。因为经纪活动往往不是简单地接收客户的交易指令进行买卖活动,而是还要为客户量身定做,提供个性化的服务,所以了解客户的需求是必要的。③ 客户的资信状况。在成熟的证券市场中,往往允许客户从事信用交易,那么提供融资融券服务的券商为了自己的利益,必须对客户的资信等级有个基本的了解。所以调查客户的资信状况也作为投资银行为客户开户前的准备工作之一。

当然,客户也会审慎地选择投资银行作为自己交易的经纪人。客户在选择经纪商时,一般会考虑经纪商的营业所地理位置、业务水平、提供的服务内容和收费水平等。

在客户和投资银行完成双向选择之后,两者就开户事宜进行磋商,主要是办理名册登记、选择开户的账户种类,以及约定特殊账户交易时双方的权利义务关系、禁止条款和免责条款等。

(二) 委托工作

普通投资者是不能直接进入交易所下达买卖指令的,只有具有交易所会员资格的券商才有资格进场交易。普通投资者需要委托具有会员资格的经纪商代为下达交易指令,这个过程就是委托。委托时要确认交易的种类、证券名称、买进还是卖出、数量、价格及有效期等内容。投资银行必须严格按照委托人的指示进行操作,不得有违法行为、疏忽或变动。

委托时可以采取书面委托、电话委托、电报委托、网上委托、传真委托和信函委托等。网上委托是指证券公司通过基于互联网或移动通信网络的网上证券交易系统,向客户提供用于下达证券交易指令、获取成交结果的一种服务方式。委托按照价格可以分为市价委托、限价委托、停损委托等。委托按照有效期可以分为当日有效、当周有效、当月有效、撤销委托前有效等几种。一般地,市价委托和限价委托是最基本的委托类型。市价委托就是投资者在提交委托单时只规定数量而不规定价格,经纪商在接到该市价委托后应以最快的速度,并尽可能以当时市场上最好的价格来执行这一委托。具体来讲,一份市价买进委托单以市场最好(最低)的卖价成交,而一份市价卖出委托单则以市场最好(最高)的买价成交。其特点是交易速度快,但有时成交价格不一定是最好的。市价委托能确保交易成功,一般是在交易商迫切需要买卖股票时使用,但成交价格不确定。在市场条件变化很快的时候,交易商最后接受的价格可能会与他们期望的价格有所差异。限价委托是指交易商在提交委托单时,不仅规定数量还规定价格。经纪商在接到该限价委托后以最快速度提交给市场,但成交价格必须优于所指定的价格。即如果是买入委托,则买入成交价应不低于所指定的限价。如果交易商所指定的限价与当时的市场价格不一致,则经纪商只有等待,一直到市场报价与限价委托的报价一致时才执行委托单。限价委托的特点是不能保证成交,但一旦成交则能保证成交价格。还有一种特殊形式的委托单称为止损委托,即指交易商在委托单中规定一个触发价格,当市场价格上升或下降到该触发价格时,止损委托单被激活,转化成一个市价委托;否则该止损委托单处于休眠状态,不提交到市场上等待执行。止损委托包括止损买进委托和止损卖出委托。通常当股票按等于或低于某一指定的止损价格出售时,执行止损卖出委托单;当股票按照等于或高于某一指定的止损价格购买时,执行止损买进委托单。

(三) 成交

具有会员资格的经纪商把客户的交易指令进行申报竞价交易,促进交易完成。证券交易所采用"双边拍卖"的竞价方式,即竞价在买卖双方之间进行,买者之间可以有不同的买入价,卖者之间也可以有不同的卖出价,亦称之为双边竞争。在竞价过程,证券的买方交易员尽量压低价格,以最低的价格为客户买入;证券的卖方交易员尽量抬高价格,以最高的价格为客户卖出。

(四) 清算交割

所谓清算是指投资银行在证券交易所内成交后,对应收和应付的价款和证券进行结算,并最后结出应收应付的余额,然后通过证券交易所交割净额证券与价款的全部过程。清算之后就得进行证券的交割工作,办理价款交割的具体手续是:应付价款者,将交割款项如数开具划账凭证到交易所业务部的账户,由交易所清算部送达业务部划账;应收价款者,由交易所清算部如数开具划账凭证,送交业务部办理划拨手续。办理证券交割具体手续:应付证券者将应付证券如数送到交易所清算部;应收证券者持证券交易所开具的"证券交割提领单"自行向应付证券者提领证券。

(五) 过户工作

在股票买卖结束之后,股票的所有权也就发生了变更。股票市场上一般流通的股票是记名的,过户就是在股东名册上将名字加以变更,使得买入证券者能享受到相应的权利,而且在股票丢失时能够及时挂失补发,以避免损失。

三、金融科技与证券公司经纪业务转型

按照国际权威机构金融稳定理事会(FSB)的定义,金融科技是指通过大数据、云计算、人工智能、区块链等一系列技术带来的创新,以提升效率并有效降低成本为目的,全面应用于各大金融领域。此处所指的金融科技,主要是服务于证券领域的金融科技,指在证券行业内利用人工智能和大数据等技术对客户静态和动态的数据进行挖掘、分析,以便于精准地了解客户的真实需求,根据不同类别的客户,进行市场细分,有针对性地生产满足客户个性化需求的证券产品和服务,从而创造收益和实现价值。

对券商而言,金融科技在拓展客户和提高服务效率、降低交易成本、加强合规风控管理效率等方面都被寄予了厚望。金融科技的应用有助于增强客户的金融服务体验,稳固公司市场地位,为证券经纪业务向财富管理转型提供持续的缓冲期,是证券公司业绩增长的重要驱动力。但同时也面临一系列挑战:一是跨界的问题,金融科技是金融和科技的结合,它横跨了科技和金融两大领域,不论是传统的金融产品还是互联网金融的产品都是非常复杂的,它们融合了一级市场、二级市场,或者是各类产业,又或是金融业

态的混合,包含公募基金、私募基金、股票、债券等不同的产品,这种混合和跨界给当前的金融监管带来一定的挑战;二是其中大量的基础数据,如果输入的基础数据存在错误,将会是很大的风险点。例如,经纪业务由发展通道向理财业务和信用中介终端转变,在业务链条拓展、风险定价实施、资产证券化等方面开辟新的盈利模式,应用场景也从传统的智能投顾、智能客户向客户画像、交易轨迹、量化方案等方向拓展,国内多家券商都推出了各具特色的金融科技产品。

金融科技有利于提升证券经纪业务的数字化、智慧化运行和服务水平,降低获客和服务成本,使得券商的经纪业务由通道业务转向财富管理。国内券商经纪业务发展金融科技的着力点目前主要在以下方面:一是移动终端建设。移动终端建设是很重要的一个组成部分,原因在于投资者几乎随身携带移动电子设备。建设好移动终端,有利于客户随时随地进行证券交易、产品购买、资讯查询等。目前不少证券公司对移动综合金融 App、微信公众号、官方网站等平台不断进行系统完善和升级,设计个性化、人性化、便捷的操作界面、菜单以及功能等,持续引流客户。二是大数据。各券商运用大数据技术深入挖掘投资者行为,并加以分析和应用,从而获取客户、经营客户和服务客户。第一,整合客户信息。为了可以对客户开展精细化服务,深入了解客户群体分化和多样化的需求,需要利用大数据收集与分析技术,对客户的信息进行整合,便于对客户进行深入的挖掘,更加了解客户。第二,建立客户标签体系。传统上获得客户反馈信息一般是线下通过让客户填纸质回访单、调查问卷或对客户进行电话回访等方式,这样的做法耗时也耗人工;而运用先进的线上技术,如用户画像,便可获取客户更为精准的反馈信息,更及时、更有效地了解客户差异化特征,进而提供更为精准的营销策略、运营方向、推广支持。建立客户标签体系的具体做法是对客户的信息数据分类并标签化,将数据从定量向定性信息转化,以标注成为容易理解的标签信息,然后根据业务需求,利用客户标签筛选客户,进而根据客户分类结果设计产品,确定相应的服务策略。第三,进行客户细分。大数据技术的发展可让证券公司通过技术手段将全体客户划分为多个分组并刻画特征的过程,使得组内客户高度相似,组间客户差异明显,为证券公司提供了对客户精准定位的可能,帮助证券从业人员了解不同类别的客户。客户细分是一个持续演进的过程,为保证准确性和有效性,证券公司的技术部门需要对模型随时进行调整,进而精准判断不同类别客户的状态特点,为员工的营销或服务工作提供技术支撑,从而可以为客户提供更为周到的服务。三是人工智能。在人工智能方面的应用,主要是通过自主研发或者与第三方合作开发智能投顾的方式。具体可分为两大类,分别是结果输出型和辅助工具型。① 结果输出型又分为资产配置型和策略组合型两种。资产配置型通过上述的大数据技术建立用户和产品的标签化体系,可根据客户的不同投资目标及风险承受能力等级给出不同的投资理财建议,智能化做到资产配置的风险适当性管理,帮助客户更加理性投资。策略组合型则是机器人投顾根据公式算法生成投资策略组合,用户通过订阅、一键跟投即可实现便捷投资。② 辅助工具型主要分为决策支持型和交易辅助型。决策支持型通过挖掘事件与资产价格之间的关系,为用户提供数据支持类的决策工具。交易辅助型是同步用户多类型账户信息,利用机器算法和数据分析,实时跟踪用户交易、操作行为,自动为用户提供持仓结构、证券投资、资产配置、理财等优化建议。

四、投资银行开展证券经纪业务的原则

证券交易涉及交易双方和投资银行三方的利益,在交易过程中必须遵循一定的规则,才能确保证券交易的正常进行。一般而言,投资银行在从事经纪业务时,应该遵循以下原则。

(一) 价格优先原则

在证券买卖过程中,投资银行会接到多个客户的委托,它在决定获得优先交易权的客户时就应该遵循价格优先原则,即在委托代理买入证券时,报价高者优先于报价低者成交;委托卖出证券时,报价低者优先于报价高者成交。

(二) 时间优先原则

光有一项价格优先原则是不够的,投资银行还可能收到报价完全相同的委托指令。在这种情况下,以投资银行收到委托指令时间先后确定成交顺序,委托时间在前的优先于委托时间靠后的成交,这就是"时间优先原则"。当同时委托,且委托价格完全相同时,则由双方抽签决定成交对象。事实上,在电脑竞价的情况下,这种情形出现的可能几乎为零,因为电脑可以准确地区分极小的委托时间差异。

(三) 价格自主原则

在投资银行代客买卖业务中,委托买卖的价格应当由投资者自行决定,投资银行只能根据委托从事经纪业务,替客户完成交易,无权超越委托权限办理交易。

(四) 充分披露原则

这主要包括两个方面的内容:一是投资银行从事证券代客买卖业务时,要及时公开上市公司的相关材料,如财务报表、重大事项说明、当前交易情况等;二是投资银行要及时披露自己的经营状况,便于客户选择。

(五) 依法收入原则

这是指投资银行代客进行证券买卖时,其佣金收入必须按照规定收取,不得为了多赚手续费而采用任何欺诈方式引诱客户进行不必要的交易。

五、投资银行证券经纪收益与风险

(一) 投资银行从事证券经纪业务时的收益——佣金

投资银行在从事证券经纪业务时要收取一定的手续费,称为佣金。各国证券市场由于其历史、习惯做法和成熟程度不同,所以券商佣金制度存在差异。而由于券商所从事的具体业务和服务对象交易金额不同,同一市场中佣金水平也存在差异。

1. 国外证券交易佣金制度的变革历程

从西方证券经纪业务发展历程看,证券经纪行业的市场竞争大都经历三个阶段:首

先是价格竞争阶段,券商主要是通过降低佣金来争夺客户,力图占领更多的市场份额;然后是产品竞争阶段,券商通过挖掘和发展新的投资工具和投资渠道(股指期货、认股权证等金融衍生产品以及网上交易、银证通等非现场交易方式等),向市场提供具有吸引力的金融新产品,以招徕客户;最后是服务竞争阶段,证券业作为金融服务业的一个分支,其市场竞争的立足点是服务质量水平,谁能为客户提供更完善、高水平的专业化服务,谁将最终在市场竞争中战胜对手、立于不败,通过管理创新和技术创新,不断提高服务质量水平。这三个阶段的变化过程反映在佣金制度方面表现为佣金从固定制到浮动制的变化过程。

1975 年以前,世界各国的证券市场交易基本上采用固定佣金制度。当时美国实施的证券交易固定佣金制度的规定是:① 所有的经纪公司按照全国统一的标准费率收费。② 佣金费率不因交易量的大小而变化,证券买卖的大户和散户所需支付的佣金相同。③ 所有经纪公司不得给客户任何形式的回扣或补贴。④ 交易所会员之间不准许开展价格竞争,非会员之间不准许开展批发业务,而且会员和非会员之间也不准许进行交易佣金的分割。当时实行这种制度的初衷是希望通过限制经纪人在价格上的竞争来维护市场的稳定。表面上看,证券经纪公司在大额证券交易和小额证券交易上没有收费率差别,但实际上,固定佣金率的做法应属于一种不符合市场规则的价格锁定。

1975 年 5 月 1 日,美国国会通过了《有价证券修正法案》,并率先在全球范围内废除了证券交易的固定佣金制度转而实行佣金协商制,迈出了放松金融管制的重要一步。此后,1984 年澳大利亚实施了证券商可以自主决定佣金费率(有最低佣金)的浮动佣金制;法国在 1985 年也对大额交易实行佣金协商制,并在 1989 年彻底取消固定佣金制,将佣金率交由会员公司与客户协商决定;1986 年 10 月 27 日,英国对证券业实施了一场空前的重大变革——取消固定佣金制,客户可与证券经纪商根据市场供求情况、交易额度及各自的实际情况,决定按何种标准收取佣金或是否收取佣金。20 世纪 90 年代以来,更多的国家和地区放弃了固定佣金制,在亚洲地区,日本于 1999 年 10 月实行了佣金自由化;泰国于 2000 年 10 月实行佣金自由化;我国的台湾地区规定在核定的上下限范围内自由定价;中国香港联交所董事局在 2000 年通过了自 2002 年 4 月 1 日起正式取消证券及期货交易最低佣金制和引入佣金协商制的改革方案。目前从世界主要国家和地区股票市场交易费用收取的情况看,佣金自由化已是发展的主要趋势,但自由化的程度各不相同。

2. 证券交易佣金制度的变革原因

各国废除固定佣金制度实施协商佣金制度,究其原因主要有以下几个:

(1) 证券市场国际竞争的需要。

以伦敦、新加坡交易所的佣金制度改革最具代表。以伦敦交易所为例,从 20 世纪 70 年代以来,科技技术尤其是通信技术的进步,加快了资金自由流动的速度,缩短了国际金融市场之间的距离。这给受当时保守落后的交易制度和会员制度等因素限制的伦敦证交所的国际资本市场的中心地位带来极大威胁。1970 年,伦敦股票市场遥遥领先于东京而居世界第二,但到 20 世纪 80 年代初,伦敦证交所已退居第四,股票交易量只是纽约的 1/15、东京的 1/5。在这种情况下,英国于 1986 年 10 月采取了被誉为"金融大爆炸"的全面、彻底的大变革,废除最低佣金制,实行佣金自由化是主要内容之一。佣金制度变革前,伦敦证交所一直采用的是 1912 年形成的固定佣金制,证券经纪商根据交易额大小,按最低佣金和固定费率计价两种方式向客户收取佣金;变革后,投资者的佣金费率降幅达 60% 以上,实际收取的佣金仅 0.25%。在亚洲地区,一直列于东京、中国香港之后的新加坡,为提高其国际竞争力,与中国香港竞争国际金融中心的地位,从 2000 年 10 月起就全面实行"佣金自由化"。其他国家,如法国、德国等,也有通过佣金协商制来提升其证券市场的国际竞争力的举措。

(2)技术进步使交易达成更容易且成本降低。

网上交易体现得最明显。现代信息技术革命大大提高了信息的收集、储存、处理和发布的能力,成为证券交易电子化的物质和技术基础,大大提高了证券交易的效率。以交易申报为例,技术的进步使报盘由过多地依赖场内经纪转变成通过券商自助系统完成,这使交易达成更容易且成本更低。其中,证券经纪商的运营成本,包括场地租金、人工成本等也因此被大大压缩。关于这一点,全球兴起的"网上交易"是最典型的代表。据统计,在 1995—2000 年间,美国平均每笔网上交易佣金分别为 73 美元、66 美元、57 美元、46 美元、25 美元、16 美元。近年来,美国的网上交易正在趋向完全免费,如 AMERI-TRADE 推出的名为免费交易的网站,在取消传统服务的同时,不再收取任何交易费。在韩国,网上交易额已占据了总交易额的 60% 多,目前韩国网上交易佣金只是一般证券交易佣金的 1/4,网上交易的低佣金又促进网上交易量猛增。

(3)满足投资者结构的变化。

随着西方人口结构的变化和专家理财的兴起,以养老基金、保险基金和共同基金为代表的大机构投资者在证券市场的地位和影响举足轻重,大规模的资金进出,使他们有动力也有能力在佣金费率上与经纪商讨价还价。机构投资者的这种努力和券商间的竞争成为佣金自由化或分级化的现实推动力。投资者结构的变化及投资者"自助"的程度不同,使投资者需求有进一步细分的需要。由于投资者对券商提供服务的需求不同,产生了针对不同投资者群体的"佣金定价区分机制"。例如,在美国,早期对网上交易持保守态度的老牌券商,认为"证券投资"是一项专业化很强的业务,其注册代表不仅需要花费大量时间在代理职责上,还需要提供股票报价、传真财务报告或打电话报告客户收益以及提供研究咨询等(还提供融资融券等服务)。这种将交易、投资咨询及其他服务捆绑在一起就必然使佣金水平高居不下,这也损失了一大批投资"自助化"程度较高的客户。而这些券商已将原有业务进行分离、重组,以适应不同层次的市场需求,于是其佣金出现了按"服务类别"的分级。

(4)券商业务多元化提供的机遇。

实际上,过低或过高的佣金,对券商都是不利的。首先,过高的佣金会抑制市场的活跃性,券商反而无法获得"最优量"的佣金,同时不活跃的二级市场也将造成"发行困难",进而影响券商的一级市场业务;过低的佣金,也会使券商入不敷出,可能会给投资者提供"劣质"服务。因此,当券商业务多元化后,适度灵活的佣金费率,结合服务的多元化,来寻找一个"最优区域",可能会给券商新的机会。

3. 我国的证券佣金制度变革

一直以来,国内券商实行的都是 3.5‰ 的佣金标准,券商坐收丰厚佣金。在固定佣金制下,证券公司对经纪业务的成本没有控制,只是一味地扩大经营规模,增加业务网点。2002 年 5 月 1 日开始实施的浮动佣金制,使证券公司的经纪业务迅速进入一个过度竞争的时期。这一时期经纪业务的竞争核心是价格优势,竞争的重心则是有效的成本控制。但长期以来证券公司进入和业务特许制导致过度的"配额"交易行为以及市场淘汰机制的弱化,不但使证券市场资源配置功能受到损失,而且限制了证券公司专业化和分工,弱化了市场效率。此外,地方保护主义、市场总体规模偏小、业务结构单一等种种原因,造成服务种类多样化及证券经纪业的集中度提高进展缓慢,证券商的收入结构多元化意图难以实现。因此,在现行条件下合理有效地设计交易佣金收取模式,提高佣金价格优势,以达成营业部成本控制的目标,成为我国佣金收取变革的重点项目。依照我国现行证券市场的特点,在证券市场交易佣金的收取方式和手段上的改革主要包括以下方面:

(1) 由于我国证券公司分布的地区存在差异化,可以发展合伙制证券经纪行,只在小城镇发展证券经纪业务,减少多数辅助服务,同时相应削减手续费,这样对小投资者更具吸引力。同时迫使全国性的大证券公司通过对小额交易提供相应折扣,以便争取更多的小投资者业务,这样一来就可以使小投资者也从中获益。该类型模式适合小型证券公司转型,虽然就规模而言不可同大型证券公司相提并论,但是可以依靠其特色经营、区位优势和稳定的客户资源长期生存,并成功抵御大型证券公司的竞争和吞并企图。

(2) 在美国,虽然传统的证券经纪业务收入在总收入中的比例逐年下降,但是大型证券公司在证券经纪业务领域的收入并没有减少。这不仅因为证券市场规模的扩大使经纪业务交易额有所增加,还因为这些大型证券公司将经纪业务同咨询服务、资产管理业务、融资、融券等服务种类结合起来,从而使经纪业务佣金收入包含更多的价值创造。此外,投行业务、资产管理业务等在销售过程中对经纪业务网点和客户资源的综合利用,也可以为其他证券业务提供必要辅助条件。我国的大型证券公司也必须使证券研究、经纪业务、投行业务和创新衍生产品四个环节紧密配合,提供给客户多样化的服务。

(3) 从 2002 年佣金浮动制以来,我国证券公司大多实行差别固定佣金比例。这种同证券市场交易量的变化紧密联系的佣金收入方式,使大量证券公司的预期收益估算风险加大,严重影响了证券公司的成本控制。要改变这种状况,证券公司比较合适的佣金收取方式,应该是差别固定佣金比例同年费佣金相互结合,采用基本佣金加增值佣金的方式,可以设置一定比例的年费佣金(也就是一定的固定场地费用,也可以以月为单位),同时根据客户的交易量收取一定比例的交易佣金。这样一来,当客户交易活跃时,可以获得佣金收入的增长；当客户交易量减少时，可以保障一定比例的收益。此外，由于一定比例的年费佣金固定，客户交易量越大，相对于交易量而言的佣金就越低；也可以在一定程度上扩大客户交易的积极性，从而刺激佣金收入增加。

证券公司经纪业务佣金的高低，既反映着投资者参与证券交易活动的成本，也影响了证券公司经纪业务的服务质量。尽管佣金费率的降低能够减少投资者支出，但过分地强调低佣金或零佣金于投资者并非完全有益，恶性的价格竞争只会以降低经纪服务质量为代价，最终可能损害投资者利益。而从证券公司的角度来看，恶性价格竞争的最终结局只会是证券经营机构整体收入下滑，失去技术进步与改进服务的动力，进而导致经纪业务行业失去活力和创新动力。由于互联网金融的创新发展、金融科技的加速应用、交易税费的整体下调等因素，证券公司经纪业务佣金成本下降、佣金费率降低的趋势短期内将是不可逆的。相应地，证券监管机构应当从行业发展的层面进行监管，精准监管、分类监管，提高执法的科学性与有效性，最终引导证券公司经纪业务佣金的合理化，实现尊重证券公司自主经营、保护投资者和维护证券行业健康有序发展的平衡。

（二）证券经纪业务的风险与控制

在国外，证券经纪业务风险控制的立足点在于佣金制度自由化后如何采取措施，促进证券经纪业务收入多元化，同时包括操作风险等方面的控制。我国投资银行经纪业务风险除了上述以外，还包括违规风险、机构风险等，如违规向客户透支。因为投资银行之间的竞争越来越激烈，为了招揽客户而违法向客户融通资金或者证券，这样不仅要担负比较大的法律风险，而且违约风险也是比较高的。因为我国现有的股票投资者决策水平比较有限，尤其遇到客户信用状况不佳或者是市场不景气时，这部分资金和证券就很难收回，容易形成坏账挂账，给自身的经营带来不利影响。机构风险主要是指证券交易所和证券投资咨询机构的风险。这种风险首先体现为交易设施的故障及技术性风险，比如委托时双方约定不明，填写委托单时有误，传输系统停电、通信中断、电脑系统故障等；其次体现在证券投资咨询机构的信息失真上。有的是因为服务水平的有限，有的是一些股评往往是配合公司的自营盘操纵而炮制的，对于投资者尤其是信息和操作技术有限的中小投资者而言误导性很大。经营经纪业务中还存在交易差错风险。交易差错主要包括客户资料录入错误、未按规定对客户资料进行修改、股票被盗卖等。任何交易差错均可能使投资银行遭致损失。交易差错如给客户造成损失，还可能使投资银行面临诉讼和赔偿风险。

为了推动我国投资银行证券经纪业务的发展，应采取如下风险控制措施。

1. 提高非现场交易比重

提高证券经纪业务集中度除了外延方式以外，还可以通过提高非现场交易比例的方式，如网上交易、电话委托、远程交易等。由于非现场交易方式边际成本较低，特别是网上交易，能够在现有证券营业部的基础之上无限扩大证券经纪业务交易量，证券公司经纪业务竞争优势非常明显。同时，证券公司应充分发挥网上交易等非现场交易手段来扩大中小城市市场份额，以弥补证券营业部模式的不足，促进经纪业务在更大程度上发挥规模经济优势。

2. 压缩营业部规模、控制营业部成本

随着证券交易佣金率降低以及网上交易的普及,证券经纪业务的利润还会逐步下降。提高证券经纪业务价值量是提高证券经纪业务盈利能力的主要方面,同时还需要降低证券经纪业务成本。证券经纪的主要成本就是证券营业部费用,然而营业部数量的减少是比较漫长的过程,压缩营业部规模、控制营业部成本是提高证券经纪业务盈利能力的最有效手段。

3. 对从业人员严加筛选和考核

证券经纪业务涉及大量的客户证券和资金,所以对从业人员的道德素质要求很高。投资银行从事经纪业务时,应选派思想品德好、业务能力强的人员。

4. 谨慎选择客户

在只允许现金交易的国家,投资银行在选择客户时要求不高;但是,如果一国证券市场允许保证金交易、期货期权交易等,投资银行必须对客户的资信状况加以严格考评,在交易中要严守逐日清算的要求,对保证金不足而难以在限期内补足的客户强行平仓以确保自身经营的稳定。另外,各国法律也明确规定一些人不得从事证券交易,如证券管理机构有关人员、交易管理人员、证券经营机构中与发行交易密切相关人员以及相关知情人,那么证券公司就不得代其买卖证券,以免发生内幕交易,影响市场的公平。

5. 工作细致认真,保护客户的证券与款项

投资银行应认真对待每一笔委托,弄清交易性质、数量、品种、金额和委托类型等,以免出错;另外,投资银行对客户证券和款项有保护义务,防止被盗用或者挪用,确保客户利益不受损失。

6. 及时向公众投资者报告上市公司重大事项,便于投资者做出理性选择

所谓重大事项主要是指上市公司与他人订立关于公司的资产、负债、股东权益产生较大影响的合同或协议;经营项目或者方式发生重要变化;重大的投资决策;公司资产遭受重大损失,生产经营环境发生重大变化;董事会成员或高级管理人员的人事变动;占股份总额5%以上的股东持股情况发生变化以及董事会成员或高级管理人员持有本公司股份情况发生变化;涉及重大法律诉讼事件;做出兼并、合并等重大的决策;进入清算或破产整顿;等等。

7. 合法经营

严禁越权代理买卖,严禁挪用客户保证金,严禁利用自己的信息优势自营或怂恿他人购买或卖出某种证券,杜绝证券经纪活动中的欺诈行为。

第二节　融资融券

融资融券业务是在证券公司传统经纪业务基础上的拓展。融资融券是一种借出、借入证券的行为,指的是投资者向证券公司提供担保物作为担保,从证券公司借出资金购买证券,或者借出证券卖出的交易行为。根据不同出借标,融资融券交易可划分为两种类型:融券交易和融资交易。在融资融券交易过程中,投资者必须有所担保,这个担保可以是资金,也可以是证券。融资交易是投资者通过担保后融入资金购买证券,并在与证券公司协议的时间内偿还本息的行为;而融券交易与之存在一定差别,融券交易指的是投资者从证券公司借出证券,将证券卖出,并在协议的时间内偿还相应证券和利息的行为。

2010 年 1 月,国务院原则上同意开展我国证券公司融资融券业务试点和推出股指期货品种。据此,证监会按照"试点先行、逐步推开"的原则,综合衡量净资本规模、合规经营、净资本风险控制等指标和试点实施方案准备情况,择优选择优质证券公司进行融资融券业务的首批试点,并根据试点情况和市场状况逐步扩大试点范围。对于融资融券业务,国外实践表明,在一定程度上可以活跃证券市场,提高证券交易数量,从而为证券公司带来增量的经纪业务手续费和利息收入,并有效提升其资金运用效率。

一、融资融券业务的内涵

(一) 融资交易

融资交易,又称垫头多头交易。在证券市场上,当投资人预期到某股票行情将要进入上涨行情时,便会产生购进该种股票的欲望,但是投资人账户资金不足或不足以进行大宗交易,这时,投资人有两种选择:借入资金或者用一定量资金作为保证金融入更多信用资金。这样,便产生了证券公司的融资业务。证券交易成交后,融资购进的股票作为担保存放在证券公司特定账户。在融资的期限届满时,由投资人向证券公司偿还其垫付的资金并支付利息;也可委托证券公司将所购证券卖出,以证券交易所得的价款偿还后,投资人和证券公司进行头寸结算。如果截至到期日,股票市场价格走低,在证券公司处所担保的证券价值达不到维持保证金的水准时,投资人还应在规定的时间内补足;否则,证券公司有权处理担保品。

在融资交易中,为了保护证券公司不受影响,主管部门通常规定两个保证金比率,即初始保证金率和维持保证金率。对于融资交易,所谓初始保证金率,是指投资者在购买证券时,自己支付的金额占总的购买金额的最小比例。例如,假定初始保证金率为70％,某投资者希望购买 100 000 元的证券,那么他自己至少需要缴纳 70 000 元才能做成这笔交易。为防止投资者把风险转嫁给证券公司,证券公司要求投资者在账户中保留一定比例的保证金,这一比例被称为维持保证金率。在美国,联邦储备体系对这两个比率做出规定。所谓保证金是投资者自己缴纳的对证券公司提供一定担保作用的资金,又称自有资金。在最简单的情况下,对于融资交易,实际保证金率的计算公式是:

$$实际保证金率＝(证券的市值－借款)÷证券的市值$$

如果实际保证金率高于初始保证金率,那么保证金账户被称为无限制账户,超出的部分被称为自由保证金,投资者可以变现这一部分。如果实际保证金率低于初始保证金率,但高于维持保证金率,那么保证金账户被称为限制账户,投资者不允许做任何使实际保证金率下降的交易。如果实际保证金率低于维持保证金率,那么证券公司将向投资者发出追加保证金的通知,要求投资者至少将保证金追加到初始保证金之上。这里有三种方法:一是在账户中存入现金或证券;二是偿还部分借款;三是出售部分证券来偿还部分贷款。如果投资者不行动或不能达到要求,证券公司将出售其账户中的证券以使实际保证金至少达到维持保证金的要求。因此,证券的价格越高,实际保证金率越高。

在实际保证金率的计算中,如果考虑借款的成本和证券所支付的股利或利息,实际保证金率的计算较复杂。为方便理解,可以通过 T 型账户来分析。

例 4-1 如果初始保证金率为 70%,维持保证金率为 30%。某股票当前价格为 100 元/股,投资者 X 认为该股票价格会上涨,希望购买 1 000 股。那么他至少应该缴纳多少自有资金呢?如果股票价格上涨到 110 元/股,实际保证金率是多少?如果下降到 90 元/股呢?当股票价格为多少时,投资者将收到追加保证金的通知(不考虑融资成本,在此期间,该股票没有分配红利)?

解:在刚买入股票时,保证金账户的资产负债表状况如表 4-1 所示。

表 4-1 保证金账户的资产负债表

资产 1 000×100=100 000 元	负债 100 000−70 000=30 000 元 权益 100 000×70%=70 000 元

因此他至少需要缴纳 70 000 元自有资金。不过,投资者的资产是股票,而不是 100 000 元现金,它的价值将随着股票价格的变化而变化。在不考虑融资成本的情况下,负债是不变的。因此投资者的自有资金(权益)也将随着变化。

当股票价格上涨到 110 元/股时,保证金账户的资产负债状况如表 4-2 所示。

表 4-2 保证金账户的资产负债表

资产 1 000×110=110 000 元	负债 30 000 元 权益 110 000−30 000=80 000 元

因此在此情况下,实际保证金率=80 000÷110 000×100%=72.73%

当股票价格下降到 90 元/股时,保证金账户的资产负债状况如表 4-3 所示。

表 4-3 保证金账户的资产负债表

资产 1 000×90=90 000 元	负债 30 000 元 权益 90 000−30 000=60 000 元

因此在此情况下,实际保证金率=60 000÷90 000×100%=66.67%

假设当股票价格为 P 时,实际保证金率低于维持保证金率,投资者将收到追加保证金的通知。这时候,保证金账户的资产负债状况如表 4-4 所示。

表 4-4 保证金账户的资产负债表

资产 1 000×P=1 000P	负债 30 000 元 权益 1 000P−30 000 元

因此,$(1\,000P-30\,000)\div1\,000P<30\%$,即$P<42.86$元/股。即当股票价格跌破42.86元/股时,投资者将收到追加保证金的通知。

(二) 融券交易

融券交易,又称垫头空头交易,是融资交易流程的反过程。在证券市场上,当投资人预期到某股票行情将要进入下跌行情时,便会产生卖出该股票的欲望,但投资人手中又没有该种股票或证券数额不足以进行大宗交易。这时,投资人通知证券公司进行融券交易。由投资人向证券公司缴纳一定数量的保证金,从证券公司处融入一定该种股票并委托其卖出,所得价款存放于证券公司处。当市场价格下跌时,再以低价购进该股票并偿还给证券公司,从中赚取差价。如果股票价格不是走低,而是上涨,则投资人必须在规定的期限内补足并维持一定数额的保证金,等到股票价格下跌时再购回股票。当然,在融券期限到期时,无论股票价格较之卖出价格是低还是高,投资人都必须还给证券公司证券。

与融资交易一样,投资者需要向证券公司申请开设保证金账户,投资者最初要提供一定比例的资金,这个比例被称为初始保证金率,而且这个比例还需要维持在一个最低水平之上,这个最低水平被称为维持保证金。此外,投资者还需要向证券公司支付一定的融券费用。例如,假定初始保证金率为70%,某投资者希望借入1 000份证券,当时证券的价格为100元,那么他自己至少要缴纳70 000元才能做成这笔交易。在最简单的情况下,对于卖空交易,实际保证金率的计算公式是:

$$实际保证金率=(资产-证券的市值)\div证券的市值$$

如果实际保证金率高于初始保证金率,那么保证金账户被称为无限制账户,超出的部分被称为自由保证金,投资者可以变现这一部分。如果实际保证金率低于初始保证金率,但高于维持保证金率,那么保证金账户被称为限制账户,投资者不允许做任何使实际保证金率下降的交易。如果实际保证金率低于维持保证金率,那么证券公司将向投资者发出追加保证金的通知,要求投资者至少将保证金追加到初始保证金之上。可以看出,证券的价格越高,实际保证金率越低。

例4-2　如果初始保证金率为70%,维持保证金率为30%。某股票当前价格为100元/股,投资者X认为该股票将会下跌,手中没有持有股票,但希望出售1 000股。那么采用卖空交易,他至少应该缴纳多少自有资金?如果股票价格上涨到110元/股,实际保证金率是多少?如果下降到90元呢?当股票价格为多少时,投资者将收到追加保证金的通知(不考虑融资成本,在此期间,该股票没有分配红利,不考虑保证金存款的利息收入)?

解:在刚买入股票时,保证金账户的资产负债状况如表4-5所示。

表4-5　保证金账户的资产负债表

资产　100 000元	负债 1 000×100=100 000元
70 000元	权益 100 000×70%=70 000元

因此他至少需要缴纳 70 000 元自有资金。

需要注意的是,投资者的资产包括出售 1 000 股股票得到的现金和自己缴纳的初始保证金 70 000 元,共 170 000 元。如果不考虑存款利息收入,它的价值不随股票价格的变化而变化。而负债是 1 000 股股票,而不是 100 000 元,即使不考虑融券费用,它也将随股票的价格变化而变化。因此投资者的自有资金(权益)也将随之发生变化。

当股票价格上涨到 110 元/股时,保证金账户的资产负债状况如表 4-6 所示。

表 4-6 保证金账户的资产负债表

资产 170 000 元	负债 1 000×110＝110 000 元 权益 170 000－110 000＝60 000 元

因此在此情况下,实际保证金率＝60 000÷110 000×100％＝54.55％

当股票价格下降到 90 元/股时,保证金账户的资产负债状况如表 4-7 所示。

表 4-7 保证金账户的资产负债表

资产 170 000 元	负债 1 000×90＝90 000 元 权益 170 000－90 000＝80 000 元

因此在此情况下,实际保证金率＝80 000÷90 000×100％＝88.89％

假设当股票价格为 P 时,实际保证金率低于维持保证金率,投资者将收到追加保证金的通知。这时候,保证金账户的资产负债状况如表 4-8 所示。

表 4-8 保证金账户的资产负债表

资产 170 000 元	负债 1 000P 权益 170 000－1 000P

因此,$(170\ 000-1\ 000P)÷1\ 000P<30％$,即 $P>130.77$ 元/股,即当股票价格上涨超过 130.77 元/股时,投资者将收到追加保证金的通知。

二、融资融券的特征

(一)具有财务杠杆效应

融资融券业务最为突出的一个特点便是其具有较强的杠杆效应。传统证券交易活动中,投资者的交易范围仅限于对已有现金或证券进行等价值交易,在买入证券时需要在交易账户里存入相应资金,在卖出证券时,其所能够卖出的数量不能高于其持有数量。而融资融券交易则与之有很大的不同,投资者向证券公司提供担保品,便可以获得与担保品价值相对等的信用交易额度,进而可以根据这个额度买入或者卖出证券,其会有杠杆放大的效应。杠杆效应的存在,使得融资融券业务在实际操作中承受比传统证券经纪业务更难以掌控的风险,甚至说对整个金融市场的风险都会产生较大威胁。

(二)具有借贷信用性

在传统的证券经纪业务中,投资者承担被代理人和委托人的角色,证券公司则承担受托人以及代理人角色,投资者将购买需求告知证券公司,然后证券公司操作,在这当中,证券公司仅扮演"中介"作用,其不需要承担证券价格风险也不需要承担可能产生的交易风险。但是,证券公司的"中介"作用在融资融券业务上却发生了反转,即证券公司不仅要扮演委托人角色,其与投资者还有信贷关系,而基于这种信贷关系,证券公司和投资者之间还有债权和债务关系。投资者向证券公司提供担保物,证券公司评估担保物价值,然后向投资者贷出一定量的证券或者资金,二者交易中存在担保与借贷,是典型的信贷关系。

(三) 具有高风险性

传统证券交易活动中,证券公司扮演的角色仅仅是一个交易平台的角色,其不需要承担证券交易活动中的风险,收益主要来源于佣金或者手续费用。而在融资融券交易活动中,证券公司就被赋予了多种角色,其根据担保物向投资者贷出证券或者资金,其扮演的是债权人角色,如果投资者因决策或者判断失误产生较大亏损,那么投资者有很大可能性难以偿还其在最开始交易前从证券公司贷出的资金或证券,这个时候证券公司就要面临巨大损失了。从投资者角度来讲,在传统交易中,其最大的损失上限就是将其本金全部损失完;而在融资融券交易中可能造成投资者数倍于投入本金的亏损,使得投资者不得不承担巨额负债。

三、融资融券业务的典型模式

一般地,境外成熟市场已经形成了较为发达的融资融券业务发展模式,典型的交易模式包括分散化的证券公司授信模式、证券金融公司集中授信模式和证券借贷集中市场模式。

(一) 分散化的证券公司授信模式

分散化证券公司授信模式运作流程为:投资者向证券公司申请融资融券,由证券公司自身对其提供信用,当证券公司的资金或股票不足时,在金融市场融通资金或通过证券借贷市场借入相应的股票。在这种模式下,信用交易的风险表现为市场主体的业务风险,监管机构只是对运行的规则做出标准化的制度安排并监督相关各方严格执行。该模式是美国、英国和欧洲大陆等国的资本市场融资融券业务的主要模式。

以美国为例,对证券公司的融资融券活动进行管理的部门是联邦储备委员会。美联储的管理是建立在《1933 年证券法案》和《1934 年证券交易法》的基础之上的,此外美联储还先后颁布了四个有关信用交易的规定。除美联储外,证券交易所和证券公司协会等自律机构也从自身的角度制定了一系列的规则和条例来约束市场参与者的行为,作为对联储的法规和行政监管的重要补充。例如,纽约证券交易所制定了一系列有关信用交易账户操作的细则,以保证联邦有关法规的实施。证券公司在融资交易方面的自律主要体现在两个方面:一是在对客户进行融资时,严格遵守联储和交易所的有关规定,要求自己客户信用账户中的保证金比率一般都高于联储所规定的比例,常规保证金维持率也高于交易所的规定。二是证券公司在向银行申请转融通时,必须严格按照联储和交易所的有关规定,不得随意挪用冻结的证券。另外,为了加强整个证券公司的规范水平、防范各种法律合同风险,证券公司协会还制定了标准化的信用交易账户开户合同和借券合同,对账户的操作和证券公司融资融券活动通过法律的条款加以界定。

美国融资融券交易的最大特征就是高度的市场化。在美国的信用交易模式中,监管当局从活跃市场同时又要有效地防范风险的目标出发,制定了一套较为完整的规则。在制度所限定的范围内,融资融券交易完全由市场的参与者自发完成。在融资融券的资格上,几乎没有特别的限定,只要是资金的富裕者,就可以参与融资,只要是证券的拥有者,就可以参与融券。而证券公司之间,同样可以相互融资融券;证券公司与交易客户之间,只要建立在"合意"的基础上,实际上也可以进行融资融券的活动,比如出借证券、使用客户保证金等;银行的参与方式则以资金转融通为主,同时也向证券公司提供借券,而其他金融机构(如养老金、保险公司等)则积极参与借券的转融通。这种信用交易主体的广泛性,源于美国金融市场的发达。

(二) 证券金融公司集中授信模式

证券金融公司集中授信模式是指在资本市场中设立证券金融公司,让证券金融公司成为整个信用交易体系中证券和资金的中转枢纽,承担市场中相关的融资和融券业务。证券金融公司的核心业务是针对证券公司资金和证券的转融通,一般投资者的融资需求和融券需求仍主要由证券公司满足。日本、韩国和我国台湾地区均采用这种模式。

在日本,证券公司融资融券制度最大的特点就是证券抵押和融券的转融通完全由专业化的证券金融公司完成。在这种专业化证券金融公司的模式中,证券公司与银行在证券抵押融资上被分隔开,由证券金融公司充当中介,证券金融公司居于排他的垄断地位,严格控制着资金和证券通过信用交易的倍增效应。从负债结构来看,日本的证券金融公司主要是通过向资金和证券的拥有者融借证券和资金,来维持自己的转融通业务。同时日本证券金融公司的自有资本的比例很小,为 2.5%。如此小的自有资本规模,只有在政府支持和垄断专营的基础上,才能够维持业务的正常运行。在日本的专业化信用交易模式中,客户不允许直接从证券金融公司融取资金或者证券,而必须通过证券公司来统一进行。证券公司除了部分资金以外,也不能够直接从银行、保险公司等机构那里获得信用交易所需要的证券或资金。这样,证券金融公司便成为整个信用交易体系中证券和资金的中转枢纽。大藏省只要通过控制证券金融公司,就可以调控进出证券市场的资金和证券流量,控制信用交易的放大倍数。

(三) 证券借贷集中市场模式

在这种模式下,交易所或者结算公司集中办理证券的借贷业务。主要做法是:第一,股票逆回购模式;第二,登记结算公司证券借贷市场模式。股票逆回购模式是指交易所以标准化的证券借贷合约或者股票逆回购合约进行集中竞价买卖,投资者之间相互竞价借券,交易所为投资者提供交易撮合系统,登记公司负责股票的结算,交易所或登记公司或证券公司对卖空账户的保证金和卖空证券所得进行监控。登记结算公司证券借贷市场模式是指由登记结算公司开设股票借贷市场,选取可供借贷的证券,建立可借贷的股票组合,符合条件的投资者可以通过该市场借入或借出证券。这种集中证券借贷市场模式,仍然是以证券公司对客户的融资融券进行直接授信为基础。

四、融资融券业务风险与控制

理论上讲,开展融资融券交易意义重大。一是拓展了投资者的投资空间,增加了投资收益的可能性。二是完善价格发现功能,充分反映证券的内在价值。融资融券大多是证券市场中最为活跃的交易者,他们对市场机会的把握、对信息的快速反应程度和对股价的合理预期等会对整个证券市场起到一定的促进作用。融资融券业务的需求者成为价格发现功能实现的主要推动力量。三是稳定市场价格,缩小证券价格波动幅度。融资融券这种双向交易制度,一般要通过方向相反的两次买卖完成,即融资买入证券的投资者,要通过卖出所买入的证券,偿还向证券公司借入的资金;融券卖出的投资者,则要通过买入所卖出的证券,偿还向证券公司借入的证券。因此,在一定程度上能抑制股市暴涨暴跌,防止证券价格的大幅度波动。四是可以提高市场资金的使用效率。融资融券交易可以为市场输入增量资金,对市场产生积极的影响。同时,无论是融资还是融券,至少会进行两次交易,这将大大提高证券交易的换手率。对于市场中的存量资金而言,无疑有效地提高了其流动性,放大了资金的使用效率,同时进一步活跃整个证券市场。但是,融资融券交易同样存在着较大的风险性和投机性,使得证券公司在开展这一业务时面临许多风险,必须采取积极措施,才能保证融资融券业务的稳健发展。

(一)证券公司开展融资融券业务的风险表现

1. 业务操作风险

业务操作风险主要指证券公司在动用自己的资金或者证券为投资者融资融券过程中由于错误判断市场所引起的风险。例如,股票上涨误判为下跌,错误融出资金;而股票下跌误判为上涨,错误融出股票。这种风险是由于证券公司业务数量有限和研究实力有限产生的,是一种机会损失,将直接对证券公司的利润产生负面影响。如果融资融券业务量足够多,那么资金流入流出和股票的流入流出应该可以实现动态平衡,进而在整个业务过程中实现风险的自我对冲。由于我国在融资融券业务的试点期间,只允许证券公司利用自有资金和自有证券从事融资融券业务,因此所有参与的证券公司都很难达到这种业务规模,业务操作风险的存在将不可避免。

2. 流动性风险

证券信用交易具有放大证券交易量的效应,证券公司为投资者提供融资融券的服务,不仅得到融通费用,还可以收到比较高的交易佣金,证券公司为获得更高的利润,有可能会扩大其业务规模。而证券公司开展融资融券业务所需资金主要是自有资金和依法筹集的资金。随着规模不断扩大,一旦资金向客户融出,在一定时期内就被客户所占用。公司从外部筹来的资金是有期限的,如果到期资金还被客户所占用,证券公司又没有新的筹资渠道,这样就会造成资金流动性风险。

3. 客户信用风险

信用风险的发生往往是因为客户在损失超过保证金后实施违约行为产生的风险。在融资交易中,证券公司以自有或筹措的资金提供给客户使用,希望获得各自利益,但实质上,证券公司和客户是在承担着巨大风险的前提下获得这种利益的。一旦证券市场转入熊市或操作失误,信用交易者就会遭受巨大的亏损。同时证券公司也因此无法追回巨额款项,最终受损失的是国家的财产、他人的财产及客户本身的利益,严重的还会造成较大的社会震荡。

4. 管理和操作风险

这是指证券公司在动用自有资金或者证券为客户融资融券过程中,由于错误判断市场所引起的风险,即股票上涨误判为下跌融出资金,而股票下跌误判为上涨融出股票。这种风险是由于证券公司研究水平和证券市场复杂多变的特点所造成的,将直接对证券公司的利润产生负面影响。另外,证券公司对信用交易业务的技术系统操作不当,或发生平仓错误等,也可能带来业务操作风险。

5. 市场风险

市场风险是融资融券业务面临的最基本的风险,其主要是指受到政策变化、利率调整等因素的影响而导致市场出现波动和变化,导致价格变动而为证券公司带来的利益损失。

(二) 证券公司开展融资融券业务风险防范措施

1. 根据市场行情调整融资融券比例,建立信用账户预警系统

证券公司应加强对客户信用账户中融资买入和质押股票的了解,并且根据市场趋势调整融资融券的比例。另外,应制定融资融券风险揭示书,详细记录可能发生的各类风险,并对此产生的后果制定相关的免责声明,确定对此风险带来的资金损失的处置方法。同时在风险揭示书的基础上加入预警系统,即当信用证券接近预警价位时提前提示投资者控制风险,将存在连续涨停股票的信用账户加入强烈预警账户。

2. 建立一套严密的资本指标监控系统

监控系统对可用资金进行跟踪监控,防止了因业务量过大导致资金流动性失衡而引发风险的可能。由于流动性风险的发生是基于公司自有资本实力及融资能力上的,因此应扩大证券公司的融资范围,可以建立许可证准入制度,将银行信贷市场与证券市场风险进行有效隔离。建立科学的运作机制与监管体系,扩大证券公司对外融资的范围,提高自有资本的比重和可用资金数量。对于短期拆借资金应尽量回避融券交易,减少业务规模失控的流动性风险。

3. 加强证券公司对投资者的账户管理

首先,根据有关规定,投资者进行融资融券必须向证券公司申请开立实名的"信用证券账户"。其次,我国的融资融券业务采用了国际上通用的二级账户托管体系,重新定义了投资者、证券公司、登记结算公司的关系。但短期内,登记结算制度不会快速转

变为彻底的二级托管模式,两种模式共存状态将持续较长时间。所以要加强转变过程的监管和账户体系的完善度,杜绝二级托管中挪用客户资金的行为。

4. 建立业务防火墙,制定完善的业务管理制度

首先,严格执行监管当局有关融资融券业务主要环节(开户、征信授信、担保品管理、逐日盯市、强制平仓、业务了结)的有关规定,在此基础上,定性和定量审核相结合制定本公司的业务管理制度,明确规定具体业务环节的操作流程,使融资融券的具体操作有章可循。其次,构建业务防火墙,保证融资融券业务与其他业务、融资融券业务前中后台之间、业务经办与业务复核岗位的隔离。证券公司要明确内部职责划分,强调责任意识,加强责任追究。最后,提高业务人员的专业技能和职业素质。

5. 提高抵押证券的定价能力

证券公司提高信用交易中对抵押证券的定价能力也是吸引客户、增加盈利的重要保障。证券公司在确定标的证券和折算率时,在满足客户融资融券需求,增加吸引力的同时,要控制好尺度,减少抵押证券贬值的风险。标的证券范围大、折算率高,对爱好风险的客户具有较大的吸引力,但增加了抵押证券贬值的风险;标的证券范围小、折算率低,减少了抵押证券贬值的风险,但对客户缺乏吸引力。因此,证券公司要深入研究和考察标的证券股价的历史波动幅度、股本规模、总市值与流通市值、流动性、股票持有集中度、经营业绩、交易上市时间等因素,确定合理的证券范围和折算率,从制度上屏蔽业绩差和股权结构过分集中的上市公司,避免股价大起大落而带来风险。

第三节 自营业务

证券自营业务,是指证券经营机构用自己可以自主支配的资金或证券,通过证券市场从事以营利为目的的买卖证券的经营行为。证券自营业务包括自营股票买卖、自营债券买卖、自营基金买卖以及余股承购包销等。投资银行进行的自营业务是一种投资活动,其面临的风险程度大大高于发行承销业务和经纪业务。证券的风险性决定了证券自营业务的风险性,因此自营业务利润高,风险也大。证券自营业务主要给投资银行带来证券交易的差价收益和股利收入等,是投资银行重要的利润来源。

一、证券自营概述

如前所述,投资银行的自营业务是指投资银行以自有资金或所筹集的资金,以自己的名义进行的交易活动,从而获得利润的业务。相较于投资银行的经纪业务,投资银行在自营业务中承担更多的风险,同时获得更高的利润。在经纪业务交易中,投资银行为维持客户关系,避免客户流失,有时会让出部分利润(少数情况投资银行会承担一定损失)给客户,以增加客户对投资银行的信心和激励客户增加交易量。在自营业务中投资银行不需为客户考虑,以自己的利益为目的,交易所得的利润全部归投资银行所有,因

此投资银行在自营业务上会承担更高的风险,但有可能获得更高额的利润。投资银行在自营买卖中,一方面是证券买进者,以自己的名义和资金在二级市场上买进证券;另一方面是证券的卖出者,卖出归自身所有的证券,在此买卖过程中赚取差价或者获得利息、股利等收入。

投资银行要开展证券自营业务,首先要获得主管机构的批准。一般而言,投资银行申请自营业务必须具备下列条件:第一,有足够的货币实收资本金;第二,有熟悉证券自营业务的管理和操作人员;第三,有固定的经营场所和必要的交易设施;第四,符合该国证券主管部门制定的其他条件。

投资银行具备上述条件之后,即可向证券主管部门提交开设证券自营业务的申请,提交申请时同时提交可行性报告、公司章程、会计师事务所的会计报告、律师事务所的法律文书、资产评估公司出具的验资报告、公司主要管理人员情况简介和证券主管部门要求提交的其他文件等。

投资银行获得证券主管部门批准之后就可以开展证券自营业务。在自营过程中,投资银行应该注意到符合下列条件的证券方可进行流通、转让:

(1)必须是公司章程规定的可以转让的各类证券。即投资银行交易的证券是发行公司章程中同意转让的证券,像优先股等转让受到一定限制的股票就不属于证券自营的范畴。

(2)必须是经过证券主管部门批准发行的各类证券。未经证券主管部门批准发行的股票交易是违法的,所以投资银行在进行证券自营业务时交易的必须是合法发行的各类证券。

(3)买卖的证券必须是向社会公开发行的各类有价证券。所谓公开发行,也称公募,是与私募相对应的一个概念,是指证券向社会不特定的投资者发行,投资银行从事证券自营时可以交易的是这类证券,如公开发行的普通股、国库券、金融债券、公司债券等,而公司定向募集即私募所发行的证券则不可以在证券市场上公开交易。

(4)交易的证券必须是已经发行的证券。投资银行从事证券自营业务所交易的证券必须是已经发行的证券,也就是说某种证券的交易日必定要晚于其获准发行日。

二、投资银行从事证券自营业务的种类与原则

(一) 种类

投资银行的自营业务,一般分成两种情况:一是柜台式自营买卖,也称店头交易;二是交易所式自营买卖。柜台式自营买卖是指投资银行经其按一定标准指定的证券买卖价格直接与投资者进行相对应的证券交易行为,一般就是通常所讲的做市商业务,我们将在第四节中加以详尽的阐述;交易所式自营买卖是指投资银行以自己的名义在交易所内买卖有价证券的行为。

(二) 原则

证券自营业务是投资银行的重要业务之一,也是投资银行风险较大但是收益水平

也较高的业务形式。在从事证券自营的时候,投资银行必须遵循一定的原则。

1. 客户委托优先原则

投资银行在从事证券自营业务时,往往兼营证券经纪业务。鉴于投资银行有便捷的信息来源和下达交易指令的直接性(因为往往从事证券自营的证券公司同时是交易所的会员),所以为了公平起见,投资银行与客户同时以同一价格申报对某一证券的买卖指令时,客户委托的买卖应当优先成交,即是客户委托的经纪买卖优先于自营买卖。

2. 投资银行在从事证券自营业务时不能纯粹以营利为目的

投资银行在从事证券自营业务时,不得为了营利而违反《证券法》等法律法规的有关规定,如不能为了营利目的而"追涨杀跌"、联手操纵股价等。另外,投资银行还有接受证券主管部门要求充当某一只或几只股票的"做市商",临时创造市场以维持股价的平稳走势的义务,即证券自营商有维护市场连续性和稳定性的义务。综上,投资银行在从事证券自营业务时,不仅要考虑自己的经济利益,还要兼顾社会效益。

3. 公开交易原则

投资银行在从事证券自营交易时必须遵循公开原则,即坚持价格公开、数量公开、交易过程公开并表明自己从事的是证券自营业务,以避免内幕交易的产生。

4. 保持合理的流动性资产

应该说,自营业务是一项风险较大的业务,市场中因自营失败而遭受重挫的投资银行案例数不胜数。为了健全投资银行的财务管理,降低经营风险,许多国家对投资银行的资金运营比例都有较为严格的限制。

5. 价格制定原则

价格制定原则规定价格制定的时间、权限、变动程序等。一般情况下,证券自营买卖价格在每日营业开始前,由有权制定价格的人员初步商定,经主管负责人批准。买卖价一经制定,任何人在任何情况下都不能擅自变更。

6. 事后监督原则

自营买卖结束之后,投资银行应当进行事后监督工作,如审查证券买卖的合法性、证券买卖的真实性、买卖核算的准确性等内容。实际上就是通常所说的总结工作,即投资银行对前期工作情况做一回顾,以利于接下来工作的展开。

三、证券自营业务特点

(一)自主性

自营实际上是自主经营,投资银行从事证券自营时势必也会遵循这一原则。投资银行自营业务的自主性主要表现在:① 交易行为的自主性。投资银行可以自主决定是否参与交易以及参与交易时的交易品种、交易价格、时机、数量等因素。② 交易方式的自主性。投资银行可以自行决定参与柜台交易还是交易所交易,是买进证券还是卖出证券等。③ 交易价格的自主性。除非投资银行接受证券主管部门维持市场价格稳定的要求,否则投资银行可以在涨跌幅限制范围内自行决定交易的价格。

(二) 收益性

投资银行从事证券的承销、经纪业务时,如果市场反应比较正常,那么投资银行所获得的收益基本上也是稳定和可预测的。投资银行从事证券自营业务时,如果操作得当,获得较高的买卖差价和股利、利息收入是可能的,一般回报率是比较高的。

(三) 风险性

风险和收益一般是对应的,高收益往往对应着较大的风险。投资银行从事证券自营业务时,交易的品种、时机、数量、价格都会直接影响到其收益水平。在自行决定投资决策时,不仅要求有很高的投资分析能力,还要求有对付市场突发行情的敏锐的洞察力和处理能力,这绝非一般人所能做到。投资决策的失误,如投资组合的不尽合理、交易时机的选择不当等都可能给投资银行带来严重的甚至是致命性的打击,故而投资银行在从事证券自营业务时风险较大。

(四) 专业化

证券公司出于规避风险的需要,较之其他证券交易对手更倾向于使用专业投资人才进行投资决策,并且多以跨投资行业、跨投资品种的组合出现。这一方面由于其投资规模更加庞大、投资策略更为稳健,客观上需要更加稳健科学地配置资产;另一方面,作为证券市场重要的机构参与者,证券公司可以吸引到业内最顶尖的投资顾问,获取高素质投资人才的便利性更强。

四、投资银行证券自营的投资决策

投资银行在从事证券自营时,有一个投资决策的过程。与普通的投资决策相类似,投资银行的证券自营投资决策分三个层次开展:宏观的经济分析;中观的行业分析;微观的上市公司分析。

(一) 证券投资的宏观经济分析

股票市场是一国经济的"晴雨表",是一国宏观经济走势的先行指标。事实上,经济运行的波动从经济活动的本质性因素的角度,决定了股票市场价格水平和交易活动的波动。

投资银行在从事证券自营业务时,由于资金量比较雄厚,所以选股的数目也比较多,投资银行就必须重视大盘的走势。由于决定大盘走势的宏观经济因素很多,所以投资银行在做出投资决策时,首先要对宏观经济形势加以分析。

影响一国证券市场的基本经济因素如下。

1. 利率水平

利率代表的是资金的价格,可以作为证券投资收益率的参照,所以利率对于股价的影响是比较大的。利率直接作用于投资者要求的收益率,进而决定投资者对股票价值的判断;同时通过影响公司的借贷成本,决定公司的融资结构和股利发放的多少等。

2. 通货膨胀

在通货膨胀率不是很高的时候,股票是较为有效的抗通胀的金融工具,所以这时可以选择股票投资;但是当通货膨胀率过高时,投资者将转向更能保值的物品的投资,如将股市的资金抽出购买黄金等。

3. 货币供应量

货币供应量增加时,股市中的资金量相应增加,对股票的需求增加,进而导致股票价格的上升;货币供应量下降时,情况则正好相反。

4. 经济增长

一国的经济如果能够保持稳定的增长,那么该国的工商企业将在总体上获得较高的利润水平,股票价格也会相应上涨,对一国的股票市场显然是有利的;如果一国经济走势疲软,那么股票市场的表现一般也相应比较差。

另外,一国的财政收支状况、汇率变动、国际收支状况等因素对股市都会有所影响,都是投资银行做出投资决策前应该分析的。

(二) 证券投资的行业分析

进行了总体宏观经济分析后,投资银行要分析的是不同行业的状况,把握各个行业的现状和发展前景,为后一步具体选择某一家或者某几家上市公司打下基础。

在对行业进行分类之后,投资银行首先要对行业的生命周期加以分析。行业的生命周期一般可以分成四个阶段:初创期、成长期、成熟期、衰退期。在不同时期公司的表现是不一样的,如表 4-9 所示。

表 4-9　行业生命周期特征

所处阶段	初创期	成长期	成熟期	衰退期
公司数量	少	增加	减少	少
利润	亏损	增加	高	减少→亏损
风险	高	高	降低	低

一般而言,投资于初创期的行业风险很大,而且由于初期投资、研发费用等尚未收回,经营规模较小,分摊在每个产品上的管理费用、销售费用等比较高,所以行业整体是亏损的。另外,由于市场风云变幻,很难把握,所以经营风险也相当高。处于成长期的行业一般具有一定的规模和市场控制能力,竞争能力较强,前期的投资逐渐收回,利润水平提高,但是市场的不确定性依然存在,所以经营的风险还是比较大的。处于成熟期的行业,产品工艺已经成熟、竞争力很强,市场控制力也很强,竞争对手数量减少,所以基本上是在高收益、低风险的情况下经营。而处于衰退期的行业,其产品工艺已经落后,设备老化,产品被淘汰趋势很强,厂商考虑退出,一般盈利水平比较低。但是,因为厂商数目减少,经营稳定性增强,是在低风险、低收益的水平上徘徊。从盈利性和稳定性的角度看,投资银行一般青睐于投资成长期和成熟期的行业中的上市公司。

行业的商业周期影响度也是决策时应当考虑的因素。所谓行业的商业周期影响度是指经济运行的周期波动对不同行业的影响程度。主要可以分为三类:一是与商业周期密切相关的行业,称为周期型行业,如服务消费业、耐用消费品制造业、建筑业等;二是与商业周期波动联系不大的行业,称为稳定型行业,如食品业、公共事业等;三是虽与商业周期波动有一定的相关性,但行业在总体上不断扩张,称为增长型行业,如家用电器、计算机等行业。

最后,投资银行还应该分析行业所处的竞争状况。行业按其竞争状况基本上可以分为四类:完全竞争、垄断竞争、寡头垄断、完全垄断。各类竞争状况的行业的盈利能力和股价走势是不同的,所以投资银行在投资于不同的竞争状况行业的公司时,收益率有很大差别,所面临的风险也完全不同。例如,完全垄断、寡头垄断行业的企业就有较好的投资效果。

(三) 证券投资的上市公司分析

投资银行应该从选定的行业中选出资本雄厚、技术水平先进、经营状况好、盈利比较多的公司的股票,即以绩优股或成长股作为投资对象。这一分析主要是从上市公司公布的财务状况来进行的。上市公司有义务定期披露其财务报表和相关的财务信息,投资银行可以据此对上市公司进行财务分析。财务分析一般选择上市公司的资产负债表、损益表和现金流量表或者财务状况变动表,可以进行纵向对比,即公司各年财务报表的比较;也可以进行横向对比,分析公司在同行业中的经营状况、盈利能力和成长水平。在这个过程中,往往要用到财务比率分析。财务比率分析法应用的主要指标如下:

1. 偿债能力分析

偿债比率亦称"变现力比率分析"。常用的指标如下:

(1) 流动比率。

$$流动比率 = \frac{公司流动资产}{公司流动负债}$$

其中,公司流动资产包括现金、短期投资、有价证券等;公司流动负债包括短期借款、应付票据、应付账款等。流动比率这一指标是衡量企业短期借债能力最常用的指标,表明在相应的偿债期限内,可转换为现金的资产足以抵补短期债权人索赔要求的程度。这个指标一般应当大于2。

(2) 速动比率。

$$速动比率 = \frac{公司速动资产}{公司流动负债}$$

其中公司速动资产等于流动资产减去存货。速动比率是表明公司在不依靠变卖存货的情况下,偿付短期债务的能力。这个指标一般应当大于1。

(3) 应收账款周转率和周转天数。

$$应收账款周转率(次) = \frac{赊销净额(或销货净额)}{应收账款平均余额}$$

$$应收账款回收期（天）=\frac{365（360）天}{应收账款周转率}$$

$$应收账款周转天数=\frac{应收账款平均余额}{年销货净额\div360}$$

（4）利息支付倍数。

$$利息支付倍数=\frac{税后利润＋利息费用}{利息费用}$$

该倍数是指企业每期获得的纯利与所支付的固定利息费用的倍数关系，用以测验企业新获得的纯利支付利息费用的能力。倍数越高说明债权人每期可收到的利息越有保障。

2. 资本结构分析

（1）股东权益比率也称净值比率，是指股东权益总额对总资产的比例关系。计算公式是：

$$股东权益比率=\frac{股东权益总额}{资产总额}$$

（2）负债比率。

$$负债比率=\frac{负债总额}{公司资产总额（股东权益）}$$

负债比率说明对债权人债权的保障程度。在实际操作中可以进行同行业比较。

（3）长期负债与资本化比率。

$$长期负债与资本化比率=\frac{长期负债}{长期负债＋股东权益}$$

该比率越高，表明企业未来支付固定利息及长期债务本金的能力越差。

（4）股东权益与固定资产比率。

$$股东权益与固定资产比率=\frac{股东权益}{固定资产}$$

该比率表示公司固定资产中有多大的份额是用自有资本购置的。比率越高，说明公司不存在固定资产过分膨胀的现象，公司的财务结构也就较为稳健。一般认为，该比率最好大于1。

3. 经营效率分析

（1）存货周转率和存货周转天数。

$$存货周转率=\frac{销售成本}{（期初存货＋期末存货）\div2}$$

$$存货周转天数 = \frac{365}{存货周转率}$$

这两个指标是用来衡量公司销货能力的强弱。

（2）总资产周转率。

$$总资产周转率 = \frac{销售收入}{资产总额}$$

这个指标反映了公司使用其资源生产商品或收入的相对比率，用来衡量公司总资产是否得到充分利用，比率越高，表明资产周转速度越快，总资产利用的效率也就越高。

（3）股东权益周转率。

$$股东权益周转率 = \frac{销售收入}{股东权益净值} = \frac{销售收入}{（期初股东权益＋期末股东权益）÷2}$$

这个指标衡量资本的营业活动能力。比率越高，表明自有资本运用的效率越高，但过高的比率表明公司对外借债过多，过分举债经营。

（4）主营业务收入增长率。

主营业务收入，是指企业主要经营的业务的收入。主营业务收入增长比率越高，说明公司的经营越稳定。

4. 盈利能力分析

（1）毛利率。

$$毛利率 = \frac{销售毛利}{销售收入} = \frac{销售收入－销售成本}{销售收入}$$

（2）净利率。

$$净利率 = \frac{税后利润}{销售收入}$$

净利率比较准确地反映了公司通过销售赚取利润的能力。

（3）资产收益率。

$$资产收益率 = \frac{税后利润}{平均资产总额}$$

资产收益率是用以衡量公司运用所有投资资源所获经营成效的指标，该比率越高，表明公司越善于运用资产；反之，则资产利用效果越差。

（4）股东权益收益率。

$$股东权益收益率 = \frac{税后利润－优先股股息}{股东权益}$$

该指标反映普通股资本的净盈利能力，用以说明投资者委托某公司管理人员应用其资金所能获得的投资报酬率，还可以检测公司产品利润的大小及销售收入的高低。

（5）主营业务利润率。

主营业务利润率表明公司获利的稳定程度，主营业务利润率高，表明公司的盈利比较稳定；如果低，则表明其盈利并不稳定，投资风险大。

5. 投资收益分析

（1）普通股每股净收益。

$$普通股每股净收益 = \frac{税后利润 - 优先股股息}{普通股股数}$$

每股净收益也称每股盈利，是税后利润减去优先股股息后与已经发行普通股股数之间的比率。通过这个指标，投资者不但可以了解公司的获利能力，还可以通过每股盈利的大小来预测每股股息和股息增长率，并据以决定每一普通股的内在价值。

（2）股息发放率。

$$股息发放率 = \frac{普通股每股股利}{普通股每股净收益}$$

股息发放率是指分派的现金股利与普通股应得利益之比，反映公司的股利政策。股息发放率与企业的类型有很大关系，发展中企业常将部分利润留备扩充业务之用，则股息发放率较低；而已经进入成熟期的企业，往往有较高的股息发放率。一般而言，企业利润的再投资有利于提高企业未来的获利能力，但也有不少投资者对现金股息更感兴趣。这主要是一个当前收益和长远收益的权衡问题。

（3）股利报酬率。

$$股利报酬率 = \frac{普通股每股股利}{普通股每股市价}$$

一般来说，股票投资的股利报酬率，受利率水平变动的影响较大，利率高，股利报酬率也高；反之亦然。股利报酬率对于谋求最高股利的投资者是很重要的指标。

（4）本利比、获利率。

$$本利比 = \frac{每股市价}{本期每股股利}$$

$$获利率 = \frac{本期每股股利}{每股市价}$$

获利率表示单位股票投资额所能带来的盈利水平。预期股利不变时，获利率与股价成反方向变动，因此可以用以判断股价的走势。

（5）市盈率。

$$市盈率 = \frac{股票市场价格}{每股盈利额}$$

市盈率又称本利比或者价格盈利比,市盈率有时也称 PE 值。市盈率是投资分析中极为重要的指标,可以反映出投资者预期公司未来盈利成长的状况与股票价格的对应关系。由于市盈率是用盈利除以市价所得的倍数,它告知人们该公司需要多少年的盈利才能达到目前的市价,这个年份一般称为"翻本期"。因此,市盈率越高,翻本期越长。从投资者角度一般会选择翻本期较短的公司。一般地,应该买入市盈率较低的股票而卖出市盈率较高的股票。但是,市盈率往往反映公司是否被投资者看好,所以很难简单地讲市盈率是高好还是低好。

(6) 投资收益比率。

$$投资收益比率 = \frac{净收入}{资产总值}$$

该指标反映投入资本所能赚取净盈利的能力。

(7) 每股净资产。

$$每股净资产 = \frac{股动权益 - 优先股股本}{已发行普通股股数}$$

每股净资产又称普通股账面价值,反映了普通股股东所拥有的资产价值,是股票市场价格中有实物资产作为支持的部分。将每股账面价值和每股票面价值相比较,可以看出公司经营状况的好坏。通常经营状况良好、财务健全的公司,其每股净资产必然高于每股票面价值;如果每股净资产逐年提高,表明公司的资本结构越来越健全。当然,需要说明的是,每股账面价值仅仅表明股东所持有的公司每股股票的价值,并不真正表示股东所能取得的价值。

(8) 净资产倍率。

$$某种股票的净资产倍率 = \frac{该股票每股当日市场平均价格}{该股票发行公司上年每股纯资产量}$$

该指标可以用来衡量股票价格水平的合理性及股票实际价值的高低。股票净资产倍率的合理水平并没有特定标准。一般认为,股份为每股净投资产量的两倍左右比较适宜。

上面列举了一系列用于分析公司经营状况尤其是财务状况的指标,这只是众多财务指标中的一部分,根据投资银行的投资目的可以再选用其他的指标。

在进行了宏观经济、行业和微观的企业基本面分析之后,投资银行往往还会进行技术分析,以决定买卖的证券种类以及买卖时机。所谓技术分析,就是直接从证券市场的供求关系入手,以证券价格的动态和规律性为主要研究对象,结合对证券交易数量和投资心理等市场因素的分析,选择最佳投资机会及方式,获取证券的短期收益。技术分析的方法和指标体系非常复杂,而且在不断创新。

结合基本面分析和技术面分析,投资银行自营业务就有据可依,就可以开始制订自己的投资计划。投资计划的制订宗旨是寻求风险和收益的最佳结合点。制订投资计划的方法很多,其中最为重要的是趋势投资计划和公式投资计划。

6. 趋势投资计划

趋势投资计划,是指投资者根据市场变化的大体趋势来制订投资计划的方法。其基本前提是认为一种趋势一经形成就将持续一段很长的时间。趋势一旦形成,投资者需要继续保持地位(即持股的情况),等到某一种讯号发生,表示趋势已经改变,方才改变地位。趋势投资计划中,最为有名的是道·琼斯理论和哈奇计划。

(1)道·琼斯理论。

该理论旨在探求市场主要的上升和下降趋势,而不去预测这种趋势波动的具体时间和程度。基本假设是股票平均价格指数是众多投资者从事投资活动的综合反映,不考虑任何可能影响股票供求关系的重要经济和金融因素。

按照这种理论,股票的波动有三种形式:一是基本波动趋势,持续时间较长,反映股价的基本走势,为长期投资者所关注;二是次要波动趋势,持续时间为三周到三个月,为短期投资者感兴趣,可以从中获得短期的利润;三是日常波动,重要性比较小,不便作为趋势分析的对象。

道·琼斯理论过于简单,所以也存在很多考虑不周的地方,比如过于重视长期分析,而忽视了中短期投资分析,理论的可测定性比较差等。

(2)哈奇计划。

哈奇计划是趋势投资计划的典型代表,含有高度的机械性、简单性和肯定性。该计划创始人哈奇将所购进的股票在每个周末计算平均数,再计算每月的平均数,如果较上一次最高点下跌了 10%,就将股票全部卖出,卖出的股票从最低点回升 10% 后再买回,哈奇这种方法是长期股票投资的方法,不是过多的考虑市场短期的波动。在他实施这种计划的 53 年(1882—1936)中,哈奇只改变地位 44 次,但是资产从 10 万美元增至 1 440 万美元。

7. 公式投资计划

公式投资计划,是指投资者可以根据公式来制订投资计划的方法。它根据股票价格水准来做出买卖的决定,不再预测股市的走势,而是在把握走势的基础上利用股价波动来获取投资报酬。公式计划种类很多,现在主要介绍最简单的一种——等级投资计划。

等级投资计划下,当投资人选择普通股为投资对象的时候,采取这种计划的第一步是确定股票变动的等级,如上升或下跌 1 元、2 元、3 元为一个等级,股价每上升一个等级就出售一个单位数量的股票;每下降一个等级就买入一个单位数量的股票。这样投资者就可以使他的平均购买成本低于平均出售价格。

除了等级计划之外,公式投资计划还有常数投资计划、固定比率投资计划、变动比率投资计划、投资资金成本平均计划等多种方法。

五、投资银行从事证券自营业务风险及其控制

(一) 投资银行自营业务风险

1. 交易方式风险

与一般投资相同,自营业务的交易方式风险主要有现金交易风险和保证金交易风险(又称信用交易风险)。一般地说,现金交易风险较小而保证金交易风险较大。

2. 决策风险

决策风险是指投资银行在自营业务中,对投资目标、投资时机、投资对象、投资组合、操作策略以及与此相关的规章、制度的决定和选择做出错误的判断,引起投资决策或操作失误,导致管理不善或内控不严而使自营业务受到的损失。

3. 经营管理风险

证券自营的经营管理风险是指证券经营机构在证券自营买卖过程中因主观的经营水平不高、管理不善所带来的损失。

4. 市场风险

市场风险主要是指因不可预见和控制的因素导致市场波动,使证券价格变得变幻莫测而造成一定风险,甚至导致投资银行自营亏损。这是投资银行自营业务面临的主要风险。所谓自营业务的风险性或高风险特点也主要是指这种风险。

5. 企业风险

上市公司和债券发行企业由于各种原因影响,导致其经营业绩下降甚至破产而给投资者带来的损失。

6. 法律风险

法律风险主要是指投资银行在自营业务中违反法律法规和中国证监会的有关规定,如从事内幕交易、操纵市场行为等,使投资银行受到法律制裁而导致的损失。

7. 利率风险

利率的升降影响了股价,也由此决定了投资者投资风险的大小。

8. 流动性风险

流动性风险是指将持有的证券出售变卖以取得现金的速度快慢、难易而带来的风险。

(二) 投资银行自营业务的风险控制

1. 建立健全证券公司自营业务的风险管理制度,提高全员风险意识

建立证券公司自营业务的全面风险管理制度,也是为了实现在自营业务的管理过程中有据可依,同时也可以将其从执行层面提升到证券公司的战略管理层面,让全体员工对自营业务风险管理引起重视。针对证券公司自营业务的风险管理现状,根据需求

设置专门服务于自营业务的风险管理组织,可以为自营业务人员在推进自营业务的过程中,遇到某些紧急情况时,能够根据制度要求及专业组织的指导找到解决的方法,使证券公司能够真正做到事前预防、事中监管和事后及时有效处理。

2. 加强对集体决策和监管的重视

决策风险在证券公司自营业务内部风险管理中尤其重要,针对高风险的自营业务,集体决策是最有效的策略选择,也是证券公司自营业务内部风险管控的最佳选择。当然,也不能缺少有效的内部监管。虽然证券公司有合规与风险控制部,但在实际工作中,避免不了为了高收益而打擦边球,在一定程度上忽略了监管,很多自营业务的开展也只有在风险发生时或发生后,作为事后管理来处理。风险的管控应该是全方位无死角的,可以通过常态化的指导支持、日常化无遗漏的内部监管来督促完成。

3. 优化证券公司自营业务的资产配置及交易方式

操作中可能发生操作失误,这就要求证券公司运用信息技术手段准确选择交易方式、优化资产配置。资产配置不仅要考虑证券公司整体业务的比例合理与平衡,也应该重视对自营业务内部各种类型资产的配比是否健康平衡,可以适当提高自营业务中收益比较稳定的业务(如债券等)比例,根据市场实际情况适时调整资产比例的配置,以平衡风险。通过合理的自营业务资产配置,降低对于自营业务的影响较大的市场风险和利率风险,实现证券公司自营业务的稳定收益。

4. 加强对证券公司自营业务的内部审计和信息披露

为了有效地防范证券公司自营业务中存在的风险,证券公司应该按照有关法律法规的要求,对自营业务进行内部审计。除了日常稽核部门的稽查,还应建立专门的自营业务审计组织对其业务进行有针对性的监督。结合不同的风险点综合考虑风险产生的根本原因,建立有效的审计评价考核制度,有据可依,可以更好、更有效地开展内部审计活动。证券公司建立的信息披露制度,除了规定常规的信息披露,还应起到积极主动配合监管部门披露自营业务信息的作用,对自营业务部分的信息披露可以进一步细化和明确。完善信息披露制度还需要明确证券公司信息披露中信息传递是否顺畅、信息反馈是否及时有效,明确信息披露要求的内容、时间及流程等基本信息。

第四节　做市商业务

从证券市场发展的历史来看,做市商与证券经纪人几乎是同时产生的。证券经纪人自己不买卖证券,只为他们的客户执行交易;做市商不直接与投资者交易,而是用自己的库存与证券经纪人交易,并通过买卖差价弥补风险损失和获取收益。证券经纪人也愿意支付这一差价以节约其寻找交易的成本。

一、做市商制度的概念

证券市场的核心之一是交易制度,即直接或间接将买卖双方的委托撮合成交的方式。依照价格形成方式的不同,交易制度分为竞价交易制度和做市商制度两种。

竞价交易制度也称指令驱动(Order-driver)交易制度、委托驱动交易制度,是指买卖双方将委托交给各自的代理经纪人,再由经纪人经各种渠道呈交到交易中心。在汇总所有交易委托的基础上,市场的交易中心以买卖双向价格为基准实行撮合,完成交易。证券交易价格的形成是由买卖双方直接决定的,投资者交易的对象是其他的投资者,其主要特点是严格遵循价格优先、时间优先的原则。我国证券市场目前采用的就是这种制度。

做市商制度,即所谓的报价驱动(Quotes Driver)交易制度,主要特点是存在拥有优先地位的做市商(Market Maker),以做市商为中心,由做市商在一定监管体系下,持有股票或其他规定的证券,并以此承诺维持这些股票和证券双向买卖的一种交易制度。

做市商制度来源于柜台市场组织方式,是由英国的股票批发商发展而来的。在股票市场发展早期,由于缺乏统一的市场,拥有大量某种股票的投资银行就制定了一个买入卖出价格,承诺按此价格进行该股票的大宗批发交易,这就是做市商的雏形。一般情况下,在柜台市场组织证券交易的投资银行就是做市商。在这种交易中,投资银行通常先垫付一笔资金建立某种股票的足够库存,并承诺维持这些证券买卖的双向交易,然后挂出牌价。投资者根据做市商的报价买卖一定数量的证券,做市商则通过买卖差价来赚取利润。做市商这种用自己的资金为卖而买和为买而卖的方式连接买卖双方,组织市场活动的交易制度被称为"做市商制度"。

做市商是不同于证券经纪商和普通证券自营商的一个市场参与主体。证券自营商只是接受客户下达的买卖指令并代为传递,完成成交清算交割等一系列工作,充当的只是一个中介人的角色,简化交易程序,并在此过程中获得佣金收入。而普通的证券自营商是以公众投资者的身份参加证券交易,所获取的是交易中的买卖差价。做市商必须在接到公众投资者的买单和卖单前报出卖价和买价,公众投资者是在做市商报出价格后才下买单或卖单,它们所赚取的是做市的佣金和做市时证券的买卖差价,其中后者是主要的。

做市商制度首创于 1971 年的美国 NASDAQ(The National Association of Securities Dealers Automated Quotations)市场,经过五十多年的发展已经日臻完善。美国 NASDAQ 市场的实际运作,也证明了做市商制度在维持股票市场短期均衡和价格走势的连续性、稳定性方面有着不可比拟的优势。做市商制度已经成了各国证券市场争相仿效的制度。

二、国际资本市场做市商的运行机制

国际资本市场的做市商制度中,资格审查、义务要求和行为监管,构成了一个完整的做市商制度的运行机制。[①]

---

① 李学峰:"国际资本市场中做市商制度的运行机制",《济南金融》,2006 年第 12 期。

（一）做市商制度的资格审查

国际上，不是所有的市场主体或投资银行都可以自动成为做市商，而是必须满足一定的资格要求、通过相应的审查程序。

1. NYSE 和 NASDAQ 市场对做市商的资格要求

在 NYSE，做市商称为特约经纪人，其主要特点是一只证券只能由一个做市商来负责做市，特约经纪人是该只证券唯一一个可以根据市场状况使用自己账户进行报价的交易商，因此也被称为垄断做市商。而 NASDAQ 的做市商则是多个做市商，即一只证券通常应由多个做市商做市。按照全美投资银行协会（NASD）规定，在 NASDAQ 上市的每只证券至少要有两家做市商（目前平均每只证券有 10 家做市商，一些交易活跃的股票有 40 家或更多的做市商）。

按照美国《1934 年证券交易法》相关规定，投资银行必须在 SEC 注册登记，这是成为做市商的基本资格条件。但具体资格上，垄断做市商要求其必须具有 NYSE 的专业会员资格，且要求专业会员的最低资本金为 100 万美元。按照 SEC 和 NASD 制定的规章制度和相关市场规则，要成为 NASDAQ 的做市商，必须满足以下资格要求：① 做市商必须是 NASD 的会员，经申请注册，获授权或批准，从而取得做市商的资格；② 坚持达到特定的记录保存和财务责任的标准；③ 必须先建立一个股票选择委员会，其中包括研究、交易和销售三个方面的代表；④ 必须满足一定的财务要求且满足一定的资本量水平；⑤ 有能力维持其"做市"证券的充分流动性，主要指标有维持最佳递盘价和发盘价的时间差、单个交易者进出差价与平均交易者进出差价的比例关系、交易者在报价更新之前或之后三分钟内（在没有相关证券交易的情况下）更新报价的频率。[①] 对已经在 NASDAQ 上市的证券，其他 NASDAQ 的做市商可以通过 NASDAQ 终端提出注册申请，注册主持该证券而成为该证券的做市商。

2. 其他市场对做市商资格的要求

2000 年 3 月，巴黎证券交易所、阿姆斯特丹证券交易所和布鲁塞尔证券交易所宣布合并，成立了一个跨境、单一货币的泛欧股票和衍生交易市场——Eur one xt。Eur one xt 的做市商资格特点在于：首先，该市场的做市商称为流动性提供者，分为常设流动性提供者、波动性流动性提供者和竞价市场流动性提供者。其次，流动性提供者由上市公司自行决定再由交易所任命，同时交易所会对流动性提供者定期进行评估。再次，Eur one xt 市场的流动性提供者没有任何交易特权，但交易所免去与流动性提供者报价有关的交易费用。

伦敦证券交易所（London Stock Exchange，LSE）于 1986 年实施名为"大爆炸"的重大改革时引入了做市商制度。想要成为 LSE 的注册做市商（Registered Market Makers），必须符合一定的条件，其中最为重要的是获得相应的主管机关——金融服务管理局（Financial Services Authority）的批准。在注册后，做市商在随后的三个月内不

---

① 程宗璋："做市商制度差别"，《资本市场》，2002 年第 10 期。

得退出;而一旦退出,则在随后三个月内不得重新注册成为注册做市商。

我国台湾兴柜市场将做市商称为推荐投资银行。其对成为推荐投资银行的资格要求是:投资银行可以于发行人的股票开始柜台交易届满一个月以后,同时该投资银行持有发行人股票3万股以上,即书面申请加入为该股票的推荐投资银行,系统执行委员会根据申请人的资本额、过去在系统内的交易业绩以及执行系统管理制度情况等,审定是否批准其为做市商;同时,欲成为推荐投资银行的申请人还应按照交易所的主机性能配置相应的终端硬件和软件,并应制定一套风险管理制度和完整的"内部作业办法"。

(二) 做市商制度的义务要求

NASDAQ 做市商的义务是:必须随时准备用自己的账户买卖其所负责的股票,并有义务持续报出其对该股票的买卖价格;必须恪守自己的报价,必须在其报价下执行1 000股以上的买卖定单;其报价必须与市场价格一致,买卖价差必须保持在规定的最大限额之内。

NYSE 的做市商的义务除了上述之外,还有责任保持市场公平有序。具体义务有: ① 保持价格的连续性。当股票价格变化太快时,经常会使投资者做出错误决策。作为特许交易商,有责任避免价格大幅度跳跃。如当下一个成交价比前一个价格有很大下跌时,做市商有义务在中间下一个买单,以稳定价格。② 保持市场活跃。当一个市价订单下到交易所时,如果在一定时间内找不到和它匹配的买单或卖单,做市商有义务接下这个单子。③ 保持价格稳定。如果买单暂时大于卖单,做市商有义务用自己的账户卖出;反之则要买入。当价格出现持续下跌时,做市商有义务以等于或高于前笔交易的价格卖出;反之则有义务以低于或等于前笔交易的价格买入。④ 其他义务,包括大额交易、散股交易、卖空交易等。

由于 Eur one xt 市场的做市商分为常设流动性提供者、波动性流动性提供者和竞价市场流动性提供者,因此其所谓报价必须符合 Eur one xt 有关最低价差和数量等参数的规定,也分为不同的情况:常设流动性提供者的报价数量(金额)不得低于1万欧元,报价差不得大于4%;对那些流动性非常高的证券(根据交易量判断),最小报价金额可增大为2万或10万欧元,最大报价差不得超过3%。波动性流动性提供者的报价金额不得低于15 000欧元,最大报价差为3%。竞价市场流动性提供者的最低报价金额为5 000欧元,最大报价差为4%。此外,Eur one xt 的《流动性提供协议》中还规定了流动性提供者为履行报价义务的每日最高交易数量,流动性提供者交易计划,最高价差规定与每次报价最低数量限制以及因履行报价义务所产生交易的收费计划等要求。

在 LSE 市场上,对做市商义务的要求是报价更新义务。所谓报价更新义务,是指在单边或者双边的委托都被全部执行、撤销或者过期的情况下,或者在改变报价价格时,做市商都必须更新单边或者双边的报价。在更新时,做市商必须保证所显示的报价等于最小提交指令规模。这里的最小提交指令规模相当于正常市场规模的25%。

(三) 做市商的行为监管

美国证监会于1994年秋对纳斯达克市场的做市商展开了正式调查。调查结果表明,做市商在最小报价档位限制、报价数量限制、信息交换、成交报告的及时上报等方面都出现了违规行为。之后美国证监会又对 1999 年至 2003 年间纽约证券交易所的专家公司(做市商)的交易行为进行了全面调查,发现专家公司存在以下三类违规行为: ① 抢在客户指令前交易,即为了获得一个更好的成交价格,专家公司不顾客户已经提交的指令而抢在客户指令之前为自己的账户进行交易。② "插队交易"(Inter Position),或者称为抢得价差交易(Penny Jumping),即专家公司在两个交易单中间介入,抢先获得价差优势。③ "冻结"(Freezing),即将其他的委托指令搁置起来使之不能成交,以便专家公司自己能够进行第一个交易。正是在上述背景下,美国证监会推出了新的委托处理规则 OHR(Order Handling Rules),并开始逐步建立针对做市商行为的监管,使做市商制度运行机制中的最后环节——事后监管得以完善,形成了监控、检查和处罚三位一体的监管模式和监管系统。所谓事后的行为监管,即调查与核实做市商的做市行为是否符合"三公"原则,是否履行了做市商的义务,并对违约行为进行处罚。在 NASDAQ,实施上述监管的职能部门是市场监管部,该部门又下设不同的小组,如报价遵守小组、交易行为小组、交易分析小组、委托执行小组、市场公平小组、交易与做市检查小组、客户投诉小组和法律小组。各小组之间不仅分工明确,而且互相紧密配合,保证了对做市商行为的实时监控。

三、做市商制度的优缺点

(一) 做市商制度的优点

1. 做市商制度有利于保持市场的流动性

做市商承担做市所需的资金,以随时应付任何买卖,活跃市场。买卖双方不必等到对方出现,只要由做市商出面,承担另一方的责任,交易就可以进行。因此,保证了市场进行不间断的交易活动,这对于市值较低、交易次数较少的证券尤为重要。市场的流动性之所以作为一个重要的条件,主要是因为股市的根本作用是给投资者提供转让股票转移风险的机会。如果由于缺乏流动性使委托不能成交,那么股市就失去了存在的必要。增加市场流动性的目标可以通过以下几种途径实现:一是通过全自动的电子竞价交易;二是将交易活动集中,如采用做市商制度。竞价交易的适用范围是已经存在相当大的市场容量和空间,当股票交易量小时,由于供求不足,成交会非常困难。在这种情况下,做市商交易制度有相对优势:做市商使用自己的资本从投资者手中买进股票,为其提供流动性。国内外证券市场发展的历史证明,流动性是一个市场是否有效和稳定的根本性要素,也是高新技术板块市场健康发展的关键。

2. 有效稳定市场,促进市场平衡运行

根据相关法律法规以及有关行业自律组织的要求,做市商除了具有相关特权的,还有责任在股价暴涨暴跌时参与做市,从而有利于遏制过度投机,起到市场"稳定器"的作用。此外,做市商之间的竞争也在很大程度上保证了市场的稳定。比如,在 NASDAQ 市场上市的公司股票,最少要有 2 家以上的做市商为其股票报价,而一些规模较大、交

易较为活跃的公司股票的做市商往往达到 40 多家。平均来看，NASDAQ 市场每一种证券有 12 家做市商。这样一来，市场的信息不对称问题就会得到很大的缓解，个别的机构投资者很难通过操纵市场来牟取暴利，市场的投机性就会大大减少，并减少了传统交易方式中所谓庄家暗中操纵股价的现象。

3. 做市商制度能够增加市场的透明度

市场透明度从广义上说是有关上市公司的重要信息向市场公开披露的程度。从狭义上说，它反映有关股票交易信息公开披露的程度，包括交易前的信息透明度和交易后的信息透明度。在不同的交易制度下，信息传递的速度和方式不同，透明度也就不同。电子竞价市场虽然能够适时传播汇总的交易委托和交易报告的信息，但由于所传播的消息本身存在信息上的问题，主要是信息不对称，一部分人在信息上有优势，如上市公司的大股东、经理层以及庄家；另一部分，则是信息的被动、盲目的流动性交易者。这样就使得信息存在事实上的不透明，这也是为什么许多投资者的报价具有较大的盲目性的原因所在。而做市商制度下，虽然没有委托的汇总机制，但由于做市商对市场信息的了解程度远远胜过普通投资者，他们可以对包括上市公司在内的信息来源进行各方面的汇总分析，报出充分反映市场信息的价格，避免了中小投资者报价的盲目性，从而提高了市场的透明度。美国的 NASDAQ 避免了中小投资者报价的盲目性，从而提高了市场的透明度。美国的 NASDAQ 正是因为做市商制度的存在才使得投资者敢于对原本不了解的公司进行投资。当然，这一优势的发挥前提在于做市商的资信的可靠性，否则只会适得其反。

4. 具有价格发现的功能

做市商是通过聘请一些投资专家来进行操作的，他们所报出的价格是在综合分析市场所有参与者的行为、心理以及各种各样的信息，并借以衡量自身风险和收益的基础上形成的，一般投资者在做市商的报价基础上进行决策，并反过来影响做市商的报价，从而促使证券价格逐步靠拢其实际价值。如果某一做市商的报价距其他竞争对手的报价差别太大，则其交易量必将受到影响，最终会被淘汰出局。在这一过程中，做市商实现了其价格发现的功能。

(二) 做市商制度的缺点

与竞价制度相对而言，做市商制度在某些方面表现出了一些不足。

1. 交易双方处于不平等的地位

价格由做市商报出，投资者只有选择各个做市商报价的权力，这样公平价的得到就依赖于做市商之间的竞争。而事实上大的投资银行对市场拥有一定的控制是客观存在的，从而使做市商报出的价格具有一定程度的垄断性。同时在信息占有上交易双方也是不平等的，不符合公平交易的原则。

2. 对做市商的做市行为较难进行有效的监管

虽然从理论上说，多名做市商之间会相互竞争以提供最优报价，最终实现交易成本最小化。但实际上,由于做市商之间往往有着长期的合作关系,因此,对绝大部分的做市商而言,相互合作进而合谋、以损害市场效率和投资者利益为成本来实现做市商集体利益的最大化,成为比相互之间进行竞争更为明智的选择。如前所述,在 NASDAQ 市场上,虽然很长时间以来市场一直对竞争性做市商的报价行为有疑问,但苦于没有显著证据,一直没有取得任何进展,也无法采取相对应的对策来应对。但是,由于 1994 年开始的争论最终使得美国证监会和相关司法部门介入其中,其后果便是促使从 1997 年起 NASDAQ 市场开始引入竞价交易成分,建立做市商制度与竞价制度同时采用的混合交易制度市场。

四、投资银行担当做市商的风险

(一) 信息风险

在做市商制度下,做市商同时充当买卖的对家,其对价格设定是否合理,是否准确和及时反映最新信息,均取决于做市商凭借自己所获信息来对市场做出判断。市场上的交易者分为知情交易者和流动性交易者,前者交易某种证券是因为掌握了有关该证券的特殊信息(如内幕信息),由于做市商不能比知情交易者更快地获取新的信息,当市场出现新信息时,就有可能出现做市商仍按既定价格定价的情况,从而阻止了价格对最新信息做出反应。这时,知情交易者就会在做市商低估股价时买进,高估时卖出。流动性交易者的买卖则完全依据其自身的资产组合偏好。这样,当做市商与拥有更多信息的知情交易者进行交易时,就有可能面临信息不对称带来的风险。

(二) 流动性风险

为了维持市场的流动性和价格的稳定性,做市商必须事先买入足够的证券,储备足够的资金,以在市场出现不平衡交易时,卖出证券以平衡过多的买入指令,或买入证券以抑制过多的卖出指令。由于做市商周转不灵暂时缺乏流动性可能导致一定的损失。一方面,做市商认为某种证券在当前价位上买入是有利可图的,但由于短期资金不足,无法进行买入证券的操作;另一方面,做市商由于库存头寸不足而暂时无法进行卖出证券的操作,这些都会影响做市商运作的连续性,最终影响证券市场的流动性。另外,在股票遭到冲击时,如果市场不断下跌,做市商为履行其义务而不得不大量买入证券以缓解巨大的卖出压力,一旦储备资金耗尽,只能放任市场下跌。1987 年 10 月美国股灾中,股票暴跌使得 1 天之内美国几乎所有投资银行因大量接盘遭受巨大损失,他们耗尽了所有的储备资金,无力继续做市,最终以美联储紧急援助计划挽救收场。

(三) 存量风险

在这种特殊的交易方式中,做市商从事双边报价交易,双边报价量不可能完全相等(这种情况经常发生),因此不可避免地会产生一定的证券库存量,这种非意愿的库存是与做市商为维持交易连续性或依据资产组合偏好所保持的证券头寸有所区别的。做市商被动地持有该种证券,使得存货过大,该证券的价格很有可能并非头寸持有的理想价位。首先,存货证券的价格容易受到市场利率的不确定波动影响,从而使做市商易暴露于利率风险之下;其次,宏观经济形势、通货膨胀、政府政策的变化等也会在一定程度上导致存货证券的价格波动。而存货过小又会影响其做市功能的正常发挥。一般来看,存货风险的大小主要取决于未来证券价格(收益)的不确定性和交易量的不确定性两个方面,且与两者皆成正比。

(四) 定价风险

关于做市商定价的理论研究较多,按照解释买卖价差的角度不同,可以分为存货定价模型与信息定价模型,而后者成为近二十年来解释买卖价差的主要模型。做市商的价差是其利润的主要来源,也是其承担风险而得到的一种补偿。从实际的连续对冲交易中获得的价差收益为实现价差。定价的原则是使某一水平下买卖指令能大体保持平衡。做市商既要保持足够的价差以弥补其可能与知情交易者交易的损失,又不能将价差拉得太大而不能吸引足够的流动性需求。做市商就需要具有在瞬息万变的市场环境中掌握信息并调整报价的能力。一般性经营成本,包括办公场所及设备费用、交易所会员费、工资成本等。其次是市场不确定性程度,如证券收益的波动性、交易规模及做市商的资本规模等都将影响价差。再次是无知的成本,它取决于市场上信息交易者与流动性交易者的比例,以及内幕信息的性质和影响程度。如果某一时间内出现异常交易现象,做市商的第一反应一般是扩大价差,以减小信息交易者的获利空间并排除一部分信息交易者。最后,市场的竞争程度也影响价差,若某只证券存在多个做市商,激烈的竞争必然减少该证券做市商的买卖价差。此外,价差还受到交易所限制,交易所往往对做市商的报价进行监测,以保证价差在一个相对合理的区间内,如 NASD 规定做市商所报买卖价差不能超过 5%。研究表明做市商的另一工具是市场的深度,即做市商在买价上愿意买的最大数量和在卖价上愿意卖的最大交易数量,也影响做市商的利润。当信息不对称的程度变化时,做市商将更多的调整深度而非价差。交易数量对证券价格的影响反映了市场对私人信息的反应,这是市场信息不对称的后果。

五、我国证券市场引进做市商的思考

(一) 不同市场主体的立足点

在我国,有关引入做市商制度的讨论,不同的市场主体有着不同的期望。大致来看,主要有三个方面的市场主体从不同角度论证了引入做市商制度的必要性。

首先是中国证券市场的监管层。这不仅包括中国证监会,还包括与证券市场相关的立法机构等。他们主要从有利于加强监管的角度来看待引入做市商制度。这些管理层人士推动在中国证券市场引入做市商制度,其诉求点并非是"活跃市场",而是"规范市场"。他们认为,"中国股市的最大问题是操纵,而做市商制度恰恰可以抑制操纵"。比较有代表性的是中国证监会高层顾问所提出的观点:"做市商与庄家有根本的区别,做市商的交易行为是透明的,而庄家的行为则是不透明的。"

与监管层不同,深沪交易所主要从流动性角度来考虑在我国证券市场引入做市商制度,认为引入做市商制度主要是为了解决可能存在的流动性不足问题。因此,对未来市场流动性判断的差异决定了深沪交易所对引入做市商制度的态度差异。目前,人们普遍认为,主板市场具有较高的流动性,而主板市场之外的其他市场(如银行间债券市场、代办股份转让市场等)普遍缺乏流动性。但对于创业板市场的流动性,则有两种截然不同的看法:一种认为我国创业板市场像主板市场一样具有很高的流动性;另一种认为我国创业板市场部分股票缺乏流动性。不论是哪种情况,只要认为市场缺乏流动性,则引入做市商制度就会被看作是一个解决流动性不足问题的备选方案。

第三类考虑引入做市商制度的主体是投资银行,尤其是在我国证券市场居主导地位的主要投资银行。它们的主要出发点是:引入做市商制度将创造新的盈利模式,成为投资银行新的利润来源。自2000年以来,随着浮动交易佣金制、限制委托理财等措施的实施,投资银行整体的盈利能力受到削弱。因此,在努力节流的同时,投资银行也在不断尝试开源,而做市商制度则被各大投资银行寄予厚望。一旦引入做市商制度,这些投资银行希望成为首家或首批做市商,从做市行为中获得一定的收益。此外,投资银行认为,引入做市商制度有利于活跃市场,促进二级市场交易投资,从而增加经纪、自营等业务的收入。

(二)我国做市商制度的建立

1. 对做市商资格的规定

美国 NASDAQ 市场是一个以做市商制度为核心的市场,通过做市商竞争性报价保证市场的效率。为了保持做市商之间的报价竞争,NASDAQ 市场对做市商的运作条件做出了系统的规定。

NASD 规则规定做市商需有一级 NASDAQ 做市商的资格,同时由于做市商有责任对其做市的证券进行双向报价,相应地还常常持有其做市的长短期证券,因此,SEC 有关规则规定做市商必须拥有履行这些义务的经济能力,他们必须保持对其做市的每种证券的一个账户有不少于 2 500 美元的净资本,同时累计净资本不少于 25 000 美元。SEC 的相关规则同时赋予 NASD 监管权,包括收回会员公司做市商资格的权力。伦敦证券交易所的会员公司要获得做市商资格,必须向伦敦证券交易所申请。做市商一旦注册为某只证券的做市商,其后 3 个月之内不允许撤销注册。在法兰克福证券交易所,任何一家在 Xetra 系统交易的银行、证券经纪商和证券交易商都可以向交易所管理委员会申请成为一只或多只证券的指定保证人。在法国,一家上市推荐人如果要寻求担任巴黎新市场上市证券的做市商,必须向巴黎证券交易所递交申请。在获得做市商资格后,上市推荐人将对其做市的证券有三年的做市期。如果三年做市期还没有结束,那么该上市推荐人就不能自行决定注销注册,除非有另一家做市商愿意在剩下的时间内为该证券继续提供做市。

我国早在 1990 年颁布实施的《证券交易自动报价(STAQ)系统上市交易规则》以及随后的《关于实行做市商制度的说明》里,就详尽地规定了 STAQ 系统做市商资格的取得、中止和终止。系统会员可以申请注册为某一系统证券的做市商。系统执行委员会也可以在与会员协商的基础上指定会员作为某一系统证券的做市商。做市商违反本规则,系统执行委员会可以暂停或限制该做市商的报价权;或终止该做市商的注册身份。系统执行委员会必须定期审查做市情况,对交易业绩或自有资本量不符合做市要求者,可以中止其做市商资格。

借鉴国外成熟的立法条例及我国的经验教训,我国对做市商的资格认定,采取由证券交易所对投资银行的申请进行考核,由中国证监会负责审批的方式。在具体要求上,除应具备《证券法》所要求的综合性投资银行的资格,还应满足以下条件:① 必须同时是证券交易所和中国证券业协会的会员,接受双重监管;② 有足够的资金实力和净资产以建立足够的证券库存,能够抵御风险;③ 经营条件、经营机制、抗风险能力、从业人员素质都应符合监管机构制定的具体考核指标;④ 有 5 年以上的证券业务经验,取得良好业绩,且近三年没有重大违法违纪记录。鉴于我国目前大部分投资银行与国外同行相比,综合实力还有很大的差距,所以,应多方面提高投资银行自身的实力,让符合条件的投资银行增资扩股;为其提供多元化的筹资渠道,如发债筹资;大力发展投资银行的资产管理业务,增强经营能力,提高其盈利水平。只有拥有强大的经济实力的投资银行才能作为合格的做市商,承受做市所面临的巨大风险。在做市商的做市证券及数量上,可以以做市商的资信状况来决定,同时根据上市公司的流通市值来决定做市商的数量。我国也可以借鉴 NASDAQ 的规定,每种证券至少有 2 家做市商,规模较大的可以要求更多一些。这样,在同一种证券有多家做市商同时经营且交易信息充分公开的条件下,不同证券投资银行的报价会因市场投机者的套利活动而最终基本趋于一致,贴近真实价格。

2. 规定做市商的权利义务

做市商最核心的义务是保持持续双边报价(包括价格和相应的买卖数量)。例如,在美国 NASDAQ 市场,做市商必须在营业时间内报出其做市的证券的确定价格。做市商在报出确定性价格的同时,必须有相应的至少一个正常交易单位的数量。除了特殊情形外,所有的交易必须在成交后 90 秒内完成成交报告。为了保证市场参与者都能公开、公平地参与,相关规则禁止做市商与其他会员公司或会员公司的相关个人合谋控制价格、交易和成交报告;指使或要求其他做市商撤销或更改他们的报价,使之与自己的报价协同;直接或间接参与任何威胁、骚扰、恐吓以及其他不当的行为以影响其他做市商、会员公司和会员公司相关个人。

由于做市商出于做市的需要,得持有一部分证券和现金,造成做市商较之一般投资银行承担了更多的风险和义务,因此,各国法律都赋予了做市商一些额外的权利:做市商享有上市公司的全部信息及所有买卖盘的记录,以便及时了解发生单边市的预兆;为维护市场的流通性,做市商必须时刻拥有一大笔证券筹码以维护交易及一定资金做后盾,做市商享有融资融券的便利;做市商享有一定比例的做空交易,以维持交易的连续;在交易结算费用和税收上,做市商享有优惠待遇。我国原 STAQ 系统内的做市商也必须履行特定的义务:在自己所报的价位上,随时与有买卖意向的其他会员进行该做市券种的交易,以维持该券种在系统内的良好流通性;为降低报价偏离市场的可能性,做市商所报的买卖差价每 100 元不得超过 0.3 元人民币;做市商有义务根据市场的总体供求关系调整报价,以避免价格的大幅波动,从而使其他会员对市场总体供求关系有更准确的了解,减少交易决策的盲目性;做市商必须保证其每月交易量不低于面值总额 400万元人民币,其中其所做市的券种交易量应不低于面值 100 万元人民币。当然,STAQ系统内的做市商在履行义务的同时也享有一定的权利:享受交易费、结算费和运券费方面的优惠待遇,做市商的交易手续费按每笔交易面额的万分之一收取,每笔交易的结算费比照其他会员的标准减半收取,运券费亦减半收取;做市商可以免费享用 STAQ系统的所有信息服务;当系统有新券种发行上市时,做市商可以通过系统优先取得承销的便利;因出现自身不能控制的原因,做市商可以申请暂时停止做市报价等。

鉴于持续双边报价是做市商的最核心的特征,而提交成交报告是为了保证交易的事后透明度、向公众披露成交的信息,同时启动交易后的清算交割程序,因此,我国在规定做市商的交易规则时,也应明确规定做市商的持续双边报价义务和及时提交成交报告义务。例如,具体规定做市商就所做市证券提供报告、予以披露;在做市期间,不间断地发布有效的买卖报价;对买卖双向价格的差价与中间价的比重,应随流通市值大小而反向变动,对流通市值在 5 亿元以下的,其差价或中间价比重不宜超过 5%,或规定买卖报价的绝对差额不超过 1 元;至于最小价格变动单位,按我国惯例,A 股可以定为0.01元;而对于每笔最小交易量,应由目前的 100 股增加到 1 000 股,以适当限制风险承受能力低的中小散户的介入;在每笔交易完成后的 90 秒内公布做市证券的名称及代码、成交的价格与数量等交易情况;规定股票连续三日上涨幅度超过 30% 或股票过度集中,上市公司和做市商都要在两日内做出必要的解释说明。值得注意的是,做市商可能利用信息优势获取垄断利润,从而降低市场效率。所以应规定做市商的买卖价差应当等于其提供即时性做市服务的成本,不能获取垄断利润。至于如何使其买卖价差等于其做市时的成本,则必须根据我国的实际情况,通过建立和分析相关经济模型来认定。同时相应规定做市商应享有的一些权利。由于做市的需要,做市商须持有一定数量的存货。如果做市商报出某只股票的卖价后,持续无市,该做市商就必须进一步降低该股票的卖价甚至低于当初做市商的买入价,直至该只股票有一定的成交记录。因此,做市商存在着制度性亏损的可能,这是做市商做市所特有的风险。为了使其有动力做市,平衡其权利义务关系,应规定做市商享有相应的权利。第一,应赋予做市商适度的信息优先权。做市商在严格遵守相关信息披露规则的前提下,可以全面地享有上市公司的相关信息及买卖记录,以便及时了解市场行情,积极做市。第二,在买卖价差及报价券种选择规定比较严格的基础上,给予配套的融资融券便利。在具体措施上,应该考虑引入做市商的自动质押融资融券、日间卖空制度等规则,尽量使做市商拥有一个合法、有效、低成本的融资融券渠道,优先进行融资融券。第三,做市商交易频繁,同时承担买进卖出的双方交易,如果在交易手续费和印花税等方面不给予相应的优惠条件,势必会增加做市商的做市成本。因此,为提高做市商做市的积极性,必须在税收和费用减免等方面给予做市商特殊的优惠。第四,从更深层次看,在目前的竞价交易制度下引入做市商制度,做市商在交易无利可图时不能随意放弃双向报价的义务。当市场出现"单边"行情时,做市商将面临比其他交易者高得多的风险,其责任明显高于权利;而在有利可图时,其他证券投资银行会主动加入成为"无名却有实"的做市商,只要提供稍优的报价,就可把原本属于做市商的盈利机会夺走。这就要求对做市商的做市提供保障,规定其他非做市商的证券投资银行不得从事实行做市商制度的交易品种的买卖,或者只能通过委托做市商进行交易,以此来保障做市商的权利,维护做市商的利益。另外,积极创设金融创新工具,适时推出国债期货、期权,以及债券指数之后的指数期货等衍生产品,通过对这些产品的开发和合理使用,增强做市商对抗风险的能力。

为了降低做市商整体的存货头寸风险,应考虑建立与做市商制度相配套的高效的做市商间市场,通过提供做市商间电子议价网络平台或者建立专门的做市商间经纪人制度,形成一个高效地平衡做市商之间头寸的市场。此外,建立做市商的资信评估制度和合理退市制度也是非常重要的举措。要拥有一支高素质的做市商队伍,在我国建立投资银行的资信评估制度是一个有效的方法。由权威的资信评估机构通过综合考察影响投资银行的资信状况的内外部因素,对其履行经济承诺能力、可信任程度进行综合分析判断,并以简单明了的符号表示其优劣,定期公布给社会大众。这不仅有利于协助证券管理部门加强对投资银行的监管,有利于投资银行加强自律,同时对于正确引导投资者,营造一个持续、稳定、长期发展的市场环境具有重要意义。对投资银行的资信评估,建议要从基础素质、经营水平、财务质量、盈利能力、信誉状况、发展前景等方面综合进行考评。具有优良等级的投资银行才有可能成为做市商。做市商的退市和做市具有同等重要的意义,正常退市是为了更好地做市。相关退市规则的设立,其目的无外乎是为了维持证券市场有效有序运行、促进市场竞争实现资源的优胜劣汰以及警示市场风险,保护投资者利益。以市场为导向,做市商的退市应严格控制,并做好退市后所持证券的处理工作。做市商应予退市的情形如下:按照通行的处理方法,如果做市商的报价与主流市场价格背离较大,之后又没有合理地重新报价;某一做市商对其所做市证券在一个月内所报平均买卖差价超过其他做市商所报平均差价的150%;做市商连续三个月达不到法定的一定数额的交易量,同时所做市证券也未达到最低交易额要求的。

第五章　并购业务

　　积极参与企业并购是投资银行的创新业务形式之一,也是投资银行一大收入来源。随着并购浪潮一浪接一浪的冲击,投资银行越来越多地参与到并购活动中去:为并购方寻找对象,为目标方寻找合适的买家或者抵制并购,为并购双方制定并购价格,参与并购活动的融资过程等。

第一节　公司并购概述

一、公司并购内涵

　　公司并购是兼并(Merger)和收购(Acquisition)(简写为 M & A)的合称。在英文里,M & A 是一个内涵十分广泛的概念,除了 Merger 和 Acquisition 外,常见的词还有 Consolidation(合)、Amalgamation(兼并,与 Merger 同义)、Conglomerate(混合公司)、Buyout(控股收购,如杠杆收购 Leveraged Buyout,管理层收购 Management Buyout 等)、Tender Oiler(溢价收购)、Take Over(接管)等。这些词都有两个或两个以上独立企业(公司)进行重组合并的含义,统称为"并购",即一家企业以一定的代价和成本(如现金、股权和负债等)来取得另外一家或几家独立企业的经营控制权和全部或部分资产所有权的行为。

　　从严格意义上来讲,兼并和收购是有一定区别的。按照《大不列颠百科全书》对 Merger 的解释是:两家或两家以上的独立企业、公司合并组成一家企业,通常是一家占优势的公司吸收一家或多家公司形成,称为并购。而 Acquisition 是指一家或多家的公司在证券市场上用现金、债券或股票购买另一家公司的股票或资产,以获得对该公司的控制权,该公司的法人地位并不消失,即为收购。麦克米兰会计学字典中对 Merger 的定义是:一般地,并购是指两个或更多个企业停止作为不同的企业存在这一事实,两个公司合并后形成新的公司,并且原来各自的股东同意将其权益资产合并在一起来形成这一新公司,双方股东的协议涉及以某一恰当的比率将原公司的股票转换为新公司的股票。Acquisition在接管(Take Over)一词之下,其含义是:一个公司通过拥有另一个公司足够数量的股票,从而获得其控制权。通常,合并或混合是指两家或多家公司结合在一起,参与企业均不再作为独立的经济实体存续。合并又分成吸收合并和新设合并两种形式。其中,吸收合并指一个公司吸收其他公司而存续,被吸收公司解散;新设合并,指两个或两个以上公司合并设立一个新的公司,合并各方的法人实体地位都消失。一般地,吸收合并是狭义的企业并购,而接管是指一个企业通过财务手段强制性地获得另一个企业的控制权,该企业的法人实体一般消失。

在我国,并购通常是指一家企业以现金、证券或其他形式(如承担债务、利润返还等)购买其他企业的产权,使其他企业丧失法人资格或改变法人实体,并取得对这些企业决策控制权的经济行为。从这个意义上讲,并购等同于我国《公司法》中所规定的吸收合并。《公司法》中另一种合并的方式是新设合并。但无论是并购(吸收合并)还是新设合并,合并各方的债权债务都应由合并后存续的公司或者新设的公司承担。收购是指企业用现金、债券或股票购买另一家企业的部分或全部资产或股权,以获得该企业的控制权。收购的经济意义是指一家企业的经营控制权易手,原来的投资者丧失了对该企业的经营控制权。所以,收购的实质是取得控制权。我国《证券法》的规定是:持有一家上市公司发行在外的股份的30%是发出要约收购该公司股票的行为。在法律上,收购是指购买被收购企业的股权和资产。所以,收购的对象一般有股权和资产两种。收购股权是购买一家公司的股份,收购方将成为被收购方的股东,因此要负担该企业的债权和债务;而收购资产则仅仅是一般资产的买卖行为,由于在收购目标公司资产时并未收购其股份,收购方无须承担其债务。

综上所述,收购与并购、合并有许多相似之处,主要表现在:① 均以企业产权为交易对象,都是企业资本经营的基本方式;② 基本动因相似,即通过提高企业市场占有率、扩大经营规模,实现规模经济、拓宽企业经营范围,实现分散经营或多元化经营等来增加企业实力的外部扩张战略。它们的主要区别在于:① 在并购中,被合并企业作为法人实体不复存在;而在收购中,被合并企业可仍以法人实体存在,其产权可以是部分转让。② 并购后,并购企业成为被并购企业新的所有者和债权债务的承担者,是资产、债务、债权的一同转换;而在收购中,收购企业是被收购企业的新股东,以收购出资的股本为限来承担被收购企业的风险。③ 并购多发生在被并购企业财务状况不佳、生产经营停滞或半停滞之时,并购后一般需要调整其生产经营、重新组合其资产;而收购一般在企业生产经营比较正常的状态下发生,产权流动亦较为平和。而且,并购和收购在法律程序和实际中操作中也是有区别的,比如,它们的财务处理方式不同。

尽管二者存在着诸多的区别,但在实际运作中二者之间的联系远远超过其区别,而且无论这些基本概念之间的区别及联系如何,一般来讲都只是对高层管理者和股东而言的,对于雇员的影响及社会效应没有本质区别。所以,并购、合并与收购常作为同义词一起使用,统称为"购并"或"并购",泛指在市场机制下企业为了获得其他企业的控制权而进行的产权交易活动。并购中,买方常被称为"并购公司"或"并购方""收购公司""猎手公司""射手公司""投标者",卖方常被称为"目标公司"或"被并购方""被并购公司"等。

二、并购类型

并购类型多种多样,标准不同,分类也就各异。

(一)从并购的行业角度划分

1. 横向并购

所谓横向并购(Horizontal Merger)是指属于同一行业的企业之间发生的兼并行为。横向并购可以扩大企业生产规模,降低生产成本,赢取规模经济效应;增强产品的市场竞争力,减少来自市场各方面的竞争压力。横向并购是较为早期的并购形式,在第一次并购浪潮中采用得很多,形成许多巨型的石化、机械行业的企业。不过现在横向并购往往受到反垄断法的限制,所以已经较少见了。

2. 纵向并购

所谓纵向并购(Vertical Merger)是指产业链中上下游企业间的并购行为。并购上游企业,即并购向自己提供原材料和零部件的企业的行为,又称为向后并购,主要是为了确保原料等供应的质量和稳定性;并购下游企业(即产品后加工企业或产品销售企业)又称为向前并购,主要是为了确保产品畅通的销售渠道。两者均可扩大经营规模,节省交易费用,并通过内部转移价格等获取避税效应。另外,纵向并购还可以加强产业链上各企业的协作化生产,加快生产流程,缩短运营周期,所以成为一种重要的并购形式,在第二次并购浪潮中被广泛采用。现在法律法规对纵向并购中可能存在的垄断、避税等加了很多限制,而且纵向并购企业联系过紧,风险分散不够,一旦发生亏损会导致"多米诺骨牌"效应,因而当前使用有减少的趋势。

3. 混合并购

所谓混合并购(Conglomerate Merger)是指生产和经营没有直接联系的产品或服务的企业之间的并购行为,也成为复合并购。混合并购主要是为了分散风险,实施多角化经营,提高企业对经济环境变化的适应能力。近年来跨国公司并购多采取这种方式。

(二)按照并购时的支付方式划分

1. 现金购买

现金购买(Cash Tender Offer)是指用现金购买目标公司部分或全部的资产或股份以达到控制目的的并购行为。

2. 股权购买

股权购买(Exchange Tender Offer)是指以并购方股票收购全部或部分目标公司或以并购方股票按一定比例交换目标方股票以达到控制目的的并购行为。

3. 混合购买

混合购买（Conglomerate Tender Offer）是指以现金、股票（包括优先股和普通股）、债券（包括普通债券和可转换债券）等多种手段购买或交换目标方的资产或股份以达到控制目的的并购行为。这种方式由于比较灵活，所以在实际并购中采用得比较多。

（三）按照并购的出资方式划分

1. 购买式并购

即并购方出资购买目标企业的资产，一般用现金方式一次性买断，这需要并购方有相当雄厚的资金实力，所以一般目标企业属于前景堪忧的但目前尚资产大于负债的中小型企业。

2. 承担债务式并购

即并购方以承担目标企业全部债务为条件，接受其资产实现并购的方式。这种方式不需要估价，简单易行。并购后，并购企业要承担目标企业全部的债务，目标企业法人主体消失，接纳原目标企业所有的人员并加以安置，以这种方式替代企业破产机制。这种方式在我国运用得最为广泛，但存在的问题也很多。

3. 吸收股份式并购

这实际上是以股换股（Stock for Stock）并购方式的结果。并购方通过与目标公司交换股票达到控股目的，同时目标企业也成为自己公司的股东，两者"一荣俱荣，一损俱损"，实际上也达到了并购的目的。

4. 控股式并购

控股有两种含义：一种是绝对控股，即掌握目标企业50％以上的股权；另一种是相对控股，即掌握的股份比例最大，对公司经营决策能实行决定性的影响，往往持股20％～30％即可达到控制目的。目标企业在并购后仍具有法人地位，并购方只是目标公司最大的股东，不承担原有债务，其风险责任也仅以出资额为限，且股份在二级市场上可以转让，所以操作灵活，在并购中采用得最为广泛。

（四）按照并购方行为划分

1. 善意并购

善意并购（Friendly Merger & Acquisition）又称友好并购，是指并购者事先与目标企业进行协商，征得其同意并经双方谈判达成一致的并购条件的并购活动。在这种并购方式下，有关的并购条件如并购方式（以现金、股票或其他方式并购）、并购价值、人事安排、资产处置等问题都是经过双方高层管理者进行接触，协商而取得一致意见的。善意并购是在双方自愿、合作的前提下进行的，并购的成功率较高，且并购方往往还能获得目标公司充分的内部运营、财务状况等重要资料。不足之处主要是并购方往往不得不以牺牲自身的部分利益为代价，且协商、谈判过程有时会很长，导致并购行为会丧失其部分价值。

2.敌意并购

敌意并购(Hostile Merger & Acquisition)又称强迫接管并购,是指并购方在兼并或收购目标企业时不顾目标企业抗拒,仍然强行并购,或者并购方事先不与目标企业协商,而突然直接提出公开出价并购要约的并购行为。敌意并购往往都是在目标企业管理层不知晓或持反对态度的情况下进行的。其优点主要是并购企业完全处于主动地位,不用被动权衡各方利益,不用花费大量时间和精力与目标企业谈判,故节奏快、时间短。但敌意并购往往会受到目标企业一系列反并购措施的抵御,事先也无法获取目标企业有关内部运营、财务状况等方面的充分信息资料。

(五)按照收购人在收购中使用的手段划分

1.要约收购

所谓要约收购是指收购人通过向目标公司的股东发出购买所持的该公司股份的书面意见表示,并按照依法公告的收购要约中所规定的收购条件、价格、期限以及其他规定事项,收购目标公司股份的收购方式。要约收购无须事先征求目标公司董事会、经理层的同意,多用于敌意收购中。

2.协议收购

所谓协议收购是指收购人通过与目标公司的股东反复磋商,并在征得公司董事会和经理层同意的情况下达成协议,按照协议所规定的收购条件、价格、期限以及其他规定事项收购目标公司股份的收购方式。协议收购一般是善意收购时使用,其过程短、法律手续简便,不易产生纷争,并且协议收购所涉及的股份多为场外转让,交易成本低廉且不易造成股价剧烈波动。不过协议收购在信息公开、交易公正方面存在一定的缺憾,亟待司法完善加以控制。

三、公司并购理论

(一)基于新古典及行为学派的并购理论

新古典经济学家从微观经济和市场结构角度,在将企业视为一个给定的技术水平所决定的生产方程的基础上,认为追求规模经济是企业并购的根本动机。新古典经济学从利润最大化的传统假设出发,将并购看作是企业追求利润最大化的行为,据此提出了以下一些理论或假说。

1.效率理论

效率理论认为并购活动有着潜在的社会效益,并购的动因在于通过并购可以获得某种协同效应,即 1+1>2 效应。这种协同效应可来自管理、经营和财务等方面。

(1)管理协同效应。

管理协同效应理论包含了差别效率理论和无效率的管理者理论两个分支。

第一,差别效率理论。

该理论认为如果 A 公司的管理层比 B 公司更有效率,在 A 公司兼并了 B 公司后,

B公司的效率便被提高到A公司的水平,效率通过并购得到了提高。当一个公司存在过剩的管理能力,而又不能通过削减人员而将其释放掉的话,就可以通过并购进入其相关行业,来利用其过剩的管理能力。但若收购企业不具有被并购企业所在行业的专门知识,进入其行业就不一定是有利可图的。同样,对于低管理效率或业绩不佳的企业可以通过直接雇用管理人员或与外部管理者签订合同来增加管理投入,以改善自身的管理业绩。但这往往是不充分的,因为有时一个组织需要一个有效的管理团队。这样,当低管理效率或业绩不佳的企业在与高效率的公司合并之后,由于被并购公司的非管理性的组织资本与收购公司过剩的管理资本结合在了一起,就将会产生协同效应。该理论隐含两个假设前提:首先,假设收购公司不能无条件地释放其过剩的管理资源,其管理层是一个整体,并且受不可分割性或规模经济的制约,解雇过剩的人力资源是不可行的;其次,假设被收购企业不能在相关时段内通过直接雇佣的方式组成一支有效的管理队伍。然而,如果把这一理论引向极端,即整个社会只有一家企业(管理层水平最佳的一家)时,其效率将达到最大化。显然,这是不现实的,因为组织规模的扩大会受企业内部协调和管理能力所限。加之现实中大量的并购是发生在不同行业的企业之间,因此差别效率理论不能对并购做出完整解释。

第二,无效率的管理者理论。

从纯粹的意义上来讲,无效率的管理者是指不称职的管理者,几乎任何人都可以比他们做得更好。更广泛地讲,无效率的管理者是指那些未能使企业的经营潜力得到充分发挥的管理者,而另一管理团队能够更有效地对该领域内的资产进行更有效的管理。

无效率的管理者理论中还有几点需要注意的问题:一是该理论假设被收购企业的所有者(或股东)无法更换他们自己的管理者,因此必须通过代价高昂的并购来更换无效率的管理者。二是从该理论中可以得出一个预测,即合并后被收购企业的管理者将被替换,但经验表明实际并非如此。一个在相对较短的期限内进行了多项收购活动的公司,如果只使用其自身的管理资源或把被收购公司的管理者免职后雇用新的管理者,将会面临无法对被收购企业进行有效管理的困难。因此,若更换不称职的管理者是主要动机的话,并购活动就不可能集中于少数几家进行多项收购的企业。所以说并购是为了替换无效率的管理者的理论难以成为并购行为的合理解释。

(2) 经营协同效应。

经营协同效应是通过横向、纵向或混合并购来实现合并之前两公司单独运营所无法实现的规模经济。这方面的效应在制造业、化学和医药等行业的表现较为突出。通过并购,扩大经营规模,可以降低平均成本,提高利润,实现规模经济效应。或者是通过并购,使企业间的优势互补,如A企业在研究与开发方面有很强的实力,但在市场营销方面较为薄弱;而B企业在市场营销方面有优势,但在研究与开发方面能力不足,两企业的并购可以使能力互补。这里隐含了对某些现存的要素未充分利用,而另一些生产要素却没有给予足够的投入。

在横向并购中,两个公司可以通过削减冗余的部门,并实现优势互补,来实现经营上的协同效应。而在混合并购中,规模经济常常可以在一般管理活动,如公司的规划和控制职能等方面获得。合并后的公司人员利用率达到一个较高的水平,从而节约了管理费用。另一个获得经营协同效应的领域是纵向联合,其理由是通过纵向联合可以避免相关的联络费用和各种形式的交易费用,以及不完全契约等问题。对实际并购活动的考察不难发现,经营协同效应理论可以解释现实中的大多数并购活动,如企业进行的战略型并购大都存在经营协同效应,而且多数情况下,企业进行并购的目的就是为了追求某种形式的经营协向效应。但经营协同效应理论无法解释为降低风险而进行的纯粹混合并购,因此,它具有一定的局限性。

(3)财务协同效应。

企业通过并购实现的财务协同效应主要表现在两个方面:一是资本成本的降低;二是合并公司负债能力的提高。合并后,企业的投资活动被内部化。因为在企业内部通常拥有较多的效率条件来提高资金的使用效率,实现资本成本的降低。我们可将它们概括为:第一,如果被并购企业的破产风险较大、内部资金数量较少,并且规模相对较小时,其资本成本会较高,而并购企业的资本成本较低(如拥有充裕的内部现金流量)时,那么通过并购降低资本成本的可能性将会较大。第二,由于存在内部资金和外部资金之间的差别从而提高了投资机会内部化的优越性。内部资金不涉及证券发行过程中的交易成本,并且可能有优于外部资金的差别税收优势;同时,如果企业管理者对企业资产的资产价值拥有的信息比外部投资者要多,并采取有利于目前股东的行动,那么内部融资就优于外部融资。这样并购后,并购企业在被并购企业所处的行业中投资的资金成本就会较低。第三,由于与外部融资相联系的较高的交易费用以及股利方面差别税收待遇的存在,构成了提高公司资本分配效率的条件。公司通过多样化并购,可以实现从边际利润率低的生产活动向边际利润率高的生产活动转移。

2. 市场势力理论

这一理论认为,并购的动机是基于市场竞争的需要:一方面通过并购活动可以有效地降低进入新行业的障碍,通过利用目标企业的资产、销售渠道和人力资源等优势,实现企业低成本、低风险的扩张;另一方面通过并购,将关键性的投入—产出关系纳入企业的控制范围,借助并购活动减少竞争对手,从而提高行业集中度,增强对企业经营环境的控制,提高市场占有率,从而获得长期盈利的机会。

此理论从市场竞争的角度来解释并购的动机,隐含的假设前提是,企业并购行为完全由市场所导向,市场结构决定了企业的一切行为及其背后的动机。但是,由于种种其他因素的制约和限制,企业行为不能仅仅用唯一的市场变量来解释;同时,企业目标的多元化也使得企业并购的动机不能完全用市场竞争来解释。此外关于市场势力问题,存在着两种意见相反的看法:第一种观点认为,增大公司的市场份额会导致合谋和垄断,兼并的收益正是由此产生的。所以,在发达的市场经济国家里,政府通常会制定一系列的法律法规,反对垄断,保护竞争。第二种观点却认为,产业集中度的增大,正是激烈竞争的结果。他们进一步认为,在集中度高的产业中,大公司之间的竞争变得越来越激烈。因为价格、产业、产品类型、产品质量、服务等方面的决策所涉及的维度巨大,层次复杂,简单的合谋是不能达到的。这两种相反的意见表明,关于市场势力的理论,尚有许多问题还没有得到解决。

3. 价值低估理论

该理论认为,当并购公司发现由于通货膨胀等原因造成目标公司的股票市价低于重置成本时,或者由于并购公司获得一些外部市场所不了解的信息,认为目标公司价值被低估时,就会采取并购手段,取得对目标公司的控制权。衡量公司价值是否被低估,通常采用两种比率:一是价值比率,即股票市场价值与资产的账面价值之比;二是托宾比率(又称 Q 比率),即股票市场价值与重置成本之比。Tobin(1977)的 Q 值理论主要说明在不考虑资本利得税的条件下,当企业证券市场价值低于其重置资本成本时,并购将更可能发生。这是由于在证券市场上许多机构投资者由于强调短期的收益而往往对具有长期投资价值的公司缺乏投资兴趣,导致这些企业的价值被低估;同时其历史背景是在 20 世纪 70、80 年代,由于西方资本主义国家的通货膨胀率较高,使得许多公司资产的重置成本远高于其历史账面价值,使得这些公司成为有自由资源的公司并购投资的对象。但这种理论也存在局限性,因为目标公司价值被低估一般仅仅是短期现象,现实情况下目标企业价值往往被高估而非低估。

4. 信息与信号理论

该理论可以区分为两种形式:一种形式是认为企业并购会散布关于目标企业价值被低估的信息,并促使股票市场对此进行重新估价,这样的目标企业被称为"坐在金矿上"的企业;另一种形式是认为并购要约会激励目标企业管理层自身贯彻更有效的战略,即所谓的"鞭策效应"。信息与信号的发布可以有多种方式包含在并购活动中,并购活动可能会给市场这样的信息:目标企业拥有迄今为止尚未被认识到的价值,或者是企业未来的现金流量会增长;当并购企业用普通股来购买目标企业时,可能会传递并购企业普通股价值被高估的信息;而当并购企业重新回购企业的股票时,又向市场发出企业股票价值被低估的信号,或者是企业将有新的成长机会。

(二) 基于新制度经济学的并购理论

科斯开创的新制度经济学可以为研究并购提供新的视角,以制度变迁、交易成本、公司治理为主线,在理性人、信息不对称、竞争不完全、合约不完全以及委托代理制的假设下,通过对公司治理结构之下股东利益最大化行为以及企业家动机的分析,并结合考虑 20 世纪 90 年代以来全球范围内影响并购的重大制度变迁,可以较好地解释并购。

1. 交易费用论与并购

以科斯(Coase)为代表的交易费用论认为,"纯粹"正统的厂商理论并不能有效地解释企业并购现象。传统的厂商理论的基本前提是市场是完全竞争的;而在完全竞争的条件下,企业并不具有市场力量,它们生产同类产品,有获得所有生产要素的平等权利。所以基于技术关联性因素而追求规模经济虽然有助于解释企业并购现象,但它无法解释企业基于非规模经济因素而进行的并购行为。在交易费用论者看来,企业并购行为是市场不完全的产物。与传统的新古典经济学把消费者和厂商作为基本分析单位不同,他们把交易看作经济分析的基本单位。在市场不完全、有限理性、机会主义动机和不确定性等基本假定下,他们认为企业之所以要用并购来代替市场交易,其根本动机就是为了节约由复杂的市场运作所导致的高昂的交易费用,当企业涉及的合约交易通过市场协调的成本大于企业内部协调的成本时,旨在交易内部化的并购行为就会发生。

科斯认为企业是市场机制的替代物,企业出现的原因在于其内部行政管理结构与协调资源较之非人格化的市场机制交易费用更低(Coase,1937)。因此,企业通过并购,可以将原先的国际市场买卖关系转变为跨国公司内部的科层协调关系,从而降低交易费用。威廉姆森(Williamson,1975,1985)则进一步指出交易费用的主要决定因素是资产专用性及其所带来的机会主义行为,这种机会主义行为很可能会给企业施加一个高额的交易成本。当企业进行并购时,这种情况在国际市场中可能会更加严重。即存在关系性资产专用投资的企业,由于执行交易行为受国际的诸多不确定性因素的影响,机会主义行为发生的可能性更大。为了改善企业的经营业绩,需要某种来自他国生产的中间产品投入的企业,倾向于把外购转变为企业内部控制的生产,即对生产上游产品的国外企业实施并购。这一理论在解释并购活动的同时,认为并购的动因在于节约交易费用。通过并购节约交易费用,具体表现为以下几个方面:

(1)企业通过研究和开发的投入获得产品——知识。在市场存在信息不对称及外部性的情况下,知识的市场价值难以实现,即便得以实现,也需要付出高昂的谈判成本和监督成本。这时,可通过并购使专门的知识在同一企业内运用,达到节约交易费用的目的。

(2)企业的商誉为无形资产,其运用也会遇到外部性问题。因为某一商标使用,会降低其产品质量,可以获得成本下降的大部分好处;而商誉损失则由所有商标使用者共同承担。解决这一问题的办法有两个:一是增加监督,保证合同规定的产品最低质量,但会使监督成本大大增加;二是通过并购将商标使用者变为企业内部成员。作为内部成员,降低质量只会承受损失而得不到利益,从而消除机会主义动机。

(3)有些企业的生产需要大量的专门中间产品投入,而这些中间产品市场常存在供给不确定性、质量难以控制和机会主义行为等问题。这时,企业可通过合约固定交易条件,但这种合约存在道德风险。当这一矛盾难以解决时,通过并购将合作者变为内部机构,就可以消除上述问题。

(4)一些生产企业,为开拓市场需要大量的促销投资,这种投资由于专用于生产企业的某一产品,会有很强的资产专用性。同时销售企业具有显著的规模经济,一定程度上形成进入壁垒,限制竞争者加入,形成市场中的"少数问题"。当市场中存在少数问题时,一旦投入较强的专用性资产,就要承担对方违约造成的巨大损失。为降低这种风险,要付出高额的谈判成本和监督成本。在这种成本高到一定程度时,并购成为最佳选择。

(5)企业通过并购会形成规模庞大的组织,当企业内部组织活动所需的组织成本低于市场运作的交易成本时,并购才是有效的。

但是,这一理论的局限性也相当明显。例如,交易费用的出发点是市场不完全性,但是对于一些市场不完全性的情况,如产业间的信息不对称,供应商可能不具有关税壁垒、产业进入政策等,用交易费用论无法分析。

2. 代理成本理论与并购

代理问题是詹森和梅克林(Jensen、Meckling,1976)提出的,认为在代理过程中,由于存在道德风险、逆向选择、不确定性等因素的作用而产生代理成本,他们把这种成本概括为以下几个方面:所有人与代理人订立契约成本;对代理人监督与控制成本;限定代理人执行最佳或次佳决策所需的额外成本;剩余求偿损失等。该理论认为管理者并非企业的完全所有者,因此其效用函数与股东的效用函数可能会发生冲突。为了使经理能为股东的利益而努力工作,公司必须付出代价,这些代价就是代理成本。当其他制度安排不足以降低代理成本时,接管被看作是最后的一种外部控制机制,即公司处于被收购的威胁之中时,对公司管理层会产生一个有效的激励,迫使其改善公司业绩。并购活动在代理问题存在的情况下,有以下几种解释:

(1)并购是为了降低代理成本。

詹森和梅克林(Jenson、Mecking,1976)在一篇著名的论文中,对代理问题进行了精辟的阐述。他们认为,当管理者只拥有企业所有权股份的一小部分时,便会产生代理问题。这种只拥有部分的所有权情形可能会更容易导致管理者的工作缺乏积极性,或导致其额外的消费,如豪华的办公室、公司轿车、俱乐部的会员资格等,因为大部分的成本将由大多数的所有者承担。他们还进一步论述到,在所有权极为分散的大公司中,单个所有者没有足够的动力来监督管理者行为。许多报酬安排和管理人员的人才市场可以缓解代理问题,如企业可以通过诸如奖金和执行期权等方式,将管理者的报酬与经营业绩联系在一起,然而股票市场和公司并购市场为解决代理问题提供了最后的解决手段,也是最严厉的解决手段。公司并购市场假定,公司管理效率与公司股票的市场价格之间是高度正相关的。管理不好的企业的股票价格会相对低于它所在的行业的股票价格的平均水平。如果某公司的股票价格较低,那些相信自己能够更有效地管理该公司的人就可能会想,如果自己将该公司买下来,那么由于自己管理水平较高,公司在自己买下后效益会好转,自己就会大赚一笔。因此,较低的股价会促使公司被接管。接管通过要约收购或代理权之争,可以使外部管理者战胜现有的管理层和董事会,从而取得对目标企业的决策控制权。如果目标企业的管理层因为无效率或代理问题导致经营管理不善,就会面临被收购的威胁。

(2)管理主义。

这一理论认为在公司所有权和控制分离后,企业不再遵循利润最大化原则,而选择能使公司长期稳定和发展的决策。Muller(1969)提出的假说认为代理人的报酬取决于公司的规模,因此代理人有动机通过收购使公司规模扩大,增加收入和提高职业保障程度,而忽视公司的实际投资收益率。Firth(1980)年发现并购公司经理在合并后的两年里平均收入增加33%,而在没有并购活动发生的公司里,经理的平均收入增加20%。1975年,马克斯和惠廷顿发现公司规模是影响经理收入的主要因素,这些证据证实了这一理论。1977 年,辛格和米克斯对并购后的企业利润情况的研究表明,合并后的企业利润一般都下降。这一证据表明企业合并注重的是企业长期发展,而不太注重利润情况,甚至牺牲短期利润。Firth 等(1991)对 1974—1980 年期间 254 家英国收购要约样本进行研究,测试管理人员的奖励增加是否同收购有关。他发现,收购过程导致管理者的报酬增加,并预测了收购企业的管理者报酬增加的幅度。Conyon 等(1994)在对 1985—1990 年之间,170 家英国公司样本董事的工资支付调查中,发现销售额增长、收购频率与董事工资支付之间是正相关关系。同时,Jensen(1986)发现,闲置现金流量的存在,使得管理者产生了扩大规模的冲动,从而产生许多净现值为负的并购行为。但 Lewellen 和 Huntsman(1970)的实证分析表明,代理人的报酬与企业利润率相关而与公司规模无关,此结果与 Muller 的假设相反。Fama 等(1980,1983)认为,报酬安排和管理者市场可以使代理问题缓解,股票市场则提供了外部监督手段,因为股价可以反映管理者政策的优劣,股价走低是对管理者施加了压力,使其需要改变经营方式,并且忠实于股东的利益。可见,此理论隐含的假设前提是,公司的法人治理结构无法克服代理成本问题;同时股票市场也是无效率的,无法对管理者行为进行控制与监督。但是实际上,20 世纪 80 年代中后期以来,随着股权、期权等多种激励方式的实施和公司法人治理结构的不断完善,股东和管理者的利益越来越紧密地联系在一起,股票市场的效率也不断增强。因此,基于上述动机的并购行为将会越来越少。

(3) 自大假说。

罗尔(Roll,1986)认为,管理者由于个人野心和过分自信的推动会对企业的价值产生过于乐观的估计,忽视或有意回避两家公司合并后可能产生的负面协同作用,因而在竞价中提出过高的价格而实施并购。罗尔称自大假说可以起到比较基准的作用,且相对于同其他需要进行比较的假设而言为零。此外,这一假说不要求管理者有意识地追求自身利益。管理者可以有良好的意图,但在判断中会犯错误。

自大假说可以用来解释管理者为什么要竞价。自大假说的缺点是假设市场具有很高的效率,股价反映了所有公开和未公开的信息,生产性资源的重新配置无法带来收益,且无法通过公司间的重组与合并活动来改善经营管理。但市场真的是有效率吗?现代企业理论已经说明,公司之所以存在就是在于市场存在一些失灵的地方。市场确实存在摩擦,如不可分性、信息成本的存在、交易成本的存在等。所有这些市场非效率的存在,都为并购活动找到了存在的合理理由。当然,自大假说也能解释一些无效的并购活动,毕竟,相当一部分并购活动都失败了。

四、公司并购风险

企业并购的风险,是指企业并购面临失败的可能性。企业并购过程中的风险,归纳起来主要有以下几种形式。

(一) 经营风险

公司并购的经营风险与收购公司的特定能力有关,产生经营风险有外部原因,也有内部原因。从外部来说,有公司产品的市场状况、技术水平、信誉等。从内部来说,公司的资本质量、管理水平、公司及职工素质等都与经营风险有关。当公司并购有利于扩充产品系列和扩大市场份额时,会产生减少经营风险的作用;反之,会加大经营风险。在公司并购过程中,为减少经营风险,应在并购前制订详细的收购计划,收购后加强对目标公司的整合,使目标公司尽快扩大生产能力,也有利于减少经营风险。

(二)财务风险

这种风险是并购公司追求财务杠杆的结果。形成财务风险的主要因素有收购公司用以交易融资的负债数额的多少以及将要由收购者承担的目标公司的债务规模及水平等。在公司并购初期,合并公司的每股利润是趋于下降的,而合并公司的负债水平又是趋于上升的,因此,财务风险的存在具有一定的必然性。收购公司应通过加强管理,提高整体规模和效益来降低财务风险。

(三)多付风险

多付风险也称定价风险,是指收购公司在确定目标公司的购买价格时超过目标公司的市场实际价值而带来的风险。导致并购价格过高的原因有两个:① 目标企业价值评估过高,其根源在于评估方法不当和目标企业存在经济隐匿;② 过度支付并购溢价,即过高地估计了目标企业潜在价值的期权价值以及过高地估计了企业并购协同效应等。公司并购的支付过度,会直接造成收购公司股东每股利润的稀释,进而影响并购后双方股东的持股比例。因此,在公司并购过程中,收购公司应慎重对待。

(四)融资风险

融资风险包括资金在时间和数量上是否满足需要,融资方式是否适应并购动机(暂时持有还是长期持有),现金支付是否会影响公司正常生产经营等。

(五)并购失败风险

并购失败风险是指收购公司由于缺乏整体规划、信息不完备、支付能力受限等原因而造成收购失败的风险。这种风险不仅会使收购目标公司的成本无法收回,还会影响并购公司的生产经营以及公司信誉。在市场经济条件下,并购失败是一种正常现象,并购公司应事先对收购失败有所准备,在收购中应尽量缩减收购成本,减少并购失败产生的风险损失。

(六)法律风险

在企业并购中,各国为了维护竞争,出台了一系列的法案,这些法案多以限制垄断为要义,常常使得公司并购的努力因涉嫌垄断而付诸东流;另外法律法规的颁布也常常加大了敌意并购的难度。敌意并购最重要的就是要争分夺秒,抢在目标公司做出反应之前完成收购。但是,现在的法律要求收购的股份每达到一定的比例,就得先停止收购并向社会公告,延长了收购的战线;而且往往因为信息的披露招致更多的收购竞争者(套利者),套利者使得并购市场的流动性加强,并使股东可以在买方公开宣布进行收购后立即以与收购相近的价格出售股票。由于套利者承担了股东的风险,他们期望得到高回报,从而加大了收购的成本。

(七) 信息不对称风险

在并购过程中,涉及众多的信息收集、传输和处理。在这个过程当中完全可能发生信息失真的问题,或者是因为并购一方(往往是目标公司)不愿意提供充分、完全、翔实的信息,造成收购活动的失败或者后面经营时的不顺利。因此,猎手公司在进行收购前,应对猎物公司做充分的调查研究,减少信息风险,以谋求发挥双方优势,取得最优的收购效果。

(八) 反并购风险

如果企业并购演化成敌意收购,被并购方就会不惜代价设置障碍,从而增加企业收购成本,甚至有可能会导致并购失败。例如,被并购方回收股票、实施"毒丸计划"等反收购手段。1984 年,外号"金融鳄鱼"的戈德·史密斯准备收购美国排名前 400 位的克朗公司,克朗公司采取的就是"毒丸计划":一是压低股息,让收购方无利可图;二是宣布新股东没有选举权,董事会每年最多更换 1/3,任何重大决定须经董事会 2/3 票通过,让收购者无权控制公司;三是公司高级负责人离职时须支付其 3 年工资和全部退休金,总计 1 亿美元,公司骨干离职时须支付其半年工资,总计 3 000 万美元,这将使收购者背上沉重的财务包袱。虽然戈德·史密斯最终成功收购了克朗公司,但他上任伊始即刻宣布取消"毒丸计划"。

第二节　公司并购操作

公司并购是一项专业性很强且十分复杂的市场活动,单个企业由于自身条件所限而无力完成,所以往往求助于投资银行,这就构成了投资银行的一个重要活动领域。投资银行的并购业务主要是通过向企业提供咨询、建议及操作上的服务来进行的,作为其委托人的企业既可以是收购方公司,也可以是目标公司。

一、投资银行在公司并购中的作用

(一) 降低交易费用

在公司并购过程中,投资银行降低交易费用主要表现在以下方面。

1. 降低信息成本

在公司并购过程中,投资银行的介入可以解决信息不对称问题。在并购市场上交易双方的信息是有差异的,作为购并方直观上仅能从股市上获得目标公司的资产负债、收入等年报数据以及资金来源、市场前景、竞争对手等资料。另外,由于目标公司出于保护自己所持股票价值之目的,倾向于夸大公开报告的数据,使兼并方无法弄清其公司内部的管理质量、竞争实力和利润潜力等信息。如果由并购方去调查需要一定的人财物与之相匹配,耗时费力,而作为并购双方经纪人的投资银行,往往早已网罗大量的信息或者可以通过专业人士进行最佳信息搜寻,提供及时准确的信息。另外,由于公司在信息收集时往往有偏好,形成认识观念上的误差,而投资银行由于不存在利益关系,可以做出公正合理的判断,提供真实准确客观的信息,从而更有利于并购双方。投资银行作为信息的专业生产者,集中了一流的人才,熟悉并购方面的知识,专门从事并购活动,并积累了丰富的经验。他们善于搜集捕捉各种信息和信息需求,利用本身的信息专长或交流能力,接受他人委托,进行信息搜集、传递或帮助分析情况、调查研究、提供对象,结果使每单位信息所费成本很低,而质量较高。

2. 降低讨价还价成本

公司并购是以产权的有偿转让为基本特征的,因此,无论对兼并方还是被兼并方,产权的交易条件是至关重要的。在产权交易市场上挂牌的公司,其重要信息是没法公开及比较的,只能说明该公司想出售而已,却难以确定交易价格。其实,即使在股票上市公司的大宗股权交易,也不可能单凭公开披露的信息来进行决策,而必须在投资银行机构的规范指导下,综合各方面的信息、数据进行评估后,才能确定交易价格。因此,投资银行对目标公司评估值的客观性、公正性和准确性,就成了至关重要的因素。在产权交易过程中,兼并方和目标方是需要经历一个讨价还价过程的,比较现实的交易条件是投资银行公正、中立的对目标公司的评估价值既高于目标公司对公司自身的评估值,同时又低于兼并方对目标公司的评估值,这是双方都会接受的条件。因此,通过投资银行这一中介机构与双方谈判,比双方直接讨价还价,"摩擦"要小得多,大大降低了交易费用。

(二) 规避并购风险

并购是一种高风险与高收益并存的业务,是一项十分复杂而且专业技术性很强的工作。而投资银行在信息、财务管理能力、分析能力、融资能力等方面,具有不可替代的作用。投资银行家利用自身的金融专长和对投资领域的熟悉,运用金融工具的组合,提供融资设计与并购方案,充当并购战略和战术顾问。在并购的过程中,投资银行有义务帮助客户分析并购风险,并承担起重任。

公司并购由于其运作环境的不确定性,并购风险具有客观性、随机性、连续性、动态性以及强破坏性等特点。并购活动中风险多种多样。从财务风险来看,投资银行作为公司的财务顾问,可以通过对公司的综合分析,减少融资安排不当而导致项目收益率下降的风险。公司并购后,由于并购双方的经营理念、意识形态、公司文化等方面的差异,使公司运作存在管理风险,可能出现并购的负效应。投资银行的介入,会通过对各方背景的细化整合,从客观、中立、公正的角度提供重组最佳方案,兼顾双方的责权利,排除公司后期运作的障碍,推动并购公司的长足发展。

(三) 为公司提供融资服务

公司并购,尤其是现金并购往往需要有足够的资金,这需要公司有强大的融资能力。但在金融市场上,由于信誉、资金实力等原因,公司一般不可能及时获得资金支持,或获得资金的成本较高。因此,投资银行可以利用自身的优势,为公司并购提供融资服务。以杠杆收购为例,这一方法很好地体现了投资银行为企业提供融资的优势。在杠杆收购中,购并公司的自有资金仅占其中的小部分,大部分资金仍是由投资银行作为融资中介向外进行借贷或向商业银行和其他投资银行借入或发行垃圾债券及优先股等金融工具来筹集。如果没有投资银行的介入,单凭公司自身的力量是难以完成如此巨大的融资活动的。

值得关注的是,为规范商业银行并购贷款行为,提高商业银行并购贷款风险管理能力,加强银行业对经济结构调整和资源优化配置的支持力度,保持经济平稳较快发展,促进行业整合和产业升级,2008年银监会制定了《商业银行并购贷款风险管理指引》。商业银行并购贷款是商业银行向并购方企业或并购方控股子公司发放的,用于支付并购股权对价款项的本外币贷款。这一规定允许符合条件的商业银行开办并购贷款业务,引导银行在并购贷款方面科学创新,满足企业和市场日益增长的合理的并购融资需求,为企业并购融资提供了新的渠道。并购贷款业务的推出,对银行和企业既意味着极大的发展机遇,也面临较大的风险。

(四) 设计并购战略方案

企业并购是一项十分复杂和专业化的市场行为,不能简单地通过有形市场来完成。企业选择好了并购目标后,还必须对并购策略、并购方式、并购价格、并购时间、并购支付工具、并购的步骤及并购后的会计处理等问题做出周密的计划安排。否则,只要其中任何一个环节出了问题,都可能导致并购行为的失败;或者即使完成了并购行为,也难以实现预期的并购效果,甚至可能引发并购企业自身的破产。所以企业需要具有丰富并购经验和大量专门技术人才的专门机构来帮助其设计并购战略方案,制订并购计划,而投资银行恰恰是可以满足企业这一需求的中介机构。

二、投资银行在公司并购中的角色

(一) 投资银行的买方代理角色

企业兼并收购是一项非常繁杂的工作,从可行性研究、目标公司的选择、相关信息的收集、并购方案的确定和实施一直到突发情况的应变都需要专业的机构方能胜任,而一般的企业不可能有足够的人才和组织机构,因此就需要投资银行的参与。当一家投资银行受聘为并购方的财务顾问后,它所要进行的完整的重组咨询业务工作程序如下:

第一,利用积累的信息资源帮助收购方发现收购机会,寻找合适的目标公司。在这个阶段,投资银行通过与企业接触可以比较准确地了解企业的想法和要求,在此基础上初步比较初选的一些目标,然后反复遴选,确定合适的收购目标。

第二,对被并购企业进行评估,提出"公平价值"建议。确定了并购目标,就要进一步地评估目标企业。财务和资产是评估的主要内容。其中财务评估是整个并购工作的核心,需要使用多种分析方法来仔细、深入地评价目标企业;资产评估是为了确定收购价格,主要是使用净价法,并参照市场价值做出判断。

第三,为收购设计购买结构。收购企业与购买普通商品是不同的,购买商品有比较清晰的标准和可量化的特点,但企业是开放的、动态的,在准确性和量化程度上是比较模糊的。所以在企业并购中除了价格这个因素,购买结构也是很重要的。

第四,收集潜在收购对手的有关信息,设计一个能让被并购企业股东接受的收购方案,并对这个方案进行展示和巡回推荐以及收集有关金融机构的反馈。

第五,为收购公司提供策略建议和谈判技巧,接洽目标公司的董事或大股东。对于最终的成败结果,投资银行在谈判中的经验、手段、策略及技术将起到特殊的作用。

第六,编制并购公告,详述并购情况,同时准备一份函件,说明收购的原因、条件和程序等,寄给目标公司股东。

第七,帮助企业进行重组整合。

(二) 投资银行的卖方代理角色

一方面,企业需要通过与别的企业并购来扩大市场份额、提高生产效率等。投资银行掌握的信息比较齐全,知道有哪些企业正在寻找并购对象,可以帮助被并购方挑选合适的伙伴。确定目标以后,投资银行就会判断并购方的收购要约是否公平合理,然后向被并购方企业的董事会和股东提出应否接纳的意见,并编制相关的公告等,帮助被并购方顺利完成与其他企业的并购。

另一方面,如果发生敌意并购,被并购企业不接受并购方的并购条件或反对并购时,通常会聘请投资银行作为顾问设计反并购策略来防御并购方的进攻。投资银行帮助被并购方企业实施反并购,主要采取以下措施:第一,投资银行和公司董事会一起制订一套有效的反收购策略,使收购的困难度和成本增加。例如,对公司股票价格进行监控,跟踪可能的并购方,并对其提供较早的警告;向股东宣传公司良好的发展前景,增加股息,使大股东继续持有公司股票、支持董事会等。第二,对目标企业进行评价。一方面根据并购方提出的并购建议确定一个较高的要约价格,以便在谈判中占据优势;另一方面提出一个公平价值建议来向股东证明并购方出价太低。第三,帮助会计师对被并购企业进行利润预测。编制关于说明董事会对要约的反应和对股东的意见的新闻公告,并通过媒体进行大力宣传。第四,收集金融机构关于要约的反馈和对要约被接受的可能性的判断。第五,编制有关公告和文件,说明董事会对股东的意见和对建议的初步反应,并协助目标公司董事会准备一份对收购要约的决定和详细分析,寄给本公司的股东。

三、投资银行从事并购业务的具体操作

投资银行从事并购业务的时候,其业务主要从两个方面开展:一方面是帮助并购公司开展并购业务;另一方面是帮助潜在的目标公司制定反收购的策略,以防公司被敌意收购,或者帮助目标公司寻找合适的买家。投资银行从事并购活动时的步骤包括寻找目标企业,对并购目标公司进行分析并且做出并购的可行性报告,对并购公司进行估价和出价,与目标公司的高级管理层或者大股东进行接触洽谈并购事宜,编制公告,宣布并购的具体细节问题,为并购公司的并购做出融资安排。

(一)寻找目标企业

对目标企业的选择是正式提出并购前的重要步骤。由于收购企业的目的或动机不一样,因而它要寻求的目标企业也不一样。主要考虑的可能性包括收购是为了扩大市场占有率,增强本集团业务配合的可靠性;取得供应商的控股权;或取得目标公司的资产等。在对收购的方向有了初步的选择之后,便可进一步物色收购的目标。

理想的并购目标应具备多方面的条件,如行业的关联性、具有隐形资产并有较大的升值潜力,其所处行业符合并购方的发展战略等。目标公司搜寻,包括对可供选择的目标企业进行初步的评价和比较。在这个阶段投资银行需要与并购方进行频繁而深入的讨论,以便更确切地了解并购方的并购意图和对目标公司的要求,在此基础上对市场机会进行筛选,最后确定收购目标。

从并购企业的角度来看,目标企业一般应当具有以下特征。

1. 具有经营特色的企业

这主要包括以下方面:① 有技术特点的企业。这类企业或具有较强的技术创新及产品开发能力,或是在某类专业领域内技术上独树一帜。② 有稳定销售渠道的企业。这类企业大都建立了遍及各地的销售网。③ 有较高价值的无形资产的企业。比如专利、技术诀窍、知名商标等,一般蕴藏着难以估价的潜力。④ 有优秀人才的企业。这类企业或是拥有一批掌握先进技术的人才,或是拥有一批优秀的管理者和技术熟练工人。⑤ 现金等流动资产充裕的企业。这类企业一般负债少,流动资产多,具有健全的财务管理制度。

2. 企业资产运营效果差的企业

这主要包括以下方面:① 资金利润率低的企业。这类企业虽然拥有较先进的设备,但是由于管理混乱,与行业内其他企业相比资金利润率相对较低。② 虽然拥有较高价值的资源,却没有加以利用的企业。这类企业或是拥有高价值的土地,却从事低资金利润率的生产经营;或是拥有优秀人才,却没有有效利用,在经营决策上存在问题。

3. 存在问题的股份制企业

这主要包括两种:① 股票稳定性差的企业。这类企业或是进入股市交易的流动性股票过多,稳定的股东过少;或是有大量可转换为股份的债券,容易成为收购的目标。② 股票价格过低的企业。这类企业或是由于股票价格长期低位徘徊;或是与同行业其他企业相比,股票分红少,容易成为被收购的目标。

(二)分析目标企业

1. 目标公司所在行业特征分析

行业特点体现在以下方面:公司所处的行业以及市场的界定;市场规模和特性;过去和将来市场增长情况;市场进入障碍;影响需求的因素;竞争特点及主要竞争者的情况;人口的地理分布、规划及环境等。评估时应注重行业状况是如何影响该公司及其前景的。

2. 目标企业财务状况的分析和审查

美国经济学家阿尔弗兰德·拉巴波特认为好的财力分析应该能对管理部门回答诸如下列问题:为目标企业支付的最高价格应是多少? 风险主要在哪里? 收购对收益、现金流和资产负债表有什么影响? 为收购筹集资金的最佳方式是什么? 财务评价包括买方企业的自我评价和对目标企业的评价。对目标企业财力状况的分析,主要信息来自目标企业公布的年终报表、中期业绩以及提供的财务报表等。

3. 经营能力分析

经营能力分析主要对目标公司的经营战略、组织领导机构、信息系统及监控系统进行评价,具体包括对目标企业研究开发能力、产品制造能力、市场营销能力及企业管理能力进行综合评价。对目标企业进行正确、合理的评价是最终选择目标公司的前提,同时也是并购方确定并购价格的基础。

(三) 确定并购价格

在公司并购中,最重要和最困难的问题莫过于收购价格的确定了。目标公司的价值多少,无论是对买方公司还是对目标公司来说都是非常重要的。对公司价值的评估方法很多,各有利弊。买方公司可根据自己的收购目的来选择对自己较为有利的方法,投资银行作为买方财务顾问可以帮助公司研究收购的要约价格、最高价及可能获得目标公司股票的最低价格。而目标公司则可让投资银行对买方提出的要约价格进行分析判断,帮助它"证明"买方的开价太低,尽可能提高收购价格,为广大股东争取一个合理的价格,并帮助股东做出售让或保留股票的决策。

在对并购对象估价之前应当着重分析目标公司及其所在行业的特征以及目标公司的竞争力等因素:① 目标公司的特征考察。这主要包括目标公司近年来的运营状况、所有权变更情况、目前股东和股东利益、股东权益收益率、公司业务范围、主要产品和客户群及供应商的情况、过去和未来的财务情况、盈利状况、流动性状况、组织结构、投资情况、筹资方式等。② 目标公司所在行业的考察。对行业的考察应当关注行业的特征,这主要包括市场规模、属性、市场增长情况、市场进入壁垒、行业竞争状况、外部监管情况等。③ 目标公司在行业中竞争性的考察。这主要包括并购对象在同行业中的市场占有率、公司的增长策略、分支机构分布、营销策略、潜在的机会等,一般可以用公司的规模、增长率、利润率、回报率、经营和财务杠杆率等指标加以衡量。

在进行了这些调查工作之后,投资银行就可以着手制定并购的价格,一般有以下几种制定价格的模型和方法。

1. 贴现现金流法

在评价公司价值的时候有很多种方法,比如市盈率法、股利法、贴现现金流法等,不过大多数文献表明,贴现现金流方法(Discounted Cash Flow Method)是最科学、最成熟的公司评价方法。这种方法的假设是并购公司的目的在于着眼于未来的营运绩效，则买方企业应当基于收购后的未来利润予以资本化后的价值。贴现现金流法是预估目标企业未来的现金流量，再以某一折现率，将预估的每年现金流量折为现值。所以目标公司的收购价格就可以表示为：

$$S = \sum_{t=1}^{\infty} \frac{R_t}{(1+k)^t}$$

式中，S 为预测期末公司价值；R_t 为预期期末后第 t 年的现金流；k 为投资者最低能够接受的报酬率，通常以资本成本替代。如果今后每年均能以 g 的年增长率增长，而 R_0 为首年现金流，则上面的公式最终可以变形为：

$$S = \frac{R_0(1+g)}{k-g}$$

这个方法原理非常简单，但是要准确地估测并购后每年的现金流量决非易事，毕竟公司经营中存在很多不确定的因素。

2. 市场比较法

市场比较法就是将股票市场上最近平均实际交易价格，作为企业价值的参考。由于证券市场处于均衡状态，因此，股价反映投资人对目标企业未来的现金流量与风险的预期，因而市场价格基本上等同于市场价值。市场比较法分成三类：第一，可比公司法（Comparable Company Method），即以交易活跃的同类公司的股价与财务数据为依据，计算出一些主要的财务比率，然后用这些比率作为资本乘数来推断非上市公司和交易不活跃的上市公司的价值；第二，可比收购法（Comparable Acquisition Method），就是指从类似的收购事件中获取有用的财务数据来求出一些相应的收购价格乘数，据此评估目标公司；第三，可比首次公开招股法（Comparable IPOs Method），是指收集其他上市公司上市前后的财务数据和上市之初的股价表现，计算出一些乘数，来预测即将上市的公司的股票市价。

3. 净值法

资产负债表最能够集中反映公司在某一特定时点的价值状况，揭示公司所掌握的资源、所担负的债务及所有者在企业所持有的权益。因此，资产负债表上各个项目的净值之和，即为公司的账面价值。通过投资银行或注册会计师审查这些项目的净值，可为估算公司的真正价值提供重要依据。在对资产负债表进行了必要的调整之后，再乘以一定的乘数即可粗略地作为目标公司的收购价格。在实务中，这种对资产负债项目逐项调整的估算方法，对于有形资产庞大的公司，是个估价的好办法；尤其是对于亏损的企业，常采用此方法，视同计算目标企业的清算价值。

（四）与目标公司企业（董事或者大股东）接触并洽谈收购事宜

在并购过程中，并购方同目标公司的接触是不可避免的。在双方接触阶段，并购方通过投资银行向目标公司发出收购要约或者提出收购协议。一般在善意收购的情况下,是通过协议收购方式进行的,也可以是并购方向目标公司的董事会发出收购要约,即并购方通过投资银行与目标公司的管理层联系,商谈具体的并购条件,一般是在平等友好的气氛中进行的,即使谈判最终难以达成一致,也不强制收购;在敌意收购的情况下,一般是并购方直接向目标公司的股东提出收购要约,表示愿意以较高的价格收购目标公司股份。在这个过程中就涉及各种收购方式的选择。介于敌意收购和善意收购之间还有一种收购方式是"狗熊拥抱",这种收购方式兼有敌意收购和善意收购的特点,比如在接触猎物公司管理层之前,猎手公司不会进行标购或在公开市场上收购猎物公司的股票;但是猎手公司向猎物公司提交的收购建议是向市场公开的以逼迫猎物公司接受收购建议。在这种情况下,一般猎手公司居于有利位置,收购比较容易成功。

可见不同的收购方式下,并购方的接触对象和接触洽谈方式有着很大的差别,猎手公司就应当根据市场的行情和猎物公司可能的反应以及自身的实力合理确定收购方案。

在接洽活动基本上告一段落之后,投资银行可以帮助并购公司拟定一份收购公告,详述收购事宜;也可以作为正式的收购协议或者收购要约,向公司董事会发出,或者在公开市场上公布,公布收购的进展以及收购当中可能涉及的法律、财务等问题的解决方案等。

(五) 并购支付方式的选择

并购方不仅要合理地制定收购价格,还要选择一种合适的支付方式。公司收购的支付工具主要有现金、股票(含优先股和普通股)、债务凭证或以上工具的混合形式。

1. 选择并购时支付方式的考虑因素

(1) 支付方式的选择应当有利于猎手公司资本结构的优化。合理的资本结构可以带来可观的收益。如果公司资本结构中负债比率过大,则可以考虑使用普通股的支付手段;如果股权比例过大,则应当采用债务融资收购的方法。

(2) 目标公司股东的要求。支付方式能否称目标公司股东之心直接关系到收购的成败,所以这一因素应当认真考虑。

(3) 遵守国家和地方政府的法令法规。在涉及跨国购并时,并购方的信息披露和会计处理必须符合东道国的法律,使用股票支付方式时还必须考虑发行的股票能否在东道国证券市场上市交易。

(4) 税收上的优惠。各种支付方式所承担的税赋是不一样的,所以减少税费开支也是并购时要考虑的问题。

(5) 并购方公司股东的要求。支付方式的不同直接影响到并购方股东的控制权和每股收益的大小,所以在决定收购某家目标公司的时候,并购方还得考虑自己股东的意见。

(6) 证券市场的容量。这就涉及发行股票或债券进行收购的时候一国证券市场的走势及扩容潜力。

2.并购时各种支付方式分析

（1）现金支付方式。

现金支付方式是并购方支付给目标公司股东一定数额的现金以达到收购目的的一种支付方式。现金收购速度快，而且不会稀释并购公司股东的控制权，常常用于敌意收购之中。但是，现金收购也有着较多的缺陷：并购方必须有很强的资金实力或现金流量很大，并且不可能在最终的现金安排上出现困难；目标公司的股东得到一次性的现金之后，从此丧失在公司中的权益；目标公司股东在获得现金补偿之后，实现资本利得，必须及时纳税，纳税时间提前等。所以在实施现金收购时，一般适用于现金流量较大的并购方敌意收购规模不大的公司。

（2）普通股支付方式。

普通股支付方式是指并购方通过增发公司普通股，以新发行的股票替换目标公司的股票以达到收购目的的出资方式。这种收购方式不会影响收购方的现金状况，目标公司的股东权益仍然得以保持，并且成为并购方公司的股东，这种收购方式也没有纳税的压力，同时会计处理中不反映商誉，减轻了商誉摊薄的压力。不过使用普通股支付时也有缺陷：费时费力，新发行证券以进行收购要耗费大量的时间和人力、物力，手续烦琐；收购成本不宜把握，毕竟普通股的股价波动是很大的，取决于市场对于收购行为的评价；收购时会稀释并购公司原有股东的权益，遭到自身公司股东的强烈反对。

（3）优先股支付方式。

优先股支付方式是指猎手公司以优先股作为公司收购的支付工具以达到收购目的的一种支付方式。优先股收购有着固定收益和普通股的大部分特质，所以曾经为人们所喜爱。但是，作为一种支付方式，优先股又有着一些缺点，比如收益有限、对公司的经营无权干涉，现在已经比较少用。

（4）综合证券支付方式。

综合证券支付是指并购方对目标公司提出收购要约时，其出价由现金、股票、认股权证、可转换债券等多种支付工具组成的一种支付方式。单一的支付工具总是存在着这样那样的缺点，综合起来可以避免其中的问题，但是组合的比例很重要，否则可能事与愿违。

（六）并购活动的融资安排

买方公司往往通过自己的实力难以完成收购活动，尤其是在现金收购方式下，买方公司可能一下子拿不出收购所需要的现金，也有可能出于对现金的稳妥保险的考虑，对投资银行有着较强的融资依赖性。投资银行在这种情况下应当为买方公司提供"一揽子"的筹资计划，通常的做法是：① 由投资银行给予过渡性贷款［一般称作"过桥贷款"（Bridge Loan）］，时间一般不超过 6 个月，利率比较高；② 由投资银行出面安排商业银行贷款，通称举债购买企业的贷款；③ 由投资银行代理兼并企业发售新债券——"次级信用债券"，也称"垃圾债券"融资等。

(七) 投资银行并购业务中的收费

并购业务也给投资银行带来了丰厚的收益,成为投资银行的主要业务活动之一。投资银行一般要与聘请者(并购的卖方或买方)签订顾问合同,最常见的合同包括固定费用和基于交易价格的变动费用两部分,进一步细分包括顾问费、交易管理费、公正意见费、中止费、成功酬金、聘用订金、起始费、销售代表费等。为激励投资银行设计出更好的并购方案,成功酬金在总费用中的权重最大,并且投资银行等级越高,权重越大。在并购过程中,投资银行收取的酬金(咨询费或聘请费)根据并购交易的金额大小、交易的复杂程度、投资银行提供的服务水平等决定。投资银行从事并购业务的报酬因服务内容而变动,一般没有明确的规定。

一般报酬形式可以分为以下两种。

1. 前端手续费

大型投资银行在接受客户委托订立契约时,通常以先收方式收取一定的费用。

2. 成功酬金

合并成功之后,委托人按照交易额支付。它是对投资银行服务支付手续费的最普通的方式。支付手续费有下面三种主要的计费方式:

(1) 固定比例佣金。是指无论交易金额多少,投资银行都按照某一固定比例收取佣金。固定比例的确定一般由投资银行和客户谈判确定,并购交易的金额越大,这一固定比例越低。

(2) 累退比例佣金。即投资银行的佣金随着交易额的上升而按比例下降。

(3) 累进比例佣金。投资银行事先与客户对并购交易所需的价格做出估计,按此估计数收取佣金,接下来由投资银行与目标公司谈判,如果最终收购的实际金额低于目标价格,则并购公司据此给予投资银行累进佣金以资奖励。例如,一起并购案估价1亿美元,投资银行以9 900万美元成交,则并购方额外付给$1‰×100=1$(万美元)的奖励;如果最终以9 800万美元成交,并购方支付$1‰×100+2‰×100=3$(万美元)的佣金。对于并购方的投资银行来讲,成交金额越低,获得佣金的比例越高,也可以作为一种激励措施。

四、投资银行参与公司并购的风险

并购活动的日趋复杂使得投资银行逐渐由简单的并购咨询、中介服务发展到全方位的介入,其风险随之越来越大。投资银行在并购业务方面的风险主要包括信用风险、市场风险、营运风险、环境风险、行为风险等。对这些风险的有效控制与管理,意味着收益的安全与稳定。

(一) 信用风险

信用风险是指借款人由于财务窘迫而无力偿还债务的风险,表现为三个阶段:先是不能按期支付贷款利息,接着是拖欠贷款的归还,最后是贷款损失。在并购业务中,投资银行除了提供咨询顾问业务之外,一般还为收购方企业提供短期并购资金,即所谓

"过桥贷款",约定由并购企业举债偿还或以利润偿还。但是,一旦出现市场萎靡、企业业绩滑坡的情况,短期贷款很可能变成长期贷款,直至最后不能收回,给投资银行带来损失。随着并购规模的迅速扩大和并购内容的日趋复杂,提供"过桥贷款"已成为投资银行争夺客户的利器,构成并购业务的重要内容,由此而引发的信用风险也就越来越成为投资银行风险管理的主要内容之一。

(二) 市场风险

市场风险是指由于价格等市场因素的变动给投资银行带来损失的风险。对市场风险的处理是衡量投资银行避险技巧和经验的重要参照。在并购业务中,投资银行的市场风险主要表现在包销企业证券方面。为降低收购方的筹资风险,投资银行一般会包销其证券,帮助筹集足够的并购资金。这期间产生的市场风险有两种:一是包销风险。主要是指因为利率、汇率或证券市场行情波动等情况所导致的证券销售困难。二是证券流动性风险。投资银行担任做市商时,有责任保证证券的流动性以及证券价格的相对稳定;当市场波动频繁而剧烈时,投资银行将有可能因为对证券流动性和价格的承诺而遭致损失。

(三) 营运风险

投资银行在并购业务方面所涉及的营运风险主要有以下三类:① 因没有尽职调查而引致的营运风险。在策划企业并购过程中,投资银行由于调查研究不充分、信息不准确而容易诱发一系列的营运风险。如果对客户的调查做得不够深入,就容易面临信用风险;如果对整个金融市场的调查不够深入,不能正确评估市场情况,就容易面临市场风险。② 因操作失误而引致的营运风险。主要是由于并购结果不尽如人意而使投资银行的责任受到追溯。一般来说,企业并购失败有两种情况,一是并购完成后不能产生协同效应,甚至收购方因被并购企业的业绩下滑而受到拖累,因而产生营运风险;二是并购后的新公司因规模过于庞大而产生规模不经济的问题,从而出现营运风险。在这些情况下,如果投资银行在与企业签署的契约文件中没有事先做好"免责"的规定,就可能引起诉讼并因之造成经济和声誉上的损失。例如,安然事件发生后,其股东宣布将以故意隐瞒真相、欺骗投资者罪起诉曾经为安然提供服务的投资银行,其中包括 J.P.摩根、瑞士信贷第一波士顿等。③ 设备和技术问题而引致的营运风险。随着科技的发展,投资银行对于科技尤其是通信、电子和计算机技术的依赖与日俱增,大量珍贵的业务数据是投资银行生存和发展的基础,容不得丝毫的疏忽和失误。这类营运风险越来越引起各投资银行的高度重视。

(四) 环境风险

投资银行并购业务的环境风险包括自然环境、法律环境、社会环境和政治环境等内容。自然环境对于开展并购业务的投资银行来说,一般是其客户受到自然环境的影响后再间接地影响投资银行。法律环境风险主要包括两个方面:一是投资银行的并购方案可能会因违反被并购公司所在地的某些法律而功亏一篑;二是投资银行在帮助企业实施并购的过程中出现操作失误或疏忽,其做法背离相关法律规定,出现被诉、败诉和增加并购成本的情况。

(五) 行为风险

行为风险是指由于投资银行内部员工有意或无意的行为造成损失的风险。随着并购业务的创新与发展,投资银行职员的工作自主性和独立性得到加强,由此产生了监督管理的难题,容易产生行为风险。特别是大型的投资银行,因其内部管理层次很多,并购业务的具体操作人员与高级管理人员的风险价值标准容易产生偏离,客观上形成潜在的风险。行为风险还体现为反并购风险,即目标企业的反并购战略和措施对收购方及其投资银行造成的损失。

第三节　杠杆并购

杠杆收购是 20 世纪 80 年代美国投资银行业最引人注目的发明。当时美国的许多企业匆匆扩张,收购本行业及行业外的公司以形成跨行业的综合性大公司。然而,大规模地盲目并购非但没有形成协同效应,反而使企业机构臃肿,造成了营运和管理不经济。为了摆脱困境,提高资本收益率,许多公司不得不低价出售公司下属的非主管部门和子公司,这就为杠杆收购提供了大量机会。

一、杠杆收购的概念及特征

杠杆收购(Leveraged Buyout,LBO),也称融资收购。简单的说,杠杆收购就是通过增加公司的融资杠杆以完成收购交易。或者说,杠杆收购是指通过目标公司的大量举债向其股东收买公司股权的行为。由于债权人只要求固定的利息及本金的偿还,而不会分享利润,因此,那些欲利用买卖企业股权获得高的投资回报的收购者,当然会选择举债高的融资方式,以期达到所谓的"杠杆"效果。

杠杆收购有以下特征:① 高负债。杠杆并购的突出特点是并购者不需投入全部资金即可完成并购。一般而言,在并购所需全部资本构成中,LBO 是以负债取代股本在目标公司资产负债表中的地位。② 高风险。杠杆收购具有很高的风险性。杠杆收购中所需大量资本是靠借贷得到的。因此,一旦条件发生了不利的变化,并购公司可能无法使收支达到平衡,从而可能会面临因无法偿还债务而破产的危机。③ 高收益。对提供贷款的金融机构来说,他们对杠杆收购交易提供借款能获得更高的收益。同时,企业的高级管理人员的收益也很高。④ 在杠杆收购融资方式中,投资银行等中介机构起着不可或缺的作用。杠杆收购通常是由投资银行安排自有资金作为过渡性贷款,再由投资银行为收购方设计和承销具有高风险性质的垃圾债券作为偿还过渡性贷款的来源,因此过渡性贷款安排和垃圾债券发行成为杠杆收购的关键。由于杠杆收购所需的资金绝大部分来源于外部融资,并且风险较高,一般的商业银行往往不愿涉足,只有投资银行愿意承担较高的风险,以求获取丰厚回报,并且垃圾债券的发行也只能由投资银行进行操作。因此,有人将杠杆收购归纳为投资银行和购并企业的合作博弈,双方都从中获得了巨额交易合作剩余。

杠杆收购具有独特的优越性:一是杠杆收购有着极高的股权回报率(ROE)。杠杆收购通过大量举债改变了公司的资本结构,公司的负债率大大提高而股东权益比率却迅速下降,这就增强了资本结构的杠杆效应,在企业最终溢价出售的情况下,购买方的股东权益回报率将出奇的高。二是税收优惠。杠杆收购中,主要的融资安排是借债收购,债务资本往往高达公司总资本的90%或者更多。债务资本的利息是在税前开支的,具有优越的"税盾"作用,减少了公司的应税利润,从而减少了公司所缴纳的所得税,这在企业所得税税率较高或实施累进税率的国家尤其受到欢迎。

二、杠杆收购的融资体系

成功的融资体系设计不仅能帮助杠杆收购者筹集足够的资金来完成交易,还能降低收购者的融资成本和今后的债务负担。投资银行在杠杆收购中所做出的重大贡献就是设计了多层次的融资体系,并为这个体系创新出许多前所未有的融资工具和证券。融资体系的构造往往最能反映出投资银行的匠心独具,是投资银行家智慧的集中表现。

(一) 融资体系的特征

(1)杠杆收购的融资渠道多样化。主要的筹资工具有银行借款、夹层债券和股权资本等。

(2)杠杆收购的融资体系当中,债务资本所占的比重比较大,而股权资本所占的比重比较小。

(3)融资体系的财务风险较大。由于融资体系中债权资本大,因此财务杠杆系数大,债务压力较大。

(4)创新融资工具的大量使用。在杠杆收购融资中,大量使用创新金融工具,比如垃圾债券、桥式贷款、从属债券、延迟支付债券等。

(二) 杠杆融资体系的内容及安排

杠杆收购的融资分成三个层次,分别是高级债券、夹层债券和股权资本,具体的组成体系如表5-1所示。

表 5-1　杠杆收购的融资体系

层　　次	债权人/投资者	贷款/证券
高级债券	商业银行 以资产做抵押的债权人 保险公司 被兼并的公司	周转信贷协议(无担保) 周转信贷协议(以应收账款和存款做抵押) 固定资产贷款(以机器、设备不动产做担保) 优先票据(无担保)
夹层债券	保险公司 退休基金组织 风险资本企业 被兼并公司	优先从属票据 次级从属票据

层 次	债权人/投资者	贷款/证券
股权资本	保险公司 风险资本企业 被兼并公司 私人投资者 公司经理人员	优先股 普通股

1. 高级债务层

高级债务(Senior Debt)也称一级银行贷款,是杠杆收购融资结构中最上层的融资工具,也是所占比例最大的融资工具,一般来说高级债务占到收购资金的 60% 左右。高级债务有着优先受偿权,因为商业银行提供贷款的时候一般比较谨慎,当然所对应的收益率相对也比较低一些,供应资金的商业银行所面临的风险比较小。

2. 次级债务层

从属债券是指那些以夹层债券为表现形式的债务融资工具。在公司破产清算的情况下,其求偿权位于一级银行贷款之后。在这一级中,主要的融资工具有三种:一是桥式贷款。桥式贷款是指投资银行以利率爬升票据等形式向收购者提供投资银行自有资本支持下的贷款。桥式贷款由收购者日后发行垃圾债券或收购完成后出售部分资产、部门所得资金偿还。二是从属债券。从属债券的期限多在 8~15 年,清偿次序位于一级银行贷款之后。按照它的清偿次序,可以分为高级从属债券和次级从属债券。三是延迟支付债券。延迟支付债券是指在约定的期限内不支付现金股利或股息,过了约定期按发行时债务契约中拟定的条件支付现金股息或利息的债务融资工具或优先股融资工具。这种融资工具可以大大减轻收购者的债务压力。最常用的延迟支付债券有零息债券(Deferred Coupon Bond)和实物支付债券(Pay-in-Kind Securities)两种主要形式,前者是折扣发行的无息债券,后者是到期可以转换为其他债券或优先股的债券,这种债券的收益率很高,风险也很大。

3. 股权资本层

股权资本证券是杠杆收购融资体系中居于最下层的融资工具,求偿权位于高级和次级债务之后,一般包括优先股和普通股两种。普通股是整个杠杆收购融资体系当中风险和潜在收益最大的一类证券,供应者一般是杠杆收购股权基金、经理人员、一级贷款和夹层债券的贷款者或供资方。在很多情况下,杠杆收购后形成的公司其控股权落在充任发起人的投资银行或专事杠杆收购的投资公司的手中。

三、杠杆收购操作流程

每笔杠杆收购交易在具体实施过程中都有其独特的方面,但典型的杠杆收购流程已基本模式化。一个典型的杠杆收购交易一般包括以下步骤。

（一）选择目标企业

在进行杠杆收购前要根据杠杆收购的特点,选择具有收购价值的企业。目标企业一般具有以下特征:① 目标企业一般受经济周期波动的影响小,有较稳定的净现金流。这一方面可以较准确地估计目标企业的估值,另一方面使贷款人对企业的偿债能力有较强的信心,从而使收购方能够便利地筹集到收购资金。② 目标企业非核心资产易于变卖,且非核心资产的出售对企业未来盈利能力影响不大。目标企业的这一特征使得收购方在实行杠杆收购以后,能够将部分资产出售变现以偿还债务,降低偿债付息压力。③ 目标企业价值被低估且运行效率一般比较低下,有较大降低成本的空间。在实施杠杆收购后,目标企业如果可以较容易地降低成本、提高运作效率,就能使收购者在收购后通过减少成本费用支出,提高企业运作效率来提升企业价值,进而在一定程度上缓解企业的偿债压力。④ 目标企业有良好的资本结构。如果目标公司收购前的资产负债率较低,尤其是负债相对于可抵押资产的比率较低,则收购者能够以目标企业的资产为抵押筹集到较多的资金,便于杠杆收购的开展;否则,收购者无法通过目标公司资产的抵押得到新的负债能力。

（二）组建空壳公司融资

首先,由杠杆收购者及公司管理阶层组成的集团,自筹10％的收购资金。然后,以公司资产为抵押品向银行借入50％～70％的收购所需资金。银行依据目标公司的财务及经营状况进行信用分析,并决定是否提供融资。杠杆收购的程序是由注册公司向银行借款完成收购后,再将此债务转移到目标公司。此阶段,投资银行为促进杠杆收购交易的迅速达成,常以利率爬升票据等形式向收购者提供投资银行自有资本支持下的过渡贷款。该笔贷款日后由收购者公开发行的高利风险债券所得款项或收购完成后收购者出售部分资产、部门所得资金偿还。在投资银行提供"过桥贷款"的情况下,买方只需出极少部分的自有资金,就可买下被收购的目标公司,取得控制权,安排由目标公司发行大量债券筹款,来偿还贷款。这种贷款由于公司负债比率过高,所以信用评级较低,因而发行利率一般达15％左右,风险很高,往往被称为"垃圾债券"。这种桥式资金融通具有很高的风险性。

（三）收购目标企业并实现经营协同,提升目标企业价值

在杠杆收购完成后,由于杠杆收购的债务负担较重,企业一般会采取合理措施提高经营效率,增加目标企业利润。一般的措施为出售部分非核心资产以偿还债务,有的甚至会在经营一段时间后出售部分股权。此外,企业一般会制定激励机制,如向管理层提供股票期权或认购股权等,使管理层尽最大努力经营目标企业或者与目标企业在生产经营上进行协同,以提高目标企业价值。

（四）杠杆收购者退出

在实行杠杆收购后,通过对目标企业进行资源整合和加强管理,企业运行一段时间后经营状况一般会好转,这时,杠杆收购者就要考虑退出了。实践中一般有两种退出方

式:一是再次公开上市,即通过向外界发行股票的方式,稀释自己在公司中的股权比例,逐渐退出。这种方式使收购方在回笼部分资金的同时还可继续保持对企业的控制权,但是杠杆收购方还要继续经营企业或聘请管理人员经营企业。二是直接出售企业,将控制权转售给战略型买主。这种方式简便快捷,但要投入较多精力确定目标企业价值,因为出售价格高低直接关系到杠杆收购者的最终收益。

四、垃圾债券——杠杆收购融资的关键

如前所述,在杠杆收购中,垃圾债券的融资是个关键。垃圾债券(Junk Bond)一词起源于 20 世纪 70 年代中期,为投资银行家米切尔·米尔肯首创。

垃圾债券,是指资信低于投资级或未被评级的债券。美国市场上的各种债券由标准普尔和穆迪公司根据它们的偿债能力和信用度予以评级。在标准普尔的评级体系中,垃圾债券被定义为 BBB 以下级别的债券;在穆迪的评级体系中则是 BAA 以下的债券。评级低的债券不得不付较高的利率来吸引投资者,因此垃圾债券也被称为高收益债券。

在金融市场上,信用与利率是呈反方向变化的。信用越差的公司发行债券的利率越高。因为信用越差,投资者风险越大,要求的回报率当然就相应提高。

垃圾债券对杠杆收购起着不可低估的推动作用,是杠杆收购融资的关键。垃圾债券是杠杆收购中夹层融资的最主要来源,在 20 世纪 80 年代杠杆收购的实际操作中,一般是先成立一家专门用于收购的"壳公司",再由投资银行等向购并企业提供一笔"过桥贷款"用于购买目标企业的股权。取得成功以后以这家"壳公司"的名义举债和发行债券,然后依照法律将两者合并,将"壳公司"因购并产生的负债转移到目标公司名下,再通过目标公司的经营偿债、获利。因此而发行的债券企业负债率较高,以未来收入或资产做担保,所以评级不高被称为垃圾债券。垃圾债券在杠杆收购中筹资的基本程序是:① 确定收购目标;② 建立收购主体及融资主体(壳公司);③ 在投资银行帮助下发行垃圾债券,迅速筹集资金;④ 用筹集的资金收购目标公司;⑤ 收购公司出卖目标公司的部分或全部资产,其收益用于回购发行在外的垃圾债券。

但是,以"垃圾债券"为手段所进行的高负债收购,更带有大量的投机成分。20 世纪 80 年代末高利率风险债券信誉江河日下,垃圾债券市场危机四伏,并逐步走向沉寂。

美国"垃圾债券"的兴衰有其特定的市场环境和深刻的社会背景:① 传统的融资渠道无法满足对资金的巨额需求。相比之下,用高额的收益发行债券来吸引资金,既可迅速筹资、加快企业重组和产业结构调整步伐,又能分散筹资渠道,转嫁投资风险。② 商业银行、证券公司、投资银行等金融投资机构及众多投机者,置其巨大风险而不顾,加剧了"垃圾债券"的极度膨胀。③ 对金融管制的放松为"垃圾债券"的盛行提供了可乘之机,金融自由化政策,导致许多素质低下的债券纷纷出笼,加速了证券市场的混乱。④ 高收益必然伴随着高风险。随着"垃圾债券"供过于求局面的逐渐形成,发行与销售的竞争日趋激烈,越是竞争,越是要提高债券的利率,利率越高风险越大,最终陷入一种恶性循环的怪圈。

五、过渡贷款

杠杆收购的高回报率吸引着资金,一些投资银行、投资公司纷纷从保险公司、商业银行、私人和公共养老基金以及个人投资者处集资,建立起专事杠杆收购的基金。

杠杆收购基金聚集的闲资需要出路。收购者之间的价格竞争愈演愈烈,为了控制交易,投资银行开始投入自有资本,这就产生了过渡贷款。

过渡贷款(Bridge Loan)是指投资银行向收购者提供的由投资银行自有资本支持下的贷款。过渡贷款的期限通常为 180 天,利率设计采取攀升式,投资银行提供过渡贷款时先要收取 1‰左右的承诺费,然后再按过渡贷款的实际支取金额,加收 1‰左右的附加费用。过渡贷款由杠杆收购后在公开市场上发行债券或出售部分资产或部门所筹的资金偿还。

过渡贷款使杠杆收购避免受制于第三者融资,再度提高了杠杆收购的速度,从而大大提高了交易成功的可能性。这不仅使投资银行可以获得全部的并购咨询费,并从中赚取贷款利息收益,还创造了相关的承销业务机会。

投资银行为促成杠杆收购交易的达成,常不惜发放单笔金额巨大的过渡贷款,这很容易令投资银行业绩和财务表现大起大落,所以投资银行不得不控制过渡贷款总量。

六、管理者收购

管理者收购(Management Buyouts,MBO),即"经理层收购""经理层融资收购",是杠杆收购之一,在 20 世纪七八十年代流行于资本市场相对成熟的欧美国家。所谓管理者收购,即目标公司的管理者或经理层利用借贷所融资本购买本公司的股份,从而改变本公司所有者结构、控制权结构和资产结构,进而达到重组本公司的目的并获得预期收益的一种收购行为。

(一) 管理者收购运作阶段

1. 准备阶段

公司管理层人员在投资银行辅助下,做出各种事前准备并设计管理层激励方案。① 尽职调查。对企业背景进行分析,了解公司历史,确定原公司的股权结构,了解原公司的财务、人力资源以及公司的市场状况。这是对管理者收购的可行性分析。② 组建管理层团队。当收购步入正轨后,为保证收购的顺利进行,需要对参与收购的管理层进行重新组合,除了原有各职能部门的高级管理人员或职员外还应引进专家,将不愿意参与收购和缺乏敬业精神以及缺乏协作能力的本公司管理人员排除在收购队伍之外。③ 选择合适的中介机构。重新组建的管理团队,根据目标公司的规模、特点及收购工作的复杂程度,选择中介机构(如投资银行、律师事务所、会计师事务所)来指导收购业务、安排收购方案,保证收购活动能合法高效地运作。④ 具体安排收购的融资计划。能否取得融资在管理者收购中至为关键。要在投资银行等中介机构的帮助下寻求投资者,制订一个合理有效的融资计划。高层管理人员在专家的指导下组建壳公司,由壳公司首先提供 10% 的收购资金；向银行或其他金融机构借入大约 60% 的资金；剩余部分以发行夹层债券或取得过桥贷款、并购基金等方式向机构投资者(如并购基金管理机构、风险投资基金以及保险公司等)筹措。在这一阶段，企业管理层要制定以股权为基础的管理层激励方案。

2. 执行阶段

管理层实施收购计划，在这个阶段，管理层委托投资银行完成对本公司的价值评估和制定出合理的出售价格。接下来就是和公司的原所有者进行谈判，并签订合同。在这一步，壳公司代表管理层就收购条件和价格与目标公司的董事会进行谈判，签订收购协议书。在协议书签订后就可以按照协议书的规定，对目标公司进行收购。

3. 整合阶段

在管理层取得了目标公司的控制权之后，管理人员应当通过削减经营成本、改变市场战略、增加利润和现金流量、改进生产设施、改善库存和应收账款的管理、提高产品质量、调查产品结构等措施加强企业管理。对公司进行资产重组，处理不良资产，调整业务领域，改善公司的财务状况，调整资本负债比例，使企业步入健康发展的轨道。

管理者收购之后，因为股权过于集中，上市公司可能退市。当调整完毕之后，管理层可以出售部分股权以恢复上市，也可以转售于他人，还可以继续作为非上市公司经营。图 5-1 说明了整个管理者收购的具体流程。

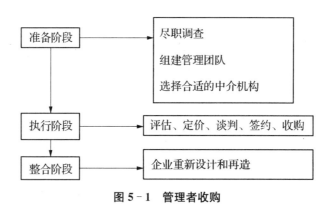

图 5-1　管理者收购

(二) 管理者收购的基本特点

① 收购主体的特定性。管理者收购与其他企业并购方式相比，最大的区别就在于收购主体是本企业的管理层，企业实施管理者收购之后，由两权分离的企业转变为两权合一的企业。② 目标公司具有巨大的资产潜能，存在潜在的管理效率空间。管理者收购的公司一般具有经营潜力，管理层能通过对本公司的直接占有降低代理成本，进而可获得现金注入，并带来更多投资收益。③ 管理者收购多发生在拥有稳定现金流的成熟行业。管理者收购首先要进行债务融资，然后再用企业的现金流来偿债。成熟企业一般现金流比较稳定，有利于管理者收购的实施。④ 管理者收购所需资金主要通过外部

债务融资完成,要求收购者具有较强的组织能力、资本运营能力。还需要中介机构、财务顾问等进行指导。

第四节 反并购

公司并购有敌意并购和善意并购两种方式,两家公司能够两厢情愿达成并购协议当然是最好不过的事情,但是往往因为直接涉及董事会、经理层的利益,所以在并购的时候并购方容易遭到抵制。尤其是在敌意接管的时候,并购方来势汹汹,目标公司往往会采取反并购策略。每个公司都可能因为经营状况或财务状况的变化导致公司价值波动,从而可能成为并购方的标的物。但是,这些公司不太可能都专门设立一个"智囊团",每日高度警惕,预防可能被兼并的风险,更多的公司采取的措施是聘请投资银行作为顾问,对公司外部威胁加以监控,同时设计出若干反收购策略,可以是防患于未然的预防性策略,也可以是在并购事件发生时的应急对策。

一、公司反并购的内涵与积极意义

(一)反并购

反并购(Anti-merger & Acquisition)是指目标企业为了防止并购的发生或挫败已发生的并购而采取的一系列行为。这一概念有以下含义:反并购的目的在于防范和阻止外来的收购者通过购买一定数量的本企业资产或股份达到对企业的控制,从而维护企业的控制权。反并购的措施可以分为两大类:一类是预防并购者并购的事前反并购措施,如美国的众多企业在其章程中事先规定,每年只能改选 1/3 的董事会席位,这种规定往往可以让潜在的并购者望而却步,因为它使得并购者无法立即控制企业。另一类是阻止并购者并购成功的事后反并购措施,如有的企业为击退并购者,将那些诱发并购企图的优良资产出售和剥离,以此来打消并购者继续并购的动机。

(二)公司反并购的积极意义

1.反并购维持了控制权的稳定和经营战略的连续

公司要实现发展,必须有稳定的控制权,在此基础上才有可能实施稳定和长远的经营战略。实际上自19世纪后期,股份公司制度在西方国家确立伊始,反并购的问题就已经存在。在股份自由流通和一股一票的规则下,防止被并购的最基本手段是集中足够的股权,但是企业规模的扩大使得由一方集中股权变得困难,所以股权分散的企业必然要求运用其他的反并购措施。各国企业反并购的实践表明,在敌意并购的压力下,甚至产生了背离一股一票规则的反并购措施,如无表决权股票、双层股票、最高表决权限制等,它们的运用有时可以彻底防止被并购。此外董事轮换制、毒丸计划、相互持股都是特别有效的反并购措施,都使得企业免去或减少了随时被并购的威胁,从而维护了企业控制权的稳定,保证了经营战略的连续。

2. 反并购可以实现对经营者人力资本的保护

企业的长远发展必须重视经营者积极作用的发挥,经营者的人力资本(主要是创新和经营能力)是重要的生产要素,也是企业长期绩效的关键。对经营者地位的认可和保护已经成为一个国家能否实现长期经济发展的主要制度性保障之一。

经营者通常不持有或只持有很少的企业股份,其在企业中的地位随时受股东频繁买卖股份行为的影响,因为企业只能通过雇佣合约的形式承诺保障经营者的工作,而一旦企业被并购,经营者就有被解雇的可能。如果企业随时可能被并购,经营者将没有动力持续发挥其创新和经营能力,这是因为作为一种专门的技术和工作技巧,人力资本投资具有专用性特征,经营者如果退出企业,这种特殊的技艺在企业外部得不到充分评价,从而会给其带来损失。

反并购安排的存在,可以实现对经营者人力资本的保护,在经营者与股东买卖股份的行为之间设置了一道缓冲式的隔离墙,使经营者不必受股东短期行为的影响,从而致力于企业持续经营能力和核心竞争力的培植。

3. 反并购可以防范不利的并购,维护企业的整体利益

由于市场的不完善,可能存在各种动机不良的并购行为。例如,有些并购行为是为了将企业肢解出售来获利;有些则是并购方经营者满足其自我扩张欲望的手段,他们只是希望自己经营的企业规模越大越好,而不顾及目标企业的经营效率如何,所处的行业如何,是否可以实现规模效应和协同效应。这样的并购牺牲了目标企业自身的经营战略,结果也没有提高效率。美国跨行业并购浪潮中完成的一些多元化集团,最后不得不因经营不善而解散就是一个很好的说明。所以,采取反并购措施可以增强企业对各种不利的并购行为的抵抗能力,维护企业众多利益相关者的整体利益。

二、公司反并购策略设计

在当今公司并购之风盛行的情况下,越来越多的公司从自身利益出发,在投资银行等外部顾问机构的帮助下,开始重视采用各种积极有效的防御性措施进行反收购,以抵制来自其他公司的敌意收购。投资银行在提供反并购服务时,首先应该抓好整顿工作,帮助公司完善治理结构,推行有效的管理,可能要涉及加强财务管理,适时调整组织结构、业务、产品结构和资本结构。常见的反并购策略主要有以下几种。

(一) 反并购的经济手段

反并购时可以运用的经济手段主要有四大类:提高并购者的并购成本、降低并购者的并购收益、收购并购者、适时修改公司章程等。

1. 提高并购者的并购成本

(1) 资产重估:在现行的财务会计中,资产通常采用历史成本来估价。普通的通货膨胀,使历史成本往往低于资产的实际价值。多年来,许多公司定期对其资产进行重新评估,并把结果编入资产负债表,提高了净资产的账面价值。由于并购出价与账面价值

有内在联系,提高账面价值会抬高并购出价,抑制并购动机。

(2) 股份回购:股份回购是上市公司为了防止股份过于分散而被收购并调整公司的负债水平,可以在资本市场中发行一定量的公司债券,筹得资金用于回购本公司的股票。这样一方面减少在外的流通股,另一方面流通股份的减少可以刺激股价的上扬,收购方的收购成本和难度因而加大。

公司在受到并购威胁时可回购股份,其基本形式有两种:一是公司将可用的现金分配给股东,这种分配不是支付红利,而是购回股票;二是换股,即发行公司债、特别股或其组合以回收股票,通过减少在外流通股数,抬高股价,迫使收购者提高每股收购价。但此法对目标企业颇危险,因负债比例提高,财务风险增加。

(3) 寻找"白衣骑士"(White Knight):"白衣骑士"是指在敌意并购发生时,目标公司的友好人士或公司作为第三方出面来解救目标公司、驱逐敌意收购者。所谓寻找"白衣骑士",是指目标公司在遭到敌意收购袭击的时候,主动寻找第三方(即所谓的"白衣骑士")来与袭击者争购,造成第三方与袭击者竞价收购目标公司股份的局面。目标公司的管理者通过与"白衣骑士"达成协议,让"白衣骑士"允许他们保留现有的职位而保持其对公司的控制。他们还可以向"白衣骑士"出售相应的资产从而保持对公司剩余部分的控制权。

如果仅仅将公司的很大比例的股票转让给友好公司而不构成控股权的转让,则这种策略被称为"白衣护卫"。这些公司购买的股票往往是可转换的优先股,他们一般也不希望得到公司的控制权。他们之间签订协议,约定在目标公司面临敌意接管时,"白衣护卫"公司可以优惠价格或更高的回报率承诺购买目标公司具有表决权的大量股票或债券,从而避免公司被并购的危机。

(4) 降落伞计划:降落伞计划是通过提高企业员工的更换费用实现的。由于目标企业被并购后,随之而来的经常是管理层更换和公司裁员。针对员工对上述问题的担忧,人们设计了降落伞反并购计划。降落伞计划具体包括三种形式:金色降落伞、灰色降落伞和锡降落伞。

"金降落伞"(Golden Parachute)是专为保护公司经理层人员的利益而设计的。"金降落伞"协议规定,一旦因为公司被并购而导致公司高级管理人员被解职(这一般发生在敌意接管的情况下,因为善意并购很少一开始就涉及剧烈的高层人事变动),公司将提供相当丰厚的解职金和立即兑现股票期权。虽然一个公司的高层管理人员并不是很多,但是由于高额补贴的付出和巨额股票期权的兑现,也可能会给收购方在现金支出上带来重负,在某些情况下可能会吓退收购者。

"金降落伞"协议在某种程度上加大收购者的收购成本,可以作为反收购策略。但"金降落伞"的实施也可能弱化经理层的管理动能,因为他们管理不善造成公司被接管之后,经理人员仍能获得甚至超过其在职收入的补贴,对于公司的普通员工而言是不公平的,也极大地损害了股东利益最大化,所以其合法性一直受到来自诸多方面的质疑。

"灰色降落伞"主要是向中级管理人员提供较为逊色的同类保证。目标企业承诺,如果该企业被并购,中级管理人员可以根据工龄长短领取数周至数月的工资。

"锡降落伞"(Tin Parachute)协议是专为保护公司普通员工的利益而设计的。它是指在员工因为公司被接管而遭到解雇时可以获得数月甚至长达数年的工资以作为补偿。虽然"锡降落伞"的单位金额远远低于"金降落伞",但是因为享受的人数比较多,所以相累加,数目也相当的可观。同"金降落伞"一样,"锡降落伞"增加了收购方的现金支出,从而加大其收购难度。

在实践中,降落伞计划尤其是金降落伞计划的合法性与合理性受到很大的争议。在法律上,只有当协议是本着股东利益最大化的原则实施时,才不被认为违背了董事和管理层的受托责任。一些人认为,设计合理的"金降落伞"会使管理层有足够的动力为股东寻求更高的溢价;但一些批评者认为,过度的"金降落伞"仅仅是对管理者的保护,同时给股东和公司带来了沉重的负担,掩饰了其作为反收购措施的本质。

2. 降低并购者的并购收益或增加并购者风险

(1)"焦土战术":这是公司在遇到收购袭击而无力反击时所采取的一种两败俱伤的做法。为了避免被收购,猎物公司疯狂"自残",如高价购入大量无利可图的资产而不惜用尽现金或大量举债;进行低效益的长期投资,使猎手公司在可以预见的未来(Foreseeable Future)没有进账;大量举债,并在合同中规定以确保贷款安全为由在并购成功后即刻偿还;等等。这些政策将使并购方在并购成功后看到一个满目疮痍的"烂摊子",并购者往往会在这种极端反抗前却步。"焦土政策"是一种极端的反抗收购的方式,极大地损害了股东的利益,也将使企业往昔的辛苦经营毁于一旦,所以为各国法律所限制,采用这种极端方案的公司是很少见的。

出售"皇冠珍珠"(Crown Jewels)。所谓"皇冠珍珠"是指一家公司中经营最好的子公司。通常一家公司被盯上也是因为这些公司的存在,"皇冠珍珠"往往包括这样几种资产、业务和部门:① 价值被低估的设备、土地等资源;② 发展前景大好的生产工艺、业务和专利技术;③ 可能会威胁猎手公司业务发展的部门。为了打消收购者的念头,公司在面临敌意收购的时候,会把公司中可以称为"皇冠珍珠"的子公司出售给第三方,留下一个空壳,自然消除了被敌意接管的风险。但是,若以低于市价的价格出售,则损害了股东利益,其出售行为也会被判失效,最终难逃被接管的厄运。例如,露华浓公司为抵制潘特里公司的收购,曾想把两个盈利水平很高的子公司廉价卖给福斯特曼公司,但是被潘特里公司控诉其出售时没有按照公平市价进行,损害了股东的利益,最终被法院判决出售行为无效,潘特里公司也如愿以偿地接管了露华浓公司。

"负债计划"是指目标公司在并购威胁下大量增加自身负债,降低企业被并购的吸引力。例如,发行债券并约定在公司股权发生大规模转移时,债券持有人可要求立刻兑付,从而使并购公司在并购后立即面临巨额现金支出,降低其并购兴趣。这种策略也被一些研究者列为"毒丸计划"的一种。

(2)"毒丸计划":"毒丸计划"包括"负债毒丸计划""优先股权毒丸计划"和"人员毒丸计划"三种。

毒丸计划是美国著名的并购律师马丁·利普顿 1982 年发明的,正式名称为"股权摊薄反收购措施"。

第一代毒丸计划:优先股计划。目标公司向普通股股东发行优先股,一旦公司被收购,股东持有的优先股就可以转换为一定数额的收购方股票。一旦未经认可的一方收购了目标公司一大笔股份(一般是 10% 至 20% 的股份)时,毒丸计划就会启动,导致新股充斥市场。一旦"毒丸计划"被触发,其他所有的股东都有机会以低价买进新股。这样就大大地稀释了收购方的股权,继而使收购变得代价高昂,从而达到抵制收购的目的。此方法的不足是:会立即对资产负债表产生负面影响,因为当分析师计算一个公司杠杆的时候,优先股会被加入到长期负债中去。

第二代毒丸计划:弹出毒丸计划(Flip-over)。"弹出"计划为持有人提供一种权力,在公司被收购时,准许持有人以一个较低的价格购买公司的股票。例如,以 100 元购买的优先股可以转换成目标公司 200 元的股票。"弹出"计划的影响是提高股东在收购中愿意接受的最低价格。如果目标公司的股价为 50 元,那么股东就不会接受所有低于150 元的收购要约。因为 150 元是股东可以从购股权中得到的溢价,它等于 50 元的股价加上 200 元的股票减去 100 元的购股成本。这时,股东可以获得的最低股票溢价是200%。此方法的效果及不利影响:只有在收购者获得 100% 的股份时才生效,不能有效地防止达到控制却没有取得 100% 股份的收购;这些使公司价值减少的权力发行大大减少了潜在的"白衣骑士"的兴趣,反而使得公司可能更容易被收购。

第三代毒丸计划:弹入毒丸计划(Flip-in)。在"弹入"计划中,目标公司以很高的溢价购回其发行的购股权,通常溢价高达 100%,即 100 元的优先股以 200 元的价格被购回。而敌意收购者或触发这一事件的大股东则不在回购之列。这样就稀释了收购者在目标公司的权益。

除此之外,毒丸计划还发展出了一些变种,主要有支撑计划和表决权计划。支撑计划(Back-end Rights Plan),即向目标公司股东发行一种可执行红利权利,如果收购者收购目标公司的股票超过某一限额,股东(不包括收购方)可以将每股连同其附带的权利换成优先级证券或者与目标公司董事会制定的撤离价格等值的现金。这种撤离价格制定得高于市价,并且是最低的接管价格,在其之下接管不可能成功。表决权计划(Voting Plan),是指给目标公司的股东发行有表决权的优先股,在触发点赋予优先股股东超级投票权,以使竞价者难以得到表决控制权。

毒丸发行主要通过向普通股股东发放权力股利实施,一般不需要股东同意。除非出现触发事件,该权力一般依托在普通股上进行交易,但一旦触发事件发生,权力就可分离执行。发行人在权衡利弊后可以以很低的价格赎回权力。"毒丸"术是较为行之有效的反并购策略,但是其合法性也往往遭到质疑,因为这种策略会阻止相当一部分本身对股东有利的并购活动,而且"毒丸"的实施往往会导致股价下跌,损害了股东的利益,所以"毒丸"实施也往往被判定为无效。

3. 建立合理的持股结构

收购公司的关键是收购到"足量"的股权。一个上市公司,为了避免被收购,应该重视建立这样的股权结构,在该种股权结构中,公司股权难以"足量"地转让到收购者的手上。很显然,这里的所谓"合理持股结构"的"合理",是以反并购效果为参照标准的。建立这种股权结构,其做法主要有以下几种:

(1) 自我控股。

即公司的发起组建人或其后继大股东为了避免公司被他人收购,取得对公司的控股地位,主要分为两种情况:一是在一开始设置公司股权时就让自己控有公司的"足量"股权;二是通过增持股份加大持股比例来达到控股地位。

自我控股又有控股程度的差别。自我控股如果达到 51% 的比例,那么敌意收购不再可能发生,收购与反收购问题不复存在。一般来说,在股权分散的情况下,对一个公司持有 25% 左右的股权就能控制该公司。但从理论上说,只要持股比例低于 50%,敌意收购就可能发生,公司就要面临反收购问题。一个股东对自己控制的上市公司持股比例越大,该上市公司被收购的风险就越小,当持股比例大到 51% 时,被敌意收购的风险为零。

(2) 互相持股。

互相持股是指可能被收购的公司事先选择一家关系较好或者密切联系的公司,双方互换股份,相互持有对方一定比例的股权,从而可以有效地阻止第三者的收购。比如日本的主银行制就有这种特点,所以敌意接管的事件很少。互相持有股份是一种有效的反收购策略,但是在不同的国家面对的法律约束是不同的,如日本倡导这一方式而英国则禁止这一做法,美国没有对这个问题做出明确的法律规定。但是,应该看到互持股份也有其缺陷:首先,耗费公司资金造成资源占压,影响营运资金的使用;其次,可能造成"多米诺骨牌效应",一家公司经营状况的恶化可能拖垮其持股公司;再次,一旦互相持股公司一方被收购,则收购方可以同时控制另一家公司相当数量的股权,能以低廉的成本将后者也收入囊中。

在运用互相持股策略时,需要注意几点:一是互控股份需要占用双方公司大量资金,影响流动资金的筹集和运用。有的国家法律规定当一家公司持有另一家公司一定量股份(如 10%)时,后者不能持有前者的股份,即不能相互出资交叉持股。交叉持股实质上是相互出资,这势必违背公司通过发行股份募集资金的初衷。在市场不景气的情况下,互控股份的双方公司反而可能互相拖累。二是相互持股有可能让收购者的收购袭击达到一箭双雕的结果。如果 A、B 互控股权 20%,虽然这大大增加了收购 A 或 B 的难度及风险,但一旦收购了其中的一家,实际上也就间接收购了另一家。这种一箭双雕的效果往往引发收购者对交叉持股公司发动收购袭击。

(3) 把股份放在朋友的手上。

这种做法对公司反收购的积极效果与上述交叉持股类似,即一方面将公司部分股份锁定在朋友股东手上,增大收购者吸筹难度和成本;另一方面在有关表态和投票表决中朋友股东可支持公司的反收购行动。

实现朋友持股的做法有多种。既可以在组建公司时邀朋友一起做发起人股东,或由朋友认购一定数量的公司股份,也可以在公司现有股东中物色合适对象,许以其他利益,将其"培养"为朋友,还可以向朋友定向发行一定量的股票。但各种做法在各个不同国家可能会受到不同的法律限制。例如,英国法律禁止目标公司在出价期间向友好公司发行股票,而美国法律则无此类限制。

(4) 员工持股计划(Employee Share Ownership Plan, ESOP)。

各国为了提高职工生产的积极性,纷纷实施了"员工持股计划",将公司一定比例的股份(如 20%)发放给职工持有。这一措施为投资银行设计反收购策略提供了很好的"蓝本",被投资银行家和猎物公司演绎成一道非常有效的防御工事。比如美国普洛克特与盖博公司建立了员工持股计划,其员工持有公司 20%的股份,而公司章程中规定完全兼并必须代表 85%股权的表决权通过,员工一般害怕敌意收购后丢掉"饭碗",所以通常是支持现任管理层的,故而实施这个计划几乎使公司无被收购之虞。

4. 针锋相对策略

由于并购方忙于并购活动,很可能无心照料自己的公司和产业,这样目标公司就可以绕到并购方背后给予一击,使得并购方可能无心恋战,并购危机就此告终。这类策略中常见的是帕克曼战术和绿色邮件。

(1) 帕克曼战术(Pac-man)。帕克曼战术源于 20 世纪 80 年代流行的一种录像游戏。帕克曼防御术是指目标企业威胁收购方进行反收购,并开始购买收购者的普通股,以达到保卫自己的目的。帕克曼防卫的特点是以攻为守,使攻守双方角色颠倒,致对方于被动局面。目标公司还可以出让本企业的部分利益,策动与目标企业关系密切的友好企业出面收购并购方股份,来达到"围魏救赵"的效果。从反收购效果来看,帕克曼防卫往往能使反收购方进退自如,可攻可守。进,可收购袭击者;守,可使袭击者迫于自卫放弃原先的袭击企图;退,可因本公司拥有袭击者的股权,即便收购袭击成功,也能分享收购成功所带来的好处。帕克曼防御术的运用,一般需要具备一些条件:首先,袭击者本身应是一家公众公司,否则就谈不上反收购袭击公司的股份;其次,袭击者本身要存在被收购的可能性;最后,目标企业需要有较强的资金实力和外部融资能力,否则风险很大。

(2) 绿色邮件(Green Mail)。绿色邮件是指目标公司以高于收购价的价格回购并购者手中的股票,作为交换条件,并购方承诺放弃并购。这种方法固然有效,但是也要求目标公司有较为雄厚的资金实力;另一方面为部分投机钻营者提供了专靠假收购赢取高价回购溢价的机会,目标公司利益因而受损。

5. 适时修改公司章程

这是公司对潜在收购者或诈骗者所采取的预防措施。反收购条款的实施、直接或间接提高收购成本、董事会改选的规定都可使收购方望而却步。

(1) 董事会轮选制度。董事会轮选制是指每次董事会换届选举只能更换少部分的董事(如董事人数的 1/3),这样如果董事会成员任期三年,要将董事会里的人全部换成收购方自己的人至少要六年时间,就不能迅速地获取公司的控制权,所以收购兴趣大减。这个措施旨在维护董事会成员和决策的连贯性。

（2）"超多数规定"。很多国家公司法或证券法中只规定公司决策简单多数即可通过，为了增加收购的难度，许多公司修改了章程，在面临恶意接管时，赞同者所代表的股份比例必须达到 2/3 或 3/4 的绝对多数，收购才能成功，这也加大了收购的难度。

（3）累积投票法。在争夺公司的控制权时，有两种投票方式：一是普通投票法，每股可投票数等于拟选举人数，且不得重复投票，往往造成董事会为大股东控制的局面；二是累积投票法，即投票人可投等于候选人人数的票，并可将选票全部投于一人，这样中小股东还是可以选出自己的董事，其利益也不致因为公司被收购而完全落空。

（二）反收购的法律手段

诉讼策略是目标公司在并购防御中经常使用的策略。诉讼的目的通常包括逼迫收购方提高收购价以免被起诉；避免收购方先发制人，提起诉讼，延缓收购时间，以便另寻"白衣骑士"；在心理上重振目标公司管理层的士气。

诉讼策略的第一步往往是目标公司请求法院禁止收购继续进行。于是，收购方必须首先给出充足的理由证明目标公司的指控不成立，否则不能继续增加目标公司的股票。这就使目标公司有机会采取有效措施进一步抵御被收购。不论诉讼成功与否，都为目标公司争得了时间，这是该策略被广为采用的主要原因。

目标公司提起诉讼的理由主要有三条：第一，反垄断。部分收购可能使收购方获得某一行业的垄断或接近垄断地位，目标公司可以此作为诉讼理由。第二，利用证券交易法规的约束。各国的证券交易法规都有关于上市公司并购的强行性规定。这些强行性规定一般对证券交易及公司并购的程度、强制性义务做出了详细的规定，比如持股量、强制信息披露与报告、强制收购要约等。敌意并购者一旦违反强行性规定，就可能导致收购失败。第三，犯罪。除非有确凿的证据，否则目标公司很难以此为据提起诉讼。

（三）其他手段

除了以上的经济手段与法律手段外，目标公司还可以利用一系列其他手段。例如，寻求股东的支持，即以公告或信函方式向本公司股东们表示反对收购的意见，希望股东不要接受收购要约，并向股东报告公司的财务状况、公司业绩及美好的发展前景等，同时许诺将给股东以丰厚的回报。又如，迁移注册地、政治手段、公关游说与论战、争取舆论支持等。

第六章 资产证券化

投资银行是资产证券化的创造者、推动者、受益者,在投资银行与商业银行的联合推动下,资产证券化新品种不断出现,对金融创新产生了巨大影响。但资产证券化的过度创新、风险控制的滞后等又导致了投资银行面临危机或破产,甚至引发金融危机。

第一节 资产证券化概述

一、资产证券化内涵

资产证券化(Asset-backed Securities,ABS)指将缺乏流动性但预期未来能够产生稳定现金流的基础资产,以其未来所产生的现金流为偿付支持,通过筛选、重组以及增信等手段把其转变为可在市场上流通、转让的资产支持证券的过程。它在很大程度上提高了资产流动性,还拓宽了发起人的融资渠道,带动了国民经济发展。

资产证券化兴起于美国的住房抵押贷款证券化。20世纪70年代,美国为了解决第二次世界大战之后婴儿潮的庞大购房资金需求,华尔街的投资银行发展了资产证券化的做法,以当时政府机构辅助的住房抵押贷款组合,于1970年首度发行以住房抵押贷款为基础的证券——住房抵押贷款转付证券,正式揭开抵押贷款债权证券化的序幕。

1977年,美国投资银行家莱维斯·瑞尼尔(Lewis Ranieri),在一次同《华尔街》杂志的记者讨论抵押贷款转手证券时,首次使用"资产证券化"这个用语,以后资产证券化就开始在金融界流行起来了。作为20世纪70年代以来一项重要的金融创新,资产证券化不仅改变了传统的投融资体制,而且带来了金融领域的巨大变革。在过去的几十年里,资产证券化除了风靡美国资本市场,并且逐渐为欧洲、亚洲和拉丁美洲国家的金融市场参与者所认识和运用,成为备受瞩目的新型融资工具。

由于资产证券化的产生背景和发展阶段的不同以及观察者角度的各异,故无论是实务界还是理论界都没有对资产证券化的定义形成统一的认识和得出一致的结论。目前,有关资产证券化定义的观点主要有以下一些:

国内研究最常引用的是美国学者格顿(Gardener)的定义:"资产证券化是储蓄与借款者通过金融市场得以部分或全部地匹配的一个过程或工具。在这里,开放的市场信誉(通过金融市场)取代了由银行或其他金融机构提供的封闭市场信誉。"格顿的定义是一种广义的证券化概念。在这里,证券化包括两个方面的含义:一是指融资证券化,即资金需求者通过在金融市场上发行股票、债券等直接从资金提供者那里获得资金的一种融资方式,是一种增量资产的证券化,又被称为"一级证券化";二是指资产证券化,即指将缺乏流动性但具有未来现金流收入的资产集中起来,并换成可在金融市场上流通的证券,这种证券化是在已有的信用关系基础上发展起来的,这是一种存量资产的证券化,故可称为"二级证券化"。

有"资产证券化之父"之称的美国耶鲁大学弗兰克·J.法博齐教授认为:资产证券化可以被广泛地定义为一个过程,通过这个过程将具有共同特征的贷款、消费者分期付款合同、租约、应收账款和其他不流动的资产包装成可以市场化的、具有投资特征的带息证券。

美国证券交易委员会对资产证券化的定义为:资产证券化是指这样一种证券,它们主要由一个特定的应收款资产池或者其他金融资产池来支持,保证偿付。这些资产的期限可以是固定的,也可以是循环周转的。根据资产的期限,在特定的时期内可以产生现金流和其他权利,或者资产证券化也可以由其他资产来保证服务或保证按期向证券持有人分配收益。

目前国内学者使用较为广泛的定义是:资产证券化是指把缺乏流动性,但具有未来现金流的应收账款等资产汇集起来,通过结构重组,将其转变为可以在金融市场上出售和流通的证券,据以融资的过程。

由此可见,从不同的角度对资产证券化进行界定,得出的定义是不同的,分类也是不同的。格顿对资产证券化下的定义较为宽泛:资产证券化是使储蓄者与借款者通过金融市场得以部分或全部地匹配的过程或者是一种金融工具;开放的市场信用(包括金融市场)取代了由银行或者其他金融机构提供的封闭的市场信用。虽然这个定义有着其突出的地方,即把资产证券化放在余缺调剂的信用体制的层面上。但是,把有别于银行信用的市场信用就看成资产证券化,似乎模糊了 20 世纪 70 年代创新的资产证券化与有着几百年历史的传统证券化之间的区别。因此,从严格的学术角度看,Gardener的定义只能被看成是证券化的定义,而不是资产证券化的定义。同时,把证券化分成一级证券化和二级证券化,会产生两种感觉;两种证券化存在高低之分(资产证券化是传统证券化的高级阶段),或者资产证券化是对传统证券化的再证券化。而美国证券交易委员会对资产证券化的定义是指将一定的资产转化为金融市场上可以自由流通的证券过程,在没有说明资产特性的同时也末揭露证券化的本质,无法使资产证券化与其他传统的融资方式相区别。

结合前人研究的成果,本书认为可以将资产证券的内涵定义为这样的一个融资制度安排:发起人将缺乏流动性但是能在未来产生可以预见的稳定现金流的资产经过一系列的组合,然后将其出售给特定的机构(通常是一个特殊目的实体),分离和重组资产的收益和风险并增强资产的信用,转化成由资产产生现金流担保的可以自由流通的证券,销售给金融市场上的投资者。可见,在这种融资制度中,偿付证券的资金来源是用资产产生的未来现金流,而非来源于原始权益人的企业运营收益,所以资产证券化凭借其特定的资信基础和其特定的制度安排有别于传统证券化融资,是一种不同于传统融资体制(直接融资和间接融资)的新的融资制度。

二、资产证券化的特征

理解资产证券化的一个重要方面,就是既要掌握适合于证券化金融资产的特征,又要理解资产证券化本身的特征。

(一) 适合于证券化金融资产特征

从理论上讲,凡是具有未来收入现金流的资产,在处理其未来的应收现金流时都可以采用证券化方式,即几乎现存的任何一种资产都可以运用证券化方式。但是,从资产证券化的发展经验来看,能够被投资者真正接受、得到普遍认同的资产种类并不多,被用于证券化运作的资产必须具备以下特征:能在未来产生可预测的稳定的现金流;持续一定时期的低违约率、低损失率的历史记录;本息的偿还分摊于整个资产的存续期间;金融资产的债务人有广泛的地域和人口统计分布;原所有者已持有该资产一段时间,有良好的信用记录;金融资产的抵押物有较高的变现价值或它对于债务人的效用很高;金融资产具有标准化、高质量的合同条款。

不适合进行证券化的金融资产的属性有:服务者经验缺乏或财力单薄;资产组合中资产的数量较小或金额最大的资产所占的比重过高;本金到期一次偿还;付款时间不确定或付款间隔期过长;金融资产的债务人有修改合同条款的权利。

从现实看,在广泛运用资产证券化的北美、欧洲和新兴市场上,被用于证券化的金融资产主要有:居民住房抵押贷款;私人资产抵押贷款、汽车销售贷款、其他各种个人消费贷款、学生贷款;商业房地产抵押贷款、各类工商企业贷款;信用卡应收款、转账卡应收款;计算机租赁、办公设备租赁、汽车租赁、飞机租赁;贸易应收款(制造商和销售商);人寿、健康保险单;航线机票收入、公园门票收入、俱乐部会费收入、公用事业费收入;石油/天然气储备、矿藏储备、林地;各种有价证券组合。

(二) 资产证券化的特征

与传统方式相比,资产证券化作为一种新的融资方式,其特征主要表现在:

(1)结构融资。资产证券化的核心是设计一种严谨有效的交易结构。它通过资产出售者将资产向特设机构转移,形成了一个破产隔离实体,把资产池中资产的偿付能力与原始权益人的资信能力分割开来。

(2)资产证券化是一种独特的不显示在"资产负债表"上的融资方法,资产负债表中的资产经改组后成为市场化投资品。由于在不改变资本的情况下,降低了资产的库存,原始权益人资产负债率得到改善,有关的资产则成为发行资产证券化的支持或保证,原始权益人继续为该筹资资产服务,其地位和隶属关系没有变化。

(3)由于投资者的风险取决于可预测的现金收入而不是企业自身的资产状况和评级的等级,又由于投资级(高等级)担保公司的介入,使得投资的安全性大为提高。

(4)由于资产证券化一般都需要实现对拟证券化资产进行集合和打包,并辅之以信用来提高安全性,所以这种证券为利率固定、流动性强的高级别证券,其票面利率水平也较低。

(5)资产证券化的应用范围非常广泛。凡是有可预见收入支持和持续现金流量的,经过适当的机构重组均可进行证券化融资。

三、资产证券化的品种与动因

(一)资产证券化主要品种:以美国为例

由于美国投资银行业的大力推动及不断创新,美国作为资产证券化的发起者之一,既经历了资产证券化的初级阶段——批量贷款证券化的发展历程,更经历了二级抵押市场的锤炼,从而成为全世界经济发达国家证券化的先导。

1. 美国抵押贷款证券化

抵押贷款证券化是以一级市场抵押贷款组合为基础发行抵押贷款证券,并通过发行商的运作将抵押贷款的本息收入转化为证券投资者的收入。保证抵押贷款现金收入流与证券支付流的相匹配,是实现证券化的关键。在美国金融创新的浪潮中,住宅抵押贷款证券化所以能够走在其他金融资产证券化的前面,主要是住宅抵押信贷具有以下优势:

(1)住宅抵押信贷普及率高、规模大。在美国,住宅抵押贷款是最大的消费信贷,是居民们熟悉的信贷方式。自1831年第一笔住宅抵押贷款在美国诞生以来,几乎所有的美国人建房或购房都要借助住宅信贷。庞大的住宅抵押贷款规模是形成抵押款组合,并以此为基础发行抵押贷款证券不可缺少的先决条件。在诸多住宅抵押贷款中,并非所有抵押贷款都能用来发行抵押证券,只有那些信誉高、风险小、贷款利率、期限和种类趋同、能形成稳定收入的抵押贷款,才能成为抵押证券可靠的担保品。

(2)贷款类同、支付方式规律易形成稳定的收入流。住宅抵押贷款在期限、利率(固定或浮动利率)、贷款种类(庭院式住宅或多户住宅贷款)、贷款与房产价值比和分期付款方式等方面有许多共性和可遵循的规律。美国抵押贷款证券化,最初多是以一户型住宅贷款、固定利率、按月支付、贷款价值比70%的贷款组合为基础,组合中贷款种类相同、支付方式简明有规律可循的特点,保证抵押贷款组合可形成稳定的现金收入流。而经过证券发行商的运作,将抵押贷款本息收入流转化为证券投资者收入流,两种现金流相互吻合,使住宅抵押贷款资产证券成为深受投资者欢迎的新金融工具。

(3)住宅抵押贷款的违约率低、安全性高。在美国,住宅抵押贷款的发放有一套严格的信用风险管理制度。标准化的抵押合约和个人信用审查网络系统,要求借款人有稳定的工作、足够的收入和良好的信誉,确保能够按期偿还抵押贷款。对不动产价值审慎的评估制度,保证借款人在无力偿还债务时,有足够价值的抵押品做担保,健全的住宅市场则为抵押品的处置判定的基础。此外,金融机构对资产的管理,特别是根据市场变化及时调整贷款结构,如抵押贷款组合投资中的贷款与房产价值比的变化,贷款期限、利率结构和地域分布的结构等,都有效地降低了违约的风险。

2. 美国资产担保证券化

资产担保证券是指由贷款、租赁或个人财产的分期付款合同作为担保而发行的证券。从理论上讲,任何支付都可作为资产担保证券的担保,但常用的主要是汽车贷款、信用卡贷款和应收账款贷款。

(1) 汽车贷款证券化。在美国,汽车贷款之所以能作为继住房抵押贷款的又一品种,其原因主要有:在美国,汽车贷款是仅次于住宅抵押贷款的第二大金融资产;汽车贷款能非常便利地按借方、贷方和地域界限等标准进行划分与组合;汽车贷款的还本付息有很强的可预测性;汽车贷款期限一般在 20～60 个月之间,能吸引希望进行较短期投资的投资人。

汽车贷款证券化的基本运作方法基本上与住房抵押贷款证券化一致,即是从事贷款的金融机构(主要是商业银行)盘活自身资产、获取新资金来源的手段。在证券化之前,汽车贷款的资金几乎完全由商业银行等存贷机构提供,而目前则大部分依靠发行资产保证证券支持。

(2) 信用卡贷款证券化。在美国,信用卡贷款证券化开始于 1986 年,导致此种变化的原因主要有两点:其一,1986 年美国颁布了《税收改革法》,取消了对出售信用卡的税收支持,使得这种出售的税收优势不复存在;其二,1986 年之前,证券化的资产可以不列入商业银行等金融机构的资产负债表之中,从而有助于提高其资本资产比率,降低资本要求。但是,在 1986 年的一个著名的判例[即涉及花旗银行的所谓切特沃斯案例(Chatsworth Ruling)]中,美国金融监管当局认定,只要证券购买人对发行证券的金融机构有追索权,即使这一追索权极小,证券化的资产都仍应列在资产负债表之中。这表明,美国金融监管机构加强了对资产证券化的管理。

为逃避严厉的监管,金融机构纷纷寻觅蹊径。1986 年,所罗门兄弟公司率先在承销第一银行公司(Bank One)发行的 5 000 万美元信用卡贷款担保债券时,为该债券提供较高的收益率以满足投资者的收益预期。同时设计一个利差账户(Spread Account),作为当贷款损失超过一定标准时投资者的追索对象,从而避开金融管制,免除了金融机构被追索的义务。

所罗门兄弟公司的这一创新带来了信用卡贷款证券化的迅速发展。以前,信用卡贷款的资金主要由商业银行提供,而在 20 世纪 80 年代末期,商业银行已成为信用卡贷款担保债券的主要发行人,这种债券的投资人即是信用卡贷款的资金提供人,主要为某些机构投资者。

(3) 应收账款证券化,投资银行在成功地将信用卡贷款和其他分期还款的贷款证券化之后,接下来又大规模发展应收账款证券化。

从表面上看,应收账款并不符合证券化的一般条件,因为:第一,应收账款没有利息收入;第二,应收账款期限相当短,一般仅 30～90 天,且其期限因客观条件影响,不确定性很大;第三,应收账款一般仅限于某些顾客,对其难以进行划分组合;第四,应收账款的债权人往往会因为买卖关系,不愿轻易出售应收账款而损害债务人的利益。

但是,由于美国有大量中小企业,这些中小企业,往往因为资信水平较低而难以从商业银行,或必须以高的代价从商业银行获取贷款,因此它们急需寻找新的资金来源。原来这些中小企业依赖于商业票据市场获得资金,但在 20 世纪 80 年代末和 90 年代初,伴随美国经济的不景气,商业票据市场受到重创。1996 年 7 月,美国证券交易委员会(SEC)开始对货币市场互助基金(MMMF)持有的商业票据的质量和结构进行严格限制,这对资信级别低的中小公司无疑雪上加霜,由此应收账款的证券化得到迅速发展。

应收账款证券化一般由专门的中介机构进行,它介于投资者与借款者之间,负责购买组合应收账款,寻找途径使之信用级别提高,想方设法提供流动性,并委托投资银行进行证券化。

(二) 资产证券化发展的动因

资产证券化出现在 20 世纪 70 年代,当时由于国际经济环境发生了一系列变化,西方国家纷纷放松了金融管制,推进金融自由化进程,促进了国际金融市场的发展,也导致经济主体面临的经营风险日益加大,迫切需要采取灵活的风险管理措施。资产证券化作为一种风险转移和融资手段应运而生。

1. 经济环境的剧烈变动

(1) 利率和汇率的急剧变化。

在 20 世纪五六十年代,美国经济进入了恢复和繁荣发展阶段。但随之而来的是出现了严重的通货膨胀。为了抑制严重的通货膨胀,货币当局开始采取紧缩的货币政策,由此导致了 20 世纪 70 年代至 80 年代的高利率水平。同时,到了 20 世纪 70 年代初,由于美元估值过高,美国国际收支逆差以黄金外流等原因造成的压力,二战结束时由西方各国建立了名为布雷顿森林固定汇率体系不得不宣告结束。1973 年以后,西方各国开始实行浮动汇率制。国际货币体系固定汇率制演变为浮动汇率制,使各国货币汇率变幻莫测,给世界经济发展带来很大的不确定性。利率和汇率的急剧变化给银行业带来了很大的冲击,尤其是对储蓄贷款协会的冲击更大,因为储蓄贷款协会主要是发放住宅抵押贷款。这些贷款通常期限较长,而且利率固定,利率的不断攀升,增加了储蓄贷款协会吸收存款的成本,使其入不敷出,经营状况急剧恶化。

(2) 石油冲击。

在 1973—1974 年和 1978—1979 年期间,石油输出国两次提高石油价格,发生了两次石油冲击。从 1973 年 10 月到 1981 年 10 月,石油价格上涨了 11 倍。石油冲击使产油国增加了收入。这些资金大量流入国际金融市场,在一定程度上促进了国际金融市场的发展,但同时也带来了全球性的国际收支失衡,特别是对非产油国而言。石油冲击使各石油进口国的生产成本上升,加剧了国际经济领域的竞争,使企业经营环境更加恶化,在某种程度上,造成了银行资产质量的下降。

(3)国际债务危机。

由于受到石油提价以及利率上升等外部因素的影响,加上发展中国家自身的经济发展缓慢,发展中国家不堪沉重的债务负担,出现了国际债务危机。国际债务危机的出现,导致对这些国家进行贷款的银行出现了大量的不良资产,同时降低了银行资产的流动性,增加了银行的经营风险。

2. 金融管制放松

从 20 世纪 70 年代起,特别是 20 世纪 80 年代以来,无论过去管制严或松的国家都放松了金融管制,西方发达国家纷纷推进金融自由化进程。

(1)金融市场的自由化,即放松或取消外汇管制,资本的输入和输出更趋向自由。

20 世纪 70 年代初,布雷顿森林体系垮台后,美国取消了资本流入的限制。1980 年美国通过了新的银行法,促使美国的金融业朝自由化、多样化方向发展;1979 年,英国宣布取消实施了 40 年的外汇管制;日本于 1980 年修改外汇管制;1984 年,日本政府允许日元自由兑换。1986 年 12 月,东京金融市场正式开始营业,标志着东京成为与伦敦、纽约三足鼎立的国际金融中心。

(2)利率自由化,即放松或取消银行存款与贷款的限制。

许多国家不同程度地放松了利率管制和信贷管制。近年来,许多国家开放了新的金融工具市场。以日本为例,东京股票交易所开放了公债的远期市场。德国也开放了定期存款单市场,并引入浮动利率证券、零息债券、可转换债券等。荷兰的做法与德国相似。

(3)金融业务自由化,即放松或取消银行业务与证券公司业务交叉的限制。

1984 年,美国取消了对外国投资的利息预扣税。此后,英、法、德也随之取消该税种。与此同时,美国对新债券发行实行了在"档案架"登记办法以减少手续。法、意、日放松了一些其他管制。金融管制的放松为金融机构、金融市场的金融创新带来了广泛的空间。一些金融创新正是为了冲破金融管制而出现的,这种金融管制的放松促进了大量的金融产品的诞生。大量金融创新工具的产生,尤其是一些套期保值等金融工具的产生,为资产证券化的诞生提供了必要的前提条件。

3. 巴塞尔协议对资本充足率提出了要求

在 20 世纪 80 年代后期,国际清算银行通过了《巴塞尔协议》,协议统一了各国资本计量的基础。根据该协议规定,所有银行到 1992 年年底都应该使其核心资本对风险加权资产的最低比率达到 4%。作为这个比率的一个组成部分,普通股对风险资产的最低比率也应该达到 4%,总资本对风险资产的比率最低要达到 8%,在计算风险加权资本规模时,必须用风险权重乘以资产,以达到促进国际银行业之间的公平竞争和稳健经营的目的。通过资产证券化,银行可以将贷款资产剥离到资产负债表外,将其转换为流动性强的证券并在市场上出售,从而降低了风险资产额,降低资本要求。因此,资产证券化可以使银行信贷业务扩张和资本金不足的矛盾得以缓解。

综上所述,汇率、利率和价格风险的加大给银行业带来了巨大的冲击,为了控制风险、保持稳健经营,银行不得不开始寻求有效的风险管理工具。而金融业务的自由化和金融管制的放松大大促进了金融市场的创新以及金融产品的不断推出,为资产证券化的诞生提供了必要的前提。

四、资产证券化的种类

证券化作为一种新兴的金融工具,由于它具有比传统融资方式更为经济的优点而发展迅速。被证券化的金融资产越来越多,证券化交易的组织结构也越来越复杂。按交易结构分类,证券化交易基本的组织结构主要有过手证券、资产支持债券、转付证券等。

(一) 过手证券

过手证券(Pass-through Securities)是资产支持证券最普遍的形式,它代表着具有相似的到期日、利率和特点的资产组合的直接所有权。这些资产组合保存于信托机构,所有权证书则出售给投资人。发起人为这些资产服务,并收取本金和利息,从中扣除服务费,将剩余款项转递给投资人。资产组合实现了真实销售,其所有权属于投资人。因此,过手证券不属于发起人的债务义务,通常情况下实行表外处理,不在资产支持证券发起人的资产负债表上反映。

为了保护投资人的利益,发起人把资产的各项权力,如资产所有权、利息以及收取所有到期付款的权力,都转让给受托管理人。为了达到发起要求的信用等级,发起人一般向信用担保机构购买信用担保,如保护整个资产组合的保单。

(二) 资产支持债券

资产支持债券(Asset-backed Bond)是最简单、最古老的资产支持证券的形式,是发起人的负债义务,是抵押担保贷款的证券化形式。作为抵押的资产组合仍然在发起人的资产负债表上反映,由抵押物产生的现金流并不用于支付资产支持债券的本金和利息。

资产支持债券的结构是发起人将一部分资产进行组合,将其作为担保抵押给受托管理人,这些资产组合成为它发行债券的抵押。为了吸引投资者,保护其权益,资产支持债券一般都提供超额抵押。担保抵押额一般为发行总额的 1.25 至 1.4 倍,并且当抵押物的价值低于债券契约中规定的水平时,为了保证安全,要求在抵押物中增加更多的贷款或证券。

(三) 转付证券

最初的转付证券(Pay-through Securities)和普遍的转递证券相似,发行机构偿还转付证券形成的债务资金来源于原始房地产抵押借款人所归还的本金和利息。转付证券的担保品有受托机构持有,并以受托人的名义为证券持有者注册登记。

(四) 剥离式担保证券

剥离式担保证券(Separate Trading of Registered Interest and Principal of Securities,

STRIPS)是随着金融工程的深化,从基础的转递证券中发展出了剥离式担保证券的高级形式。剥离式担保证券将本金和利息的分配进行不均衡的分割,即同时发行两种转递证券,每种证券从同样资产组合中所收到的本金和利息的部分不同。剥离式担保证券的形式是只获得利息类证券(Interest-only Class,IO)和只获得本金类证券(Principal-only Class,PO)。它将所有的利息分配给 IO 而将所有的本金分配给 PO。这一设计将提前支付风险完全分割为两个方面:当市场利率上升,抵押贷款的提前支付率下降时,本金的支付延缓,PO 的内部收益率下降,而利息的支付增加,IO 的内部收益率提高;相反,当市场利率下降时,抵押贷款的提前支付率上升,本金的支付加速,PO 的内部收益率提高,而利息的支付被缩短,IO 的内部收益率下降。

五、资产证券化发展的趋势

(一) 证券化的资产及功能范围日益扩展

从技术上讲,任何能在未来产生可预测或稳定的现金流的资产都可以证券化。随着对资产现金流波动性的统计分析能力的不断增强、资产风险评估和定价技术的发展,从有形资产到无形资产,从具体资产到公司整体业务等都逐渐成为可证券化的资产或对象,证券化发起人也从美国最初的"房地美""房利美"等政府或准政府性质的机构为主发展为各国目前以各种非政府机构为主。与此同时,证券化的金融和经济社会功能日益丰富。证券化的金融功能从最初的融资、增强流动性向风险管理、资产负债管理、资本管理、项目融资、投资等功能发展。在经济社会功能方面,证券化的发展往往与政府的经济社会发展目标紧密结合,并因此而获得政府的有力推动。

(二) 从证券化的消极管理向积极管理转变

在资产证券化发展的早期类型中,对证券化资产及其现金流量的运用与管理是较为简单和消极的,证券化产品的特性较多地受证券化资产特性的制约。随着证券化资产及类型的不断扩展,证券化过程中的积极管理,即积极促进证券化结构的不断创新和对证券化资产的风险和现金流的主动性管理的必要性越来越大。资产管理则由最初的可由发起人、特殊目的机构承担的较简单的职能发展为由独立的资产管理机构承担的更为复杂的职能,如发现市场机会、管理证券化资产组合、实现资产与负债现金流的持续匹配、获取套利收益等。目前在国际证券化市场上,独立的资产管理机构及其财务和投资管理能力已逐渐成为证券化产品信用评级的重要参考因素。

(三) 证券化风险的复杂性和广泛性日益突出

首先,证券化交易结构的日益复杂导致证券化资产池中资产的异质性、可变动性逐渐增强,风险隔离机制不断创新(如合成型证券化中不需通过资产的真实出售来转移风险),证券化发起人为提升证券化产品的信用水平而采取的信用增强及隐性支持措施会更加多样化,这些因素使证券化资产风险转移的确认和评估的难度加大。其次,证券化产品衍生性的逐渐增强,如 MBS、ABS 是证券化的初级衍生品,其又可作为基础资产支持发行新的衍生品——不同信用级别的 CDO。最初的 CDO 又可作为基础资产支持发行新的不同信用级别的CDO,使得初始证券化资产风险在向资本市场转移的同时,延长和扩大了证券化风险的链条和范围。这种结构金融风险的广泛性在美国2007年到2008年的次贷危机中表现得极其明显。第三,金融全球化使得各国的金融活动和风险发生机制的联系日益紧密,也使证券化风险的全球性日益突出,这是结构金融技术的发展给现代金融风险带来的新的表现形式,给金融监管及其国际协调带来新的挑战。

六、资产证券化的经济效应

(一) 原始权益人角度

从原始权益人角度看,资产证券化有着十分优异的表现和值得认可的经济效益,具体表现如下。

1. 能够降低融资风险

相较于股票和债券,资产证券化风险相对较低。在资产证券化过程中,通过SPV对不同资产进行重组,增加自身业务经营广度,就能够有效把控经营风险,并对其进行有效代偿。同时,通过对资产证券化成果进行科学分析和评价,能够实现投资过程的稳定有序,从而增强经济收益。并且,实行信用增级后的证券能够让原始权益人获得相对较高的信用评价,有效降低融资风险。

2. 能够提高资产流动性

资产证券化借助出售企业应收债权实现资金和资产的流动,对一些资金流动性较差的企业来说,这些流动资金是企业运行的关键,如果将其中部分资金用于投资,将会获得更大利益。假设某公司流动资金无法周转,应收账款难以立即回笼,企业持续经营受到威胁,现提供两种方案供其选择:一是将一年之后才能获得的100万元应收账款通过SPV兑换成现金,可获得95万元现金;二是选择某年收益率为19%的投资项目,将应收账款出售并进行投资,相比继续持有应收账款,可额外获得收益,与商业银行出售抵押贷款获得资金再进行贷款放大获利能力类似。结果显而易见,这种将应收账款进行出售实现未来现金流向当下现金流的转化,能够有效消除公司管理过程中的诸多不确定因素,使资金和资产更快流动。

3. 能够合理配置资产,提升投资效率和效益

以银行为例,借助资产证券化,银行会将“本金+利息”这种短则数月,长则数十年的贷款一次性打包作为证券产品出售,提高了资金流动性。同时,面对日益增加的高额储蓄和贷款情况,采用资产出售的方式将部分储蓄资金分流,对降低资金成本、提高经济效益有着十分积极的作用。针对基础设施贷款和住房抵押贷款,利用资产证券化可以实现短期资产与长期资产的快速、便捷转变,有效规避利率风险,改变资金资产结构配置,降低信贷风险。

4. 能够获得更多融资渠道

上文提到,目前企业融资以股权和债权融资为主,资产证券化的出现,则在这两种

融资方式基础上,给企业增加了新的融资路径。对部分企业来说,只要提供符合要求的资产就能实现融资,最终转化为流动资金,有效避免了因企业资金缺口导致运营艰难、破产等情况发生,推动企业可持续发展。例如,某公司实际资产包含风险资产和优质资产,实际公允价值分别为 50 万元、70 万元,账面价值均为 60 万元。假设选择优质资产进行融资,可获得 70 万元流动资金,高出账面资产 10 万元,剩余风险资产进行融资,可获得 50 万元流动资金,比账面资产低 10 万元,公司整体融资成本没有发生任何改变。因此,到底选择哪种融资方式,需要企业结合实际情况和未来发展规划自行选择。

(二)投资者角度

从投资者角度看,风险隔离制度将原始权益人信用风险和资产支持证券的信用风险相互分隔,也就是说,在资产证券化实行过程中,资产被真实出售给了 SPV。在这期间,若原始权益人破产,并不会对资产支持证券清偿产生影响。投资者在进行监督时,也不需要监督原始权益人的全部资产运营状况,只需要关注和监督证券化资产池的风险即可,并且信用增级制度也在很大程度上保障了投资者的权益,降低了投资风险和监督成本。

(三)其他

从监管机构角度看,金融机构推出的资产证券化产品都经过了信用评级和增级,投资风险更低,产品信息也更加透明,便于监管机构进行监督。金融机构资金流动性强,在某种程度上提高了长期沉淀资产的质量,有利于改善金融机构质量,降低流动性风险。

从券商角度看,券商是资本市场中的重要参与者和组织者。在资产证券化的设计、出售、上市交易全过程中,券商承担着产品设计、交易商、财务顾问、承销商、机构投资者等多个角色,有着无限创新、获利和扩张的机会。

从 SPV 角度看,SPV 作为原始权益人和投资者之间的中间人,使原始权益人获得融资机会、投资者获得投资机会,SPV 会因流程完成获得一定服务费用。在这其中,增级机构分担了来自投资者的部分或全部风险,获得承担风险的必要补偿;银行作为融资顾问和证券承销商,取得一定收益,并拓展了业务;评级机构依据专业技能对证券给予客观评级,帮助投资者明确券商产品的优势和不足,收取一定的服务费用。

第二节　资产证券化运作

参与资产证券化最主要的机构,就是投资银行。20 世纪 30 年代大危机后,美国颁布了《格拉斯-斯蒂格尔法》,实行商业银行和投资银行分业经营,由此带来金融业的蓬勃发展。投资银行的核心业务之一就是资产证券化。投资银行不吸收存款,而是通过资产证券化把能够产生未来现金流的金融资产转化成可以在资本市场上流通的证券,以此筹措资金。资产发起人把能够产生未来现金流的资产转让给特设载体(SPV,由投资银行所创设),以资产所产生的现金流抵押发行资产所支持的证券。投资银行一方面向发起人购买金融资产,为发起人提供所需资金;一方面向投资者发行资产证券,同时筹集到购买资产的资金,并赚取利润,也联通了资金的需求方和供应方。

一、资产证券化的参与者

资产证券化是一项专业分工细致、非常复杂的融资技术,涉及的参与方主要有发起人、服务人、发行人、投资银行、信用增级机构、资信评级机构、受托人和投资者。不同参与者在资产证券化中的职能不同,但彼此之间相互合作,紧密联系,共同组成一个完美的有机体。

(一) 发起人

资产证券化的发起人(Originator)是指创造用于销售和充当资产支持证券抵押物的金融机构,也叫原始权益人(卖方),是被证券化金融资产的原所有者。发起人的职能是选择拟证券化的基础资产(Underlying Assets),并进行捆绑组合,然后将其出售或作为资产证券化的担保品。在多数证券化交易中,发起人往往是财力雄厚、信用卓著的金融机构或大公司。

(二) 服务人

服务人(Servicer)是指资产证券化的发起人或附属公司,服务人的作用是负责收取到期的本金和利息,并负责追收那些过期的应收贷款。服务人还向受托人和投资者提供贷款组合的月份或年度报告。服务人在向投资者公告报告前,必须接受受托人的审核,以确保所披露的住处与发行人和服务人签订的服务协议的要求一致。

(三) 发行人

资产证券化的发行人(Special Purpose Vehicle,SPV)是指购买发起人的基础资产,以此为基础设计并发行资产支持证券的机构。作为资产支持证券的基础资产的贷款组合,一般不通过发起人直接出售给投资者。为了获得专业分工的效益,发起人通常将贷款组合卖给一家专门从事资产支持证券设计和发行的中介公司,这家中介公司即是发行人。由于发行人负有特殊的资产证券化目的,因此被称为特殊目的机构或特设金融机构,即 SPV。

1. SPV 的特点

(1) SPV 应该是一个破产隔离实体。所谓破产隔离实体,是指 SPV 远离破产的风险。这包括两个方面的要求:一是 SPV 所控制的资产与发起人破产与否、经营好坏无关,SPV 所控制的证券化资产与发起人的资产完全隔离。否则,发起人的经营状况会影响到证券化的资产,这对于证券的投资者来说是个巨大的风险,其投资权益得不到保障。二是 SPV 自身的破产问题。如果 SPV 自身破产,那么,由于作为其发行证券基础资产的所有权属于 SPV,这些资产就会被列入破产财产,证券投资者的利益也会遭受巨大的损失,因此,SPV 自身不能破产,即使非要破产不可,它所控制的证券化下的资产也应该从破产财产中独立出来。

（2）SPV 应该是一个独立的实体。SPV 是一个独立的、有相关独立资产做支持的证券发行人。正是因为 SPV 的这种独立性和破产隔离特征，所以证券化资产有相当的安全性。SPV 应该既独立于发起人，也独立于其他当事人。所谓独立于发起人，即无论发起人是谁，SPV 的投资主体是谁，SPV 是什么组织形式，它在法律上和经济利益上都应该独立于发起人，否则便可能危及投资者的利益。所谓独立于其他当事人，是指独立于投资者、信用评级者、信用增级者、证券承销商等。

（3）SPV 应该是一个空壳实体。在整个资产证券化的运行过程可以看到，SPV 的运行只是涉及资产证券化的操作，并不涉及其他业务，它并不需要多少资金，只要满足最低的注册资本便可。通常情况下，SPV 的发起人都将其设计为一个空壳组织。当然，有的国家和地区是由政府出资设立 SPV，并且希望它能长期运行，而不是仅仅为一次资产证券化活动而运行，并且赋予了 SPV 其他的功能，包括担保、融资等。

2. SPV 的运作规范

SPV 的本质要求是破产隔离。为了实现破产隔离，SPV 要实现与其自身的破产隔离，与发起人的破产风险隔离，与服务商的破产风险隔离以及与原始债务人的破产风险隔离。为了做到破产隔离，必须对 SPV 的运作进行规范。

（1）SPV 本身的破产隔离。SPV 必须首先避免自身破产的问题。通过对 SPV 债务及业务范围等方面的限制，可以有效地降低发行人自身的破产风险。如果 SPV 要从事超过证券化交易之外的业务，评级机构会对其施加必要的限制，以保护前一次所发行证券的持有人的利益。SPV 要达到防止自身破产的目的，在交易结构上必须通过一些安排防止 SPV 被破产接管和清算。这些限制包括：① 对 SPV 目标和能力的限制。一般要求 SPV 的组建文件中有一目标条款，对 SPV 的业务活动和能力进行一定的限制，以保证 SPV 能够获得足够的现金流来对已评级证券进行偿付。② 对债务的限制。这要求 SPV 除了履行证券化交易中确定的债务及担保义务外，不应该再发生任何其他债务和提供其他担保。一般而言，SPV 不能有其他债务。③ 独立董事。在执行破产程序、实质性地改变 SPV 的目标和修改其组织文件时，应征得独立董事的同意，独立董事在决策中应以 SPV 债权人的利益为出发点。④ 不可合并或重组。只要已评级资产支撑证券的本息尚未清偿，SPV 实体就不能兼并、解散、进行清算及销售资产，也不能对组建文件进行修改。除非评级机构提供了未清偿证券评级的确认书。⑤ 独立性。SPV 必须是一个独立的实体。如果 SPV 没有独立的法律地位，法庭通常会运用各种实质性合并原则将 SPV 及其资产纳入母公司的破产程序之中。

（2）与发起人的破产风险隔离。真实出售实现特殊目的载体与发起人的破产隔离是资产证券化的根本目标之一。为了达到这一目的，法律要求发起人和 SPV 之间的资产转移必须采用真实出售，而不是担保融资。如果交易被定性为担保融资，那么资产将仍保留在发起人的资产负债表中。若发起人破产，所发行的资产支撑证券的持有者只能以担保债权人的身份参加破产财产的清算。因此，投资者能够获得的款项受到发起人破产风险的影响。而如果交易被定性为真实出售，那么发起人实现了资产的表外处理,SPV 将对基础资产拥有所有权。即使发起人破产,转移的资产也已经归 SPV 所有,不会受到发起人破产的影响。只要应收账款得到按时支付,特殊目的载体就有足够的资金支付它发行的证券,不会发生违约,资产证券化也就可以顺利完成。因此,真实出售可以使证券化资产和发起人的破产风险相分离。

(3) 与服务商的破产风险隔离。如果基础资产产生的收入保留在服务商的自有账户中,那么,在服务商提交破产申请时,资产产生的收入就会滞留在服务商的自有账户中,这就延迟甚至危及了对资产支撑证券的偿付。另外,在资产产生的收入和服务商的自由资金混合的情况下,也可能导致基础资产产生的收入不能用于对证券的按时偿付。为了避免上述情况的发生,特殊目的载体和服务商签订的服务协议中通常规定,服务商在收集收入后的一定时期之内,可以保留和混存收入,但在这一时期结束之后,资产的收入必须存入合规存款账户之中。有些服务协议则规定债务人直接对锁定账户进行支付。锁定账户中的款项每天都会被存入合规存款账户之中,除非服务商具有证券化交易要求的信用等级,否则它就不能获取锁定账户的款项。在满足上面的要求之后,证券化结构就保证了服务商的破产和清偿能力不足都不会减少或延迟对证券投资者的按时偿付。

(4) 与原始债务人的破产风险隔离。证券化结构通过构建资产池保证了证券的偿付不受个别债务人清偿能力的影响。资产池中包括若干不同债务人的债务,特殊目的载体可根据基础资产的历史违约数据,通过构建模型来推算资产池中资产的违约率,然后特殊目的载体根据违约率来推测基础资产产生的现金流,并据此确定资产支撑证券的收益率。因此,证券化交易架构的设计将个别债务人的破产情况考虑在内,并采取措施熨平了现金流的波动,从而使投资者获得的偿付几乎不受债务人破产风险的影响。

(四) 投资银行

在资产证券化过程中,投资银行负责向公众公开出售其包销或代销的资产支持证券,或向特定投资者私募发行这样的证券。此外,投资银行还与 SPV 一起进行策划、组织证券化交易的整个过程,以确保证券化结构符合法律、规章、税收等方面的要求。在资产支持证券的融资结构设计阶段,投资银行通常扮演融资顾问角色。从某种意义上讲,融资顾问本身经验和技能的好坏决定着证券化方案能否最终取得成功。在资产支持证券项目方案的谈判过程中,融资顾问通过对融资方案的反复设计、分析、比较和协商谈判,最后形成一个既能在最大程度上保护发起人的利益,又能为投资者接受的融资方案,投资银行的意见往往决定着资产证券化的结构安排。

(五) 信用增级机构

信用增级(Credit Enhancement)是指通过附加衍生信用来提高某些资产支持证券的级别,这是减少资产支持证券发行的整体风险的有效途径,目的在于提高资产支持证券的资信等级,提高其定价和上市能力,降低发行成本。提供衍生信用的机构就是信用增级机构。

(六) 信用评级机构

信用评级机构是指为资产支持证券提供信用评级服务的机构。资产证券化过程中的信用评级是对资产支持证券所包含的信用风险的一种市场评估。

(七) 受托人

受托人是负责管理贷款组合产生的现金流、进行证券登记、向投资者发放证券本金和利息等方面工作的机构。同时受托人也要负责对服务人的某些行为进行监督,确保后者提供给投资者的各种报告履行了信息充分披露的义务。如果服务人没有履行其应尽的职责,受托人应该并且能够取代服务人担当服务人职责。

(八) 投资者

投资者是购买资产证券的市场交易者。资产支持证券设计的一个重要准则就是要充分满足投资者的风险偏好,满足投资者特定的风险——收益结构要求,否则这种证券就很难发行或发行后流动性极差。

二、资产证券化运作程序

资产证券化的具体运作程序主要分为资产的出售、资产的购买、信用增级、资产证券的评级、证券承销、本息划转等。

(一) 资产的出售

即原始收益人通过发起程序,将应收和可预见现金流资产进行组合形成资产池,然后作为卖方将全部或部分资产出售给 SPV。

1. 资产出售的形式

(1) 债务更新。债务更新是指发起人与资产债务人之间的债务关系先解除,发起人将债权和资产同时转移给 SPV,SPV 与债务人按照原先的合约还款条件重新订立一份新债务合约。因为重新修订合约的交易成本高,因此此方式一般用于资产组合涉及少数债务人的场合。

(2) 转让。在转让形式下,发起人通过一定的法律手续将资产转让给 SPV,作为转让对象的资产要由有关法律认可具备可转让性质。资产权利的转让必须以书面形式通知资产债务人,否则资产债务人可终止债务支付。

(3) 从属参与。在从属参与方式下,SPV 与资产债务人之间的原债务合约继续保持有效。资产也不必从发起人转让给 SPV,而是由 SPV 先行发行资产证券,取得投资者的贷款,再转贷给发起人,转贷金额等同于资产组合金额。贷款附有追索权,其偿付资金源于资产组合的现金流入。

2. 资产出售的法律约束

为防止资产证券化下涉及的发起人违约破产风险,按法律规定,资产的出售不管以什么形式,均要由有关法庭判定其是否为"真实出售"。法定判定"真实出售"主要考虑因素:① 当事人的意图符合证券化目的;② 发起人的资产负债表已进行资产出售的账务处理;③ 对所出售的资产一般不可附加追索权;④ 所出售资产的价格不盯着贷款利率;⑤ 出售的资产已经过"资产隔离"处理,即已通过信用提高方式使出售的资产与发起人信用风险分离。由于"真实出售"须经过法院个案处理,对附追索权的资产,"真实出售"的法定条件更严。因此,对"真实出售"的规定在一定程度上制约着资产证券化的发展。

(二) 资产的购买

资产购买是 SPV 从许多不同的发起人那里购买资产,组合这些应收权益,并以此为担保发行证券。SPV 购买资产主要有两种形式。

1. 整批购买一个特定资产组合

即指 SPV 买入特定金融资产下资产证券发起人的全部权益,资产转归买方所有。此种形式主要适合于期限较长的资产证券化。

2. 购买资产组合中的一项不可分割权利

即 SPV 的权益不限于组合中的特定金融资产,由此这项权益不会由于某一特定资产的清偿而终止。伴随着组合中资产的清偿,新资产的不断补进,SPV 的权益也随之周转。这种形式主要适合于资金期限较短,周转速度较快的资产组合,主要用于工商贷款和应收款的证券化。对于 SPV 来讲,这种方式便于其对资产证券的发行和买入资产的配对安排,也便于其通过利率互换为购入资产保值,避免利率逆向变动的风险。

(三) 信用增级

资产证券化中的信用增级,是指发行人为了吸引更多的投资者,改善发行条件,通过自身或者第三方来提高证券信用等级的行为。它是抵押贷款信用增级的创新,操作相对比较复杂。较高的信用级别不仅为发行人吸引更多的投资者,更重要的是它可以为发行人节约大量的融资成本。一般的债券评级通常不会高于发行人的信用级别,而在资产证券化中,经过信用增级后的信用级别可以高于发行人自身的级别。信用增级有多种形式,贷款中的担保、抵押、保险都是信用增级的原始形式。资产证券化中的信用增级是贷款信用增级的创新,技术操作相对比较复杂。按信用增级提供者划分,资产证券化的信用增级可分为发起人提供的信用增级、发行人提供的信用增级、第三方提供的信用增级和证券化中信用的自我增级等四种形式。按信用增级的特点划分,又可分为过度担保(指用作抵押的资产价值比其未来收入现金流量大)、银行担保或信用证、单线保险公司金融担保公司提供的担保等。按信用增级的来源划分,可分为外部信用增级和内部信用增级两大类。

1. 内部信用增级

内部信用增级是通过证券化结构的内部调整,将现金流量重新分配,使债券达到所需的信用等级。这是资产证券化特有的一种信用增级方式。它的优势在于成本比外部信用增级低。其主要表现形式有以下五种:

(1)超额担保。超额担保是内部信用增级方式最简单的一种,具体含义是指担保品的资产的面值超过资产证券本身的面值。实际上,这种信用增级方式成本高,资本利用缺乏效率,所以往往作为其他信用增级方式的补充。只是在发行人处于无信用等级或信用等级很低的条件下可以发挥重要作用。

(2)优先/次级结构。优先/次级结构将拟发行的资产证券分为优先级证券和次级证券。优先级证券对抵押品的现金流享有优先受偿权,而次级证券的受偿权则落后于优先级证券。具体而言就是当优先级证券完全偿付后,次级证券才能够得以偿付。需要说明的是,次级证券利息率是高于优先级证券利息率的,较高的利息率就体现为信用增级的成本。

(3)建立超额利差账户。实际上,资产利率高于资产证券利率的差额避免了损失的发生。在支付资产证券利息(投资者)、服务费(服务者)以及其他费用(保险费、担保费)之后,剩余的现金流量就进入超额利差账户。如此不断地积累现金,总额将逐渐变大,以此为储备金,便可弥补贷款池现金流入量不足给资产投资者带来的损失。

(4)现金储备账户。现金储备账户是指发行人拟提高优先级证券信用等级所保留的一部分从属权利,是由发行人建立起一个账户,当发生损失或者不能按期偿付时,由该账户首先提供损失保护。

(5)担保投资基金。担保投资基金是一种较新的内部信用增级方式。信用增级的提供者将以投资基金的方式投资于交易的一部分,抵押资产的现金流先偿付优先级证券和次级证券,再支付投资基金的收益,收益的金额相当于现金储备账户贷款的利息或费用收入。

2.外部信用增级

外部信用增级也叫第三方信用担保,是指除发行人、发起人银行、服务商、受托人以外的金融机构提供的全部或部分信用担保,借以提高证券化债券的信用级别。在这种方式下,发行人需要向第三方支付风险补偿费。全部信用担保包括由银行提供的信用担保和由单线保险公司提供的信用担保,部分信用担保主要是银行提供的第一损失保护。

(1)银行提供的信用增级。第一,银行开具不可撤销担保信用证。这是指银行向发行人开出的,以抵押支持证券的持有人为受益人的担保信用证。一旦发行人未能按期履行支付或足额支付义务时,银行负有向投资者支付的义务。银行提供信用证担保来进行信用增级的优点是费用比较低,缺点是市场上此类银行相对较少,因此,信用证这种担保形式在市场上并不普遍。第二,银行提供第一损失保护。这是一种由银行提供的部分信用担保形式,它只保护抵押资产价值的第一损失部分。第一损失的数量是根据发起人类似资产的历史损失数据,并考虑发行人对证券信用等级的要求来确定的。由于只是部分担保,所以银行需要提取的资本金准备相对于信用证来说较少,因此银行更愿意提供第一损失保护。第三,银行提供现金储备贷款。银行通过提供贷款并存入指定的信托账户,用来弥补可能的损失。按照评级的要求,现金存量要高于还本付息所要求的数量。第四,购买次级证券。由银行购买次级抵押支持证券,由于次级证券的偿付权利滞后于一般投资者购买的证券,这实际上相当于银行向发行人提供了一种担保。回购条款即由银行在某个规定期限内或在贷款组合未清偿余额低于某个规定水平时,购买贷款组合中的未清偿的剩余贷款。

(2)金融保险。由发行人向保险公司投保,在基础资产未能产生足够的现金流时,由保险公司向投资者赔偿损失。这种方式可分为单线保险公司和一般保险公司。一是单线保险公司的保险。单线保险公司是专门为金融产品提供担保业务的金融担保机构。这类从事单一金融产品担保业务,严格控制风险头寸的单线保险公司具有较高级别的信用等级。他们对债券的担保一般有最低信用级别的限制,都达到投资级别。因此,进行单线担保之前,评级机构会认证需担保债券是否符合单线担保条件,此过程是不公开的。鉴于单线保险公司提供无条件、不可撤销、本息偿付担保,就使证券可以获得与单线保险公司相同的信用等级,那么评级机构认证时,最关键的是要考察单线保险公司的信用等级而非抵押资产的质量。二是一般保险公司的承保。一般保险公司出具贷款组合免受损失的保险单,严格上讲并不是一种信用担保,因为它保护的只是抵押资产的价值,对投资者的本息收取只起到一种间接保护作用,证券的持有人并不一定能够按时收回本金和利息。对于影响投资者的其他投资风险,如结构风险、法律与税收风险、管理风险等,免受损失的保险单并不能提供保护。一般保险公司承保除收费比单线保险公司经济外,还拥有以下优势:第一,基于市场中保险公司数量众多,其选择具有极强的可塑性,通常的证券化信用增级都采用多个保险公司共同承保。第二,多个保险公司承保同一个资产证券化结构能提高债券流动性。许多机构投资者为遵守对单一机构的投资数额限制,往往不愿购买超过一定数额的由某一机构提供信用增级的证券,这容易引起证券的折价发行或者流动性降低,由多家保险公司共同参与保险便能克服此问题。

(四)资产证券的评级

资产证券化交易的成功与否,资产证券的评级是一个重要因素,因为证券信用等级直接影响了证券的市场接受度,从而最终影响了它的顺利发行。信用评级是对被评级证券是否能按期支付利息和最终支付本金的可能性给出的意见。其中包含三个含义:一是有没有足够的总现金流量;二是现金流量产生的时间、数量是否与债券偿还的时间、数量相匹配;三是整个过程是否流畅并有法律保障。由于资产支持证券构造的特殊性,对其进行信用评级不同于一般的企业债券和金融机构评级,主要针对发行人、被证券化的基础资产和信用增级机构进行信用分析,分析重点在于资产组合的违约率和违约损失风险、融资结构风险、法律和管理风险以及第三方信用风险。

在评价资产支持证券的信用风险时,评级公司总是考虑投资者可能遭受的信用损失的可能性和损失的大小。这是一种建立在"预期损失"基础上的评级方法,这种方法要考虑所有交易中与信用相关的特性。信用水平不仅是抵押资产质量的函数,也会随着发行和交易服务的管理水平、结构特点或法律方面的一些条件的变化而变化。

从技术上讲,评级公司对资产支持证券评定信用级别的含义是:假定不管信用级别发生任何变化,所有资产支持证券都被持有到到期日,当其发生违约时基础资产内部收益率降低的数量。资产支持证券与传统证券相比,违约概率较高,但违约发生时的损失较低。信用级别越高,预期的收益损失越低。资产支持证券的最终信用级别首先取决于基础资产的质量和结构,这主要是由抵押资产管理人按照抵押资产管理协议中规定的投资方针决定的;其次,信用级别取决于对不同水平的抵押债务所给与的信用提升水平,如由次级证券提供的支持、结构保证和超额利差,信用提升的幅度取决于基础资产未来现金流入损失的概率、损失的大小和损失发生的时间。一般可以采用两种方法来估计未来损失的概率和严重性。至于哪一种方法更准确则取决于可获取的历史资料和证券化资产的种类。

第一种方法是分析基础资产的历史资料。采用这种方法,首先要考察被证券化的特定资产的历史表现,或者考察与其相似的资产的历史资料。但是,除了住房抵押贷款支持证券以外,很难收集到基础资产的历史资料,大多数的情况下都只能得到相似资产的历史表现数据。得到这些资料后,如果这一资产支持证券的发行具备足够的多样化,下一步就是计算有关损失的一些统计指标。最简单的例子,通过计算样本的累计生命损失的平均数可以反映历史损失的主要趋势。相似地,累计生命损失的标准差能够反映其历史损失的波动幅度。

第二种方法是分析债务人的信用能力或基础资产的现金流量。这种方法的优点是不必依赖于发起人或债务人提供历史资料。即使一个公司从未有过类似的交易行为,也能够对其资产支持证券进行评级。

(五)证券承销

投资银行从信托公司购买债券,再以较高价格(较低回报率)出售给投资者。

(六)本息划转

这是资产证券化的最后一步,即资产债务人向发起人支付原资产的利息和本金,代理人收到款项,扣除一定的服务费后,转给买方,买方再转给投资者。如果收回的资金少于投资者的应得额,买方将要求信用担保公司在担保额度内补足余额。

三、投资银行在资产证券化中的作用

纵观资产证券化的发展历程,投资银行一直是其重要的推动者,资产证券化促进了投资银行与公司的密切联系,推动了投资银行业务的发展。一般地,投资银行作为资产证券化的承销人,此时投资银行主要从事有价证券的设计与包销、结构化、套期保值与资产负债管理。在此过程中,通过销售证券所获取的证券扣除购买资产和创造证券中所花费的成本余额即为投资银行的利润。如果投资银行作为承销商,承销由资产支持的证券。则投资银行将包销这些证券,并如同其他包销一样获取差额收益。资产证券化使得商业银行作为存贷中介的传统角色逐渐淡化,它们在将自有资产证券化后销售给投资者的过程中,实际上发挥的是投资银行作为直接信用媒介机构的作用。因此通过资产证券化,商业银行成功地避开了分业的金融管制,有力地进入了投资银行的业务

领域,使两者的业务区别逐渐缩小,竞争也更为激烈;另一方面,投资银行通过帮助商业银行实施资产证券化和销售证券,大大加强了其与商业银行的联系,使得两者达到优势互补这一目的。

投资银行坚持不懈地创新,积极参与并推动资产证券化的发展,在某种程度上可以说没有投资银行对资产证券化的不断创新,就不可能有如此发达的资产证券化。投资银行的创新主要表现在:第一,建立 SPV。如前所述,SPV 是为了最大限度地降低贷款发起人的破产风险对证券化的影响而建立的空壳公司,具体采用何种形式取决于资产的特性与风险、相关的法律法规、税收以及资金筹措者的目的。第二,避险。证券化需要汇集大量的、其权益分散于不同债务人的资产,以达到发行证券所需的最低规模,而大量的不同借款者的贷款集中化又降低了资产组合中的非系统性风险;通过资产的真实销售及证券化,将卖方的信用和流动性等风险转移和分散到资本市场等。第三,信用增级。投资银行参与创造资产证券化的信用增级,通过利用基础资产产生的部分现金来实现自我担保,实现信用的内部增级;通过信用担保机构的担保,实现信用的外部增级,从而使得资产证券化中发行的有价证券成为风险极小、信用级别较高、融资成本较低的融资工具。第四,对现金流进行再包装。投资银行通常作为包装者,将现金流包装成具有不同期限、不同提前偿付风险特征的档,满足不同的投资者的需要。例如,一个储蓄机构可以购买一个短期档债券,而一个长期投资者(如养老基金)可能购买一个更长期的档,因而现金流量再包装创造了价值增值。

第三节 资产证券化风险管理

如前所述,投资银行积极参与和推动资产证券化的发展,为其本身带来了巨额收益。但是,过度地参与与创新,又给投资银行带来了巨大损失,甚至引发了金融危机,从而使得资产证券化品种备受责难。近年来,全球金融治理的牵头机构——金融稳定理事会(FSB)、巴塞尔银行监管委员会(BCBS)、国际证监会组织(IOSCO)等国际标准制定组织协调合作,在加强证券化资产与未证券化资产资本计量框架改革、促进资产证券化标准化发展等领域实施了一系列监管举措。在综合相关改革成果基础上,BCBS 于2016 年 7 月发布了《修订的资产证券化框架》,并作为 2017 年 12 月正式发布的《巴塞尔Ⅲ:后危机改革的最终方案》(下称《巴塞尔Ⅲ最终方案》)的一个专门章节,对资产证券化资本监管做出相应规定,要求各国在 2018 年 1 月之前实施。《巴塞尔Ⅲ最终方案》资产证券化框架主要包括两方面改革内容:一方面,对证券化资产和未证券化资产资本计量框架展开全面修订,旨在增强资本计量框架内在逻辑的一致性,降低银行利用资产证券化实施资本套利的空间;另一方面,构建资产证券化"简单、透明、可比"标准,并将其引入资产证券化资本监管框架,对满足相关标准的资产证券化业务实施资本优惠,旨在推动资产证券化标准化建设。其中,"简单"是指资产证券化的基础资产性质相同、特征简单,避免交易结构过度复杂;"透明"是指关于基础资产、交易结构、参与方的相关信息充分且便于获取;"可比"旨在促进投资者对相同性质基础资产证券化产品的直观理解和比较。

一、资产证券化风险

资产证券化作为一种结构性融资,被认为是一种低风险的融资方式,但这并不意味着没有风险。相反,由于资产证券化的过程复杂、涉及的中介机构众多、信用链较长,不可避免地会出现一些风险。

(一)交易结构风险

资产证券化是一种结构性融资,其融资的成功与否及其效率大小与其交易结构有着密切的关系。从理论上讲,只要参与各方履行自己的义务,该结构将是一种完美的风险分担的融资方式。但是,由于不同的国家对资产出售有着不同的法律和会计规定,这一方式将面临结构风险。例如,美国规定资产证券化要将证券化资产移出发起人的资产负债表,以通过"真实销售"来实现破产隔离,使发起人的其他债权人对这些资产没有追索权。但在德国却一般不主张将拟证券化的资产移出发起人的资产负债表,一旦发起人破产,其他债权人将对证券化资产有追索权,这些资产的现金流将会转给发起人的其他债权人,资产支持证券投资者将面临本息损失的风险。

(二)信用风险(违约风险)

即资产证券化参与主体对它们所承诺的各种合约的违约所造成的可能损失。信用风险产生于资产证券化这一融资方式的信用链结构,表现为证券化资产所产生的现金流不能支持本金和利息的及时支付。对住房抵押贷款而言,当债务人所购住房出现明显贬值导致抵押贷款未支付的部分金额高于所购房产现值时,可能会出现违约。对于非抵押资产证券化,投资者可能面临参与者不按合约进行交易的风险。在资产证券化的整个交易过程中,投资者最依赖的两方是资产支持证券的承销商(投资银行)和代表投资者管理和控制交易的受托人。由于每一方的作用都很关键,在合约到期之前或在可接受的替代方接替之前,每一方对合约的规定职责的放弃都会给投资者带来风险。一是承销商风险。承销是投资者对资产组合恶化采取的主要防范手段。例如,在应收款支持的融资中,承销商能直接以其支付行为影响有关潜在资产合约的执行,因为承销过程的中断不仅可能导致对投资者的延期支付,还可能造成整个结构信用质量的下降,所以,当应收款支持交易被结构化以后,承销商在招募说明书中应根据历史经验,对拖欠、违约及追偿做出相应的说明。二是受托人风险。虽然受托人的经营状况不直接影响由应收款组合所带来的现金流,但它在很大程度上决定了该资金收妥后的安全性以及该资金转给投资者的及时性。所以大多数交易对此有严格的规定,为投资者提供实质性保护。但是,他们并没有消除管理不当的可能性,而这正成为造成风险的潜在因素。因此,有关评级公司采取附加措施以提醒投资者注意这种风险。

(三)提前偿付风险

在发行人和持有人之间的合同上的条款之一可能是发行人有权在债券到期前偿付

全部或部分债券。发行人需要这种权利,以便如果在未来一个时期市场利率低于发行债券的息票利率时,发行人可以收回这种债券并按较低利率发行新债券来替代它。从投资者的角度来看,提前偿付所产生的不利影响是显而易见的:第一,它使债券的现金流流量难以确定;第二,因为当利率下降时发行人要提前偿还,投资者面临再投资的风险;第三,债券的资本增值潜力减少。例如,当利率下降时债券价格便相对上涨,但债券的提前偿还抵消了这种上涨的空间,因为一种可提前偿付的债券的价格不可能上涨到大大高于发行人所支付的价格。

(四)利率风险

利率风险是指债券价格受利率波动发生逆向变动而造成的风险。对于一个到期日前不得不出售债券的投资者来说,购买债券后利率上升,即意味着一次资本损失的实现。从另一个角度,利率风险可被定义为债券价格对市场利率变化的敏感度。

(五)汇率风险

这主要是针对国际运作的资产证券化项目而言的。因为资产证券化是以未来的现金流收入作为对投资者的回报的,而投资者一般是以非资产证券化项目所在国的货币进行支付的,而未来的现金流周期较长,可能存在投资者所支付的货币和现金流所表现的货币之间的汇率上下波动。如果现金流的货币升值,则使投资者的回报超过预期;如果现金流的货币贬值,则使投资者的回报低于预期。

(六)法律和政策风险

每一个国家的法律都可能在债券期限内发生变化。这种变化是无法预测的,其带来的损失或收益的大小也无法估计。同时,法律本身也可能存在模糊性,导致投资者所依赖的法律在司法实践中以与投资者理解相异的方式表现。

(七)现金流异动风险

现金流异动风险主要是指由于资产证券化的项目本身所不能控制的原因导致该项目的现金流明显与预期相异。这一风险在基础设施建设项目中表现得尤为突出。例如,在对某一区域的高速公路建设进行资产证券化后,在现金回收期间,又存在一条与其平行的高速公路,分流了其较大一部分车流量,就会导致该项目的现金流锐减以至于无法对投资者进行支付,而后一行为在资产证券化之初无法预期。

(八)信息风险

资产证券化的信息披露主要包括两个方面:一是发行人定期向投资者发布项目运行报告;二是信用评级机构根据资产证券发行人的结构、标的资产,行业和整体经济情况等,发布资产证券化产品的信用评级报告。这两个方面贯穿资产证券化产品的发行和交易阶段。在这两个方面都存在信息披露不及时、不准确、不完整、不真实或者做出虚假陈述、恶意误导等行为,而投资者基本上是依据这两个方面的公开信息进行投资选择的,在无法保证信息及时、真实、完整、准确的情况下所做出的投资决定存在较大风险。

二、资产证券化与次贷危机

资产证券化是一个金融衍生产品,其自身具有很强的杠杆功能,能够创造出极大的流动性。从美国的次级抵押贷款危机的情况看,表面上似乎是资产证券化这个产品本身的问题,而实际上危机产生的主要原因在于金融机构在金融监管滞后或忽略的情况下这些工具的杠杆功能被不当地利用,风险逐渐聚集。

(一)次级抵押贷款、证券化创新与次贷危机

次级抵押贷款是指一些贷款机构向信用程度较差和收入不高的借款人提供的贷款。次级抵押贷款基本特征可归纳为:① 个人信用记录比较差,信用评级得分比较低。美国的信用评级公司(FICO)将个人信用评级分为五等:优(750~850分),良(660~749分),一般(620~659分),差(350~619分),不确定(350分以下)。次级贷款的借款人信用评分多在620分以下,除非个人可支付高比例的首付款,否则根本不符合常规抵押贷款的借贷条件。② 贷款房产价值比和月供收入比较高。美国的常规抵押贷款与房产价值比(LTV)多为80%,借款人月还贷额与收入之比在30%左右。而次级贷款的LTV平均在84%,有的超过90%,甚至100%,这意味着借款人的首付款不足20%,甚至是零首付。那么,在没有任何个人自有资金投入的情况下,银行就失去了借款人与银行共担风险的基本保障,其潜在的道德风险是显而易见的。借款人还贷额与收入比过高,意味着借款人收入微薄,还贷后可支付收入有限,其抗风险的能力也比较弱。③ 少数族群占比高,且多为可调利率,或只支付利息和无收入证明文件贷款。据美国抵押贷款银行协会的调查表明:37.8%次级抵押贷款借款人是拉美移民,53%是美籍非洲人。这些少数种族的居民基本没有信用史料,也无收入证明文件。次级抵押贷款90%左右是可调整利率抵押贷款;30%左右是每月只付利息,最后一次性支付的大额抵押贷款或重新融资。这类抵押贷款开始还贷款负担较轻、很诱人,但积累债务负担较重,特别是当利率走高、房价下跌时,重新融资只能加剧还贷负担。④ 拖欠率和取消抵押赎回权比率较高。由于次级抵押贷款的信用风险比较大,违约风险是优级住房贷款的7倍,因此,次级贷款的利率比优级住房抵押贷款高350个基点,且80%左右为可调整利率。当贷款利率不断下调时,可以减轻借款人的还贷负担;但是,当贷款利率不断向上调时,借款人债务负担随着利率上调而加重,导致拖欠和取得抵押赎回权的风险加剧。2007年,次级抵押贷款的拖欠率(拖欠30天)和取消抵押赎回权的比率分别高达13.33%和4%,远远高于优级抵押贷款2.57%的拖欠率和0.5%的取消抵押赎回权比率。

在美国,很多专门的信贷公司都在经营房贷业务,而且这些专门提供次级抵押贷款业务的公司不能像银行那样吸收存款。从事次级抵押贷款的银行、专门的信贷公司接受借款人的贷款申请后,为了提高资金周转率,或者为了获得经营现金,与投资银行一起将次级抵押贷款打包成抵押贷款支持证券(Mort-gage Backed Securities, MBS)后出售给投资银行,同时转移风险。投资银行与抵押贷款公司签署协议,要求抵押贷款公司在个人贷款者拖欠还贷的情况下,回购抵押贷款。投资银行再将抵押贷款进一步打包

成担保债务凭证(Collateral-ized Debt Obligation，CDO)出售给保险基金、养老基金或者对冲基金等投资者。CDO 中可以包含第一次的 ABS 和其他的 CDO，而且这些债券的信用级别基本上在 B 级以及以下的资产。CDO 基本上属于长期债券。在理论上，这种"资产—债券—债券的证券化"过程是可以无限次地扩展至借款人还清最后一笔贷款为止。除了 CDOs 之外，ABS 和 CDO 等债券还可以被证券化成资产支持的商业票据(Asset Backed Commercial Paper)，称为结构性投资载体(Structure Investment Vehicles，SIVs)。这种产品类似于 CDO，但由于 SIVs 属于商业票据，其特点是该资产池中的资产(包括 ABS 和 CDO)都是中短期的，这显著地区别于 CODs。另一个重要的特点就是，SIVs 的风险完全取决于资产池中的资产质量，购买者收回本金和利息的权利没有得到任何机构或个人的任何形式的保证。银行还会购买一些信用违约、互换合约，即购买一种对抗抵押贷款违约率上升的"保险"，来进一步分散自己的风险，从而形成一个长长的利益链条：次级按揭贷款购房者、次级抵押贷款公司、债权打包服务公司、投资银行、信用评级等中介公司、投资基金、投资基金的投资人等。只要利率水平较低，房产市场繁荣，房产增值的收益就会分配到链条上的各个主体。比如，对次级按揭贷款购房者来说，在利率成本很低，而又预期房价会持续上升的前提下，即使自己到期不能偿付房贷，也可以通过出售房产来偿还债务。但从反面看，这个链条中的任何一个环节出了问题，都会导致灾难性的后果。因为美国次级抵押贷款客户的偿付保障不是建立在客户本身的还款能力基础上，而是建立在房价不断上涨的假设之上。一旦利率或房产市场出现大幅逆转，影响链条中的一个环节，就会发生危机。美国也正是在这两个因素的双重影响下出现了次贷危机。先是美国的利率出现了变化，2004 年 6 月到 2006 年 6 月期间，经过美联储 17 次调息后将利率从 1％提高到 5.25％。后是 2006 年第 2 季度以后，美国房产市场开始大幅降温，房价持续下跌。这些导致了次级按揭贷款购房者丧失了还贷的能力，造成次级抵押贷款机构的坏账与流动性紧缺，次级抵押贷款证券市场出现剧烈波动，从而引起整个利益链条的连锁反应，给投资者带来巨大的损失和恐慌，致使次贷危机的爆发。

上面的分析表明，虽然各个利益主体由资产证券化这个纽带连在一起，并且最终正是资产证券化这个纽带的断裂导致了次贷危机的发生。但是，从次贷危机演变过程及其发生的条件来看资产证券化并不是危机爆发的根本原因。根本原因在于：次级抵押贷款发放机构在预期房产市场持续繁荣的前提下，忽视了对贷款者偿还能力的考察。放贷机构为了追求高收益向那些风险很高、还款能力比较差的人发放了次级抵押贷款。而在此基础上导致了资产证券化错误使用。商业银行之所以放心地发放大量次级贷款，除了过分相信抵押品价值之外，是因为它可以通过资产证券化业务将这些次级贷款打包卖给其他投资者，从而实现了贷款风险的转移，这就有可能会导致证券化技术的滥用。事实上，2006 年年底，美国次级贷款的 80％左右已经通过证券化技术卖出了。而且，为了提高次级贷款的信用评级，投资银行还通过各种信用增级技术，在次级贷款证券化证券的基础上再对现金流进行重整，然后据此发行证券，这样导致过度证券化问题，并催生了债券市场泡沫。

美国次贷危机与资产证券化的关系可以概括为:风险未暴露的低等级的次级抵押贷款质量→资产证券化错误使用→次贷危机,所以说资产证券化并不是次贷危机发生的根本原因。具体来说,次级抵押贷款机构错误地使用资产证券化表现在:首先,放贷机构在进行证券化时,没有正确评估基础资产的质量与风险。其次,没有及时、准确地披露基础资产的信息。贷款机构应该将次级抵押贷款的质量如实地向投资者披露,以便让投资者进行客观的分析和判断,做出正确的决策,但是,这些信息没有被客观地披露出来。再者,美国金融监管部门对资产证券化的监管不力。在这种监管体制下,监管部门完全放弃了监管职责。这使得次级抵押贷款的证券化过程不能得到有效的监督,为危机出现埋下了隐患。

(二) 次级贷款证券化问题的反思

第一,以不能产生"可预期的稳定的现金流"的次级抵押贷款作为证券化基础资产和信息不透明是次级贷款证券化运作失败的根本原因。资产证券化对基础资产的最基本要求是"能产生可预期的稳定的现金流"。但在次级贷款证券化中,对投资者的本息偿付并不是建立在次级贷款客户的信用基础上,而是建立在利率稳定与房价上扬的假设前提上。实际上,次级贷款客户本身就属于支付能力较低、信用较差的人群,而贷款银行几乎是在没有做出任何审查的情况下就发放了贷款。次级抵押贷款并不能产生可预期的稳定的现金流。此外,证券化基础资产所要求的"持续一定时期的低违约率、抵损失率的历史记录""发起人已持有该资产一段时间,有良好的信用记录"等条件,次级抵押贷款也不具备。贷款银行一般在放贷后即将次级贷款转手给投资银行,次级贷款的风险难以评判,而在大量存在的逆向操作中,次级贷款的信息、风险更为模糊。

第二,信用评级机构的失职导致评级结果失真,是导致证券化风险失控的重要原因。对于资本市场而言,信用评级的主要作用在于通过独立的、专业化的信息收集和分析活动,减少证券发行人和证券投资人之间的信息不对称状况,从而提高市场效率。信用评级在资产证券化中起着至关重要的作用,信用评级结果不仅影响投资行为,还影响证券的定价与发行。作为结构复杂的金融产品,投资者难以准确评估其内在的价值与风险,信用评级作为投资者决策的重要依据甚至唯一依据,成为证券化产品进入资本市场的"通行证",信用评级机构充当了至关重要的"质检员"角色。但在次贷危机中,次级抵押贷款证券基本上都被穆迪、标准普尔、惠誉等主要信用评级机构评定为与美国国债同级的"AAA"级。在危机爆发后,下调评级等级又导致信任危机并引发市场震荡。

第三,信用增级措施的缺失是导致危机爆发和扩大的重要原因。在资产证券化中,信用增级是提升信用和保障信用的重要手段。信用增级可以分为内部信用增级和外部信用增级。内部信用增级主要通过资产证券化交易结构的自身设计来完成,主要有优先/次级证券结构、超额抵押、设立储备金账户和利差账户等形式。外部信用增级的方式主要包括发起人为其出售的基础资产提供一定比例的赎回担保、发起人承诺替换一定比例的违约基础资产、银行出具的不可撤销担保信用证等。在资产证券化创始初期,因为政府担保等强大的信用增级措施的运用,资产证券化的风险被控制在极小范围,但在后期,因信用评级的形式化,信用增级措施逐渐被漠视甚至缺失,导致风险失控。

第四,监管缺位导致风险失控。危机前的美国金融监管体制,趋于自律化、合规化,以市场约束和自律监管为主,并非宏观监管和审慎的系统监管。在混业经营、分业监管的模式下,易发生监管套利。此外,美国金融监管体制建立在以防范银行风险为主的认识基础之上,以将金融风险移出银行为监管之主要目标,这既与美国金融由银行主导型转变为市场主导型这一客观基础相背离,也导致了金融监管当局对银行之外的金融风险在认识上的漠视和制度上的无能为力,再加之资产证券化的长期良好表现使监管当局更加忽视了对资产证券化的风险监管。具体到次贷危机,由于对按揭贷款条件的监控分散于各州,联邦储备委员会没有能力对按揭贷款质量和证券化进行监控。金融监管和危机管理的滞后和缺失最终导致风险失控。

三、投资银行在次贷危机中风险根源

投资银行在危机中扮演了 CDO 等次贷证券的发起、承销和做市、直接投资、杠杆融资等多种重要角色(见图 6-1),促进了次贷证券市场空前膨胀。投资银行从中获得了高额利润,在危机爆发时也遭受了严重损失。

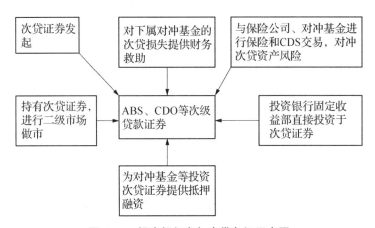

图 6-1 投资银行参与次贷危机示意图

(一) 次贷证券的发起、承销和二级市场做市

投资银行通过发起和承销次贷证券获得了丰厚佣金。首先,投资银行直接购买按揭贷款或 ABS 等资产,或向 CDO 管理人提供融资,购买资产组合,设立特殊投资实体(SPV),构建 CDO 资产池。其次,设计 CDO 结构,如优先级和权益级的比例及规模、确定对应担保资产、测试各等级资产质量、联系信用评级机构获得信用评级等。最后,确定不同等级 CDO 的利率,并将 CDO 销售给不同风险偏好的投资者。为了二级市场做市,投资银行通常也会持有部分优先级或中间级按揭证券。例如,雷曼兄弟年报披露,2007 年 11 月底持有的 294 亿美元按揭贷款证券中,就包括资产证券化时持有的 87 亿美元个人按揭证券和 24 亿美元商业按揭证券,这在危机爆发后造成了重大损失。

（二）投资银行对次贷证券的直接投资

次贷证券的高额回报，吸引了投资银行固定收益部门大量投资，并通过财务杠杆放大投资规模。例如，雷曼兄弟 2007 年 11 月底持有 772 亿美元按揭资产，其中包括 294 亿美元按揭贷款证券。2007 年，雷曼兄弟的按揭资产减记损失已经高达 68 亿美元。

投资银行对按揭证券估值存在很大缺陷，一般采用市价法估值，根据市场价格信息，参考信用评级，使用其内部模型对按揭证券进行估值。然而，由于按揭证券缺乏二级市场流动性，成交稀少，价格信息不能反映资产真实价值，可能出现价值高估，导致投资银行低估当期损失。因此，随着按揭贷款违约率上升，投资银行不断面临巨大的资产减记。2008 年 7 月，美林宣布将持有的 306 亿美元 CDO 资产仅按面值的 22% 打折出售，其资产减记总额合计高达 504 亿美元。

（三）为次贷证券投资提供抵押融资

许多对冲基金以 CDO 资产为抵押，向银行进行融资再投资于次贷证券，放大投资规模和收益。然而，住房市场疲软和按揭贷款违约率上升，导致 CDO 等抵押资产价格下跌，对冲基金面临银行追加保证金的通知，否则银行将对抵押资产强行平仓。由于次贷证券流动性很差，如果对冲基金不能追加保证金，平仓交易将导致价格大幅下跌，触发更多追加保证金的通知，从而使金融市场陷入螺旋式危机。那些向对冲基金提供抵押融资的投资银行，将因此遭受重大损失。

（四）投资 CDS 和保险合约，对冲次贷资产的风险

许多投资银行大量参与 CDS(Credit Default Swap)，信用违约掉期交易，是一种类似保险、转移信用风险的衍生工具。CDS 的买方定期向卖方支付费用，卖方对买方资产的损失提供保护。例如，如果买方持有资产发生违约损失，卖方将购买债券或支付差额，保证买方免受损失)，一方面通过卖出 CDS 合约，以获得 CDS 期权费净收入，然而如果按揭贷款违约率上升，投资银行将面临巨额损失；另一方面，投资银行通过购买 CDS 对冲次贷资产风险，但由于"交易对手方风险"（即 CDS 卖方出现 CDS 巨额损失，导致 CDS 合约不能兑现)，投资银行仍可能面临次贷损失。例如，雷曼兄弟 2007 年 11 月第三级衍生品合约（没有二级市场交易）净头寸约 25 亿美元，2008 年 5 月底实现损失 1.37 亿美元，未实现收益为 3.56 亿美元。

此外，投资银行也向保险公司购买保险，以对冲次贷资产的风险，然而次贷危机发生后，许多保险公司也出现较大损失，这些保险合约可能难以履行，导致投资银行损失。2008 年 7 月，美林宣布结束与 XL 保险公司的 CDO 资产保险合约，合约账面价值为 10 亿美元，美林只收回 5 亿美元。同时，美林还与 MBIA 公司和其他保险公司讨论解除类似担保合约，并可能最多再损失 8 亿美元。

（五）为对冲基金的次贷损失提供财务救助

危机爆发之后，许多投资次贷证券的对冲基金遭受了巨大损失。为了公司声誉，投资银行往往对旗下对冲基金提供财务救助，从而导致损失。2007 年 6 月，贝尔斯登两

只高杠杆投资于 CDO 的对冲基金出现巨额亏损,贝尔斯登宣布向其中一只基金提供 32 亿美元的抵押借款,但是这两只基金仍然由于巨大亏损而关闭,资产净值几乎为零。

四、资产证券化风险控制

(一) 证券发行人风险控制

1. 资产交易风险的控制

专业发行人可以从两个大的方面对支持资产交易风险加以控制。其一为尽可能多地收集、了解有关交易资产以及证券发起人的详尽资料信息。信息量的增多意味着不确定性的减少,从而减少风险。其二是在与发起人进行交易时要求其做出相应的保证和承诺,以防范其提供虚假信息。

2. 证券发行风险的控制

为了在最短的时间内以最优的价格将证券顺利发售完毕,证券发行人至少应把握以下几点:

(1) 合理地预测支持资产的未来收益现金流,从期限、收益率、收益支付方式等各个方面选择或设计资产支持证券品种,以使支持资产收益现金流与证券收益现金流在发生时间和流量大小等各方面相匹配。

(2) 努力提高证券的信用评级度,降低投资者的投资风险,并使证券发售价格最大化(或收益率最低化)。实际上,提高和保持证券的信用评级并不是一个阶段性工作,而是贯穿于资产证券化过程的始终。前述要求证券发起人对资产收益做出某种程度的担保和合理设计选择券种即是提高信用度的两个重要步骤。此外,提高证券信用评级还有下述一些常用而且重要的方法:

① 设立第三方担保。除了前述由发起人提供担保外,发行人还可联系银行和保险公司等信用较好的金融机构为资产支持证券提供担保。

② 证券发行人建立一个比所发行的资产支持证券规模更大的支持资产组合库,也即资产或资产组合的价值应大于资产支持证券价值,以确保有充足的现金流量来支付证券本息。

③ 证券发行人自行建立准备金制度,设立担保现金基金。

④ 证券发行人将所发行的资产支持证券分为优、中、次三个或更多级别,确保级别占优的证券优先偿付等。

不言而喻,资产支持证券的信用评级越高,投资风险越低,也就越易为广大投资者所认同,发行风险也就越小。

(3) 选择合适的证券承销商和承销方式。在证券发行采取承销方式的情况下,毫无疑问,承销商的营销渠道越多,覆盖面越广,承销经验越丰富,则证券发售成功的几率将越大。并且,在发行人系第一次发行证券或所发行的证券系一种新品种时,承销商在证券化交易过程中所能发挥的作用将更大。同时,在确保证券化交易结构和过程符合法律、财会、税务等的要求方面,承销商也起着重要的作用。此外,承销方式的选择,也将决定证券发行风险的大小。包销的风险最小,但费用也最高;代销的费用最低,但风险也最大;余额包销所花费的费用与承担的风险则介于前二者之间。证券发行人应在对市场和投资者做出充分的预测和判断后决定合适的发行方式。

3. 兑付风险的控制

应该说,兑付风险的大小在很大程度上取决于前述交易风险和发行风险的控制,也即兑付风险的控制,很多控制交易风险和发行风险的措施同时也是控制兑付风险的措施。此外,控制兑付风险的另一重要途径便是加强对支持资产的管理,确保收益如期足额实现。

(二) 证券投资者风险控制

可以说,投资者在前述投资风险面前基本上是无能为力的。这是因为,证券一旦发行,证券化交易各参与人就只能按证券发行契约行事,即使在证券存续期间发生了某些重大事件影响到各参与人,各参与人也不能对证券发行契约进行修改以规避风险,除非在确定证券发行条件时就已经对各种风险有所预见并安排了相应的防范措施。而在确定证券发行措施时,投资者是根本不可能表述自己的观点或意见的。因此,包括投资者风险在内的各种证券化交易风险的控制几乎全依赖于证券发行人最初的发行安排。一般而言,为降低投资者所可能面临的风险,除采取前述种种措施对证券进行信用提高外,证券发行人制定证券发行条件时还可做出以下安排。

1. 禁止发行人负有除证券债务以外的其他债务

在此种情形下,资产支持证券发行人只为证券化交易的目的而存在,其持有的唯一资产为证券支持资产,唯一的负债即为对证券持有人的证券债务。除为完成证券化交易外,发行人不得从事任何其他的业务活动(为匹配支持资产的收入现金流与证券本息偿付现金流而发生的短期投资或负债除外),以确保不对第三人负债。从而不但发行人被第三人申请破产的可能性不复存在,而且确保了支持资产收益全部或优先用于证券的清偿。此种安排下,发行人一般以"空壳公司"(SPV)的形式存在。

2. 为证券化交易所涉及的实物抵押品投保

如此,即便抵押品灭损,所得保险金也将被列为抵押财产,从而最大限度地保证投资者的利益。

第七章　项目融资

　　项目融资是为一个特定投资项目所安排的融资。项目债权人在最初考虑借款于该项目时,基于能够使用该项目的现金流量和未来收益作为偿债资金来源,以及使用该项目实体的资产作为债权的安全保障。传统项目融资是通过国际商业银行、多边组织、金融财团等提供的无追索权和有限追索权贷款而得的。现在的项目融资有多种形式,如产品支付、融资租赁、BOT融资、项目债券融资等。在项目融资活动中,投资银行充当财务顾问,为各方当事人提供各种中介顾问服务。项目融资的大型化、复杂化、技术化、国际化和专业化的趋势,以及国际金融市场的动荡不安,使得项目融资的风险与日俱增。正因为如此,项目融资的风险分析、设计防范和化解措施等工作通常由投资银行专家来完成,其在这项业务中的作用愈加明显。

第一节　项目融资基本原理

一、项目融资的含义

　　"项目融资"(Project Financing)一词,起源于20世纪30年代,是在西方遭受石油危机以后,因为担忧资源不足而大规模开发资源的热潮中产生的。广义上说,一切为了建设一个新项目、收购一个现有项目或者对已有项目进行债务重组所进行的融资活动都可以称为"项目融资"。但近年来,人们逐渐在习惯上将项目融资界定为一种无追索权或有有限追索权的融资活动。在此界定下,项目融资与传统的融资方式有很大的不同。

　　传统的融资方式下,企业凭借其自身的资信能力安排融资。外部的资金投入者(包括股票、债券的投资者、贷款银行等)对企业投入资金的依据是企业作为一个整体的资产负债、利润和现金流量的情况,从企业的经营历史和现状以及从企业的信誉中,资金投入者可以获得应有的安全感。

而项目融资，根据 P.K.Nevit 所著 *Project Financing* 1996 年第 6 版中的定义，是"为一个特定的经济实体所安排的融资，其贷款人在最初考虑贷款时，满足于使用该经济实体的现金流量和收益作为偿还贷款的资金来源，并且满足于使用该经济实体的资产作为贷款的安全保障"。

FASB(美国财务会计标准手册)对项目融资所下的定义为："项目融资是指对需要大规模资金的项目采取的融资活动。借款人原则上将项目本身拥有的资金及其收益作为还款资金来源，而且将项目资产作为抵押条件来处理。该项目事业主体的一般性信用能力通常不被作为重要因素来考虑。这是因为其项目主体要么是不具备其他资产的企业，要么对项目主体的所有者(母体公司)不能直接追究责任，两者必居其一。"

从以上两个大致相似的定义可以看出，项目融资的核心是用来保证贷款偿还的主要来源被限于项目未来的净现金流量和项目本身的资产价值，从而使得项目借款人对项目所承担的责任与其本身所拥有的其他业务在一定程度上相分离。

二、项目融资的特点

项目融资是一种不同于传统融资方式的独特的融资方法，有其自己相应的特点。

(一) 项目导向

项目融资主要依赖于项目自身的现金流量和资产，而不是依赖于项目的投资者或发起人的资信来安排融资。在项目融资中，贷款人把注意力主要放在项目在贷款期间能够产生多少现金流量用于还款上，因为贷款的数量、融资成本的高低以及融资结构的设计都是与项目的预期现金流量和资产价值直接联系在一起的。由于项目融资的这一特点，有些对于投资者很难借到的资金可以利用项目融资来安排，有些投资者很难得到的担保条件可以通过组织项目融资来实现。

(二) 有限追索

项目融资中，项目借款人对项目所承担的责任是有限的。贷款人可以在贷款的特定阶段(如项目的建设期和试生产期)，在一定的范围内对项目借款人实行追索。除此之外，无论项目出现任何问题，贷款人均不能追索到项目借款人除该项目资产、现金流量以及所承担义务之外的任何形式的财产。有限追索融资的特例是"无追索"融资，即融资完全依赖于项目本身，在融资任何阶段，贷款人均不能追索到项目借款人除项目之外的任何资产。有限追索的实质是当项目本身不能保证在最坏的情况下的贷款偿还，不能支持一个"无追索"的结构时，需要项目的借款人在项目的特定阶段提供一定形式的信用支持。

(三) 表外融资

项目融资中的债务可以安排不列入项目发起方(项目投资者或实际借款人)的公司资产负债表中。项目融资中项目发起方为项目的筹资专门成立项目公司，贷款人把资金直接贷给该项目公司，而不是项目发起人。而在合并财务报表时，对于控制其资产

50％以下的子公司的负债,总公司一般不列入其资产负债表中。这样,项目发起方可以通过对项目公司拥有 50％以下股份的方式,将融资安排成一种不需要进入项目发起方资产负债表的贷款形式。

项目的债务虽然可以安排不列在项目发起方的资产负债表上,但必须在资产负债表的附注中加以说明。因为项目融资目的不是为了隐瞒项目发起方的责任,而是为了把项目的信贷风险单独划出,让与项目有关的各参与方共同分担。

(四) 风险分担

项目融资中,项目的债务风险不是由项目的任一参与方单独承担,而是通过某种形式在项目投资者、与项目开发有直接或间接利益关系的其他参与者和贷款人之间进行分担,从而分散了债务风险。这一特征使得有限追索得以实现。

作为项目发起人,可以通过识别和分析项目的各种风险因素,确定自己、贷款人以及其他参与者所能承受风险的最大能力及可能性,设计出对投资者具有最低追索的融资结构。

(五) 信用结构多样化

项目融资中,当项目的经济强度不足以支撑在最坏情况下的贷款偿还时,就需要项目的投资者和与项目有关的其他各参与方为项目提供信用支持。这样,项目的经济强度加上这些信用支持共同构成项目融资的基础。项目融资中信用支持的结构安排是灵活多样的。一个成功的项目融资,可以将贷款的信用支持分配到与项目有关的各个关键方面。例如,在市场方面,可以要求对项目产品感兴趣的购买者提供一种长期购买合同作为融资的信用支持;在工程建设方面,可以要求工程承包公司提供固定价格和固定工期合同来减少风险;在能源及原材料供应方面,可以要求供应方在保证供应的同时,在定价上根据项目产品的价格变化设计一定的浮动价格公式,保证项目的最低收益等等。

(六) 税务优势

项目所在国政府对于项目投资通常有一些税收鼓励政策,利用项目融资方式,通过精心设计投资结构、融资模式,可以将这些税收优势在项目参与者各方中最大限度地加以分配和利用,从而降低融资成本,提高项目的综合收益率和偿债能力。

(七) 融资成本较高

由于项目融资涉及面广,结构复杂,需要做好大量有关风险分析、税收结构、资产抵押等一系列技术性的工作,筹资文件比一般融资方式往往要多出几倍,需要几十个,上百个法律文件才能解决问题,导致项目融资的成本与一般融资方式的成本相对较高,组织融资的时间相对较长,这一特征限制了项目融资的使用范围。

三、项目融资的功能

近些年来,项目融资受到越来越多筹资者的青睐,发展迅速,不但在发达国家,而且在发展中国家也被大量使用。究其原因：一方面是它适应了经济发展的需要，另一方面是由于项目融资自身的特点弥补了传统融资方式的不足。

(一) 项目融资可以为在传统融资方式下难以筹资的好的项目融资

传统的融资方式下，贷款人贷款的依据是建立在借款人良好的信誉和充实的还款能力基础上的，这在经济繁荣时期自然可以。但当经济进入衰退时期或出现危机，大量的企业会出现衰退、破产、倒闭。衰败的企业虽然自身资产负债状况不好，但并不意味着他们就没有好的项目。然而，即使有好的项目，由于自身信誉低，企业很难从银行获得贷款，而项目贷款却可以通过项目本身的收益去获得贷款。

对于新设立的企业来说，通常既没有经营业绩，也没有可供抵押的资产，唯一的根据就是项目成功后可能带来的现金流量的估计价值。这样的企业在传统的融资方式下是很难获得贷款的，而利用项目融资却可以为新企业的好的项目融资。

有些大型的项目所需要筹集的资金量很大，远远超过项目投资者自身的筹资能力，项目的投资风险也超出了项目投资者们所能够和愿意承受的程度。这使得这些大型的项目在传统的融资方式下没有人敢参与，因为一旦项目出现问题，投资者所受到的损失将不仅是在项目中的投入，还会牵扯到其他的业务和资产，甚至导致破产。而项目融资方式可以不受项目发起人资产规模的限制，利用项目本身的现金流量和资产价值安排有限追索贷款，使得这类大型的项目筹资成为可能。

(二) 项目融资可以使项目投资人自身的资信能力不受影响

大型的项目建设周期和投资回收期都比较长，对于项目投资者而言，如果这类项目的贷款安排全部反映在公司的资产负债上，就会造成公司的资产负债比例失衡，从而影响各种财务比例，导致公司自身资信状况的恶化，并且这种状况可能在很长一段时间内无法得到改善。公司因此而无法筹措新的资金，影响了未来的发展。因此项目发起人一般不希望项目借款出现在资产负债上，或其自身的资产做无上限的抵押，而希望项目风险与公司其他资产和业务在一定程度上分离。项目融资的表外融资的特点正适应了这一需要，通过将项目的债务安排在资产负债表外，使得项目投资人自身的资信能力不受大的影响，可以以有限的财力从事更多的投资，从而进一步将投资的风险分散在更多的项目之中。

(三) 项目融资可以为国家和政府的建设项目提供形式多样的融资

无论是发达国家还是发展中国家，随着经济的发展和人民生活水平的提高，对公共基础设施的建设需求会不断增加，标准也越来越高。所需要的巨额投资使政府的财政预算面临越来越紧张的局面，并且，多数国家对政府预算的规模、政府借款的种类和数量都有严格的规定，限制了政府在金融市场上安排贷款的能力。项目融资为国家和政府的建设项目提供了新的融资方法。政府通过项目融资可以解决一些经济效益较好的基础设施、能源、交通项目的建设资金来源，从而缓解了政府的财政预算压力，满足了政府资金安排方面的需要。

(四) 项目融资可以帮助公司实现目标收益率

公司在进行项目投资之前,会进行项目的可行性分析,将项目的预期收益率和公司内部的目标收益率进行比较,只有当项目的预期收益率大于公司的内部目标收益率时,项目的投资计划才会被批准,否则,公司将放弃对该项目的投资。这样,那些收益率尚可,但低于公司目标收益率的项目,就没有机会得到公司的开发;对于公司来说,可供开发的项目也会减少。但是,通过项目融资的安排,一方面可以将与这些项目有关的各方面结合起来,为项目提供信用支持,从而增强项目的融资能力;另一方面公司可以以较少的项目资金投入、较高的债务来开发项目,提高项目股本资金的投资收益率,使其达到公司的目标要求。

四、项目融资的参与者

(一) 项目发起人

项目发起人即项目的实际投资者。在有限追索结构的项目融资中,项目发起人一般为项目的融资组建项目公司,并为其提供股本资金和一定程度的信用担保。可以说,项目发起人是项目融资的真正借款人。由于项目本身耗资大、风险大,且多用于基础设施和公共项目,所以项目发起人一般是项目所在国的政府机构,当然,有时也可以是与项目有关的多家公司组成的投资财团或者政府机构和私人公司的混合体。

(二) 项目公司

它是为项目的建设和筹资而成立的直接承担项目债务责任和项目风险的法律主体。除了项目发起人投入的资本金外,项目公司营建项目所需资金主要通过借款获得,项目公司以其自身的资产和未来的现金流量作为偿还借款的主要保证。

(三) 贷款银行

项目融资中,项目资金主要来源于商业银行、非银行金融机构和一些国家政府的出口信贷机构提供的贷款。这些机构统称贷款银行。贷款银行往往组建国际银团为项目提供贷款,银行参与的数目主要依据贷款的规模和项目风险两个因素决定。为了分散东道国的政治风险,银团一般由不同国家的银行组成,包括东道国银行。

(四) 金融顾问和法律税务顾问

项目融资的组织安排需要有专门技能的人来完成,绝大多数的项目发起人缺乏这方面的经验和资源,需要聘请专业金融顾问和法律税务顾问作为项目融资的重要助手。

金融顾问在项目融资中扮演着极为重要的角色。项目发起人一般聘请熟悉金融市场运作规则的投资银行和商业银行来担任。金融顾问帮助发起人评价项目的经济可行性,对融资结构提出参考意见,并提出既符合项目发起人利益,又能为贷款银行接受的融资方案。但是金融顾问不承担顾问工作所引起的任何后果。

富有经验的法律和税务顾问是项目融资不可缺少的另一个助手。由于参与方的国际性和文件起草的复杂性,规模较大的项目融资往往需要资深的跨国律师事务所和经验丰富的会计和税务顾问的参与,以保证融资结构设计合理,担保结构严谨而有效,税收优惠和其他政策性优惠能够得到兑现。

(五) 项目的信用担保实体

由于项目的有限追索,在项目融资中必须为项目贷款提供必要的信用保证体系。一个成功的项目融资体系,可以将贷款的信用保证分配到与项目有关的各个关键方面。

1. 项目使用方

项目使用方包括项目产品的购买者或项目设施的使用者。他们通过签订长期购买或使用合同,保证项目建成后有足够的现金流用于还本付息,从而为该项目的贷款提供重要的信用支持。项目使用方可以是发起人,也可以是第三方或有关政府机构(如在交通运输、电力等基础设施项目中)。

2. 项目承包方

项目承包方指项目的设计和承包公司。通常与项目公司签订固定价格的承包合同,承担延期误工和工程质量不合格的风险,从而成为项目融资的重要信用保证者。

3. 供应商

供应商包括原材料供应商和设备供应商。他们通常通过延期付款或低息优惠出口信贷的安排为项目融资提供便利条件和信用保证。

4. 保险机构

为项目的商业、政治和外汇风险提供保险,分担项目的风险。

五、项目融资的结构类型

不同的项目融资具有不同的追索内容、不同的参与方、不同的风险结构和融资结构,因此,每一个项目融资都有其自身的特殊结构,很难找到两个完全一样的项目融资。但是从大的方面而言,基本的项目融资结构无非两种:① 无追索权或有限追索权贷款,即提供的贷款依靠项目预期的未来现金流量来偿还。② 收益买断,即用"预先购买"或"产品支付"的方式预先支付一定数量的资金来购买项目的销售收益或项目的其他收益。在此基础上,项目融资还可以进一步划分为许多具体的类型,常见类型如下。

(一) BOT

BOT(Build-Operate-Transfer)即建设—经营—转让,在我国又被称作"特许权投融资方式"。一般由东道国政府或地方政府通过特许权协议,将项目授予项目发起人为此专设的项目公司,由项目公司负责基础设施(或基础产业)项目的投融资、建造、经营和维护;在规定的特许期内,项目公司拥有投资建造设施的所有权(但不是完整意义上的所有权),允许向设施的使用者收取适当的费用,并以此回收项目投融资、建造、经营和维护的成本费用,偿还贷款;特许期满后,项目公司将设施无偿移交给东道国政府。这种方式一般用于大型电厂、高等级高速公路、桥梁、隧道、铁路以及城市供排水、污水处理等能源、交通、城市市政设施建设。

(二) TOT

TOT(Transfer-Operate-Transfer)即转让—运营—转让,指将已经建成投产的项目有偿转交给投资方经营,国家或所属机构将一次性融通的资金用来投入新建设项目;根据双方签订的有关协议,资金投入方在一定期限内经营该项目并获取利润;协议期满后,再将项目转交给国家或所属机构。

(三) ABS

ABS(Asset-Backed Securities)即资产担保债券。它是资产证券化的一种形式,指将缺乏流动性但能产生可预见现金流收入的资产汇集起来,通过结构重组和信用增级,将其转换成在金融市场可以出售和流通的证券,借此融取资金。在项目融资中,一般通过这种形式将基于一定基础设施或资产的现金流收入与原始权益人完全剥离,过户给特设信托机构(Special Purpose Vehicle,即SPV),SPV将其通过金融担保、保险级超额抵押等方式取得较高的信用评级,然后以债券的方式发售给资本市场的投资者,融取项目建设所需资金,并以设施的未来收入流作为投资者收益的保证。利用这种方式不需要以发行者自身的信用做债券的偿还担保,目前也已成为国际上基础设施项目融资的重要方式。

(四) 产品支付法融资

产品支付法融资(Production Payment)被成功地用于英美等国石油、天然气和矿产品等项目的开发融资中。这一方法仍然需要由项目发起人预先创立一个特定目的公司或特设信托机构(SPV),并由该SPV从有关项目公司购买未分割的石油、天然气、矿产品或其他产品的收益。其特点在于:项目的产品是还本付息的唯一来源;贷款偿还期应短于项目预期的可靠经济寿命;贷款人不对运营成本提供资金。

(五) 预先购买协议融资法

预先购买协议融资法(Pre-take Agreement)具有产品支付法的许多特点,但比其更为灵活。在这一方法中,贷款中同样需要建设一个特殊目的公司来购买规定数量的未来产品和/或现金收益,并且项目公司支付产品或收益的进度被设计成与规定的分期还款、偿债计划相配合。同时这里的购销合同通常也要求项目公司必须在以下两种方式中选择一种:第一,项目公司买回产品;第二,项目公司作为贷款人的代理人,在公开市场上销售该产品,或者根据与发起人之间的事先合同将产品卖给第三方。

(六) 融资租赁

融资租赁(Financial Lease)是以资产为基础的一种融资方式,在英国和美国,相当数量的大型项目是通过融资租赁方式筹措资金的。其过程一般为:希望获得工厂和设备的一方作为项目发起人,成立一个股份有限公司作为项目公司,然后再由项目公司与租赁公司签订租赁该工厂和设备的租赁合同,租金由一个或几个银行做担保,租赁公司负责建造或购买,然后将其经项目公司交由使用方使用,项目公司在此期间作为出租方代理人收取使用费,并向租赁公司交付租金,同时收取代理费。租约期满,项目公司代理以出租人同意的价格将该资产或设备售出。

当然,除此之外,还有许多其他形形色色的项目融资类型,而且每一类又有许多的变异,其中仅 BOT 就出现了 BT、BOOT 等 20 多种演变方式。但无论哪一种都毫无例外具有一个共同特点,即融资不是主要依赖于项目发起人自身的资信或其自有的资产。

六、项目融资的适用范围

项目融资自产生发展到现在,主要被用于三大类项目:资源开发项目、基础设施项目和制造业项目。

最初,项目融资被应用于石油的开发,后来逐渐扩大范围。除石油项目外,天然气、煤炭、金属矿等自然资源的开发项目也均成为项目融资的对象。

在项目融资的发展中,应用最多的领域要数基础设施项目,包括运输、电力、能源等项目的建设。其原因一方面是由于这类项目投资的规模大、风险大,难以用传统融资方式满足资金的需要,完全由政府出资又有困难;另一方面是商业化经营的需要,因为基础设施项目只有商业化经营,才有可能产生收益,提高效益。

制造业是项目融资最后进入的领域,到目前为止范围还较窄,主要是一些大型制造项目,如飞机、大型轮船等。

第二节 项目融资风险管理

项目融资时间跨度长,涉及方面多,整个过程都伴随着巨大的风险。虽然项目融资的有限追索性质,已使项目发起方的风险大大降低,但是具体项目所面临的各种风险是客观存在的,不会因为采用项目融资而消失。因此,了解项目融资的风险并对其进行管理成为项目融资活动的重要内容之一。

项目融资的风险管理,就程序而言与一般经济活动中的风险管理并无区别,主要包括风险识别、风险估量、应对措施和风险管理实施四个步骤。其中,风险管理实施是前三项步骤的落实,属具体操作。因此,本节只对项目融资中的风险识别、估量和应对措施进行说明。

一、项目融资风险的识别

在项目融资中,风险的识别是整个风险管理的基础,加上风险合理分配和严格管理,是项目成功的关键,是项目参与方谈判的核心问题,是项目融资活动最重要的方面之一,因此能够对项目融资的风险进行准确的识别,预先做好防范措施,有利于融资的顺利完成。尽管由于项目融资模式的不同,所涉及的风险种类和大小也会有差异,但综合来讲,项目融资风险包括两大风险,即非系统风险和系统风险。

(一)非系统风险

非系统性风险是指与项目建设和生产经营管理直接相关的风险。这类风险是项目投资者在项目建设或生产经营过程中无法避免而且必须承担的风险,同时也是应该知道如何去管理和控制的风险。

1. 信用风险

项目融资参与各方彼此都存在一个信用风险的问题。由于追索仅限于项目经营现金流量和项目资产,因此项目合作者各方能否按合同文件履行各自的职责及其承担的项目信用保证责任,是事关融资成败的关键。信用支持体系是否具备完整性与合理性就构成了信用风险。这是一种综合性风险,所有融资项目都存在这种风险。债权人应事先对项目所在地政府、项目业主、合作者各方的资金状况、偿还能力、专业能力、可靠性和诚信程度等做细致的调研,其最大难点是对政府业主及有关公共事业性公司的信誉度难以把握,应重点关注项目业主的回购能力和信誉记录,遵循平等、公平、诚实、信用的原则,客观地分析判断,然后再决定是否参与融资,防止盲目决策,避免后患。

2. 完工风险

项目不能按期、按质、按量完工,甚至完全停工就构成了完工风险。项目建设时期也是贷款人面临最大风险的时期,因为随时会因为事先预料不到的费用超标、耽搁、劳资问题等而影响项目建设的进程。在分析一个项目的完工风险时,要注意支撑这个工程项目的基础设施是否完善,诸如能源供应、运输设备等。由于债权人对债务人的追索仅限于项目建成后经营现金流量和项目资产,因此这些风险一旦发生,后果将是包括利息在内的成本支出增加,贷款偿还期延长和市场机会错过。识别这类风险并进行有效管理,是保证项目工程顺利建成并交付运营商使用的重要手段。

完工风险包括工程不能完工风险、成本超支风险、项目达不到设计规定的技术指标和完工延迟风险。

(1) 不能完工风险。由于项目选址不当,使用了复杂的技术、工程设计不合理、在工程施工中改变设计方案、项目发起人和工程总承包商技术能力和经验不足以及其他一些原因,导致不能完成该项目的建设或者完成的项目达不到预期设计标准。

(2) 完工迟延风险。由于通货膨胀、建筑承包商技术不过关、经验不足,建筑材料和设备不能及时取得或者劳动力来源得不到保障,以及其他一些原因,可能导致项目不能按照预计的时间完成工程建设从而使项目发起人和债权人遭受完工迟延风险。工程迟延使建设期融资本息以及其他费用增加。同时,由于项目不能按时投入运营,预期的项目利润也不能按计划取得。倘若延期过久,劳动力和原材料因通货膨胀其成本也会大大提高,严重影响项目的经验效益,甚至由于工程延期造成超支过多,使发起人和债权人只能放弃这个项目。

(3) 成本超支风险。成本超支风险是指项目在建设期间的费用(包括设备安装、调试费用)超过了预计的费用。迟延完工、通货膨胀、汇率波动、利率变化以及环境和技术方面产生的问题都是造成此风险的原因。由于项目运营费用和还贷资金的来源基于预计的项目收益,成本超支便给项目带来严重后果,除非超支费用能够有资金来源,否则这个项目很可能半途而废或不能按期产生偿还项目债务的资金流量。在这种情况下,又会迫使债权人再为项目发放新的贷款。

在项目当中,像为了克服建设工地上的一个地理或地质环境而须采用新的甚至未经过实验的技术,或者因为没有预料到的问题而需要付出没有预料到的开支的现象时有发生,这些都有可能导致工期延误,因而完工风险也是我国项目融资所面临的高风险之一。

3. 运营风险

运营风险是指项目投产运营后,其生产产品的市场价值不足以偿还项目贷款或产量不达标所引起的风险。一个突出的问题是投资项目能否生产出合格产品和售出产品,足以用来归还贷款,并且最后给投资者提供满意的投资收益率。引起此类风险的因素很多,如运营商在经营管理上的疏忽,项目所采用的设备安装使用不合理或达不到事先的要求,产品或服务质量恶劣,原材料供应不上和劳动力的缺乏,工人技术不熟练及队伍混乱引起的低产量,自然灾害等不可预见的情况等。

4. 技术风险

技术风险是指由于采取的新技术不成熟或出现技术故障引起的风险。项目的业主有时须在使用成熟技术和创新技术之间做出选择,创新技术虽然可提高效率,但也容易出现技术难题无法解决所产生的风险;成熟技术可确保项目顺利进行,但也不排除技术折旧快、被淘汰的风险。技术风险通常包括综合项目技术评价(选择成熟技术是减少项目融资风险的一个原则)、设备可靠性及生产效率、产品的设计或生产标准等。例如,我国出台的隧道项目建设新法规,要求在隧道内以技术较为先进的空气过滤器及通风系统取代现有的系统,这就使承建商面临技术风险。在我国的一些项目中,业主出于缩减工期、节约开支等目的,要求承包商采用某些先进施工技术;而对承包商来说,可能从未接触过这些先进的施工技术,只是为了中标而盲目投标,有的甚至不是通过公平竞标产生的,这种情况下,如在建设中无法达到生产与施工工艺的要求,也可能引发技术风险。

5. 操作风险

操作风险是指在项目融资运行过程中由人为行为(国际和非国际的)、技术错误、内部控制的崩溃、灾难或外部因素的影响引起损失的风险。项目公司使用人员、流程和技术等来完成项目融资计划,其中任何一个因素都有可能出现某种错失。这些错失的一部分是可以预期的,并可以将其纳入融资计划中。而剩下的无法预期的错失导致了主要的操作风险,如评估人员的主观臆断,与合作方之间的良好关系,使用了不恰当的风险模型等,都会产生操作风险。

(二)系统风险

系统风险是指由于超出发起人和项目公司控制范围的经济环境变化的影响而遭受损失的风险。

1. 融资前期成本投入风险

融资前期成本投入风险是指在竞争投标中由于投资方竞争失败,不能组成项目公司而造成的开发费用损失的风险。项目融资是一种相当复杂的融资工具,要花费大量时间和精力。主办公司及其金融顾问,要在世界范围寻找资金来源,同银行、政府机构和顾客谈判,取得承诺,安排贷款,准备法律协议。这些谈判和得到批准往往需要花几年时间才有结果,要支付很高的一次性预管理费。项目的金融顾问一般要收取相当于融资额 0.5%～1% 的管理费。对于大型项目融资来说,投标费用很高,一是编制可行性报告及标书需要花费大量的人力和财力;二是在编制投标报价过程中,对招标文件及图纸理解不透彻,施工现场考察欠周密,这些均直接影响施工方案和施工组织设计的合理性。加之市场需求,资源、能源、交通能力及经营状况,以及国家政策、法律、法规和社会化服务水平等的调研不足,误导报价策略,造成经济损失。有时由于安排融资的成本过大,时间过长,主办公司不得不放弃。银行对项目贷款收取利率,要比主办公司支付自己的信贷额度的成本要高,尤其是当公司属高信用级别时。私人贷款者对项目融资中的主权风险和商业风险,收取较高的加息率。获得顾客的金融或购买承诺也要花代价,尤其是当市场不景气和主办公司的谈判地位较弱时。其代价就相对高一些。顾问参与会要求很大的价格优惠。这时,主办公司要权衡项目融资的盈利性、经济性、灵活性和降低风险的好处,以及项目融资的复杂性引起的成本代价。

2. 政治风险

政治风险是指由于东道国政府的政治形势、制度环境不稳定,以及政治经济法律变化,造成项目融资失败或损失的风险。比如,东道国政府通过有关法令对项目全部或部分没收;用增加税收、强制性规定从项目所在地购买原材料或在当地出售产品和服务,征收额外的特许权使用费,限制某些产品进出口,征收关税等方式对项目的设计、选址、工程建设、运营及产品销售进行越权干预;土地管理法、税法、劳动法、环保法等法律法规的变化以及其他政府宏观经济政策的变化等。在任何国际融资中,借款人和贷款人都承担政治风险,项目的政治风险可以涉及项目的各个方面和各个阶段。

3. 金融风险

金融风险是资金本身的风险,主要包括利率风险、外汇风险、通货膨胀风险。

在项目融资中,项目发起人与贷款人必须对自身难以控制的金融市场上可能出现的变化加以认真分析和预测,如汇率波动、利率上涨、通货膨胀、国际贸易政策的趋向等,这些因素会引发项目的金融风险。

(1)利率风险。利率风险是指在项目融资过程中,由于利率变动直接或间接地造成项目价值降低或收益受到损失的风险。由于不同国家的经济发展阶段不同,不同的货币又有不同的利率,所以项目公司必然面临各种货币利息变化的风险。

(2)外汇风险。外汇风险包括两类:一是外汇的不可获得或不可汇出风险;二是汇率波动风险。外汇的不可获得风险,是指由于项目东道国外汇短缺等原因导致项目公司不能将当地货币转换成需要的外国货币,以偿还对外债务或其他对外支付,从而使项目无法正常进行的风险。外汇的不可转移风险,是指由于外汇管制的存在导致项目公司的经营所得不能转换成需要的外汇汇出国外。汇率波动风险,是指由于汇率的波动而给持有或使用外汇的项目公司或其他利益参与者带来损失的风险。这两类风险在项目融资中均需予以足够重视,否则很可能引起重大损失甚至导致项目失败。

(3)通货膨胀风险。通货膨胀存在于各国的经济生活中,是每个时期都可能发生的风险,它可能会导致原材料价格上涨,从而引起生产成本增加、产品销售困难等。融资项目通常都要几年甚至十几年,这期间物价会有很大波动,因而无论是项目公司还是贷款者都要求建立一种机制,防止通货膨胀可能造成的损失。可以要求政府在合同中做出某种承诺,如在电站项目的购买协议中写入价格浮动条款,在协议中允许提高收费公路的收费标准等。价格浮动条款的草拟应考虑到项目成本由于通货膨胀而提高,以及项目收入及股本金购买力的下降。另外,调价往往迟于通货膨胀,而且不能持久,所以关于价格调整的谈判通常相当费事,需要考虑的因素也相当多。

4. 环境保护风险

在污染日趋严重的今天,环境保护已成为全世界共同的话题。项目融资也必须要满足所在国政府环保法规的要求,因此将会有增加资产投入或被迫停产的风险。随着公众愈来愈关注工业化进程对自然环境以及在环境中休养生息的人类健康和福利的影响,许多国家颁布了日益严厉的法令来控制辐射、废弃物、有害物质的运输及低效使用能源和不可再生资源"污染者承担环境债务"的原则已被广泛接受。我国的环境保护法规比较健全,对环境管理很严格,因此我国的环境保护风险相对较大。

鉴于在项目融资中,投资者对项目的技术条件和生产条件比贷款银行更了解,所以一般环境保护风险由投资者承担,包括对所造成的环境污染的罚款、改正错误所需的资本投入、环境评价费用、保护费用以及其他的一些成本。

此外,由于参与双方存在信息不对称还可能在项目融资中出现道德风险;当事人不能预见、不能避免并且不能克服的自然事件和社会事件引起的不可抗力风险等。

二、项目融资风险的估量

项目融资过程中,存在着多种类型的风险,对于不同类型风险的度量和对于风险给项目带来的影响程度的评估就构成了项目融资风险估量的主要内容。

在对项目融资进行风险估计时,往往需要考虑多种风险因素,如自然因素、市场状况、利率、汇率、技术进步、经营管理等。每一种因素的情况都是随机的,要估计其影响十分困难。在此,介绍一种在不能建立精确的数学模型的情况下研究随机变量规律的方法——蒙特卡洛模拟法。这是随着计算机的普及在风险估计中逐渐得到应用的一种复杂而精确的风险测算方法。

所谓模拟就是指假设存在某物或出现了某种情况,而其实它们并不存在。在项目融资的风险估计中,模拟指的是想象一个实际的系统与项目融资完全一样,从而通过这个系统对项目融资的风险进行观察的研究。由于项目融资中风险因素很多,因此在研究中要考虑到各种随机因素的影响。这样一个模拟的系统可参考图7-1所示。

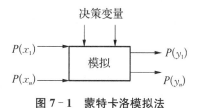

图7-1　蒙特卡洛模拟法

图中，$x_1,\cdots,x_n$ 为 n 个输入随机变量，表示项目融资中的风险因素；$P(x_1),\cdots,P(x_n)$ 表示这 n 个输入变量的概率分布；决策变量表示决策人员选择的不同方案；$P(y_1),\cdots,P(y_n)$ 表示在确定的风险因素概率分布的情况下，根据不同的项目融资方案得到的不同的输出变量，也就是结果的概率分布。

在项目融资中，由于人们对未来的情况不能确定，只知道各风险因素按一定概率分布取值，因此，在用蒙特卡洛模拟法模拟的过程中，可以通过从随机数表中找一个具有相同概率的数值，赋值给输入变量。这样，在不同的融资方案下，可以计算出不同的对应于实际情况的输出变量的值，再通过输入变量的反复取值，就可以求出输出变量的概率分布。

从表面上看，蒙特卡洛模拟法与枚举法并无多大的区别。但在实际上，实验结果表明，当实验次数增加时，输出变量时的概率分布函数趋于收敛。于是，人们便可以根据蒙特卡洛模拟法，用少量的计算来取得大量的计算结果。

在对项目融资进行模拟结束后，需要对结果进行证实。这是一项很重要的工作，不仅要检验基本模型，也要检查内在逻辑性，还要纠正其程序中的错误。检查工作可以从模拟的假设条件开始，进而根据实际情况检查输出的结果。

采用蒙特卡洛模拟法对项目融资进行风险估计时，虽然为取得每组数据仍需进行 $50\sim300$ 次的计算，仍需较多的时间和较高的费用。但不管怎么说，这种方法已经明显简化了复杂的计算，也在很大程度上提高了计算的效率。

三、项目融资风险的管理

项目融资的不同阶段存在着不同类型的风险，其中，有些风险可以通过采取一些技术性的措施来有效减少其发生的概率及经济损失的程度。例如，通过建立奖惩激励机制和健全监督约束机制可以降低经营管理风险，通过运用金融衍生工具可以有效地控制金融风险。但是，这些技术性措施不可能根除所有风险。因此，在尽可能地采取了各种措施降低各种风险之后，还必须考虑如何将那些不能根除的风险在项目各参与方之间进行分配。

(一) 项目融资风险的分配原则

设项目参与方共有 n 个，其编号分别为 $1,2,\cdots,n$；再设共有 m 种风险，其编号分别为 $1,2,\cdots,m$。我们以 $r_i^j(1\leqslant i\leqslant n,1<j\leqslant m)$ 表示 i 个项目参与方所承担的第 j 种风险。

风险的代价与收益紧密相连。任何一方要想取得一定的收益，则必然要付出一定代价。一般说来，收益与代价正相关，即付出的代价越大，则希望得到的收益也越高。

我们假定项目已经采取了所有的风险防范措施，所需解决的只是那些不能避免的风险分配问题。这样，项目各参与方为承担风险而要求得到的收益以及因此而付出的成本只与其所承担的风险有关，即：

$$\text{第 } i \text{ 方收益(yield)} \quad y_i=y_i(r_i^1,r_i^2,\cdots,r_i^m) \quad i=1,2,\cdots,n$$

第 i 方成本(cost)　$c_i = c_i(r_i^1, r_i^2, \cdots, r_i^m)$　$i = 1, 2, \cdots, n$

项目各参与方之所以愿意承担风险,付出代价,是因为项目能为他们带来收益,而且这种收益大于他们为承担风险而付出的代价。我们用 $p_i = y_i - c_i$ 表示项目第 i 方的满意度。

风险分配的目标是在项目风险一定的条件下,使项目各参与方对风险分配方案的整体满意度达到最大,即:

$$f(r_1, r_2, \cdots, r_m) = \text{Max} \sum_{i=1}^{n} p_i \tag{7-1}$$

为简单起见,设项目各参与方的收益与代价(成本)均为各种风险的线性函数,即:

$$y_i = y_i^1 r_i^1 + y_i^2 r_i^2 + \cdots + y_i^m r_i^m = \sum_{j=1}^{m} y_i^j r_i^j \quad i = 1, 2, \cdots, n \tag{7-2}$$

$$c_i = c_i^1 r_i^1 + c_i^2 r_i^2 + \cdots + c_i^m r_i^m = \sum_{j=1}^{m} c_i^j r_i^j \quad i = 1, 2, \cdots, n \tag{7-3}$$

式中,y_i^1 为第 i 方因承担第 j 种风险所应得到的收益权重;c_i^1 为第 i 因承担第 j 种风险所引起的成本权重。

将 $p_i = y_i - c_i$ 和式(7-2)、式(7-3)带入式(7-1)后,可得项目各参与方风险最优分配的目标函数如下:

$$f = \text{Max} \left[\sum_{i=1}^{n} \sum_{j=1}^{m} (y_i^j - c_i^j) r_i^j \right] \tag{7-4}$$

由于项目融资的各项风险是一定的,因此,存在约束条件:

$$\sum_{i=1}^{n} r_i^j = \text{const}(j) \tag{7-5}$$

式(7-4)和式(7-5)组成了如下线性规划模型:

$$\begin{cases} f = \text{Max} \left[\sum_{i=1}^{n} \sum_{j=1}^{m} (y_i^j - c_i^j) r_i^j \right] \\ s.t, \sum_{i=1}^{n} r_i^j = \text{const}(j) \qquad j = 1, 2, \cdots, m \end{cases}$$

目标函数中各变量代表的经济含义:y_i^j 和 c_i^j 分别是第 i 方承担第 j 种风险每个单位得到的收益和付出的代价。由此可知,$y_i^j - c_i^j$ 就是第 i 方承担第 j 种风险每个单位得到的净收益。由于项目各参与方对风险的态度和承担能力是不同的,因此对于任一风险 j,$y_i^j(i = 1, 2, \cdots, n)$ 是不同的,$c_i^j(i = 1, 2, \cdots, n)$ 也是不同的。实际上,$y_i^j - c_i^j$ 表示的是第 i 方对风险 j 的一种态度,我们称之为偏好。用 $p_i^j = y_i^j - c_i^j$ 表示第 i 方对第 j 种风险的偏好系数。于是,模型变为:

$$\begin{cases} f = \operatorname{Max} \sum_{i=1}^{n} \sum_{j=1}^{m} p_i^j r_i^j \\ s.t, \sum_{i=1}^{n} r_i^j = \operatorname{const}(j) \quad j = 1, 2, \cdots, m \end{cases}$$

借上述模型可得目标函数最优值：

$$f = \operatorname{Max} \sum_{i=1}^{n} \sum_{j=1}^{m} p_i^j r_i^j = \sum_{j=1}^{m} \left[(\max_{i=1}^{n} p_i^j) \operatorname{const}(j) \right]$$

最后的结论用文字说明就是，项目任一风险完全由对该风险偏好系数最大的项目参与方承担时，项目整体满意度最大。对某种风险的偏好系数最大，意味着最适合承受该风险。于是，我们得到了风险分配的最基本原则：将各种风险分配给最适合承担它的一方。

因此，对项目融资风险进行管理的最主要内容就是将其在项目各参与方之间进行有效分配，根据各参与方愿意承担风险的情况，通过各种协议，让参与方各得其所，使风险各就其位。

(二) 项目融资风险的分配

项目融资自诞生以来，经过 100 多年的不断创新和发展，已经形成较为系统和完善的风险分摊机制。通过风险的分摊，一方面可以使项目的投资者避免承担全部的、直接的项目债务责任，而将其责任限制在有限的项目运行阶段之内或者有限的金额之内，使项目实现有限追索的融资；另一方面，可以将一定的项目风险转移给那些对项目发展有利益关系，但又不愿直接参与项目投资或项目经营的机构。在一定条件下，还可以将许多风险转移给保险公司等商业保险机构。

1. 政治风险

政治风险最好通过"项目全面收购"等协议由东道国来承担，因为东道国政府最有能力承担政治风险。在我国，由于政府机构目前一般不准对项目做任何形式的担保或承诺，中方机构也不得对外出具借款担保。因此，在我国进行项目融资，其政府风险尚不能由我国政府及中方机构承担。目前，比较可行的办法是为政治风险投保或引入多边机构等方式来减少这种风险可能带来的损失。

2. 市场风险的分担

市场风险可以由项目融资产品的产、供、销三方来分担。在项目的建设和运营过程中，通过签订"生产照付不议协议"和"原料供应照付不议协议"可以将市场风险进行分摊。根据"生产照付不议协议"，可以按规定的计划和价格进行生产，提供产品，买方按既定数量和金额付款；而"原料供应照付不议协议"则保证了原料供应商按规定的价格、数量和计划向项目供应原料。这样，通过这些协议，将项目原料和项目产品的市场风险分摊给原料供应商和项目产品购买方来承担，从而，在很大程度上减少了市场不确定性因素对项目收入的影响。

　　3. 金融风险的分担

　　对于金融风险中的汇率风险,可以通过项目公司与东道国的外汇指定银行签订外汇兑换协议,从而由东道国来承担;此外,还可以通过市场的协议将汇率风险分散给其他参与方;项目公司也可与东道国政府或产品买主签订"浮动价格购买协议",将汇率变化所带来的影响部分地转移到合同价格中,从而以浮动价格来消化汇率风险。利率风险与汇率风险一样,也可以通过适当的协议来分散或通过浮动价格来消化。

　　4. 信用风险的分担

　　信用风险贯穿于项目融资的始终,该风险可以通过东道国国内金融机构出具履约保函的形式来加以分散。

　　5. 完工风险的分担

　　由于承建商最有能力承担完工风险,因此这项风险通常由承建商以"交钥匙"合同的形式来承担。但是,如果承建商不愿就项目的完工做出法律上的承诺,那么项目发起方、贷款方就不得不更多地介入项目的建设过程中,进行监督和控制,以保证工程进度。

　　6. 生产风险的分担

　　项目融资中,生产风险通常由经营者以"生产经营合同"的形式来承担。当项目的生产经营建设在固定价格的合同基础上,经营者就要承担生产超过预算的风险,这会使其尽力使生产经营成本低于合同成本。

　　7. 不可抗力风险

　　对于不可抗力风险,最有效的办法是通过保险合同分摊给保险公司来承担。

　　综上所述,对项目融资风险的管理主要是通过各种合同文件和信用担保协议,按照"将各种风险分配给最适合承担它的一方"的原则,将项目风险在参与者之间进行合理的分配。

第三节　投资银行在项目融资中的具体操作

　　项目融资的程序大体上要经过投资决策分析、融资决策分析、融资结构设计、融资谈判、融资的执行等步骤。由于整个过程运行复杂,牵涉面广,一般来说,无论是项目的发起人,还是项目的投资者,都很难具有协调整个项目融资工作的专业技能和经验。因此,该项工作的组织安排通常需要由具有专门技能的投资银行来完成。

　　投资银行在项目融资中起着非常关键的作用,它将与项目有关的政府机关、金融机构、投资者与项目发起人等紧密联系在一起,协调律师、会计师、工程师等一起进行项目可行性研究,进而通过发行债券、基金、股票或拆借、拍卖、抵押贷款等形式组织项目投资所需的资金融通。在项目融资过程中,投资银行的作用主要就在于为资本的供应者和需求者提供中介服务,并针对投资者和资金需求者双方的需求和特点创造性地设计出能够平衡双方利益的融资结构和证券产品,为双方架起桥梁。具体而言,投资银行在项目融资中的作用主要包括以下几点:第一,在项目文件管理和围绕项目的某些公开场合,需要投资银行在一定程度上参与项目的执行。第二,充当融资顾问。第三,负责协调用款,帮助各方交流融资文件、传达信息和送达通知。第四,负责监控技术进程和项目业绩,并负责项目实施和有关联络工作。相应地,投资银行作为项目融资顾问应该收取的有关费用:一是聘用费,一般按实际工作量收取;二是项目成功费或融资安排费,按项目规模的一定百分比收取,通常是项目越大,百分比越低,但其绝对额可以很高;三是实际支出,包括差旅费,电话、电传费等。

在以上这些作用中,投资银行最重要的功能是充当项目融资的融资顾问。从国内外的实践来看,项目融资能够成功,融资顾问有着举足轻重的作用。

一、投资银行作为融资顾问在项目融资中的地位

(一) 投资银行是项目公司和投资者的参谋

项目公司和投资者需要融资的建设项目,不属于他们的常规性业务,就其对项目融资的认识和运作来讲,一般并不是非常熟悉。如果由他们来对项目融资进行筹划,往往会因缺乏经验而告失败。所以,他们需要有专业性的机构来帮助他们计划项目融资的方案。而投资银行往往对项目融资业务有比较充分的认识,比较熟悉其运作原则和机理。而且,他们不但熟悉东道国的情况,也谙于国际资本市场。因此,为了项目融资成功,投资者或项目公司往往委托投资银行作为他们的融资顾问为其设计融资方案,代替他们与贷款银行及有利益关系的第三方进行接洽、谈判和签订协议等。投资银行参与项目融资,不但能使项目融资的成功率大大提高,而且往往会缩短融资的时间,降低成本,合理分散风险,并使项目的开发建设和运营更加顺畅。所以说,投资银行是项目公司和投资者的参谋。

(二) 投资银行是贷款银行的使者

投资者在寻找贷款银行的同时,贷款银行也在寻找好的项目。在项目融资中,债务资金一般要从国际资本市场上筹措,国外的银行或国际银团往往因为对项目的东道国不熟悉而不能轻易地给以贷款许诺,他们要通过熟知东道国社会、经济、法律情况的融资顾问作为中介,了解东道国的资信状况、风险状况、市场状况和其他有关的信息。作为融资顾问的投资银行往往受投资者和项目公司的委托,不但设计融资方案,而且将项目的有关情况以文件的形式提供给贷款银行和有利益关系的第三方。贷款银行通过与投资银行接触,阅读有关文件,充分掌握项目及东道国的情况,以决定是否提供贷款。从这种意义上讲,投资银行是贷款银行的使者。

(三) 投资银行是投资者与贷款银行之间的桥梁

项目投资者从国际资本市场融资需要明确以下几个方面的问题:① 选择独家银行,还是选择国际银团;② 哪些银行适应项目所需要的债务资金;③ 利息和费用怎样计算;④ 选择什么样的币种,是本国货币,还是贷款银行所在国货币,或者是第三国货币;

⑤ 银行对其贷款对象有什么要求等。作为贷款银行,需要明确以下几个方面的问题:① 项目东道国的政治经济状况,投资环境状况;② 项目所在产业的市场和技术发展情况;③ 能否有科学的信用保证结构来减少自己的贷款风险;④ 项目每年的现金流量和建成后的资产状况等。当投资者无法回答其要明确的问题时,则难以寻找到合适的贷款银行。当贷款银行无法回答其要明确的问题时,不可能承诺向项目贷款。而作为融资顾问的投资银行既熟悉投资者需要明确的问题,又熟悉贷款银行所关心的问题。通过为项目投资者设计融资方案,为贷款银行推荐项目,投资银行既使项目投资者找到合适的贷款银行,又使贷款银行愿意为项目提供贷款。从这种意义上讲,投资银行是投资者与贷款银行之间的桥梁。

(四) 投资银行是平衡参与各方关系的协调员

项目融资的参与各方都是独立的利益主体,在项目融资中,各自有不同的分工、责任和义务,当然也有追求各自利益的权利。如果缺乏中间人的协调,他们可能在风险承担、利益保证等方面不能达成共识,而使项目融资不是被扼杀在摇篮里,就是在实施过程中夭折。这就需要一个担当平衡参与各方关系的角色。投资银行不但熟悉东道国的政治、经济和法律环境,了解政府机构的意图、投资者的要求,而且对项目所在行业的市场供求关系、技术发展趋势也知之甚多,同时,他们还掌握着国际资本市场和国外的产品及服务市场的情况。这样,他们不但能给项目公司和投资者当好参谋,成为贷款银行的使者,架起投资者与贷款银行之间沟通的桥梁,而且能够充分地考虑其他各方的利益,不但使其承担风险,而且使其取得应该得到的利益。投资银行通过融资方案的设计和参与各方的谈判,既使风险被合理分散,又使利益被充分共享。从这种意义上讲,投资银行是平衡项目融资参与各方关系的协调员。

(五) 投资银行能够帮助贷款银行和项目投资者科学地分析和回避风险

项目融资所涉及的基础设施或基础产业投资规模大、建设及运营周期长、涉及关系复杂、影响因素多、不确定性强,因而使得投资者和贷款银行往往面临着巨大的风险。这些风险对于投资者和贷款银行来说都很难完全承担,因此对项目风险的分析评价和合理分担就变得十分重要。而对于各种类型项目风险的分析评价,是投资银行为项目提供融资服务的一项重要内容。国际上一些擅长项目融资的投资银行,如摩根士丹利、第一波士顿银行等都各自建有具有特色的项目风险评价模型系统,为项目融资的风险评估提供了科学、迅速的方法。并且投资银行可以通过识别和分析项目的各种风险因素,确定投资者、贷款银行以及其他参与者所能承受风险的最大可能性,通过融资过程中一系列协议的设计,使各种风险被分配到最适合承担它的一方,使各方都基本能够承受。因此,投资银行在项目风险的分析评价和分担等方面,都发挥着其他机构所不能替代的重要作用。

二、投资银行作为融资顾问在项目融资中的具体工作

(一) 评估项目的可行性

项目的可行性评估是项目开发的前期准备工作,详细的可行性研究一般是由项目

的发起人进行,而投资银行作为融资顾问所要做的工作就是对项目发起人制作的可行性研究进行细致的评估。在对项目的可行性进行评估时,除了要从财务的因素考虑外,还应包括技术和风险方面的分析。

1. 财务分析

投资银行对项目融资的可行性研究进行财务分析主要包括以下几个方面的内容:

(1) 验证项目可行性研究的完成情况并查出研究中是否有重大遗漏。

(2) 验证项目可行性研究的假定条件是否科学、合理。为此,应搞清楚以下几个问题:① 这些假设条件是经过彻底调查,还是仅仅根据粗略的估计或不充分的数据计算而来? ② 根据投资银行在其他同类项目中的经验,以及分析专家对市场规模和增长的了解,这些假设现实吗? ③ 这些假设是否相互一致? ④ 假定中对应付意外的变化是否留有很多余地?

(3) 验证项目可行性研究的预测结果。对预测结果的验证一般有两种分析方法:① 盈亏平衡点分析,即按照约定的价格、固定成本、可变成本计算出项目开始盈利的收入水平或生产水平。需要注意的是在盈亏平衡点应留有较大余地,以保证在发生意外变化时可以有缓冲余地。② 灵敏度分析,即计算可变因素对利润的影响。进行灵敏度分析时要准确估计影响主要价格和成本变化的根本原因,并决定什么是至关重要的因素。

(4) 对资本报酬率进行分析评估。投资人和贷款人双方都感兴趣的是项目的盈利能力。衡量经济收益的尺度一般有回收期、平均年收益率、净现值及内部收益率等。

2. 风险分析

对项目融资的可行性研究进行评估时,不但要从财务方面分析,还要明确判断该项目的主要风险并对它们进行分析。风险分析主要包括对项目的政治风险、经济风险、完工风险、金融风险、生产风险、环境保护风险等进行分析。

投资银行对项目风险的分析及控制主要表现为:一是可靠的资金来源。无论是股本资本还是负债资金都必须有可靠的来源,投资银行通过其掌握的信息,向发起人建议哪些资金可以作为股本资金、应该向哪些特定的目标进行债务融资或是否应该上市融资等。二是合理的财务比例。要考虑股本与负债的比例、各个投资者的比例、长期资金和短期资金的比例等。

3. 技术分析

技术分析是从项目的生产技术、原材料供应、市场分布、管理经验等方面判断项目的可行性。任何一个重大项目的可行性研究,都不能没有专业技术人员和工程师的详细技术分析。作为融资顾问,投资银行虽然不可能兼做技术分析,但是它可以帮助鉴别或选择那些富有经验、信誉良好的技术顾问,从而保证项目技术性分析的正确、合理。

(二) 设计项目投资结构

所谓项目投资结构设计,是指在项目所在国家的法律、法规、会计、税务等外在客观因素的制约条件下,寻求一种能够最大限度地实现投资者目标的项目资产所有权结构。在项目融资中,应用比较普遍的投资结构,通常有公司型合资结构、有限合伙制结构、非公司型合资结构。

作为项目融资顾问的投资银行需要根据项目的特点和合资各方的发展战略、利益追求、融资方式、资金来源以及其他限制条件决定选择何种投资结构,以最大限度地满足各方对投资目标的要求,有时投资银行还要发挥想象力,为某一项目设定一种特定的灵活的投资结构。

(三) 项目融资模式设计

项目融资模式是项目融资整体结构组成中的核心部分。设计项目的融资模式,需要与项目投资结构的设计同步考虑,并在项目的投资结构确定之后,进一步细化完成融资模式的设计工作。投资银行在这一阶段的工作主要包括决定融资总额、制定资金到位的时间表、确定资金构成和落实资金来源。

投资银行通过合理的设计,形成一个证券(项目公司发行的股票或债券)和现金互换机制。通过对不同期限的资金进行期限转化,实现长期资金和短期资金的有效配合。一方面保证项目资金链顺畅,项目获得足够流动性;另一方面化解资金被闲置或冗余的情况,降低项目的融资成本。

(四) 帮助制定项目融资的担保措施

在项目融资中,许多风险是项目本身所无法控制的,且单靠项目的现金流量和资产价值不足以承担这些风险。而贷款银行在决定一项贷款时的基本前提是不承担任何风险,因而对于超出项目自身承受能力的风险因素要求项目投资者或与项目利益有关的第三方提供附加担保。因此,作为融资顾问,投资银行的任务之一就是帮助制定项目融资的担保措施,从而将与项目利益有关的各方所能提供的担保及责任组织起来,以使任何一方都不因承受过重的财务负担或过高的风险而使项目无法经营,并且将各方所能提供的担保组成一个强有力的项目信用保证结构,使其能为贷款银行所接受。在项目融资的担保方式中,常见的有契约型融资担保和保证书,其中契约型融资担保有生产量协议、买或付合同、租用和使用合同、预付款融资合同等。保证书主要包括直接保证书、道义保证书、财务运转保证书、完工保证书、产品支付保证书等。

(五) 参与融资谈判

在初步确定了项目融资模式后,担任项目融资顾问的投资银行将有选择地向商业银行或其他一些金融机构发出参加项目融资的建议书,组织贷款银团。在与银行的谈判中,投资银行可以帮助加强项目投资者的谈判地位,保护投资者的利益,并在谈判陷入僵局时,及时地、灵活地找出适当的变通办法,绕过难点解决问题。

第八章 基金管理

本章的基金是指证券投资基金，即是指汇集众多投资者的资金，由专门机构进行管理和运作，主要投资于有价证券以获取投资回报，而不是以控股和收购为目的。证券投资基金可以按照不同的标准进行分类。根据组织形式的不同，可以把证券投资基金分为公司型基金和契约型基金；根据证券投资基金的管理方式不同，可以分为封闭式基金和开放式基金两种。以上两种分类方法比较常见，并经常结合起来描述一只基金的特征。此外，还可以根据投资对象的不同，把证券投资基金划分为股票基金、债券基金、混合基金、货币市场基金以及国内基金、国际基金等；也可以根据收益和风险之间的关系把证券投资基金分为成长型、收入型、成长收入型等。作为一种集合投资、专家理财的投资工具，证券投资基金的兴盛给投资银行提供了良好的发展机会。投资银行在基金管理中具有广阔的发展前景，从基金的设立、管理、投资咨询、基金销售以及基金资产的保管，投资银行都有所涉足。

第一节 证券投资基金理论基础

20 世纪 50 年代，马科维茨（Harry Markowitz）及其追随者提出了投资组合理论（Portfolio Management Theory），该理论的问世，酝酿了后续一系列金融学理论的重大突破，标志着现代金融学的发端。而作为该理论本身，马科维茨创建的确定最优风险资产组合的均值—方差模型（Mean-Variance Model）以及他的学生威廉·夏普（William Sharpe）在此基础上得出的分离定理（Separation Theorem），不仅为证券投资基金的运作提供了科学的方法，也为证券投资基金的存在与发展奠定了重要的理论基础。

一、理论基本前提和假设

和所有其他的经济理论一样，现代投资组合理论是建立在一系列的基本前提和理论假设的基础上的,这些前提假设主要有四个:第一,假设市场是有效的,投资者能够得知金融市场上多种收益和风险变动及其原因。第二,假设投资者都是风险厌恶者,都愿意得到较高的收益率,如果要他们承受较大的风险则必须以较高的预期收益作为补偿。风险以收益率的变动性来衡量,用统计上的标准差来代表。第三,假定投资者根据金融资产的预期收益率和标准差来选择投资组合,而他们所选取的投资组合具有较高的收益率或较低的风险。第四,假定多种金融资产之间的收益都是相关的,如果得知每种金融资产之间的相关系数,就有可能选择最低风险的投资组合。在风险管理中,应用马科维茨的投资组合理论有两个目的:一是利用马科维茨的"方差模型"衡量风险;二是在投资决策中,寻求一种最佳的投资组合,即在同等风险条件下收益最高的投资组合或在同等收益条件下风险最小的投资组合,即分散风险。

二、投资者效用分析

(一) 效用函数

投资是为了获取收益,然而,由于各种因素的影响,现实中的投资收益又是不确定的,即存在风险。收益和风险这两个投资的基本属性给予投资者的感受是不一样的,根据我们的假设前提,每一个投资者都是尽量追求收益,而尽力避免风险的。

如果引入微观经济学效用的概念,那么某一投资或投资组合对投资者的效用可以表示为该投资或投资组合的收益和风险的函数,即效用函数(Utility Function):

$$U = F(E(r), \sigma) \tag{8-1}$$

式中,U 为投资的效用;$E(r)$ 为投资的收益水平;σ 为投资风险程度。

对于投资者而言,收益能为其带来正的效用,而风险却会给投资者带来负的效用。也就是说,投资的效用与投资的收益水平正相关,而与投资的风险程度成负相关。

(二) 无差异曲线

投资者在面对市场上具有不同收益和风险属性的投资机会时,对低风险低收益的资产和高风险高收益的资产可能会同样感兴趣,即认为两者具有相同的效用。如果将所有这些对投资者具有相同效用,但风险收益特征不同的资产集合绘制在图 8-1 的风险—收益坐标平面上,便可得到投资者的无差异曲线(Indifference Curve)。

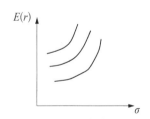

图 8-1　投资者的无差异曲线

因为承受高的风险要求高的风险补偿,所以无差异曲线是递增的;根据经济学中边际效用递减的原理,在已承受较高风险的情况下,要进一步增加风险,就会要求更高的风险补偿;相反,在预期收益已经比较低时,要进一步降低收益,也会要求降低更多的风险,所以无差异曲线是向右下方凸的;越往左上方移动,无差异曲线所表示的效用函数值就越大。

三、最优风险资产组合的确定

投资者投资的各类资产从大的方面可分为无风险资产和风险资产。无风险资产主要以短期的国库券为代表,而风险资产则是除无风险资产外的所有有风险的股票、债券及其他衍生证券的统称。现在,我们假设无风险资产不存在,仅考虑风险资产的最优组合的确定。

(一) 风险分散化

"不要把所有的鸡蛋放在一个篮子里",多样化的投资组合有助于投资风险的减少。投资风险可分为系统风险和非系统风险(见图 8 - 2),系统风险是指整个市场所承受的风险,如通货膨胀、利率水平的变化等,所有的资产都会受其影响;非系统风险是企业特有的风险,如罢工、新产品开发失败等。由于不同资产的非系统风险是彼此独立的,根据大数定理,大量这种彼此独立的风险集合后风险将被大大减

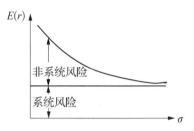

图 8 - 2　系统风险和非系统风险

小,因此,多样化能够降低这一类风险。而系统风险是所有不同资产都要承受的,它使得各项资产的收益变动存在某种"同向性",因而不能通过多样化来消除。理论上说,只要有足够多的资产,非系统风险可以通过资产多样化完全消除,剩下的只是系统风险。

(二) 投资组合有效边界

投资组合通过多样化可以降低风险,并且风险降低的程度与组合中资产间的相关系数 ρ 有关,由于系统风险的存在,我们不考虑 $\rho=-1$ 的情况,先以两项风险资产的组合为例。

假设资产 A 在组合里(按市场价值计)的比重是 w,则资产 B 的比重就是 $1-w$,它们的预期收益率和收益率的方差分别为 $E(r_1)$,$E(r_2)$;σ_1^2 和 σ_2^2,组合的预期收益率和收益率的方差计为 $E(r)$ 和 σ^2,令资产 A 和 B 之间的相关系数为 ρ,则有:

$$\begin{cases} E(r)=wE(r_1)+(1-w)E(r_2) & (8-2) \\ \sigma^2=w^2\sigma_1^2+(1-w)^2\sigma_2^2+2w(1-w)\rho\sigma_1\sigma_2 & (8-3) \end{cases}$$

式(8-2)表明,资产组合的预期收益率等于构成组合资产预期收益率的加权平均数,这种关系可以通过图 8-3 反映。

由式(8-3),由于 $-1\leqslant\rho\leqslant1$,所以 $\sigma\leqslant w\sigma_1+(1-w)\sigma_2$

由该不等式可以看出,除非构成组合的两种资产收益的波动完全正相关,资产组合的标准差小于构成资产标准差的加权平均数。这种关系可由图 8-4 反映。

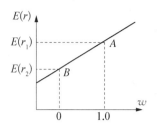

图 8－3　两资产组合的预期收益与
　　　　投资比重的关系

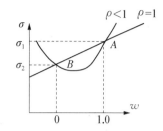

图 8－4　两资产组合的风险值(标准差)
　　　　与投资比重的关系

图 8－3 和图 8－4 表明,只要两种资产的相关系数不等于 1,多样化的资产组合降低风险就是有效的。通过图 8－5 的转换过程,我们可以得到 A、B 组成的所有组合的风险收益特征线(右上图),即最小方差曲线(Minimum-variance Curve)。图 8－4 仅以位于 0 和 1 之间的 ρ 为例。

资产组合的风险收益特征线向左侧凸出,表明多样化的资产组合有助于改善投资的风险收益特征。风险收益特征线中,最左端的 M 点被称之为最小方差组合(Minimum-variance Portfolio)。

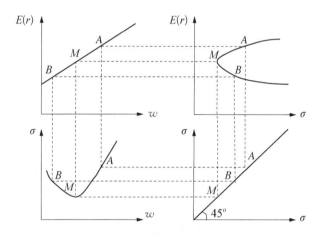

图 8－5　两资产组合投资降低风险的推导

上述两种资产组合的例子很清楚地说明了多样化降低风险的原理。然而,投资者的投资组合并不会停留在两种资产上,资产多样化降低风险的原理也很容易推广到三种以上资产。

假设有 n 项的风险资产,它们的预期收益率记为 $E(r_i)$,$i=1,\cdots,n$,彼此之间的协方差记为 σ_{ij},$i,j=1,\cdots n$(当 $i=j$ 时,σ_{ij} 就表示方差),$w_1,\cdots w_n$ 表示相应的资产在组合中的比重,则投资组合的预期收益率和方差就应当为:

$$
\begin{cases}
E(r) = \sum_{i=1}^{n} w_i E(r_i) & (8-4) \\[2ex]
\sigma^2 = \sum_{i=1}^{n} \sum_{j=1}^{n} w_i w_j \sigma_{ij} & (8-5)
\end{cases}
$$

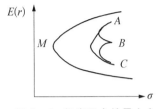

图 8 - 6　投资组合的最小方差曲线和有效边界

该方程组表明,资产组合的预期收益是各构成资产预期收益的加权平均数,而组合的标准差在所有资产的收益波动相互之间并不呈现出完全正相关时,小于各构成标准差的加权平均值,即表明多样化有降低风险的作用。

与两资产模型一样,对于每一个给定的 $E(r)$ 可得一相应的最小标准差 σ,所有的点 $[E(r),\sigma]$ 连在一起,就成为最小方差曲线(见图 8 - 6),最左边的点 M 为最小方差组合。

最小方差曲线内部(右边)的每一个点都表示这 n 种资产的一个组合。其中任意两个点所代表的两个组合再组合起来得到的新的点(代表一个新的组合)一定落在原来两个点的连线的左侧,这是因为新的组合能进一步起到分散风险的作用,这也是曲线向左凸的原因。

实际上,最小方差曲线只有 M 点以上的那一段是有效率的,而 M 点下面的那一段是没有意义的,因为在承受同样风险(标准差)的情况下,上面的点所代表的投资组合的预期收益率比下面的点所代表的组合的预期收益率高,因此,我们称最小方差曲线上面的那一段为有效边界(Efficient Frontier)。显然,只有在有效组合边界上的点所代表的投资组合才是符合正确的投资策略的优化组合。需注意的是,这里还未引入无风险资产。

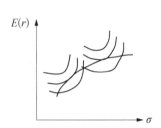

图 8 - 7　不考虑无风险资产条件下投资者最优风险资产组合的确定

现将投资者的无差异曲线与有效边界并入一张图,那么显而易见,在不考虑无风险资产的情况下,投资者的最优风险资产组合应是它的无差异曲线与有效边界的切点,如图 8 - 7 所示。不同的投资者根据自己的风险偏好和无差异曲线,在有效边界上都可以找到各自最优的风险资产组合。

四、分离定理

现在我们在投资组合中引入无风险资产。

假定风险资产组合已给定,为有效边界上的任一点,投资者将其资金在无风险资产和该风险资产组合之间进行分配,以建立新的投资组合。

如图 8 - 8 所示,纵轴上 F 点表示无风险资产,将 F 点和有效边界上的任一点的连线称为资本配置线(Capital Allocation Line,CAL),这样的资本配置线有无数条。

假设风险资产组合的预期收益率和方差分别为 $E(r)$,σ^2;无风险资产的收益率为 r_f,标准差为 0。引入无风险资产后的投资组合的预期收益率和方差分别为 $E(r_c)$,σ_c^2,用 m 表示投入风险资产组合的资金比重,则:

$$\begin{cases} E(r_c)=mE(r)+(1-m)r_f & (8-6) \\ \sigma_c=m\sigma & (8-7) \end{cases}$$

由此可见,新的投资组合的预期收益率和标准差分别为无风险资产收益率和标准差与风险资产组合的收益率和标准差的加权平均。因此，新的投资组合点一定落在由 F 点和该风险资产组合点确定的 CAL 线上。

图 8-8　无风险资产条件存在下投资者最优风险资产组合的确定与分离定理

不难发现，不管投资者的收益/风险偏好如何（即不管效用函数的曲线形态如何），随着 CAL 线围绕 F 点逆时针旋转，CAL 上的点越靠上方，其效用越大。因此，根据投资者追求效用最大化的前提，在无风险资产 F 存在的情况下，最优风险资产组合点应是过 F 点的 CAL 与有效边界相切的点 P，这条过 F 点与有效边界相切的资本配置就称为资本市场线（Capital Market Line，CML）。在齐性预期的假设前提下，所有的投资者，无论其风险偏好如何，对最优风险资产组合的看法都是相同的，因此会选择相同的 P 点组合，而他们对风险的不同偏好则可以通过无风险资产和最优风险资产组合的搭配来满足，即由资本市场线与投资者的无差异曲线的切点决定。这样，整个投资过程，即通过资产选择形成资产组合的过程可以分为两个相互独立的投资决策过程——最优风险资产组合的选定和投资者对该组合与无风险资产比例的确定。这就是资产组合管理中著名的分离定理。

分离定理为现代投资基金的发展奠定了理论基础。在现实的投资活动中，投资者的风险偏好是千差万别的，基金管理公司作为众多投资者的投资代理，必须满足不同投资者的投资需求和风险偏好。最优风险资产的确定在实践中涉及非常复杂的证券分析和选择。如果基金管理公司需要为每一个投资客户设计不同的最优风险资产组合来满足其独特的需求和风险偏好，这将使得基金管理公司进行证券分析的成本很高而难以操作。幸运的是，分离定理为投资基金将确定最优风险资产组合和满足投资者的不同需求进行分离提供了理论依据，使得投资基金可以对不同的投资客户提供相同的最优风险资产组合，而投资者的风险/收益偏好，只需反映在投资组合中风险资产所占的比重。这正是投资基金得以存在和发展的理论前提。

第二节　证券投资基金概述

证券投资基金属于基金范畴，简言之就是专门用于证券投资的基金。虽然世界各国的证券投资基金有不同的名称和种类，但它们有一些共同的特征。

一、证券投资基金的含义

美国经济学家 William H.Steiner 将证券投资基金定义为：由众多投资人共同出资，由资金管理者进行比投资者本人运用资金更安全、更有利的投资，投资收益归投资者享有的一种投资方式。

由于各国发展历史和习惯的不同，对于投资基金的称谓不太一样，形式也有所不同。在美国,人们通常称投资基金为"共同基金"(Mutual Fund);在英国和中国香港地区,人们投资基金为"单位信托基金"(Unit Trust);在日本,人们把投资基金叫作"证券投资信托基金"等。尽管称谓不一,形式不同,其实质却有相当大的共性,即都是汇集众多小额投资者的资金,交由专业人员操作,然后按资分配收益。

投资基金最早出现在英国,现代意义上的基金于1924年在美国出现,这么多年来,投资基金之所以能够长盛不衰,很大程度上是因为它具有一些其他投资工具所不具备的优点。作为专家理财的代表,投资基金使得广大的中小投资者不仅可以享受到高水平、专业化的投资管理,还使得投资多样化不再只是资金雄厚的投资者的专利,广大中小投资者通过基金管理公司的资金汇集和专家理财也可以享有投资多样化带来的风险降低的益处。此外,投资基金具有流动性强、变现力好;操作规范、透明度高;品种多、可选择性强等优点。这些良好的特性使得投资基金一直以非常迅猛的势头在全球发展,并且在未来具有十分巨大的发展潜力。

证券投资基金与一般意义上的基金的差别主要表现在:一是资金来源。一般基金多是通过财政拨款、社会集资等方式形成,如福利基金、发展基金、捐赠基金等;证券投资基金通过发行收益凭证基金单位,由投资者认购形成。二是投资目的。一般意义上的基金有明确的特定用途;证券投资基金则以获得较高投资回报为直接目的。三是投资方式。一般基金讲求安全性,所以投资方式以存放于银行获取利息或者投资于风险小的国债为主;而证券投资基金为了获得既定风险水平下的最高回报,其投资方式是多样化的。既可投资于股票和债券,又可投资于商业票据等货币市场工具以及金融期货期权等衍生工具,通过分散投资以化解非系统风险。当然,其具体的投资领域要受各国金融市场发展程度和有关法律约束。不过从理论上分散投资是证券投资基金防范风险的内在要求。

二、证券投资基金分类

作为一种集合投资、专家理财的投资工具,证券投资基金为了适应不同投资者的要求和投资市场上千变万化的发展,已经形成了众多不同的类型。按投资对象划分,投资基金可分为股票基金、债券基金、混合基金、货币市场基金等。近年来,部分投资基金专门投资于衍生金融产品,于是出现了认股权证基金、期货基金、期权基金等新的种类。

(1) 股票基金(Equity Fund)是指以股票为主要投资对象的基金,它是股票市场上的重要的机构投资者。

(2) 债券基金(Bond Fund)以债券为主要投资对象,根据所投资债券品种的不同,又可分为政府债券基金、市政债券基金、抵押债券基金和公司债券基金等。

(3) 混合基金(Mutual Fund)是指投资于股票、债券以及金融衍生产品等多种混合型金融工具的基金。

(4) 货币市场基金(Money Market Fund)主要投资于货币市场工具,包括国库券、商业票据、银行定期存单、政府短期债券、企业债券等短期有价证券。

(5) 认股权证基金(Warrant Fund)指以认股权证为主要投资对象的基金,通过认股权证买卖,获取资本成长。认股权证指持有人有权在指定期间按预定价格购买发行公司一定数量的股份。

(6) 期货基金(Future Fund)是一种以期货为主要投资对象的投资基金。期货不仅有套期保值功能,还是一种高收益和高风险的投资方式,只要预测准确,就可以小博大,短期内获得很高的投资回报。

(7) 期权基金(Option Fund)指以期权为主要投资对象的基金。期权基金风险较小,适合于收入稳定的投资者。

除了上述这种划分,证券投资基金还有其他几种类型。

(1) 雨伞基金(Umbrella Fund)指在一个母基金之下在设立若干个子基金,各子基金依据不同的投资方针和投资目标进行独立的投资决策。最大特点是在母基金内部可以为投资者提供多种投资选择,费用较低或不收转换费用,能方便投资者根据市场行情的变化选择和转换不同的子基金。

(2) 基金中的基金(Fund of Fund)是指以其他基金的收益凭证或基金单位为投资对象的投资基金。特点是具有双重保护功能,但也使投资者承担了双重投资成本。

(3) 套利基金(Arbitrage Fund)是一种利用套利技巧进行投资的基金,它经常利用两个证券市场上某种证券的差价,或利用同一市场某种商品或有价证券的现货价和期货价之差进行套利。有时也利用金融市场的汇率差异进行套利。只要掌握套利技巧,基金的风险可降得很小,因此套利基金属于低风险和收益稳定的投资基金。

(4) 指数基金(Index Fund)是20世纪70年代以来出现的基金新品种,它是为了使投资者获得与平均市场收益率相近的投资回报,根据股票指数的编制方法选择所投资的股票的一种投资基金。其特点是投资组合等同于股票价格指数的权数比重,收益随指数的涨跌而波动,基本能保持当期市场平均收益水平,因而收益不会太高,也不会太低。同时基金风险由于基金本身具有的避险功能而得到分散,因此这类基金适合于稳健的投资者。

(5) 对冲基金(Hedge Fund)是利用对冲技巧进行投资的基金。其投资组合复杂多变,包括证券、货币、基金、期货、期权、利率、汇率、各类金融衍生工具及债券等几乎所有的金融产品和衍生品。设立对冲基金的目的是为了回避市场风险,并在萧条股市中获得较大收益,常用的操作是买卖结合的对冲机制。对冲基金一般采用私募方式,向投资者提供在高于市场平均风险条件下获得超额回报的机会。

三、证券投资基金的组织结构

投资基金是一种复杂的投资制度,它强调分权、制衡。100多年的发展历史使得投资基金具有严密的法律制度安排和独特的组织结构设计来确保其运作的安全。根据各国有关法律规定,无论是公司型还是契约型的投资基金,其主要结构如图8-9所示。

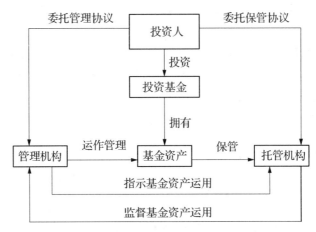

图 8-9　投资基金结构

一方面,基金管理机构负责基金投资,而基金资产由基金托管机构保管,两者相互制约,消除了基金资产被挪用或滥用的风险;另一方面,基金资产归基金投资者所有,与基金管理机构和托管机构的资产相互独立,即使基金管理机构或托管机构发生债务纠纷甚至破产倒闭,基金资产也不会因此被冻结或扣押等,其安全性得到充分保证。

（一）证券投资基金的当事人

在复杂的投资基金结构设计中,涉及多个当事人,具体包括基金投资者、基金管理机构、基金托管机构以及基金承销机构、注册会计师、律师等中介服务机构。其中主要当事人为前三者。

1. 基金投资者

基金投资者是基金出资人、基金收益人和基金资产的最终所有人,包括中小投资者和各种机构投资者,可以是自然人,也可以是法人。

基金投资者的权利和义务在公司型基金的公司章程、契约型基金的基金契约中均做出了明确规定。投资者权利一般包括取得基金收益、获取基金业务及财务状况资料、监督基金运作情况、出席或委派代表出席股东大会或基金单位持有人大会等。投资者义务主要有遵守基金契约(契约型基金)或公司章程(公司型基金)、支付基金认购款项及有关费用、承担基金亏损或基金终止有限责任等。

2. 基金管理机构

基金管理机构负责基金资产投资运作,在不同的国家或地区称谓不一,如美国的"投资顾问公司"或"资产管理公司"、日本的"证券投资信托委托公司""投资信托公司""投资顾问公司"和中国台湾省的"证券投资信托公司",我国则将其称作"基金管理公司"。尽管叫法不同,但它们的基本职能一致。

基金管理机构主要是充当基金的发起人和管理人,其最主要的职责是建立基金,按照基金契约或基金公司的章程规定,制定基金资产投资策略,组织专业人士,选择具体的投资对象,决定投资时机、价格和数量,运用基金资产进行有价证券的投资。此外,基金管理人还必须自行或委托其他机构进行基金推广、销售,负责向投资者提供有关基金运作信息(包括计算并公告基金资产净值,编制基金财务报告并负责对外及时公告等)。

基金管理人不实际接触基金资产,自有资产与基金资产实行分账管理,从而确保基金资产的独立性和安全性;基金管理人作为受托人,其目标应该是投资人利益最大化,不得在处理业务时,考虑自己利益或为他人谋利;基金管理人按基金净资产价值的一定比率提取管理费,并按资产增长比例累进收取业绩报酬。

为了保护基金投资者利益,各国和地区的资本市场监管部门均对基金管理机构以及其从业人员的资格做出了严格的规定。一般来说,基金管理公司要按照国家的投资基金法规,经政府证券主管部门审核批准后,才能成立。审核内容主要包括资本实力、经营业绩、管理人才和投资计划四个方面。基金管理人员的管理能力和职业操守,在很大程度上影响着基金业绩,因此,对于基金从业人员,一般都要通过严格的考核。

3. 基金托管机构

为了充分保障投资者的利益,防止基金资产挪作他用,投资基金一般都要设立基金托管机构,负责保管基金资产。基金托管人通常由具备一定条件的商业银行、信托公司等专业金融机构担任。在公司型基金运作模式中,托管人是基金公司董事会所聘用的专业服务机构;在契约型基金运作模式中,托管人还是基金的名义持有人。

基金托管机构的主要职责一般包括以下方面:① 接受基金管理机构委托,安全保管基金资产;② 执行基金管理人的投资和清算交割指令;③ 复合、审查基金管理人计算的基金资产净值及基金价格等;④ 审查投资基金各类公开性文件,签署基金管理机构制作的决算报告;⑤ 监督基金管理公司的投资运作,确保基金管理公司遵守信托契约内的限制。

基金托管机构从某种意义上说是基金投资者和基金管理人之间的联系中枢。鉴于它在基金资产安全运作中的特殊作用,各国证券管理部门对基金托管人的资格均有严格要求,主要在于其安全、公正及具有良好信誉。

4. 其他当事人

除以上三个主要基金当事人外,基金在设立、运作过程中还涉及其他一些服务机构,包括基金承销机构、注册会计师和律师等。基金承销机构一般由投资银行或信托投资公司担任。基金证券的募集和销售现在一般都由专业的证券承销机构来完成。最初,这项工作由投资公司或基金管理公司自己进行,随着基金行业内部的专业化分工不断深化,一些专营证券承销业务的公司或大的投资银行附属承销机构进入了投资服务业务领域。这些承销机构为基金管理人提供销售服务,并收取一定的销售佣金和服务费。注册会计师和律师则是以专业、独立的市场中介身份为基金提供专业、独立的会计、法律服务,如注册会计师为基金年报提供审计报告,为基金管理人提供内部控制审计报告等。

(二) 投资基金的组织形式

由于制度、习惯和文化的差异,投资基金的运作在不同的国家各当事人之间的权利和责任安排不同,从而形成了不同的基金组织形式,即公司型基金和契约型基金。

1. 公司型基金

公司型基金(Corporate Fund)是依公司法组成的,以营利为目的,主要投资于有价证券的股份投资公司。这类基金本身就是具有法人资格的经济实体,它通过发行股份来筹集资金,投资者购买公司股份而成为公司股东。股东选举出董事会,并委托董事会选择基金管理人和基金托管人。基金管理人负责基金资产运作,托管人负责基金资产保管,董事会对他们进行监督,投资者按照公司章程的规定享受权益,承担风险,履行义务。公司型基金的运作参见图 8-10。

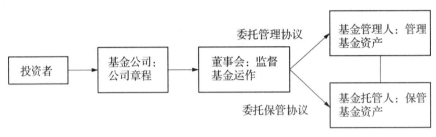

图 8-10 公司型基金结构

2. 契约型基金

契约型基金(Contract Fund)是基于一定的信托契约而组织起来的投资基金。该类基金不具有法人资格。它通过发行收益凭证的方式筹集资金,通常有三方当事人:委托人(Depositor)、受托人(Trustee)和收益人(Beneficiary)。委托人就是基金管理公司,它是基金的发起人,负责筹集资金和计划运用资金。受托人即基金保管机构,它根据信托契约的规定,保管、核算并监督信托资产。受益人是受益凭证的持有人,也就是投资者。他们以购买受益凭证的方式加入投资基金,享有对信托资产经营所得利益的分配权。契约型基金是三方当事人通过订立信托投资契约而建立起来的。委托人依照契约运用信托资产进行投资。受托人依照契约负责保管信托财产,投资者依照契约享有投资收益,承担投资风险。契约型基金的运作架构参见图 8-11。

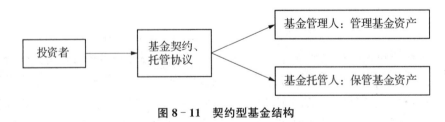

图 8-11 契约型基金结构

3. 公司型基金与契约型基金的区别与联系

(1) 二者的区别。

公司型基金与契约型基金的区别主要包括以下几个方面:第一,基金设立时的法律依据不同。公司型基金依据公司法或商法设立;契约型基金则依据当事人之间所达成的信托契约设立。第二,组织形态不同。公司型基金一般是一家股份公司具有法人资格;契约型基金没有法人资格。第三,筹资方式不同。公司型基金可以发行普通股也可发行优先股以及公司债;契约型基金只能发行收益凭证。第四,基金运营方式和期限不同。公司型基金除非破产清算一般具有永久性;契约型基金依据基金信托契约建立和运作,契约期满基金运营即告终止。第五,当事人的责权利关系不同,这是公司型基金与契约型基金的最重要区别。公司型基金本身就是一家股份有限公司按照公司法或商法设立,通过发行股票筹集,基金投资人即为股份公司的股东凭股份领取股息或红利。和一般的股份公司一样,基金投资公司设有董事会和股东大会,一般每年召开一次股东大会,普通股股东可以参加股东大会对公司业务有发言权和投票表决权。契约型基金的信托契约当事人包括委托人(投资人)、受托人(基金管理机构)和托管人(基金保管机构)三方,受托人通过发行收益凭证募集社会上闲散资金形成基金并决定运用基金投资有价证券的方向;托管人一般是商业银行,负责保管信托财产开立独立的基金账户分别管理,定期检查以及监督基金管理人对基金资产的投资运作;委托人通过出资成为受益人,享有投资收益但对资金如何运用没有发言权。

（2）二者的联系。

无论是契约型基金还是公司型基金,其实质都是一种信托资产。具体地说,契约型基金的投资人是委托人,基金管理公司是受托人,他们之间的关系通过基金信托契约规范;基金保管机构是基金资产监护人,与委托人之间通过基金托管契约来约束。公司型基金本身是一家具有独立法人地位的股份公司,通过发行股票、贷款等方式形成基金并在基金公司股东大会半数通过的情况下,将基金资产委托给基金管理人(投资管理公司或基金管理公司)运作;基金资产由基金托管人保管,并负责监督、制约基金管理人的投资活动。可见,公司型基金实际上是一种双重信托关系:首先,出资人与基金公司之间构成第一层信托关系,投资者将自己的资产交给基金公司,委托后者进行证券投资以获取较高的收益;然后,基金公司通过基金信托契约将基金资产委托基金管理人进行专门运作,通过基金托管契约委托商业银行等基金保管机构保管和监督,这三方形成第二层信托关系,其中基金公司是委托人,受托人是基金管理公司和基金保管人。

两种类型的基金孰优孰劣,不能一概而论,因为它们各有长处。公司型投资基金的优点是具有永久性,经营比较稳定,有利于长期发展;契约型投资基金的优点是比较灵活,可以根据不同的投资偏好来设立具有不同投资政策的基金,投资还可以免除所得税负担。

就一个国家的基金组织形式而言,究竟采用何种形式,更多归因于该国当时的法律体系。例如,英国的投资基金采用契约型,与英国完善的信托法体系有关;美国的投资基金采用公司型,和美国完备的公司法体系有关。

四、投资基金的运作方式

证券投资基金的运作方式有两种:封闭式基金和开放式基金。

(一) 封闭式基金

封闭式基金是只事先确定发行总额,在一定的时期(封闭期)内,基金规模保持不变,只允许投资者通过证券交易所相互转让所持有的基金单位或股份的基金运作方式。

封闭式基金的销售是一次性的,在设立前设定了一个目标规模,只要在规定的募集期内达到预定的规模,基金即可成立。一经成立,基金便封闭起来,其规模不再变化,投资者的市场买卖行为对基金资产规模也没有影响。

封闭式基金成立后,通常在证券交易所上市或以柜台方式转让。除了基金发起接受认购时和基金封闭期满清盘时,交易在基金投资者和基金管理人或其代理人之间进行外,其他的交易均是在基金投资者之间进行。基金二级市场的交易价格在很大程度上受到市场供求关系的影响,往往会高于或低于基金单位资产净值。基金的单位资产净值一般隔较长时间(如一周、半年不等)公布一次。由于基金单位资产净值并非二级市场的交易价格,只是为二级市场的交易提供一定的参考,因此对其准确性要求不是很高。

和股票公开发行相类似,封闭式基金只需要对外公开披露一次招股说明书,在连续性的信息披露要求中,封闭式基金需定期公布年报、中期报告、投资组合和资产净值。

封闭式基金有相对固定的封闭期(如我国目前证券投资基金的存续期均为 15 年),期满后一般予以清盘。由于封闭式基金规模在封闭期内保持不变,基金资产相对稳定,可以在封闭期内从容运作,管理难度较小,因此对基金经理人较为有利。但另一方面,这又使得基金管理人的经营管理压力不大,造成激励约束机制不够。

(二) 开放式基金

开放式基金是指基金发行总规模不固定,随时可向投资者出售基金单位或股份,并可应投资者要求赎回发行在外的基金单位或股份的一种基金运作方式。

开放式基金的交易一直在基金投资者和基金管理人或其代理人(如商业银行、投资银行的营业网点)之间进行,基金投资者之间不发生交易行为。投资者通过基金销售机构购买基金的过程称作申购,也就是基金的销售过程,基金资产和规模由此相应增加。投资者将所持基金份额卖回给基金公司并收回现金的过程称为赎回,也就是基金公司应投资者的要求买回基金份额的过程,基金资产和规模相应减少。

开放式基金的申购、赎回是一个连续不断的过程,其申购、赎回价格以基金单位资产净值为基础,加减一定比例的手续费。所谓基金单位资产净值(NVA)是指投资基金在某一时点上每股或每基金单位实际代表的价值,是基金股份或基金单位价格的内在价值,它等于基金资产净值除以基金目前实际发行的股份或基金单位总量。其中,基金资产净值为基金资产总额扣除一定的负债和费用后的余额。由于每天都要接受投资者的申购和赎回申请,开放式基金必须每天公布基金资产净值。

开放式基金无预定存在期限,理论上可无限期地存在下去。如果运作得好,有较可观的业绩回报给基金投资者,则必然使认购踊跃,从而不必设立新的基金即可使基金规模迅速扩大。但是,一旦经营不好或外部市场状况恶化,则基金可能不仅没有认购者,甚至会导致原有基金投资者的大规模赎回,最极限程度是清盘。这种基金资产的不稳定性使得基金管理人要随时应付投资者的认购或赎回,因而管理难度较大,对基金资产的投资组合要求较高。另一方面,从基金投资者的利益考虑,这种运作机制能较好地激励基金管理人勤勉理财,促使其努力提高基金业绩。

(三) 开放式基金与封闭式基金的选择

从投资基金发展的历史来看,开放式基金和封闭式基金是适合不同的市场特征及满足不同的投资者需求而产生的,无论从投资者的角度,还是从市场监管者的角度,抑或是从从业人员的角度,二者都没有绝对的"好"与"坏"、"低级"与"高级"、"先进"与"落后"之分,一个国家选择或采用什么样的投资基金发展模式,即是以发展封闭式基金为主,还是以发展开放式基金为主,抑或是二者同步发展,取决于其金融市场的发育程度、基金管理人的经营管理水平、投资者的投资能力与意识等诸多因素。从理论上说,开放式基金是与开放程度高、规模较大、流动性较强的金融市场联系在一起的,而封闭式基金则较适合投资与开放程度较低、规模也不太大的市场。除此之外,与封闭式基金相比,开放式基金对人才、技术设施、市场环境等的要求都较高,比如:较高素质的基金管理人;较高投资素质和投资意识的投资者;及时、准确、真实的信息披露;完善的法律法规;有效的监督管理和行为自律;完善的周边市场环境,包括融资、融券业务的开展,期货、期权等金融衍生产品大量发展等,为投资基金提供风险防范、风险对冲的手段。因此,随着世界资本市场的发展,世界投资基金的发展历程基本上遵循了由封闭式转向开放式的发展规律。各国基金业发展的初期,往往先发展封闭式基金,而后开放式基金才逐渐成为主流。从目前的状况看,凡是资本市场发育比较成熟、投资基金发展历史较长的国家和地区,其开放式基金的数量和规模往往远远多于封闭式基金。世界上规模最大、品种最多、功能最全的美国投资基金市场便是如此。而资本市场尚处于发展的初级阶段、投资基金发展历史较短的国家和地区,封闭式基金往往还是占主导地位。

综观世界投资基金发展的历史,投资基金是资本市场发展到一定程度和一定规模后的金融创新现象,开放式基金则更是资本市场发展到较高阶段的产物。因此,从长远看,投资基金的发展模式是由市场决定的,是投资者选择的结果,而不是人们主观上的产物。各国应根据本国的自身情况,选择相应的投资基金发展模式。

五、证券投资基金的特点

(一) 专家理财

证券投资基金募集的资金交给专业基金经理人操作,基金经理须通过政府部门组织的资格认证,同时在投资领域积累相当丰富的经验,与金融市场联系密切,信息资料来源广泛,人员知识结构齐全,分析手段先进。因为有这些优势,在投资过程中失误的概率相对小一些。因此,个人投资于基金,将资金交给基金经理去操作,也就意味着拥有了知识、经验、信息、技术等方面的优势,从而避免了个人投资的盲目性。

（二）权利分离

投资人作为基金资产的所有者必须委任基金的托管人保管基金资产,由基金管理人使用基金资产。基金托管人须为基金设立独立的账户,投资人的出资存放在托管人独立的账户内,把基金财产与管理公司或托管人的固有财产区别开来,托管人依据基金管理人的指令处理基金资产。基金管理人只负责基金的日常投资运作,拥有基金资产使用权,同时对投资者提供服务,管理人不得介入或干预基金的资产保存。由于"三权"分离,托管人在保管基金资产中,按规定监督管理人的投资运作;管理人在开展工作中监督基金资产的完整性。这样相互间职责明确,最大限度地保证了基金资产的安全和投资人的利益。

（三）风险分散

为了保护广大投资人的利益,基金投资都有分散风险进行组合投资的原则。许多国家对基金的组合投资在法律上做出规定,我国《证券投资基金管理办法》明确规定,证券投资基金 80％投资于上市股票;20％投资于国债;持有一家上市公司的股票不得超过该基金资产净值的 10％;同一基金管理公司持有一家公司发行的证券不得超过10％;等等。

（四）运作透明

基金的投资目标、投资范围、投资决策、投资组合和投资限制等在基金的招募说明书中均应对外公布,基金在运作过程中所发生或遇到的有可能影响投资人利益的重要事项,必须尽快予以披露。按照中国证监会的规定,我国开放式证券投资基金每日公布一次基金资产净值,每季公布一次投资组合公告和基金持有量在前十名的股票,及时公布半年报和年报,还要披露在基金运作过程中可能对基金持有人权益及基金单位的交易价格产生重大影响的事项,基金的信息还必须在有关部门认证的媒体上披露。基金管理人与基金托管人要为基金投资人查阅披露信息提供便利。

第三节　投资银行在证券投资基金中的操作

投资银行业与基金业有密切关系。首先,投资银行可以作为基金的发起人,发起和建立基金(基金的投资者可能是个人,也可能是机构投资者);其次,投资银行可作为基金管理者管理自己发行的基金;第三,投资银行还可以作为基金的承销人,帮助其他基金发行人向投资者发售受益凭证,募集投资者的资金(这一过程和证券的承销过程很相似);第四,投资银行还常常接受基金发起人的委托,作为基金的管理人,帮助其管理基金,并据此获得一定的佣金。投资银行拥有高水平的金融投资专家、迅捷的信息渠道、先进的金融技术、广泛的金融业务网络,因而在基金管理上有得天独厚的优势。基金管理的关键是在分散和降低风险的基础上获得较高的收益,因此,证券组合投资就显得极为重要。

由于投资银行作为基金的承销人承销基金与证券承销业务类似,这部分内容在本书已有详细的介绍,因此,本节主要就投资银行在发起和管理投资基金中所起的作用以及基金市场对投资银行经纪业务影响方面进行分析。

一、参与基金发起、设立

作为证券投资基金的发起人,投资银行首先应确定投资基金的性质,并设计投资基金的品种。其中,确定投资基金的性质,即确定投资基金属于哪一种基本类型:组织形式是公司型还是契约型;运作方式采用封闭式还是开放式。不同类型的基金在设立和运作的过程中有很多方面是不一样的,其风险和各主体之间的利益也都是不一样的。

投资基金品种的设计是投资银行设立投资基金中的重要环节,它是根据投资者需求和风格偏好设计具有不同风险和收益组合特点的基金产品的过程。作为一项高度专业化的工作,基金产品的设计直接关系到基金成立后的发展。一般来说,在基金产品设立中,应该考虑投资者的需求和目标,以及投资者的风险承受能力。投资者购买基金往往有不同的动机,因而不同的投资者在购买基金时对基金有不同的要求,有些倾向于长期资本增长,有些则倾向于现期收入。正是由于投资者的需求不同,投资银行在设计基金时,需要考虑不同类型的基金产品,以满足不同投资者的投资目标需要。基金产品的设计不仅要考虑投资者需求,还要考虑不同投资者的风险承受能力,投资者风险承受能力与投资者特征存在明显关系。通常,投资者特征可以从不同参数指标来考虑,诸如年龄、性别、文化程度、就业状况、投资者经验等。一般来讲,年轻投资者比年老投资者具有更大的风险承受能力,成熟投资者比"幼稚"投资者具有更大的风险承受能力。根据投资者的风险承受能力、投资者的需求及相应的投资目标,设计人员可以构造出不同的投资组合以适应不同的需要。除了上述两个基本要素外,在基金产品的设计中,还必须考虑证券市场的发展水平,投资基金市场的发育程度、基金目标市场规模、基金费用体系以及基金的销售方式和销售渠道等因素。

在基金筹备的过程中,作为发起人,投资银行还必须完成一些具体的事务,如指定基金的具体运作方案,在此基础上准备各种设立基金的文件,以及选择基金信托人或保管人。无论是契约型基金还是公司型基金,其设立都需要准备一系列的基金文件。基金文件是指构成基金组建计划的主要文件,如契约型基金的基金章程和信托章程,公司型基金的公司章程和所有重大协议。这些都是基金的说明性文件,是投资者进行投资及其利益得到保护的法律依据。准备和制定了相关的文件后,投资银行还要选择基金的信托人或基金保管公司。如该信托人或保管公司同意基金文件,将与基金管理人签订"信托契约"或"保管协议"。

一切准备就绪后,接下来投资银行所需要做的就是发表基金公开说明书,准备发行收益凭证。投资基金在向投资者募集、销售收益凭证时,为了使投资者明确了解基金的性质、内容、投资政策等情况,必须向投资者提供基金的公开说明书。公开说明书是基金的说明性文件,通过印制单行本或在报刊上登载从而向社会公告,它是以信托契约为依据制定的,其主要内容与信托契约相似,但在权利和义务方面规定得更为明确和细致。一般来讲,公开说明书包括这样一些内容:① 基金的基本情况,包括基金的名称、类型(封闭式还是开放式,成长型、收入型还是平衡型)、规模、有无存续期限;② 基金投资目标、投资政策、投资限制;③ 基金的发行与交易,包括基金的发行时间、发行价格、发行方式、发行场所以及投资者购买方式等;④ 基金交易费用和持续费用;⑤ 基金财务状况;⑥ 基金投资风险;⑦ 投资顾问和管理费用;⑧ 基金发起人、基金管理人和托管人的情况。

基金管理公司和保管人呈报有关的基金要件,经主管机关审查通过后,在报刊等传媒上刊登基金公告说明书,在银行开设专户,对外发行收益凭证或基金单位,募集资金。在一定时期内,如果资金募集成功,则基金正式成立。

作为投资基金的发起人,投资银行要为基金的设立承担一定责任。当基金设立不能成功时,投资银行要承担由此引起的一切费用。例如,因募集数额不足而使基金不能设立时,发起人必须承担募集费用,并将所募集资金连同当期银行存款利息在规定期限内退还基金认购者。

二、参与基金管理

投资银行以其丰富的理财经验和专业知识、发达的资信网络以及在证券市场中的特殊地位,常常接受基金发起人的委托,帮助其管理基金,有时也作为基金管理人管理自己开发的基金。在投资银行的基金管理业务中,最核心的内容是基金资产的投资管理,即资产运用的管理。它是指在基金投资目标和投资政策的指导下,按照一定的投资规则和程序,设计相应的投资组合,并对投资组合进行管理,以实现基金的投资目标。因此,基金资产的投资管理主要包括以下内容。

(一) 投资目标的确定

基金资产管理必须遵循收益性、安全性和流动性的原则。在这三个原则的指导下,基金发起人制定基金的投资目标,即关于基金投资对象、投资风险和投资收益的计划。不同的投资基金,有不同的投资目标,大体上可以分为成长目标和收益目标两大类。以成长为投资目标的基金称为成长型基金;以收益为投资目标的基金称为收益型基金。成长型基金追求资本的增值,主要投资于高成长性企业,利润以资本利得为主,回报丰厚但风险很大。收入型基金追求当期收入的最大化,主要投资于绩优股、债券和大额存单,利润以现金红利为主,损失资本金的风险较低,但资本成长的潜力也很小。

介于成长型基金与收益型基金之间的还有很多其他类别的基金,其投资目标是成长目标和收益目标所进行的不同程度的组合,如积极成长型基金、成长—收益型基金、平衡型基金和固定收入型基金等。

不同的基金投资目标反映了该基金的市场定位,它是针对不同的投资者群体而制定的,投资者可以按自己的需求及所愿承受的风险程度,选择合适的基金进行投资。基金投资目标一般在基金公开说明书中阐述,一旦确定,如果得不到投资者同意,投资目标不能轻易改变。

（二）确定投资政策

投资政策是指为了实现基金投资目标,基金选择各类投资资产的方针和所采取的投资策略。投资政策是基金实现投资目标的手段,因此,不同的基金根据投资目标的不同,往往制定不同的投资政策。具体而言,投资政策涉及以下内容。

1. 投资资产的选择方针

不同基金由于投资目标不同,投资资产的选择方针也不一样。具体来说,选择投资资产的方针实际上就是一个构造投资组合或投资组合管理问题,主要体现在:① 保持何种证券组合。基金证券资产可以只包含普通股票,或只包含优先股和债券,或者平衡持有各种证券,不同的投资政策有不同的证券组合选择。② 资产分散化程度。即该基金所持证券发行公司数,以及基金的证券总值中不同发行主体的分配比例。一般认为,投资基金持有的证券种类越多,其证券总值中不同的发行主体越多,分布地域越广,该基金的资产分散化程度越高;反之亦然。基金资产分散化程度还反映在投资对象的期限上,投资对象的期限种类越多,说明该基金资产分散化程度越高。③ 基金充分投资的程度。即投资基金的投资资金占全部资金的比例大小,投资基金的收益来自基金的运用,既定的投资收益率下,投资总额越大,基金的收益越多,但投资基金还要支付日常经营管理所需的费用,如办公费、纳税、开放式基金的赎回等。所以投资基金不能将所有筹集资金都用于投资,这就产生了投资充分程度的问题。追求高收益的基金投资充分程度往往高于注重安全性的投资,封闭式基金的投资充分程度往往高于开放式基金。④ 基金的投资目标取向。即基金是偏重于经常收入的稳定性,还是偏重于证券买卖利差以及资本增值。如果偏重前者,则投资防守型证券;如果偏重后者,则投资进攻型证券。

2. 投资策略

投资策略是投资政策的重要内容,是基金实现投资目标的重要手段。基金的投资策略主要有两种,即积极投资策略和消极投资策略。积极投资策略试图通过对股票挑选,选择一些价值被低估的公司股票,或者有良好增长前景的股票构成投资组合。消极投资策略是指按照证券指数的组成,复制指数证券组成投资组合,或者在证券数量多的情况下,采取抽样方法,选择有代表性的证券构成投资组合,模拟证券指数回报率。在不同类型基金中,投资策略又可以进一步细分。例如,在股票基金中,投资策略又可以进一步分为成长型投资策略和价值型投资策略;在债券基金中又可以细分为持续期限管理策略、收益曲线管理策略、收益差管理策略和信用度选择策略。

投资政策是投资基金性质及特征最集中的反映,为了使现有的和潜在的投资者了解基金的投资政策,便于投资者挑选和监督,基金的投资政策一般都要在基金有关文件中予以充分的陈述。

（三）投资组合的构建及调整

将资金按一定比例分别投资于不同种类和行业的有价证券,这种分散投资方式即投资组合。在确定了投资目标和投资政策之后,作为基金管理人的投资银行就需要进入更为具体和具有操作性的步骤——建立投资组合。投资组合的建立过程实际上就是组合中个别资产的选择过程。不同的基金在确定投资组合时,必须从自身的条件和需要出发,根据自身的投资目标和投资政策,选择组合资产。在构筑资产组合时,有两点需要注意:一是要选择质量较好的投资对象,因为资产组合的预期收益率是由组合资产的预期收益率加权平均而得到的,选择质量较好的投资对象,可以在既定的风险水平上提高资产组合的预期收益率;二是选择相关性不大的投资对象,因为这样可以使非系统风险相互抵消而趋于零,从而最大限度地降低风险。

由于经济环境、经济政策等宏观因素及其他因素发生变化,会导致各种有价证券的收益率、市场价格和所含风险等发生变化,从而影响投资组合的收益和风险。因此,在构筑了投资组合以后,基金管理人还必须密切关注证券组合的各要素变动对投资目标的影响,即对投资组合的规模和结构进行调整,使之能在一定时期内维持最佳投资组合。

无论是构建投资组合还是对投资组合进行调整,都需要对基金投放的可行性进行分析。一般来说,基金投放的可行性分析包括三个层次:宏观分析、行业分析和公司分析。

在宏观分析中,主要考虑的因素有:① 经济环境;② 政治;③ 市场流通能力;④ 股份供求量;⑤ 法规及管制。因为,良好的经济环境,稳定的政治及政府政策,充分的流通能力及适当的市场法规和管制,这些都是投资基金的背景条件,这些因素的变化会对投资基金的收益和风险产生很大的影响。

在行业分析中,主要考虑的因素有:① 行业集中或行业分散;② 有利或者喜爱的行业;③ 增长行业;④ 周期性行业或者保守行业。此外,还要对个别行业的状况进行深入的研究。

在公司分析中,应主要考虑如下几个因素:① 企业财务状况;② 个别企业的特性;③ 股份流通量;④ 竞争能力;⑤ 管理阶层的作用;⑥ 其他因素。基金管理者应该在估计以上因素对企业的表现、盈利能力及增长潜能的正面或负面影响的基础上,来决定是否对这个企业的股票做中长线投资。

投资银行在基金的管理业务中,除了基金资产的投资管理外,还要定期编制并公布投资基金报告,并对投资基金的利润进行分配。为了提高基金操作的透明度,保护投资者的利益,基金管理人必须定期通过报告形式向投资者和有关人员提交翔实、全面、可靠的公开性文件,以便接受社会公众的监督。从内容上看,基金报告主要包括投资结果报告和基金账目报告两部分内容。投资基金通过组合投资获得投资收益,主要来自股息、利息、红利和资本利得;在其进行投资的管理和操作过程中也要支付一定的费用,包括管理费用、操作费用、承销和分配费用等。基金的收益扣除上述费用,即为基金利润,归基金的投资者所有。通常,基金管理人必须将基金利润的绝大部分分配给投资者,基金利润的分配方式多种多样,货币市场基金的利润为利息收入,每月分配一次;债券基金则每月或每季分配一次;其他基金通常每年分配一次。

以上对投资银行在基金管理中的主要内容做了介绍,作为基金管理人,投资银行在投资基金的管理运作过程中,还必须遵守有关的法律法规的规定。为了保护投资者利益,促使基金管理人在市场中参与公平竞争,各国政府对投资基金的交易均做了一些限制,主要有:① 禁止与基金管理公司自身或关系人的交易;② 禁止自我交易和内幕交易;③ 限制基金间相互投资;④ 禁止信用交易;⑤ 限制对未上市公司证券的投资。

三、基金市场与投资银行经纪业务

在以美国为代表,基金占据证券市场投资者主导地位的国家中,投资银行非常重视基金市场的开拓和竞争,并且在投资银行的经纪业务中占有极为重要的地位。即对于投资银行来说,投资基金是其重要的机构客户。如果基金使用投资银行在交易所的交易席位,那么,投资银行就可以获得经纪手续费用。这种基金使用投资银行交易席位的局面,被称为基金交易的分盘,可以说是其经纪业务的新天地。

在中国基金市场的竞争中,投资银行的主要竞争手段有两个:一是积极参与基金的发起,以便占有一种先天性的竞争优势;二是依靠积极主动的游说和服务争取从基金市场争得一席之地。不过从绝大多数竞争的手段来看,都是依靠第一种方式。这些竞争手段与国外同行相比存在很大的差距。国外投资银行在争夺基金客户这一经纪业务时,使用了多种多样的竞争方式,既有我国投资银行使用的这两种方式,也有代客理财、委托资产管理等"全包式"方式,尤其依靠向基金客户提供个性化的理财咨询服务以及各种形式的个性化研究报告。

我国券商(投资银行)系基金公司中的券商席位分仓中,大股东所获分仓比例过高。这些公司对券商股东的分仓存在明显倾斜,有些甚至在制度上做了明确规定。券商股东对基金公司的发展在人、财、物等方面均有支持,有些券商股东实力较强,对基金公司的投研支持很大,而且除了券商股东占比过高外,基金公司对其他券商佣金的分配基本以投研报告为导向。针对这些问题,监管部门重申,交易佣金是基金资产,其利润分配是为了要提高基金的投资收益,其利润应以取得优质外部投研服务为主,要以持有人的利益为主。监管部门就此要求基金公司应当完善席位管理办法,合理分仓。其根本目的,在于保护基金持有人的利益,杜绝基金公司为求规模而做出的可能损害基金利益的短期行为。

对基金公司来讲,基本上要求分盘券商具有强大的实力、良好的财务状况、卓著的信誉和优良的管理机制。因此,从未来发展看,我国的券商应努力提高服务水平,尤其是券商要提高研究水平。客户至上对提供金融服务的公司而言是最基本的经营策略。产品、服务和资源投入适当与否,取决于一个公司的客户定位、客户区域划分和管理以及维系这种关系的能力。客户竞争日益加剧、服务需求日渐高涨,均显示为范围广泛的消费者仅提供一家产品杂货店已远非经济的选择。相反,只有那些熟知消费者并重点培养利润最大客户关系的公司才会拥有竞争优势。券商要彻底了解基金需要什么服务、什么时间提供,从而决定投入多少人力、物力。券商提高服务水平主要表现在提高研究水平,为基金提供准确、及时、全面的宏观经济分析、行业分析、上市公司分析的研究报告。

第四节　投资基金业务风险管理

证券投资基金风险是指证券投资基金在设立和运作过程中,由于各种内部和外部的不确定性而引起的投资者投资损失的可能性。

一、投资基金业务风险来源

证券投资基金面临的风险可以分为两部分:投资风险和委托代理风险。投资风险是指投资基金因投资过程中的不确定性而导致投资本金的可能损失,或者投资预期不能达到的风险,包括系统风险和非系统风险。委托代理风险是指由于投资基金中的委托代理关系带来的资金决策和操作的风险,主要表现为道德风险和管理风险。

(一) 投资风险

投资基金作为一种新型的投资工具,其主要业务对象是各种不同类型的有价证券,其收益主要来源于证券市场的利息、股息和资本利得,因此证券市场的不确定性也给投资基金的资金运作带来了投资风险。证券市场不是一个封闭的系统,证券市场的不确定性既有来自系统内部的原因,也有来自系统外部的原因,它是系统内部和系统外部诸多因素共同影响的结果。这些因素按照其对市场的影响范围具体划分为系统风险和非系统风险。由政治、经济、社会、心理等因素造成,对市场整体发生影响的风险因素,称为系统因素;而非系统因素对市场整体影响不大,只影响某种或某类证券的价格。因此,投资基金的投资风险可以分为系统风险和非系统风险。系统风险是系统因素给投资基金带来的风险,而非系统风险是由非系统因素所造成的。

1. 系统风险

系统风险是基金所投资的证券市场固有的,基金在投资活动中不可避免的风险,主要包括不可抗力风险、政策法规风险、利率风险、购买力风险、市场风险以及证券市场不成熟风险。具体来讲:① 不可抗力风险。不可抗力风险指由于战争、自然灾害等引起的证券市场价格波动而给投资基金带来的风险。虽然这种风险出现的频率很低,而一旦出现,便无法克服,从而给基金投资者造成的损失是不可估量的。② 政策法规风险。政策法规风险是由于政府新的政策法规的出台或原有政策法规的变动给投资基金带来的风险。为了保证证券市场的正常运行,各国政府都会根据市场出现的新情况推出新的或修改原有的相关法律、规章制度。这些新的政策或变动后的政策可能会对证券市场产生重大的影响,进而对基金投资活动产生影响。有时,一些政策措施会对基金运营产生直接的效果。例如,对于封闭式基金给予新股优先配售权的取消,减少了封闭式基金的盈利来源,对封闭式基金营运产生直接的影响。同样,开放式基金无可避免地也会受到政府政策法规的影响。③ 利率风险。利率风险是指由于市场利率水平的变动影响了证券市场价格,从而给基金投资带来损失的可能性。因为利率的变动不仅影响基金投资于证券市场的收益,还由于其会导致整个社会资金供求关系发生变化,从而影响股票、债券等有价证券的收益水平。因此,当利率水平发生变动时,基金资产不可避免地将受其影响。由于基金管理者对政府在利率政策方面的不完全信息,不能准确把握中央银行的利率走向,很难规避因利率上升而带来的风险。有时即使预见到了,也可能会出现无法调整基金组合而产生收益下降。④ 购买力风险。购买力风险又称通货膨胀风险,是指由于通货膨胀而造成货币贬值,从而使基金投资遭受损失的可能性。由于投资基金收益中有一部分来源于具有固定报酬的有价证券,如债券、优先股等,若投资利润率平均低于通货膨胀率,则基金投资实际收益为负,因而不但没有获得投资收益,连保值功能也消失殆尽,直接影响本金的安全。此外,在通货膨胀严重时,由于人们的收入水平赶不上物价上涨的速度,购买力下降,导致企业销售困难,效益下降,在证券市场上表现为股价下降,以股票为主要投资对象的投资基金自然难逃厄运。⑤ 市场风险。市场风险是指因证券市场本身供求关系变化而引起基金投资者实际收益率偏离预期收益率的可能性。证券市场始终不停地在价格的变化中寻找供需均衡点,在运行过程中,"惯性"作用经常发生,有时是"锅不见底",有时是"没有最高,只有更高"。这种行市的不确定性,往往很难控制,因为这是证券市场运动规律所致。⑥ 证券市场不成熟风险。由于证券市场本身的不成熟,投机气氛浓厚,造成证券市场行情波动大,基金置身于这样的市场环境中,必然要面对种种风险,而且如果市场上缺乏避险的期货、期权等金融衍生工具,基金可选择的范围只限于国债、少量的可转换债券、股票,这不利于基金管理人对冲风险,锁定利润,稳健操作。

2. 非系统风险

非系统风险主要来自基金所投资的上市公司本身,属于个别风险或局部风险,具体包括公司经营风险、财务风险、偶然事件风险等。具体来讲:① 公司经营风险。公司经营风险是指发行证券的公司经营能力减弱而导致盈利能力下降,造成基金的投资收益或本金减少的可能性。影响企业营业情况的因素不外乎外部因素和内部因素,外部因素是指当时经济环境对企业经营所产生的影响,其中包括普遍的经济危机、产品更新换代、客户的转移、不可抗力因素等;内部风险大都与经营者的管理效率有关。② 财务风险。财务风险指公司因采用不同的融资方式而带来的风险,它是由于企业财务不良、管理适当、规划不善等造成的营业损失和本金损失给基金投资带来的风险。③ 偶然事件风险。偶然事件风险是指基金投资的上市公司发生偶然的事件导致该上市公司股价下跌,从而造成基金投资的损失,如火灾、罢工等。

（二）委托代理风险

投资基金中,投资者和基金管理人之间是一种委托代理关系,投资者作为委托人委托代理人——基金管理人为其投资。在这种委托代理关系中的具体运作过程中,基金管理人不具有经营才能,他的才能不能充分发挥,委托人与代理人各自掌握的信息不对称,基金管理人的机会主义行为会损害基金持有人的利益,这一系列的问题均会导致投资基金的委托代理风险。委托代理风险主要包括道德风险和管理风险。

1. 道德风险

投资基金的委托代理关系中,投资人往往比基金管理人处于一个更不利的位置,因为对于作为委托人的基金投资者来说,他无法准确了解基金经理人的素质,无法在基金契约中主动地、准确地写出对基金经理人工作努力程度的规定(即使写进去,也难以观察),也无法完全依据基金的盈利情况给基金经理人支付报酬(投资者无法区分基金盈利的升降是否由基金经理人的工作努力程度所致)。对于作为代理人的基金管理人来说,他比基金投资者拥有更多的信息,他最清楚自己的素质和经营能力,他也最清楚自己的工作努力程度。可以假设,作为一个经济人,付出努力对基金管理人来说是一种负效用,他会想方设法利用自己的种种优势减少努力程度,从而有可能损害作为委托人的基金投资者的利益。这就产生了道德风险,即基金管理人为追求自身利益的最大化而损害投资者也就是受益人利益的行为。

道德风险还来自基金托管人和为基金服务的中介机构。基金托管人的主要职责是:① 安全保管基金资产;② 执行基金管理人的划款及清偿指令;③ 监督基金管理人的投资操作;④ 复核、检查基金管理人计算的基金资产净值和基金价格。但是,托管人是否能够真正起到如此作用? 从理论上说,作为"有限理性"的经济人,基金托管人以追求利润最大化为目标,他们之所以愿意为基金管理人保管财产,看上的不是别的,正是那笔可观的保管费。那么,在"投资基金三角"中,当基金管理人的利益与投资者的利益发生矛盾时,当基金管理人的机会主义行为损害了投资者的利益时,基金托管人能否替投资者主持正义? 博弈论告诉我们,当基金托管人的利润来自基金管理人时,托管人在这种情况下所能采取的策略必然是与管理人"合谋"。一方面投资者不会因为托管人的"尽责"而对其加以奖励,另一方面可能会因得罪了基金管理人而失去托管资格。在这种制度安排下,投资者的利益往往会由于托管人的道德风险的存在而偏向减少。在投资基金运作中,有关财务、法律等方面的问题,必然要涉及相应的会计师事务所、律师事务所等,这些中介机构通过提供专业、独立的服务获得自己的报酬。与管理人和托管人的市场定位一样,他们都是自身利益的最大追求者,在与其他当事人的博弈中,首先考虑的是自己利益的最大化。当管理人的利益与投资者的利益发生冲突时,他们宁愿牺牲投资者的利益而不愿得罪基金管理人;否则,会出现类似于托管人面临的不利境地。

2. 管理风险

基金投资者将资金委托给基金管理人管理和运用,实际上放弃了其对资产的占有权和使用权。虽然投资者总是希望选择真正"具有专业管理水平"的基金管理人管理和运用资产,但"专业管理水平"属于基金管理人的内部信息,投资者并不能直接了解和完全把握,基金管理人往往会夸大自己的专业管理水平而隐瞒自己的不足。管理人的管理水平如何,直接影响到基金收益率的高低,因此,除道德风险以外,投资基金还会遇到基金管理人的管理风险。

由于投资基金具有规模经济的优点,管理人在运作基金时,可运用现代资产组合理论有效组合资产,实现比个人投资更高的效率;否则,个人不会参加投资基金。进一步讲,如果个人遵从指数化投资策略就能取得跟从大盘的收益。此时,他们将资金交由管理人,显然是想基金管理人能跑赢大盘,这对基金管理人的业务素质的要求是相当高的。如果基金管理人的业务素质不高,往往很难做到这一点。

二、投资基金业务风险控制

尽管风险是不以人的意志为转移的客观存在,但如果采取有效措施加以防范,则可以减少或消灭它。科学的风险管理体系应该包括事先防范、事中控制和事后的补偿,作为投资基金业务的风险控制也应该纳入这种体系中来。

(一) 投资风险的管理

1. 设立基金组合,分散非系统风险

根据投资组合理论,我们知道投资风险中的非系统风险可以通过设立投资组合得以有效地降低。投资基金以其庞大的资金规模恰好为这种风险的分散提供了有利的条件。需要注意的是,从理论上说,当投资组合就是证券市场组合时,可以完全化解投资的非系统风险。但实际操作中,当投资组合的证券数目达到一定时,非系统风险大部分已被分散,投资组合的风险接近市场风险水平。此时,组合中证券种类的增加不但很难使风险再下降,反而会引起成本的提高。一些研究结果以及经验证实,组合中证券数目以 15 种到 40 种之间最为恰当,因为这样的组合已经基本上可以分散大部分的非系统风险。

2. 明确风险的价值

对于系统风险,威廉·夏普通过资本资产定价模型(CAPM)明确了其和预期收益之间的对应关系。因此,基金管理人首先应该权衡预期的系统风险和预期收益,确定合适的投资目标和策略。

3. 加强市场制度建设

在一个既定的证券市场上,系统风险无法分散,但证券市场微观结构理论告诉我们,可以通过证券市场本身的制度建设为基金管理人提供宽松的运作环境,即可以通过系统风险产生的初始条件——市场环境的改变来降低它,如丰富投资品种,建立做空机制,建立做市商等。在一个成熟开放的证券市场中,管理人还是有方法弱化系统风险的。首先,可以利用证券市场上的不同金融衍生工具,通过对冲交易来控制风险或锁定收益;另一种方法是通过国际证券组合投资来弱化系统风险。由于信息障碍、法规限制等原因,各国证券市场并不完全处于一体化状态,通过可供选择的投资机会扩展到国际范畴,实际上就将不同的系统风险转化为非系统风险。

4. VAR 风险控制技术在基金管理中的运用

VAR(Value at Risk)中文译为风险价值,近年来在国外的基金管理中得到了广泛运用。它是一种运用标准统计技术估计金融风险的方法。

(二) 委托代理风险的管理

对于委托代理风险中的道德风险控制机制,主要应该从事前防范和事中监督两个

方面来进行,具体体现在以下几个方面:

(1)保证基金资产的独立性。为了保证基金资产的独立性,最起码要做到以下四点:基金资产必须与基金管理人和基金托管人的资产严格区分;基金管理人对不同类型的基金应该分设账户,独立运作,相互间不可混淆;基金托管人对不同委托人的委托基金资产也要严格区分;基金托管人、基金管理人应当在行政上、财务上相互独立,其高级管理人员不得在对方兼任任何职务。此外,为了防止运作中的内幕交易,各个部门之间应相互独立,办公室之间应相互隔离,不同部门之间的人员不得随意串门串岗;严格按照基金业务前台和后台分离的原则,各业务部门的业务和人员要严格分离,各司其职;实施集中交易制度,投资指令下达和交易执行相分离,设立专门的交易室等。

(2)建立激励机制。西方投资基金发展的实践证明,防止道德风险的最有效办法是建立合理的激励机制,让基金管理人参与基金剩余索取权的分配。根据委托代理理论,防止和克服代理人道德风险的做法应是使风险制造和风险承担相对应,即让拥有控制权的人拥有其相应的剩余索取权。因此,可以通过恰当的安排,使投资基金运作主体的收益与风险对称,使基金经理人与基金投资者目标一致。此外,还应切实发挥基金托管人的作用,可以通过让基金托管人认购一定基金份额并规定在一定时期内不能转让,从而使基金托管人尽心尽力地监管基金的运作。

(3)强化约束机制。① 法律约束。没有法律的保障,投资基金将很难做到良性运行。以美国为例,关于投资基金的法律至少有《投资公司法》《投资顾问法》《投资者保护法》,同时,证券业的根本大法——《证券法》《证券交易法》对其也有制约作用,这就使得基金的运作有规可循。② 自律约束。在法律构架下,基金生命力的强弱关键取决于管理人的经营。为加强基金管理人的自律,必须建立基金经理人市场,通过该市场“优胜劣汰”,合格的经理人被保留下来,不合格的自动被市场淘汰,这是防范道德风险,提高基金当事人素质的自动阀门。

对于委托代理风险中的管理风险,主要依靠基金专业人才的培养和基金经理人市场的建立。对基金专业人才的培养和基金经理群体的形成是防范委托代理风险中管理风险的关键所在。基金管理人才的素质越高,基金运作的风险越小。因此,对于基金管理公司来说,应该培养具有理性投资理念的基金经理人,能够细致地洞察市场脉搏,敏锐地分析市场消息,准确地判断市场的未来走势;培养具有行业特长的研究人员,能够加大市场调研的力度,全面、深入地开展对行业和上市公司的历史沿革、经营情况、竞争优势及公司前景的研究,分析相关信息,为基金经理投资操作提供科学的决策依据。只有这样,才能有效降低基金运作中的管理风险。

在投资基金业务的风险控制中,事先防范和事中监控固然重要,但并不能从根本上避免损失的发生。这时,如果能够建立一个有效的风险补偿机制,则有十分重要的意义。因此,对于投资基金来说,应该从每年的税后利润中或投资基金的业务收入中提取风险准备金,以应对意外风险的发生。风险准备金建立以后,将主要发挥两大功能:可以用来补偿由于不可抗力所造成的损失;可以在市场不稳定时,对基金资产的投资组合进行护盘,以保障基金资产净值的稳定性。

第九章 财富管理

我国证券行业已经进入整合发展的阶段,传统的经纪业务、投行业务、债券发行等业务呈现出高度的同质化,市场竞争更加激烈,整体行业佣金率也持续下降。在以投行、经纪业务为主要营业收入的传统盈利模式难以持续的条件下,我国的证券公司纷纷开始推出财富管理服务,对之前主要经营经纪业务的方式进行转变,逐步建立起财富管理业务。证券公司为机构与个人客户提供多样化的金融服务,具有开展财富管理业务的天然优势,但是证券公司要实现从经纪业务向财富管理业务的转型发展,不是一蹴而就的事情。这是证券公司对自身业务结构的变革,需要对其各业务条线、后台系统与人才资源进行整合支持财富管理业务。在转型过程中,证券公司需要对我国财富管理市场进行充分的研究,了解市场规模、需求结构与未来发展趋势等情况,并充分借鉴国内外投资银行的转型经验,形成对自身优势与发展的定位,对市场客户的需求进行精细化的区分,为客户提供差异化的产品与服务,形成自身的财富管理竞争力。

第一节　财富管理概述

一、财富管理内涵与特点

(一)财富管理的内涵

财富管理可分为广义上的财富管理和狭义上的财富管理。狭义上的财富管理指的是提供财富管理业务的公司根据市场行情分析客户需求,帮助客户制定资产配置计划的业务形式。广义上的财富管理指的是提供财富管理业务的公司,根据高净值客户复杂的财富管理需求——财富的增值、保值、传承,医疗保健,留学移民等,为客户制定财富规划,提供相对应的金融产品和资产配置服务,以实现客户财富管理目的的业务形式。

财富管理的基本假设是高净值人群的财富管理需求是多元的、复杂的、个性化的，并且他们愿意向提供财富管理业务的机构支付服务费用。高净值人群财富管理的核心需求是财富保值、财富增值和财富传承。此外，高净值人群在税收筹划、企业经营、医疗保健、子女教育、养老保险、移民留学等方面也有财富管理需求。提供财富管理业务的公司通过综合分析客户整个生命周期的财富管理需求，为客户提供投资、教育、医疗保险等方面的咨询服务及产品组合，帮客户进行资产配置，制定财富规划，以实现财富个性化的财富管理目标。

财富管理是针对高净值人群的全生命周期的理财规划，资产管理是其中的一部分；但财富管理并不局限于资产管理。资产管理指的是资产管理人受投资者委托，在法律法规允许的范围内，根据合同规定，凭借专业的资产管理技能对委托人的委托资产进行投资管理，以实现投资者投资意图的活动。资产管理的风险和收益都由投资人承担，而管理人则从中收取相关的资产管理费用，资产管理活动通常以产品为中心。财富管理活动指的是以客户为中心，围绕客户的财富管理需求，设计一套全生命周期的综合的财务规划，以为客户提供现金、信用、保险、投资组合等一系列金融服务的形式，帮助客户对其资产、负债和流动性进行管理，降低财务风险，以满足客户不同阶段的财富管理需求，实现客户长期的、综合的财富管理目标。相比资产管理，财富管理能更好地满足客户跨市场配置资产的需求，更好地实现客户个性化的理财目标。

（二）财富管理业务的特点

1. 以客户为中心，按照客户的实际财富管理需求，提供定制化的财富规划

不同的客户，其生命周期财富状况不同，对风险的偏好程度各异，对收益的预期也存在一定的差异，以上差异会导致客户的财富管理目标不一。而资产管理业务主要是在客户可承受风险范围内实现资产的保值、增值，资产管理结构可以将风险偏好和利益目标相似的客户划为同一类，为其提供相同的投资策略，在某种程度上说，资产管理业务能够实现规模化生产。相较于资产管理业务，财富管理业务更能体现定制化特征，关心客户的收益，通过深挖客户的财富需求和目标，财富管理机构能够对客户提供一对一的一站式理财服务，为客户提供涵盖个人、企业和家族的定制化的"一揽子"增值服务解决方案。

2. 基于客户多元的财富管理需求，为客户提供综合的财富管理方案

传统的资产管理业务主要根据客户的投资需要，通过对客户的资产进行配置，为客户选择合适的金融产品组合，帮助客户实现资产保值、增值的目的。在为客户选择理财产品时，大多选择证券类产品。传统的理财服务，无论是目标还是实现方式，都比较单一。而财富管理业务则针对客户多元化的财富需求，在客户的整个生命周期范围内对客户的财富进行统筹规划，以实现财富保值、增值、传承、保险、医疗健康、教育、移民等多重目标。财富管理涉及的金融产品十分广泛，储蓄、保险、债券、金融衍生品等都可以作为财富管理的工具。较强的资产配置能力和完善的产品服务体系成为财富管理公司

的核心竞争力。

3. 业务覆盖甚至超越客户生命周期,具有长期性的特点

财富管理人员对客户的资产进行配置,关注的是客户整个生命周期内的效用最大化。由生命周期理论可知,在人生的不同阶段,个人的财富需求和财富创造能力是存在较大差异的,并且后一阶段的财富规划往往依赖于前一阶段的规划。如年轻时积累了较多的财富,年老时就有较高的消费能力。故财富管理业务强调平衡客户不同生命阶段的财务规划。财富管理业务的长期性,对财富管理结构的客户关系管理提出了更高的要求。财富管理机构需要与客户建立长期的、良好的、稳定的合作关系,了解客户不同阶段的财富目标,对客户的财富规划做好追踪服务,并尽力保持投资顾问团队成员的稳定性。

4. 财富管理人员的综合素质较高,具备很高的专业能力和服务意识、沟通能力

作为一个专业的财富管理人员,需要具备多个学科的知识,如经济、投资、税收、法律等。财富管理人员需要有较好的市场洞察能力,对市场动态做出准确的预测;需要熟悉保险、基金、股票、财务会计等方面的产品,了解公司内外的各种金融工具,以更好地为客户进行资产配置;需要熟知相应的法律政策,以使相关的业务活动在法律规定内进行;需要对客户的诉求快速反应,具有较好的服务意识和良好的沟通能力,为客户提供全面、科学的资产规划、投资管理、税务规划等。由于财富管理业务涉及较多的业务种类,单独一位财富管理人员往往难以胜任。因此,公司往往成立专业的投资顾问团队,以团队合作的方式为客户设计财富管理方案,并且为团队提供资源与技术的支持。

二、财富管理基本理论

(一)分散投资理论

根据金融分散投资理论,赋予不同权重的股票与债券投资有助于降低市场中的非系统性风险。同时由于相互独立的投资标的个体存在相对独立性,也有助于对冲市场投资领域中的部分领域风险,给予投资者更加稳定的回报。在财富管理中,投资银行与投资者关注市场中的非系统性风险,相较于过去的单一领域投资,多领域赋权的基金投资可能更容易在新时期得到青睐。

(二)客户关系理论

客户关系管理起源于 20 世纪末,Gartner Group 首次提出了客户关系管理(CRM)理论。这一理论的兴起源于社会企业经营观念的转变和顾客消费观念的转变。近年来,由于公司间业务竞争不断加剧、高净值客户物质财富不断积累、客户投资要求增加以及金融服务技术水平的提升,证券公司业务经营理念逐步由产品中心论转化为客户中心论。证券公司财富管理业务的主要目标客户是高净值客户群体,这部分客户财富管理的需求是多样的,不仅在理性服务方面对财富管理资产保值增值的专业性有较高的需求,而且在感性服务方面对关系维护服务也有较高的需求。因此,证券公司应当以

客户需求为中心,结合客户需求偏好与市场实际情况为客户提供合适的产品与服务。

(三) 金融中介理论

金融中介机构是指促进资金从盈余方流向短缺方的金融机构。早期的金融中介理论着重于分析金融中介的活动及其对金融市场运行的影响。但是,该理论将金融中介机构的存在作为前提,并未从微观层面深入分析金融中介机构是否对金融市场的不可替代性。自 1960 年以来,金融创新带动了金融市场的发展,诸如"去中介化"之类的现象频繁出现。金融中介不再仅仅扮演信息媒体的角色。因此,金融中介机构应如何利用和有效利用自身优势来缓解信息不对称情况下投资者的劣势地位已成为金融中介理论关注的课题。此外,金融中介理论的研究主题还包括参与成本、风险管理和借方与贷方增值领域。在投资银行财富管理业务转型中,应注意其金融中介机构的定位和特点。从市场金融中介机构定位出发,充分发挥自身的优势,更好地服务于金融市场,促进市场资源配置的优化,提高金融经济和实体经济的运行效率。

三、投资银行财富管理发展趋势与转型

(一) 投资银行财富管理发展趋势

一是从参与主体来看,财富管理业务的主体资格是竞争性的,证券公司、信托公司、投资公司、保险公司、商业银行都可以自身的独特优势积极涉足这个领域。尽管证券公司和资产管理公司将来仍然是财富管理业务最主要的经营主体,但随着混业经营和金融自由化的发展,越来越多的金融机构介入这一领域已是不争的事实。在美国,证券公司和资产管理公司占据了财富管理业务总量的 50% 左右,其余份额则为其他金融机构所瓜分。二是从防范道德风险的角度出发,财富管理人员在组织上是相对独立的,这样有利于从制度上消除混合操作和内部交易的行为。三是财富管理业务的机构客户与个人客户并重是客户结构的一个变化趋势。四是财富管理业务和其他金融服务的结合更加密切。

财富管理业务给投资银行带来的客户网络和市场亲和力,不但对证券承销业务形成了强有力的支持,而且对投资银行其他业务也有广泛的波及效应。首先,财富管理业务自始至终,投资银行都与投资者保持着频繁的联系和交流,一定业务规模下的各类投资者对收益的预期、风险的偏好和投资的兴趣等方方面面的信息,对于投资银行研判市场走势、发现当前热点十分重要,是投资银行各项业务运作的重要参考情报。其次,成熟市场财富管理业务的参与者既有政府部门和各类企事业单位,也有大批个人投资者。与前两类客户的长期合作,对投资银行财务顾问、兼并收购、项目托管等业务的拓展不无裨益,而针对个人投资者的理财业务,事实上可与投资银行、基金业务、经纪业务形成互换关系,形成三项业务互促共赢的有利局面。第三,财富管理业务是资本市场金融创新工具需求与供给的结合点,投资银行业务创新的孵化器。纵观国际成熟资本市场的发展历程,任何金融产品的发明都是潜在市场需求与投资银行专业知识相互撞击的结果,财富管理业务在投资银行业务中恰恰发挥着这样的功能。同样,投资银行的其他业

务方面的综合实力对其财富管理业务也有着十分重要的支持作用,这也是为什么证券公司能在竞争激烈的市场上独占鳌头的重要原因。

(二)投资银行财富管理转型

1. 由产品导向型向客户需求导向型转型

由产品导向型向客户需求导向型转型,是指证券公司由产品内容决定客户服务的方式,转型为客户需求决定财富管理产品的服务方式,从而解决目前证券公司产品未能有效满足客户需求的问题。财富管理业务的设计是根据客户的实际需求而定的,要求证券公司有高度专业化的财富管理产品作为后盾。而根据客户关系管理理论,这一系列的产品要求证券公司以客户需求为中心,针对存在的问题进行一系列调整,追踪投资者偏好变化,更新财富管理产品。首先,应当建立差异化的客户分层体系。针对不同类型的客户提供不同的财富管理设计方案。例如,为交易型客户提供直接型服务,为长期优质客户提供跟进式服务。同时,应当对客户财富管理偏好建档记录,利用大数据分析等技术了解不同类型客户的偏好,以此作为财富管理产品设计的基础。其次,应当树立以客户全生命周期为核心的服务体验,结合市场情况对不同客户进行分类与评估,根据客户不同的投资理念设计重要接触点和相关体验指标,并定期对于相关流程、数据和指标进行跟踪、监测和优化,保障产品与投资者理念的契合性。要打造互联网金融平台的营销能力,增强外部合作及流量引入,为客户数据分析、客户计划、商机管理提供基础,更好地追踪财富管理客户的理念与偏好。最后,应当整合客户数据源和信息,持续推荐客户分析,构建财富管理客户统一视图。对客户数据进行深入分析和挖掘,了解客户交易行为、财富管理需求、投资偏好等,对于客户分类、产品管理、服务体验、营销组合以及组织考核,提供有效输入技术应用的数据,从而通过提升和完善客户关系管理系统功能,对应客户的实际投资需求,设计出最为契合的财富管理产品。

2. 由内部风险监督型向综合风险管理型转型

由内部风险监督型向综合风险管理型转型,是指对项目风险的控制由单一的项目前风险监督,向综合性的风险识别、风险应对、风险补偿一体化的风险管理方式转型,从而解决证券公司审核系统难以有效应对信用违约资产减值风险的问题。随着金融市场监管机制的逐步完善,在证券公司各项业务的运行中,对业务的监管将更加深入。监管对于财富管理业务合规性的支持性作用主要体现在外部监管与内部监管两个方面。为促进财富管理行业健康发展,监管部门陆续发布多项财富管理政策文件,随着政府监管趋严格和行业监管规则及要求趋明晰,财富管理行业逐步实现规范化发展。当然,外部监管环境的变化也对证券公司的内部监管提出了更高的要求,因此证券公司财富管理业务转型的过程中,综合风险管理转型是其必要路径。首先,在风险识别方面,在财富管理业务的投资端,应当加强投资项目的审计力度,完善尽职调查机制,设立更为标准化的风险识别与预警机制。其次,在风险应对方面,根据不同风险的类型与危机程度完善风险应对方式,通过信息化技术建立动态风险应对机制。最后,应建立一定的风险补偿机制,如完善风险补充基金池,或对重点财富管理项目投保,从而建立更为完整的风险管理机制,保障项目安全,增加客户信心。

3. 由人工投顾型向数字化投顾型转型

由人工投顾型向数字化投顾型转型,是指由过去的、依靠客户经理人工经验提供服务的发展方式,向利用金融科技、更具创新性的、为客户服务的智能发展方式转型,从而提升产品与服务的创新能力,解决产品差异化不足的问题。随着金融科技的应用,其产品开始线上面向高净值客户提供财富管理服务,而不仅仅局限于面向大众提供标准化产品。在云计算、人工智能、大数据分析等新兴技术快速成熟的基础上,数字化转型将有力地推动财富管理机构深入挖掘普惠市场需求,开发新兴增量市场。

从数字化转型的作用来说,新兴技术(如人工智能、大数据、区块链技术)的应用和发展,为财富管理信息化打下了基础。证券公司在财富管理业务的运营中,通过对大数据进行研究,可以按照不同类别准确划分投资者,同时通过信息智能化配对,为不同的投资者提供相应的资产组合。不仅如此,还可以利用区块链的交互链接结构,创造一个更新更强的集大量金融中介机构、金融产品、金融投资者为一体的财富管理交易平台。智能投顾的应用将使财富管理机构提供个性化、低成本、高效率以及透明化的服务。因此,证券公司应做到以下几点:一是顺应数字化发展趋势,积极推动数字化转型,并将数字化能力应用到日常运营中。提升金融技术研发投入,积极引入外部技术提升方案,完善财富管理的客户端平台与用户平台。二是加强计算机端与移动端的信息与服务共通,保障双端的信息与服务共享,为客户一致性的平台服务。三是利用信息技术打破前中后台之间的数据孤岛,使用一致的、可关联的数据来源,并创建统一的信息平台,提升内部沟通效率。通过人工智能、大数据、云计算等先进信息技术的应用,优化迭代式智能投资咨询平台,在互联网浪潮中将人工智能注入投资咨询系统的建设中,实现在线投资咨询,自动化业务办理与投资建议选择。

第二节　投资银行财富管理流程与模式

一、财富管理业务流程

一般而言,国外券商针对旗下的每项财富管理产品都设计了详细的业务开拓策略及规范化的业务流程。规范化的业务流程有利于提高财富管理业务的透明度,增加客户的信任度,而且也可以监督财富管理部门及投资经理,从而降低公司的运营风险。严密的业务流程不仅旨在提高决策的合理性和资产运作的效率,更重要的在于加强对财富管理业务的风险控制。

第一,相互了解。由财富管理人的客户部与客户进行充分接洽,实现双方的相互了解,即管理人了解客户的性质、拟委托资产规模、委托期限、收益预期、风险承受能力及其他特殊情况和要求;客户通过接触初步了解管理人的资信、业绩历史和业务能力。此环节应重点注意,委托人应为非银行企业法人、社团法人和自然人,并规定不得接受下列委托人委托:未经法定监护人代理或允许的未成年人;被宣布破产而未复权的企业;被宣布全部或部分资产冻结的企业;不能提供该法人或机构出具的授权证明的法人或其他机构;法律、法规禁止将其资产投入证券市场的企业法人或机构。委托资金不得为信贷资金、社保基金、上市公司新募集资金。

第二,签订财富管理合同。在充分接洽、彼此合意后,双方签订资产委托管理合同,确定各方具体的权利和义务。此环节应重点注意:合同中关于收益的问题。客户要求保底收益而中国证监会明确规定不得向客户承诺收益。同时还应注意:签订受托业务合同应严格按照公司合同签订流程办理;合同内容应符合国家有关法律法规;合同必要条款必须齐全并经公司法律顾问审定;合同双方应由法人或其授权代表签字。

第三,设置专户。以客户的名义开设资金账户和证券账户。此环节应重点注意:受托业务的股东账户(股东代码卡)、资金账户属委托人所有,账户的开立和撤销均需符合公司的有关规定;股东账户、资金账户的开户资料由营业部、委托财富管理总部分别妥善保管,委托财富管理总部登记账户的开户、销户情况,编制在用账户清单,记录资金账号、股东代码、股东名称、开户地点、账户用途等,并在公司计财部备案;股东账户所有人(委托人)应出具"账户确认书"授权委托财富管理总部在受托期间使用其账户。

第四,委托资金转入。委托资金在合同规定的时间内由委托人的银行账户转入公司的资金账户,委托财富管理总部确认登记并向计财部提供划往营业部名称及账户。委托财富管理总部向客户出具受理凭证。此环节应重点注意:委托财富管理总部指定专人负责资金划转的全过程,营业部及账户应为事先向公司计财部备案过的。

第五,运作。按照合约的规定,由管理人制订财富管理计划,财富管理总部安排专人负责运作,客户有权进行定期监督和随时查询。此环节应重点注意:持有某只股票的比例应符合《证券法》《证券经营机构证券自营业务管理办法》等国家有关法律、法规的规定。不得进行法律、法规禁止的行为,如操纵市场,为个人利益或公司利益进行不必要的证券买卖而损害客户利益。

第六,业绩评价。在合同规定的期限,对专户上的资产进行清算,以得出盈余或亏损额,并以此鉴定管理人的经营业绩。

第七,管理人按标准收取财富管理费用,客户获取收益或承担损失,如双方有奖惩约定,则在收益率超出一定水平后,管理人提取相应的业绩报酬;若亏损达到一定幅度后,管理人用其风险基金弥补客户部分损失。

第八,资金转出。当合同到期或一方要求提前解除合同时,按照合同的约定处理账户中的资金,办理相应的资金转出手续。客户的本金及收益应划回该客户指定的银行账户,公司的佣金收入转入公司指定账户。根据有关规定,我国证券公司需要在获得中国证监会的受托投资业务资格核准后方可开展财富管理业务,故业务流程可分为业务授权流程和业务操作流程。

二、投资银行财富管理的典型模式分析

(一) 瑞银集团财富管理业务模式

欧洲金融业的发展历史悠久,长期的资本原始积累使得欧洲的财富管理理念较为成熟,以瑞士和英国为代表的一些财富人群聚集的国家开始率先发展私人银行业务,以"财富保护、创造和管理"为核心价值理念,专门为高净值客户提供具有高度私密性的财富管理业务。瑞银集团的财富管理业务是欧洲财富管理业务模式的典型代表。

瑞银集团的私人银行业务已有 140 多年的历史,2003 年,公司正式将私人银行业务改名为财富管理,业务涵盖财富管理、遗产规划、企业融资顾问和艺术品投资服务等,致力于为全世界范围内的高端客户提供定制化的综合金融服务,以让客户体验到高质量、全方位的财富管理服务为目标,帮助客户实现复杂的财富管理需求。目前,瑞银集团已成为世界上最大的财富管理机构,是该领域无可争议的龙头老大,是财富管理行业的标杆企业。

瑞银集团对财富管理的实质具有非常准确、精到的理解,并将其贯穿在企业财富管理业务战略定位与实践的各个方面,其他业务(投行业务等)都围绕财富管理业务展开。瑞银集团的财富管理业务并不单纯追求高投资收益,而是始终以客户财富需求为中心,为客户提供量身打造的财富管理服务,以帮助客户完成复杂的财富目标,这使得瑞银集团的财富管理业务与投订业务形成了有效区分。瑞银集团从财务规划、税收筹划和继任计划三个方面为客户提供财富规划。与此同时,考虑到客户不同的人生阶段的财富需求或有不同,瑞银集团总结了三个投资组合以用于客户的资产配置:在未来五年能满足资金需要的流动性投资组合,整合教育、医疗和退休需要的长期投资组合,有继承和捐赠需求的遗赠投资组合。瑞银集团在发展财富管理业务时,逐渐形成两大核心能力——资产配置能力和客户理解能力。为了提高资产配置能力,瑞银集团设立了首席投资官办事处,以更好地吸引公司内外优秀的投资分析师、经济学家和法律专家等,打造高质量的专业化服务团队。为了更好地挖掘客户需求,瑞银集团成立了专门的财富管理战略服务部,对客户的资产状况、风险偏好、财富需求等进行有针对性的研究,并将研究成果用于金融产品开发和客户服务。

瑞银集团对客户群体进行细分时考虑了两个维度:一是根据客户的资产状况分为核心富裕客户、高净值客户和超高净值客户;二是根据客户的风险偏好分为财富保护者、财富守护者、财富创造者和财富追求者。通过客户细分,瑞银集团能够针对不同类别的客户提供更具有针对性的产品和服务。在实际操作中,瑞银集团形成了一套基于目标的财富管理方法。首先,瑞银集团将客户的财富管理目标概括为财务独立、社会交往、医疗保健等十大类。财富管理顾问以此框架为基础,与客户进行深入交流,并帮助客户形成明确的、综合的财富管理目标。之后,财富管理顾问根据客户的目标为其定制专门的财富规划。强大而专业的市场研究团队、产品开发团队与客户服务团队相互支持,使得瑞银集团能够为客户提供定制化的财富管理服务,实现客户复杂的财富管理

目标。

（二）摩根士丹利财富管理业务模式

美国作为世界上私人财富最集中的国家，其高净值人群数量最为庞大，有非常旺盛的财富管理市场需求。相应的，美国财富管理业务源远流长，经过几十年的发展，已经形成了较为成熟的财富管理业务模式。首先，最早在美国开展财富管理业务的是证券公司；其次，在盈利模式方面，美国主要依靠收取交易手续费，券商更倾向于引导客户投资，以帮助客户实现财富增值。第三，美国财富管理行业竞争较为激烈，投资银行、私人银行、家族办公室、财富管理公司等虽然在目标客户群体、提供的产品和服务等方面有差异，但在财富管理业务方面都大展身手，以期分得更大的"蛋糕"。

摩根士丹利于1935年在美国成立，是一家全球领先的国际性金融服务公司，业务范围涵盖投行、证券、投资管理和财富管理等方面；其中，机构证券、投资管理和财富管理为其核心业务；财富管理业务更是有"公司皇冠上的明珠"这一美誉，凭借专业的财富管理团队、优质的产品资源以及一流的服务，摩根士丹利财富管理业务的资产规模和由此创造的利润率逐年上升。私人财富管理客户业务是摩根士丹利财富管理业务的核心。财富管理团队的目标客户群体是全球高净值客户，公司致力于为世界范围内的高净值人群提供完善的财富管理方案，这个方案可以是个人层面的，也可以是家庭层面的，甚至可以是家族层面的。摩根士丹利在开展财富管理业务时，对高净值客户实行资源共享的管理模式，客户可以购买在一般情况下只有机构或者公司才能购买的产品。摩根士丹利的投资顾问通过大数据分析和对客户需求进行充分调研，对客户进行分级，在众多产品中筛选出适合客户的投资组合方案；并进一步与客户沟通，帮助客户对市场行情和宏观发展趋势进行分析和预测，最后帮客户选出特定的产品组合，满足客户综合的财富管理需求。

在摩根士丹利财富管理转型中，加大了金融科技的投入，并将其应用在财富管理平台和大数据与人工智能领域。凭借金融科技这一利器，公司已基本实现从"交易中心"到"财富管理中心"的转变，使得公司在中长期都能实现稳定的收入。摩根士丹利在广泛将机器学习、预测分析、工作流等现代信息技术应用到财富管理业务的同时，也强调为客户提供人性化的、有温度的服务。摩根士丹利借助现代金融科技帮助投资顾问更高效、更有针对性地服务客户，提高客户服务体验，以达到最佳服务效果。

（三）华泰证券财富管理业务模式

华泰证券，拥有大量的客户基础，在服务客户过程中一直坚持以客户为中心的理念，不断优化公司组织结构和业务架构，打造线上线下一体化的财富管理体系。零售客户以30万元为界限，30万元以下的零售客户统一由零售中心对其服务，其中，对于交易型客户，公司主要借助互联网平台对其进行服务；30万元以上的零售客户接受财富中心服务，由投资顾问平台依据客户需求对其进行差异化服务。对于零售客户，服务多集中在证券交易和产品推荐上。而对于机构客户，华泰证券设立专门的机构中心对其进行服务。华泰证券的财富管理业务致力于打造"人＋平台＋产品"的专业优势，通过使用客户关系管理系统等信息化管理平台对客户资金情况、风险偏好、投资习惯等因素进行分析,将公司服务模式进行整合,利用信息化手段对客户实行分层管理,专业的投资顾问队伍为不同层次的客户提供标准的财富管理服务。由此,可以节省人力、物力成本,并将重点逐渐放在高净值客户和机构客户上,为客户提供投资理财、资产托管、企业服务、家族财富管理等一站式服务,实行管家式服务。复杂的财富管理业务需要强大的数字化平台的支持,平台化打法+券商特色的金融产品体系+专业化的投顾体系,是华泰证券未来财富管理转型的重点。2019年,华泰证券率先在行业内提出全面数字化转型,充分利用现代金融科技手段挖掘数据背后的价值,为客户提供全面的财富管理服务。

第三节　财富管理业务收益与风险

随着证券市场的不断成熟,投资银行客户资产规模日益扩大,财富管理业务在国外投资银行业务中的地位不断提升,财富管理收入在投资银行收入中越来越占有显著的地位。在发达国家,财富管理业务早已成为现代投资银行业务的核心之一,投资银行以经纪业务为主导的发展模式早已被财富管理业务为主导的发展模式所取代。在我国,投资银行财富管理业务已经成为部分投资银行仅次于经纪业务的第二大盈利部门,战略重要性逐步显现,为此投资银行多种渠道拓展财富管理业务,兼顾大中小客户。

一、财富管理业务收益

财富管理运作也遵循利益共享、风险共担的投资原则,委托方需承担投资失败所带来的投资风险,其风险补偿主要来源于较高的投资收益;财富管理公司(部门)需承担决策失误所带来的经营风险,其经营风险补偿主要来源于管理费用和业绩报酬。财富管理公司(部门)仅是受托资产的代理人,委托资产运营中的收益和风险均主要由投资者承担,财富管理人不应向客户承诺收益或者给予风险补偿。例如,在美国,SEC早在1985年就批准财富管理按照业绩来收费。实现业绩目标的可以收取绩效费,达不到目标的从原来收取的管理费中扣除一部分或者全部。

目前国际上财富管理的费用管理主要采取两种方法:一是不论管理金额大小统一固定收费;二是根据管理金额大小以不同比例提取。当然具体的收费方式,因各个公司而异。以美国为例,投资银行财富管理收费的结构组成一般为:① 基本费。不管财富管理的成效如何,委托方都要付给券商基本的管理费用。② 达标费。根据委托管理合同的标准,投资银行若达到预期效果,即可获得一定的达标费。③ 增值奖励。以财富管理所产生的新的价值为奖励标准,管理增值则可取得;反之则无。如双方规定有奖励和处罚的约定,则在收益超出一定水平后,管理者提取相应的业绩报酬;若亏损达到一定幅度后,管理者用风险准备金弥补客户部分损失。在2001—2002年期间,美国股市处于"熊市",美林证券由于有强大的财富管理业务,以及由此带来的稳定经纪业务佣金收入,保持了总收入仅在相对平稳中下降。

在我国,早期的券商财富管理业务收费一般包括下列四种:第一,固定收益率保底模式。固定收益率保底模式,是指在券商和委托方所签订的受托理财协议或补充协议中,受托方即券商向委托方承诺一个保底收益率,无论将来该项投资的收益是盈还是亏,受托方都必须按照该收益率向委托方支付利息。这一模式下市场风险全部在受托一方,而委托一方无任何风险。当然,在实际执行时,如果受托方实在无力偿还,委托方也只能与受托方重新协商,或展期,或只付息不还本,或另行商定收益率等。第二,固定收益率保底分成模式。固定收益率保底分成模式与固定收益率保底模式的不同之处在于,该模式下受托方向委托方承诺一个较低的固定收益率(一般为5%左右)作为保底收益,如果合同到期时受托方所取得的收益率等于或低于这一收益率,则按该收益率向委托方支付利息;如果高于这一收益率,则超出的部分双方按一定比例分成。第三,保底或保本超率累进分成模式。保底或保本超率累进分成模式是券商在实际理财业务中不断实施金融创新的结果。这一模式下券商只向委托方承诺保本或一个收益率很低的保底收益,超出部分实行超率累进的分成办法。一般来说,收益率在某一水平以下时,券商不收取任何报酬;达到这一水平时,收取一定的管理费,这一比例通常很低。只有收益率超出这一水平时,券商才能参与收益分成。实际收益率越高,券商分成的比例也越高。第四,风险共担、收益共享的模式。在这一模式条件下,券商的财富管理业务类似于我国的基金业务,证券公司不对委托人作出任何保底或保本的承诺,而只给出受托方收取管理费和提取业绩报酬的实际收益率区间。在这种条件下,如果受托投资业务出现亏损,则风险完全由委托方承担。不过,这种模式在整个财富管理业务中所占比重非常小,几乎可以忽略不计。上述四种不同模式反映了财富管理业务运作中券商所承担的不同风险。一般而言,券商向委托方承诺的保底收益率越高,其自身所承担的风险就越大。在同一时期和相同的市场背景下,不同风险的运作模式之所以能够同时并行,抛开可能存在的寻租现象不谈,其主要原因在于受托方——券商在市场上的信誉、实力、品牌的差异。另一方面,风险程度差异很大的运作模式同时存在,表明在"新兴加转轨"的市场条件下,由于体制性的原因,一种规范而又能为市场各方所接受的财富管理模式的形成还需要一个过程。用博弈论的观点来看,完全规范的财富管理业务在缺乏自我实施基础的条件下,任何强制性的规范措施都无法达到一个"纳什均衡"。因此,坚持在发展中逐步规范的方法和原则来指导财富管理业务的发展才是上佳的政策路径选择。

在我国券商大力开展集合理财产品的过程中,其收费模式包含两个方面的内容:费率水平和计提方式。费率水平是指产品的管理费用占其资产规模的百分比。计提方式是指产品管理费用的计算方法和提取方式。首先,就费率水平而言,券商集合理财产品管理费用的费率水平参差不齐。由于固定管理费成为其收入的唯一来源,因此,费率水平势必会高于那些带有业绩报酬的集合理财产品。其次,就计提方式而言,从整体来看,券商集合理财产品管理费用的计提方式可分为三种类型:单一固定费率方式、单一业绩报酬方式以及固定费率和业绩报酬相结合的计提方式。

单一固定费率方式是指券商按照产品规模的某一固定百分比收取管理费用。这种计提方式的优点主要在于:① 旱涝保收,对于目前在理财市场上实力相对较弱的券商来讲,具有一定的保护作用;② 收费简单透明,便于投资者理解和托管人清算交收;③ 管理人不会为了获取高业绩报酬而产生过激的投资行为。目前,所有的公募基金都按照此种计提方式收取管理费用。但是,在这种计提方式下,券商管理费收入的提高主要依靠产品规模的扩大,而与产品业绩无直接关系。这样就导致对管理人投资行为的激励作用缺乏,无法使投资者(委托人)和管理人(代理人)的利益一致化,容易引发各种委托代理问题。针对这一问题,很多券商对这种计提方式进行了改进,将产品业绩融入进来,使管理人的收入与投资者的收益挂钩。

单一业绩报酬方式是指管理人仅根据产品业绩表现收取管理费用的方式。这种计提方式将管理人的收入和产品的业绩表现密切联系在一起,能够对管理人的投资行为产生直接而有效的激励作用。但是,这种方式对管理人的投资能力有较高的要求,一旦无法达到约定的业绩标准,无论是否是管理人的主观责任,管理人都将颗粒无收。因此,这种计提方式较易引发管理人的短期行为,迫使管理人进行高风险投资,对于产品风险水平的控制方面可能将产生不良影响。

固定费率和业绩报酬相结合的方式是指管理人同时采用固定费率和业绩报酬两种方式计算管理费用。这种计提方式是在前两种方式的基础上衍生出来的,既能够保证管理人的经营成本得到补偿,防止管理人人为地追求高业绩而扩大投资风险,又能够将管理人的收入和产品的收益相联系,有效地激励管理人提高产品收益水平。但是,这种方式也存在一定问题,即计算方法过于复杂,普通投资者可能在理解上存在一定困难,并且使得对比各产品的真实收费水平变得较为困难。这种计提方式可以进一步划分为两种类型:① 固定管理费和业绩报酬同时收取的方式,是指管理人在收取固定管理费的基础上,还根据产品业绩表现额外收取业绩报酬。这种计提方式能够较好地兼顾投资者和管理人的利益,因此较为普遍。但是,这种双重收费的方式提高了产品的费率水平,降低了产品在市场上的竞争力。为解决这一问题,一些产品采取了风险补偿的措施,以隐性保障的方式吸引投资者。② 固定管理费和业绩报酬互斥收取的方式,是指管理人在不同条件下按照不同的计提方式计算管理费,多种计提方式不同时采用。

二、财富管理业务风险

一般来说,投资银行的财富管理业务中存在的风险主要有法律风险、市场风险、信用风险、道德风险、投资风险、管理风险以及不可抗力风险等。

法律风险是指在业务开展过程中,由于合同内容不符合有关法律法规或必要条款缺失所引发的民事责任、行政责任乃至刑事责任。

所谓市场风险,就是指由于市场波动而引发的风险,主要是指财富管理机构在进行投资或资产运营过程中面临的金融市场风险以及由此带来的公司财务风险。市场风险由非系统风险和系统风险两部分组成。由于不同的证券品种之间的风险因素各不相同,因此通过设立投资组合可以有效地降低非系统风险。

所谓信用风险,是指财富管理人自有资产与其受托资产之间的比例以及与此相关的信用交易而引发的风险。通常情况下,证券公司能够获得客户的委托主要依赖于两种资源:一是其理财专家(投资经理)的业务能力及其在业内的声誉;二是公司自有资本金实力。前者是无形资产,后者是有形资产。这两种资产共同构成了财富管理人的信用基础。如果财富管理人在委托合同中向委托人承诺承担投资亏损的风险,其风险相当于以自有资本作为保证金的信用交易。一旦市场发生系统性风险,或管理人投资决策失误,运营风险出现很可能导致财富管理人的信用危机并由此引发金融债务链条的断裂。

道德风险主要是指财富管理人利用委托人资产来为自己牟利或者向委托人转嫁风险的行为。投资者参与财富管理充分体现了他们对专家理财和控制风险水平的信任,然而这种信任必须要有相应的制度保障。这就不但要求财富管理人建立健全内部控制制度,强化自律,更需要来自外部的严格监管,包括法律约束和信息监管,从而避免管理人为了获取高收益而利用委托资产从事高收益伴随高风险的投资及内幕交易、操纵市场等行为的发生。

投资风险是指券商在对受托资产进行投资决策过程中操作失误所带来的风险。管理人对投资风险的控制能力将充分体现其投资技巧以及对证券市场宏观面的判断能力。

管理风险是指在业务运行过程中,由于业务流程的不严密或制约机制不完善而造成的资金风险或交易错误而造成的投资损失。

三、财富管理业务风险管理

(一) 法律规范

各国关于财富管理业务的法律规范虽然由于市场环境的差异各有不同,但归纳起来不外乎事前防范和事后弥补两个方面。事前防范是通过法律规定禁止行为。虽然理论上投资者与管理者在契约中处于平等地位,但管理人作为主要机构在与投资者的交易中实际上处于优势地位,为平衡双方的权利义务,各国的相关法律对管理公司的一些行为进行了约束。事后弥补主要体现在对中小投资者的损失补偿制度上,主要有风险准备金制度和财产保险制度两种。

1. 政府监管

第一,法律监管。为保护委托人利益,欧美国家一方面对财富管理人实行不同程度的市场准入,另一方面对财富管理人的行为进行界定,这包括财富管理与托管的分离、投资限制、信息披露、接受审计、投诉与最佳执行价格等几个方面。① 财富管理与托管的分离及托管人的职能。投资顾问法的具体规则中明确指出,如果投资顾问不将委托人的资产进行托管而是以直接或间接的方式自己持有,则构成欺诈、欺骗、操纵等行为。除非满足委托人的资产与管理人的资产分离,并将委托人的资产存放在一个安全的地方,明细报表必须至少每3个月一次送给委托人,每会计年度至少有一次在事先不通知投资顾问的前提下,由独立审计师对所有委托人的资金和证券进行审计,并将审计报告报给美国证券交易委员会。② 信息披露。美国1940年投资顾问法规定,向美国证券交易委员会提交的符合本法所有条款的注册申请书、报告或修改的信息应向公众公开,除非证券交易委员会认为公开披露对公共利益或对保护投资者不必要也不适当。美国还要求一个证券交易委员会注册的投资顾问,当其财政状况可能使其损害或不能履行对其委托人的承诺时,必须立刻向其委托人和潜在委托人披露。当投资顾问发生任何诉讼性事件,这些事件可能影响其履行对其委托人的承诺时,必须立刻向其委托人和潜在委托人披露。③ 审计及其他。美国对财富管理公司的审计、检查由证券交易委员会的合规与检查部门负责。美国投资顾问法禁止投资顾问滥用非公开信息;禁止利用任何手段、诡计、阴谋来欺骗现有的或潜在的客户;禁止参与欺骗、欺诈任何现有的或潜在客户的任何交易、行为或业务过程等。总体来说,美国强调从信息披露、审计等方面来加强对委托人利益的保护,采用的是信息披露监管模式和对欺诈行为的防范模式。在这种模式下,市场准入采取注册登记制或申报制,市场自由竞争的程度比较高。

第二,存款保险。投资银行保险制度,即通过建立全国性投资银行保险机构及保险基金,防止由于缺少经营竞争或利益之间的相互兼并而对客户造成损害,保障整个证券市场健康发展。世界上许多国家都建立了投资银行保险制度,并取得了良好的效果。美国《证券投资者保护法》规定,设立证券投资者保护协会,要求所有在证券交易所注册的投资银行必须成为该协会的会员,并按照公司毛利的5‰缴纳会费,以建立保险基金,用于证券经营机构财务困难或破产时债务清偿。新加坡的《证券法》规定,各证券交易所必须建立会员忠诚基金,该基金由证券交易所、交易所会员、基金投资收益等组成,用于证券交易所会员公司发生支付困难和债务危机时的补偿和救济。

2. 自律组织和中介机构的监管

从事财富管理业务的投资银行必须定期向监管部门报送经营情况报告,这些报告中的财务会计部分由独立的会计中介机构审计。赋予证券业协会等自律组织以足够的自治权,使其对场内和场外的证券经营机构进行监管。

(二) 完善财富管理业务风险控制组织体系

1. 风险管理体系的宏观层包括董事会和风险管理委员会

董事会负责制定公司的发展战略,是公司风险管理体系中的最高机构。董事会必须规划公司的各项业务发展战略以及相应的风险管理与控制战略,通过对各类风险控制制度和计量体系的建立以确保投资银行财富管理业务的稳健发展;风险管理委员会下设危机公关部和风险管理部。危机公关部专门负责防范和处理各种突发事件;风险管理部的职责有建立风险数据库,进行投资组合分析、敏感性分析、交易限额监测以及业绩评估等,风险管理部通过专用交易监测通道对财富管理部的各项业务进行实时监控。

董事会将风险管理的日常决策权和风险管理资格授予执行委员会。执行委员会包括风险政策部门、合规性审计部门和风险管理执行部门。风险政策部门主要根据公司发展和市场情况,确定公司的风险政策,并确保风险管理战略的有效实施。合规性审计部门主要负责审计公司业务过程中的合规性。风险管理执行部门下设业务风险管理部和资金风险管理部,业务风险管理部主要对各个具体业务的风险进行评估和综合;资金风险管理部主要对公司整体资金运营情况进行评估。投资银行的风险管理可采取如图9-1所示的组织结构。

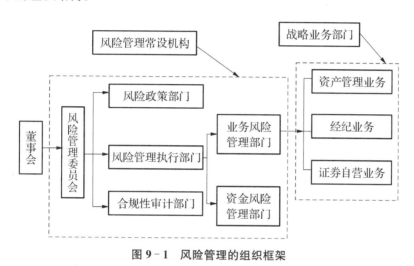

图 9-1　风险管理的组织框架

2. 财富管理部门内部的风险控制

财富管理子公司或财富管理部门的风险控制部以"风险管理委员会"为核心,是风险管理委员会的直接支持者。风险控制部门的职责在于:测量、评估财富管理部门的各类风险情况(运用压力测试、蒙特卡罗模拟等现代金融管理技术测量投资组合风险等),并定期向风险委员会及其下属的风险管理部门提交报告;提出具体的风险控制办法;拟定本部门或公司财富管理业务风险的各项制度等。风险控制部对财富管理子公司或财富管理部门的各类业务风险进行监控和管理,并将风险情况报告给风险管理执行部门。风险管理的报告路线必须独立于公司财富管理业务部门或其他战略业务部门的管理层,独立地向风险管理部门汇报,再由风险管理委员会独立地向董事会汇报。

3. 完善投资银行治理结构,建立健全严密的财富管理业务风险控制机制、风险控制制度和风险控制程序

财富管理业务的风险控制应由公司风险控制委员会直接负责,公司风险控制委员会下设风险控制部并委派专员对财富管理总部的业务进行监督和控制。风险控制专员依据公司风险管理控制制度,对包括资产委托协议签订、会计账务处理、业务操作、投资限额控制、业务隔离和定期报告披露等财富管理业务的风险源和风险点进行独立审核,并直接向公司风险控制委员会报告工作。风险控制委员会严格按照证监会要求,定期向董事会的审计及财务委员会或监事会汇报工作,风险管理委员会在运作上独立于其他营运部门。风险控制部门独立于财富管理总部,对投资的全过程进行动态监控和风

险管理。

4. 建立独立的财富管理部门,将其作为投资银行的全资子公司

美国大多数投资银行都在内部设有财富管理部,但其仅仅是一个协调管理机构,具体业务则由下设的独立财富管理公司和基金来运作,这就保证了财富管理业务与公司其他业务之间的独立性。

(三) 规范财富管理业务运作

(1) 注重数量模型的应用。

一是财富管理人向客户提供的产品都有明确量化的风险特征描述,一般为产品的在险值。这样,机构客户就可以在投资顾问的指导下,利用财富管理人提供的各种不同在险值的产品构建自己的投资组合,并把组合的在险值控制在自己可以接受的范围内。二是财富管理人在主要风险因素分析、产品风险的追踪与控制、不同资产类别或跨国界投资组合的构建、特定的投资理念下最优资产配置策略的制定等许多投资管理环节都借助于数量分析工具。如利用组合风险控制模型减低各种问题的方差,并对不同程度的风险进行监控,这类模型包括基本面风险(BARRA)模型、宏观经济风险(Northfield)模型、统计风险(APT 技术)模型等。

(2) 强调审慎操作。

在全球财富管理行业中,负有盛名的财富管理公司都以风险控制能力强而著称。而要有效控制风险,投资过程中的审慎操作就是必须的。值得注意的是,国外财富管理人投资过程中审慎操作的目的,并不只是为了防范风险,还在于降低成本,提高投资业绩。其审慎操作的具体实践有:一是注重证券的流动性。由于财富管理人所管理的资金规模比较庞大,如果投资流动性差的证券,最可能发生的情况是在买入时证券的价格被迅速拉高,而在卖出时没有对应的买家。因此,一般的财富管理人都禁止其基金经理投资流动性差的证券。二是避免投资小市值的股票。出于管理和操作方便的考虑,国外的财富管理人更愿意成为消极的投资者,即他们持有的某一证券的数量一般会低于交易所要求披露所有权的水平。但另一方面,要想使投资组合中的任何一只股票对组合的整体表现有影响,单个股票市值占组合总市值的比例就必须在 0.5% 以上。显然,投资小市值的股票是很难同时满足上述两点的。

(3) 限制基金经理频繁买进卖出股票和对组合的构成频繁调整。

这样做的目的,一方面是促使基金经理注重证券的长期投资价值而不是短期投机价值以降低投资风险;另一方面则是为了减少交易费用,避免由于交易费用增加而影响组合的业绩。

(4) 尽管垫头交易和借贷等资金杠杆手段可能会提高组合的业绩,但由于它同时也会增加风险,因此,财富管理人对这类资金杠杆的运用控制得很严格,例如,对于为机构客户管理的投资组合,这类资金杠杆通常都是被禁止使用的。

(5) 在衍生工具的应用上,许多财富管理人都明确限定衍生工具只能用于风险管理而不能用于增加盈利。

第十章　金融工程

金融工程是投资银行家的创造性在实践中的成功表现。投资银行家之间为了满足借款人和投资者的需要而进行的激烈竞争,如套期保值、筹资、套利、增加收益以及避税活动促进了结构市场和衍生品市场的飞快发展。20 世纪 80 年代末、90 年代初,伴随着投资银行产业的兴盛和国际资本市场的迅速扩张,金融工程(Financial Engineering)开始雄起于金融领域,并且逐渐成为现代金融理论和实务领域研究的前沿。按照权威的观点,即约翰·芬尼迪(John Finnerty)的观点,金融工程包括创新型金融工具与金融手段的设计、开发与实施,以及对金融问题给予创造性的解决。而这种给予金融问题创造性的解决方案则直接得益于现代金融分析学的基本理论支柱和基础,因此本章将首先考察这些对现代金融工程发展和应用产生重大影响的基本理论原理;其次,分析投资银行运用金融工程基本原理进行资产负债管理、套期保值和衍生工具风险管理的具体策略、方法;最后,探究金融工程技术在现代市场风险管理和信用风险管理中的实际运用。

第一节　金融工程基本原理

金融工程是投资银行家在设计证券方面的创造性在实践中的成功应用,其产生、发展与强盛除得益于市场经济的巨大发展和科技的迅猛进步外,还得益于历次金融理论的重大突破。金融理论的发展是金融工程得以确立的基础,每一种基本的金融理论的产生、发展与在实践中的推广都推动了金融工程发展。

一、金融工程的理论基础——现代金融理论的三大支柱①

1952 年,马科维茨(Harry Markowitz)在 Journal of Finance 上

---

① 第三大理论支柱——Black-Schdes 期权定价理论在本节第二部分介绍。

发表"*Portfolio Selection*"一文,标志着现代金融分析学的肇端。其后,莫迪利安尼(Franco Modigliani)与米勒(Robert Miller)于 1958 年在 American Economic Review 上发表"*The Cost of Capital,Corporation Finance,and the Theory of Investment*"一文,提出了 MM 定理,即企业价值与其资本结构无关的论断,虽然该文结论因囿于其严格的前提假设而与现实情况相去甚远,但是就该文中使用的分析方法——无套利均衡分析(No-arbitrage)而言,则被称为现代金融学真正的方法论革命,从而也成为金融工程面向产品设计、研发与实施的基本分析技术,构成了现代金融理论的基本理论基石。到了 1964 年,威廉·夏普(William Sharpe)在其老师马科维茨的研究基础上提出了资本资产定价模型(Capital Asset Pricing Model),从而完成了现代金融理论体系第二大支柱的构筑。在 1973 年,布莱克(Fischer Black)和舒尔斯(Myron Scholes)"*The Pricing of Options and corporate Liabilities*"一文在 Journal of Political Economy 的发表,与马科维茨的工作一起被称为"华尔街的两次数学革命",为先于该文发表一个月在芝加哥期权交易所挂牌交易的期权交易从理论上进行了定价,并推动了衍生产品的发展。这样,现代金融学的三大理论支柱也构建完毕。

(一) 现代资产组合理论——马科维茨的主要贡献

在马科维茨之前,人们对于风险的界定十分不明确,虽然在投资领域投资者已经遵循了多样化的投资原则,但是这一原理未能得到理论上的证明。马科维茨在其分析中引入了统计上均值—方差的概念来衡量投资者的收益与风险,使这一问题得到了很好的解决,从而完成了被认为是历史上首次对投资领域中的风险运用现代微观经济学和数理统计的规范方法进行全面研究的现代金融理论的框架。

在前面有关章节假设基础上,该理论认为投资者投资于多样化的风险资产可以降低非系统风险(该理论一个隐含的推论就是市场不对非系统风险进行风险补偿,而只对系统风险进行补偿),除非各资产间的相关系数为 1。以两资产模型为例:假定某一投资组合仅由 A、B 两种风险资产构成;记:E_A、E_B、E_P 为 A、B 与组合的预期收益率;σ_A^2、σ_B^2、σ_P^2 为 A、B 及组合的方差(表示风险大小);W_A、W_B 为按市值计算的风险资产 A、B 在组合中的权重,设 V_P 为组合的市场价值,V_A、V_B 分别为 A、B 的市场价值,显然有:

$$W_A = \frac{V_A}{V_P} \qquad W_B = \frac{V_B}{V_P}$$

由概率论知识得:

$$E_P = W_A E_A + W_B E_B \tag{10-1}$$

$$\sigma_P^2 = W_A^2 \sigma_A^2 + W_B^2 \sigma_B^2 + 2W_A W_B \rho \sigma_A \sigma_B \tag{10-2}$$

式中,ρ 为风险资产 A、B 的相关系数,且一定有 $|\rho| \leqslant 1$,由上式得:

$$\sigma_P^2 = W_A^2 \sigma_A^2 + (1-W_A)^2 \sigma_B^2 + 2W_A(1-W_A)\rho \sigma_A \sigma_B$$

而:
$$|\rho| \leqslant 1$$

故：

$$[W_A\sigma_A-(1-W_A)]^2\leqslant\sigma_P^2\leqslant[W_A\sigma_A+(1-W_A)\sigma_B]^2$$

即风险资产组合的方差不大于风险资产方差的组合，因此，只要 $\rho\neq1$（现实中确实不存在相关系数为 1 的两种资产），即有：

$$\sigma_P^2\leqslant[W_A\sigma_A+(1-W_A)\sigma_B]^2$$

这说明组合确实能在不降低收益的前提下降低风险，此即风险分散化原理，也即是马科维茨的主要贡献。

下面我们将两资产模型推演到 n 项有风险资产的组合情况。

记：E_i 为第 i 项资产的预期收益率；σ_i 为第 i 项资产的均方差；$\mathrm{Cov}(i,j)(i\neq j)$ 为资产 i,j 之间的协方差；W_i 为第 i 项风险资产在整个组合中的权重。

则有：

$$E_P=\sum_{i=1}^n W_iE_i$$

$$\sigma_P^2=\sum_{i=1}^n W_i^2\sigma_i^2+\sum_{i=1}^n\sum_{j=1}^n W_iW_j\mathrm{Cov}(i,j)\quad(i\neq j)$$

显然，根据理性行为人假设，投资者只需在既定收益率的约束条件下，使组合的风险最小，即方差最小，即达到最优的风险投资组合：

$$\min\sigma_P^2=\sum_{i=1}^n W_i\sigma_i^2+\sum_{i=1}^n\sum_j^n W_iW_j\mathrm{Cov}(i,j)\quad(i\neq j)$$

$$（约束条件）s.t.\ E_P=\sum_{i=1}^n W_iE_i$$

$$\sum_{i=1}^n W_i=1$$

这样对应于任一给定的 E_P 必有一确定的 σ_P，从而构成了预期收益率—标准差曲线图，如图 10-1 所示。

n 项多种风险资产的投资组合布满图 10-1 所示的 AMB 曲线右边的（包括 AMB 曲线在内）的整个区域，该区域常常被称为投资的可行域（Feasible Set）。然而，位于 AMB 曲线右边的任意一点资产组合并非最优，在曲线上总可以找到相应的某一点组合优于该点，如 C 点所代表的投资组合即次于 D 点所代表的投资组合；另外，由于 M

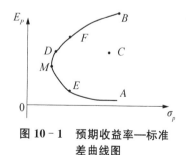

图 10-1　预期收益率—标准差曲线图

点风险最低，因此 MA 曲线上任意一点所代表的投资组合必然次于曲线 MB 上的某一点所对应的投资组合，如 F 点所代表的投资组合就优于 E 点所代表的投资组合，因为二者的风险相同，但是 F 点组合的预期收益明显高于 E 点。因此，曲线 MB 上的点所代表的投资组合要优于其他的组合，MB 曲线即称为有效组合边界（Efficient Frontier）。

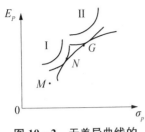

**图 10 - 2　无差异曲线的
投资组合**

在分析了两资产模型和 n 项风险资产模型后,该理论认为,多样化的投资组合确实可以分散风险,并且该理论给出了无风险资产条件下可供投资者选择的有效组合边界,这样在引入投资者风险规避假设后,即可以确定某一投资者的最优风险资产组合,该组合必然是有效组合边界 MB 曲线与投资者无差异曲线的切点所代表的投资组合,如 N 点、G 点,如图 10 - 2 所示。

(二) 资本资产定价模型——威廉·夏普的贡献

马科维茨的资产组合理论只涉及了非系统风险规避问题,该理论认为通过多样化或风险分散化投资可以有效地规避非系统风险。但是,在其分析中并未考虑到现实金融领域中存在的无风险资产的情况,并且对于系统风险的定价问题未能有效地解决。1964年,其学生威廉·夏普在其研究的基础上,将无风险资产引入了分析框架中,提出了资本资产定价模型(CAPM),从而给出了在市场均衡的状态下预测风险资产预期收益的方法。该理论的基本假设除了包括马科维茨资产组合理论的基本假定外,还包括如下假设。

1. 市场无摩擦环境假设

即市场交易中不存在税收因素的影响;没有交易费用;资产可以无限分割;投资者可以按无风险利率进行任何数量的资金借贷,即此处容许卖空交易。

2. 投资者完全理性假设

即所有投资者都能遵循马科维茨的投资组合理论进行资产的选择和优化。

3. 市场完全竞争假设

即市场上的买卖双方均是价格的接受者(Price Taker),不具备做市力量,市场不存在做市商(Market Maker)。

无风险资产(如国库券等)由于其预期收益率是基本确定的,其风险接近于 0,因而在预期收益—风险坐标系中,无风险资产即是点 r_f,如图 10 - 3 所示。

该理论认为,一旦引入无风险资产后,最优风险资产组合将由通过 $(0,r_f)$ 的点的射线与 MB 曲线的切点 T 来确定,该点一定是在各种组合下效用值最大的一点。在齐性预期假设下,所有的投资者都将遵循马科维茨的资产组合理论进行最优风险资产组合的选择和投资组合的优化,因而最终所

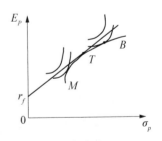

图 10 - 3　最优风险资产组合

有投资者所选择的最优风险资产组合必然是相同的,而且必然是市场组合,否则理性的投资者即会进行无风险套利。因此,所有投资者所持有的市场组合必然也是最优风险资产组合,该组合必然位于图 10 - 3 所示的有效组合边界上的 T 点,并且必然是过点 $(0,r_f)$ 的射线与曲线 MB 相切的切点,而射线 r_fT 即被称为资本市场线(Capital Market Line, CML)。

在此资本市场均衡的条件下，投资者增加对任一单一资产或资产组合的投资所带来的风险补偿（$E_i - r_f$）的增加应该与增加对市场组合投资所带来的风险补偿（$E_M - r_f$）相等，否则投资者会根据无风险套利原则追逐具有较高的风险补偿的资产或资产组合，从而引致该资产风险补偿的降低，直至该资产边际风险补偿与任一资产或资产组合的边际风险补偿相等为止。

对任一单一资产或资产组合而言，其风险的边际价格为：

$$\frac{E_i - r_f}{\sigma_{iM}}$$

该价格应与市场组合的风险边际价格 $\dfrac{E_M - r_f}{\sigma_M^2}$ 相等，即有：

$$\frac{E_i - r_f}{\sigma_{iM}} = \frac{E_M - r_f}{\sigma_M^2}$$

$$E_i = r_f + \frac{\sigma_{iM}}{\sigma_M^2}(E_M - r_f)$$

$$= r_f + \beta_i(E_M - r_f)$$

此即资本资产定价模型。式中：

$$\beta_i = \frac{\sigma_{iM}}{\sigma_M^2}$$

即称为某一资产和资产组合的 β 系数，它衡量了某一资产或资产组合的系统风险的大小。该模型反映在数学中的函数关系上就是证券市场线（Security Market Line，SML），如图 10-4 所示。

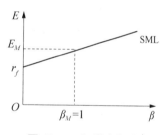

图 10-4 证券市场线

（三）小结

资产组合理论和资本资产定价理论奠定了金融工程学发展的基础之一，但仅此二者尚远为不能涵概当今金融学科的最新发展——金融工程的全部内容。况且，这两种基本原理尽管在金融工程中有着相当广泛的应用，但是因二者的前提假设过于严格，其理性行为人假设和隐含的基本假设前提——市场效率假说（Market Efficiency Hypothesis）又正遭到越来越多的质疑[主要挑战来自行为金融（Behavioral Finance）理论的反驳]，因此其运用并非尽善尽美。这些基本原理仍需进一步完善发展，这样才能促进金融工程学向更深层次和更实用的方向发展。

二、无风险套利均衡分析与金融衍生工具的定价探析

（一）无风险均衡分析的内涵

作为现代金融工程的核心技术之一的组合与分解技术，即是对不同风险收益特性

的金融工具进行重新组合或分解,从而构造出另一种与风险收益特性相异的金融工具。这种技术本质就是无套利均衡分析方法的具体化。

在金融市场处于非均衡状态时,价格即会偏离均衡价格,此时将会出现无风险或低风险套利机会,市场的套利力量又会推动市场重建均衡,直至套利机会消失为止。在金融市场上这种推动市场重建均衡的力量要比商品市场迅捷、有效。从理论上讲,一旦套利机会出现,每一位套利者都会尽可能地构建其套利头寸,以获取无风险或低风险利润。在此情况下,通过价格信号的传递,套利者买入低价资产或资产组合而抛售高价资产或资产组合,引起各种资产供需力量的变化,使各种资产价格最终趋于一致,最终消除市场的失衡状态,使市场重构均衡。这就是无套利均衡分析的基本内涵。该分析方法大体上可以分为静态分析方法和动态分析方法两种。

无套利均衡分析方法对后来的金融衍生工具的定价所起的作用是难以估量的,几乎所有的金融衍生工具的定价问题都是建立在无套利均衡分析的基础之上的。通过组合与分解技术,将不同风险收益特性的金融工具进行组合,构建出与所要定价的资产风险收益特性相同的头寸,对这些处于风险暴露中的头寸进行定价,从而完成定价问题。

(二) 静态无风险套利技术范例——几种远期合约的定价

本部分所将探讨的几种衍生工具定价问题,其重要性不在于定价过程及定价结果的推导,而在于深入理解定价过程中所包含的无套利均衡分析的精妙思维方法,在此主要考察基于不付收益证券的远期合约(Forward Contract)的定价模型以及著名的Black-Scholes期权定价模型,从中可以深刻领会到静态和动态无套利均衡分析的实质。

远期合约是一种最简单的金融衍生工具,系指交易双方在未来某一特定时间按双方事先约定的价格,即交割价格(Delivery Price),买卖规定的标的资产(Underlying Asset)的合约。其定价模型主要有三种:一是标的资产为不支付任何收益的证券的远期合约,此类证券有不付红利的股票与折价发行的债券等;二是标的资产能产生完全可预期的固定现金收入的证券,如固定利息收入的股票;三是标的资产提供固定的货币收益率的证券,如实行固定股利支付率的股票。由于三者定价的基本原理基本一致,因此本部分将仅就第一种类型的远期合约的定价问题进行分析。

进行该类合约定价分析的基本假设包括以下几点:

(1)市场环境无摩擦,该点假设内容与前文假设一致;

(2)市场只存在唯一的无风险利率;

(3)市场参与者在套利机会出现时,均能最大限度地构筑无风险头寸,进行套利行为;

(4)投资采用连续复利计息。

在此假设下,记:T 为合约到期日(Expiry Date);S 为标的资产当前价格(已知);S_T 为 T 时刻标的资产的价格;X 为合约约定的交割价格;f 为当前时刻远期合约的价值;F 为当前远期价格;r_f 为以连续复利计算的年无风险利率。

根据前提假设,市场中不存在任何套利机会,则可断言如下关系必成立,即:

$$F = Se^{r_f T}$$

证明如下:

假设上述关系不成立,不妨设 $F \geqslant Se^{r_f T}$,则可进行如下套利操作:

套利者在期初以无风险利率借入 S 元资金,用该笔资金购入一单位标的资产证券,同时卖空一单位该资产的远期合约。则在期末 T 时刻,以约定价格 F 进行交割远期合约,并偿还借款。此时,该套利者的现金流为 $F - Se^{r_f T} > 0$,因此,套利者获利为 $F - Se^{r_f T}$(注意:根据假设,此处分析未考虑交易费用)。其现金流如表 10 - 1 所示。

表 10 - 1 套利操作的现金流量表

期 初		期 末	
套利策略	现金流	套利策略	现金流
1. 借入资金	$+S$	1. 出售远期证券合约	F
2. 卖出证券	$-S$		
3. 卖空远期合约	0	2. 偿还借款	$-Se^{r_f T}$
现金流合计	0		$F - Se^{r_f T}$

而在 $F < Se^{r_f T}$ 时,套利者即可进行反向操作,同样可以获取低风险甚至无风险利润,其获利额为 $Se^{r_f T} - F$。因此,只要有 $F \neq Se^{r_f T}$,市场即会出现无风险套利机会,套利行为最终会导致 $F = Se^{r_f T}$ 成立。

更进一步讨论,假定有以下证券组合:A 为一份远期合约多头,加上金额为 $Xe^{-r_f T}$ 的现金;B 为一单位标的资产证券。

对于组合 A 而言,在 T 时刻,组合中的现金若在期初以无风险利率投资于货币市场,则到期时其终值为 X,用于购入远期合约,从而获得合约规定的一单位标的资产证券;而对于组合 B 而言,在 T 时刻也含有一单位标的资产证券,因此在 T 时刻,组合 A 和 B 均有且只有一单位相同的标的资产证券,故二者价值在 T 时刻必相等。由此断言,组合 A、B 的价值在期初时也必定相等;否则即会产生无风险套利机会,通过低买贵卖的策略即可获取无风险利润。因此,通过分析得到:

$$f + Xe^{-r_f T} = S$$

故:

$$f = S - Xe^{-r_f T}$$

由于远期合约的价格定义为使得该合约价值为零的交割价格[1],即 $f = 0$ 时,$F = X$,于是,在该远期合约生效时,$S = Xe^{-r_f T} = Fe^{-r_f T}$,因此得到:

$$F = Se^{r_f T}$$

---

[1] 约翰·赫尔:《期货、期权和衍生证券》,张陶伟译,华夏出版社,1997 年 6 月,第 2 页。

从而命题得证。

这种定价方法其实是在运用复制技术的过程中运用无套利均衡分析思想,即通过一份远期合约多头与 Xe^{-r_fT} 的现金来复制一单位标的资产证券,使二者在未来 T 时刻的风险收益特性及现金流特性完全相同,然后运用无套利均衡分析思想,得出二者在期初价值相同的结论,最终使得问题得解。由此,可以认为:在金融市场上存在的证券或证券组合中,若其中任一证券或证券组合能被另一证券或证券组合完全复制,但二者的市场价格却不相等,这就说明市场存在套利机会。这种方法也称为静态无套利均衡分析,在下面一节,我们将领略到动态无套利均衡分析的精妙之处。

(三) 动态无风险套利技术范例——Black-Scholes 期权定价模型

1. 股票价格行为模式

Black-Scholes 期权定价模型是对标的资产为无任何红利支付的股票的任意一种欧式期权的定价,由于欧式期权的价格取决于其标的资产股票的价格和到期时间,因此,对其定价问题的分析研究就必须以对其标的物股票的价格行为的理解和掌握为前提。

在研究股票价格行为的文献中,使用最为广泛的一种是假定股票价格 S 遵循瞬时期望飘移率(Instaneous Floating Rate)为 μS 和瞬时方差率为 $\sigma^2 S^2$ 的 ITO 过程(ITO Process)。

即:

$$d_S = \mu S d_t + \sigma S d_z$$

写为离散式即是:

$$\Delta S = \mu S \Delta_t + \sigma S \Delta_z$$

式中,S 为标的资产股票的价格;μ 为股票价格预期收益率;σ 为股票价格波动率(Stock Price Volatility);t 为时间;z 为遵循维纳过程(Wiener Process)的随机变量(Stochastic Variable),且满足 $\Delta_z = \varepsilon \sqrt{\Delta_t}$($\varepsilon$ 为从标准正态分布中随机抽取的值)。

2. Black-Scholes 期权定价模型与动态无风险套利均衡分析

该定价模型的前提包括:

(1) 股票价格 S 遵循 ITO 过程,且股票价格 S 是连续变量,在期权到期日内无任何红利支付。

(2) 市场无摩擦,该点假设基本上与前面所讨论的市场无摩擦假设一致。

(3) 以连续复利计算的年无风险利率 r_f 在期权有效期内恒定不变,且期权有效期内 μ 和 σ 恒定不变。

由于在此假定了股票价格 S 遵循 ITO 过程,即:

$$d_S = \mu S d_t + \sigma S d_z \qquad (10-3)$$

离散式为:

$$\Delta S = \mu S \Delta_t + \sigma S \Delta_z \qquad (10-4)$$

而欧式期权价格 f 却是其标的物股票价格 S 和到期时间 t 的函数,因此根据 ITO 定理(ITO Lemma)[①]有:

$$d_f = \left(\frac{\partial_f}{\partial_S} \mu S + \frac{\partial_f}{\partial_t} + \frac{1}{2} \frac{\partial_f^2}{\partial_{S^2}} \sigma^2 S^2 \right) d_t + \frac{\partial_f}{\partial_S} \sigma S d_z \qquad (10-5)$$

写成离散形式:

$$\Delta_f = \left(\frac{\partial_f}{\partial_S} \mu S + \frac{\partial_f}{\partial_t} + \frac{1}{2} \frac{\partial_f^2}{\partial_{S^2}} \sigma^2 S^2 \right) \Delta_t + \frac{\partial_f}{\partial_S} \sigma S \Delta_z \qquad (10-6)$$

在上述假定和分析下,Black-Scholes 期权定价模型采用了一种动态交易策略,即利用欧式买权、标的资产股票和无风险证券来组合成一个无套利均衡的资产组合头寸。该过程为,在卖空一份欧式买权的同时买入 $\frac{\partial_f}{\partial_S}$ 份欧式买权的标的股票,从而复制出无风险的证券组合,这是因为在此资产构筑过程中,式(10-3)与式(10-5)中所共有的相同的维纳过程被消除了,亦即组合中的不确定性或者说风险被消除了。因此,这就使得组合后的资产组合,即一份欧式买权加上 $\frac{\partial_f}{\partial_S}$ 份股票多头,即处于无风险状态。因此,这种定价方法本质上即是采取了动态的复制策略。在下面的分析中将看到这种方法的动态调整过程的全部。

现在假定复制出的无风险资产组合的价值为 R,则有:

$$R = \frac{\partial_f}{\partial_S} S - f \qquad (10-7)$$

在经历一段极其微小的时间变化 Δt 后,无风险资产组合的价值变化为 ΔR,且:

$$\Delta R = \frac{\partial_f}{\partial_S} \Delta S - \Delta f \qquad (10-8)$$

由式(10-2)和式(10-4)得:

$$\Delta R = \left(-\frac{\partial_f}{\partial_t} - \frac{1}{2} \frac{\partial_f^2}{\partial_{S^2}} \sigma^2 S^2 \right) \Delta_t \qquad (10-9)$$

由于该组合因风险被完全对冲后而成为无风险证券组合,因此在经过 Δ_t 时间变化后,其收益率与其他短期无风险收益率必定相同,否则会出现无风险套利机会。因此:

$$\frac{\Delta R}{R} = r_f \Delta_t$$

---

① 假定变量 x 遵循 ITO 过程,即有 $d_x = a(x,t)d_t + b(x,t)d_z$,其中,$d_z$ 遵循维纳过程,a 与 b 均是 x 与 t 的函数;变量 x 的漂移率为 a,方差率为 b^2,则 ITO 定理认为:x 和 t 的函数 w 遵循如下过程:

$$dw = \left(\frac{\partial_w}{\partial_x} a + \frac{\partial_w}{\partial_t} + \frac{1}{2} \frac{\partial_w^2}{\partial_{x^2}} b^2 \right) + \frac{\partial_w}{\partial_x} b dz$$

由式(10-7)与式(10-9)可得：

$$\frac{\partial_f}{\partial_t}+r_f S\frac{\partial_f}{\partial_s}+\frac{1}{2}\sigma^2 S^2\frac{\partial_f^2}{\partial_{S^2}}=r_f f$$

此即著名的 Black-Scholes 微分方程,而根据欧式买权的基本套利关系有：

$$c=\max(S-X,0)$$

式中,c 为欧式买权价格;X 为欧式买权的执行价格(Exercising Price)。在此约束条件下即可求解出：

$$c=SN(d_1)-Xe^{-rT}N(d_2)$$

欧式卖权价格为：

$$p=Xe^{-r_fT}N(-d_2)-SN(-d_1)$$

式中, $d_1=\dfrac{\ln\left(\dfrac{S}{X}\right)+\left(r_f+\dfrac{\sigma^2}{2}\right)T}{\sigma\sqrt{T}};d_2=\dfrac{\ln\left(\dfrac{S}{X}\right)+\left(r_f-\dfrac{\sigma^2}{2}\right)T}{\sigma\sqrt{T}}=d_1-\sigma\sqrt{T};N(d_1)$、

$N(d_2)$ 为标准正态分布下的累计概率分布函数;T 为期权到期时间。

在上述分析过程中,复制后的无风险证券组合 R 并非永远处于无风险状态,只是在极其微小的时间变化内才暂时处于无风险状态,因为随着股票价格 S 和期权到期日 T 的变动,$\dfrac{\partial_f}{\partial_s}$ 也在不断变动。因此,为了动态地保持复制的证券组合永远处于无风险状态,就必须动态地对组合内欧式买权和股票之间的比例进行连续的调整,从而保证组合永远处于无风险状态。这种通过在复制过程中对组合内部的头寸进行连续的调整策略就是动态无套利均衡分析的实质所在,也反映了金融工程的核心思想方法。

第二节　投资银行与金融工程的运用

金融工程从其产生以来的一切发展变化主要来自投资银行的不断创新,投资银行借助金融工程进行资产负债管理,对暴露的风险头寸进行套期保值,运用金融工程技术设计出精密的金融工具进行套利、投机等。

本节将主要考察金融工程在投资银行中的前三个应用,即资产负债管理(Asset Liability Management)、套期保值(Hedging)和衍生工具的运用,而对于金融工程最核心的部分——风险管理技术和方法将在下一节进行详细的探究。

一、资产负债管理:演变、基本技术与最新技术发展

(一) 资产负债管理技术的变迁

资产负债管理是选择最佳的资产负债组合和与之相匹配的最佳负债组合的管理艺

术和科学,它的主要策略是跨国公司、银行等金融机构和非银行金融机构通过选择资产负债表内资产与负债的恰当组合,在实现自身既定目标的同时减少其面临的市场风险。因而资产负债组合的恰当与否、优化与否也就成了该风险管理艺术的关键所在。

最早使用这种风险管理策略的是养老基金(Pension Funds)。数十年来,这种策略已逐渐为大的商业银行和投资银行以及著名的跨国公司所采用,以管理所面临的市场风险,主要是利率和汇率风险的管理。尽管资产负债管理技术也应用于汇率风险管理、商品价格变动风险管理和股票价格变动风险管理等,但是其中尤以利率风险管理手段和技术的发展最为完善,也最为成熟,因而应用也最为广泛。最早发展起来的资产负债管理技术是利差(Interest Margin)管理,由此引出了缺口和缺口管理(Gap Management)的概念。

自 20 世纪 70 年代西方布雷顿森林体系(Breton Woods System)崩溃后,西方世界中金融领域利率和汇率这两套价格指标急剧动荡,从而引发了新一轮的以规避价格风险为主要目的的金融工具创新的浪潮。各种金融机构以及非金融机构在市场风险激增的情况下,为了规避风险,都积极寻求有效的风险管理的手段和技术。这种需求直接导致了资产负债管理的创新,一些新的资产负债管理技术和理念,如总收益最优化(Total Return Optimization)、固定收益证券组合(Fixed Income Security)和风险受控套利(Risk-Controlled Arbitrage)也相继发展起来。

(二) 久期、免疫策略

资产负债管理技术的关键在于构筑资产负债表内资产项目和负债项目的优化组合与匹配,因此最理想的情况莫过于资产的收入现金流与负债的支出现金流在时间、数额和风险收益特性的完全匹配,然而这近乎经济学中的完全竞争市场假设,是空中楼阁,现实中几乎并不存在这种理想情况。

因此,较为可行的方案是使资产价值和负债价值之间的差额完全对利率的变动不敏感,这一策略即是利率风险免疫策略(Immunization Strategy)。但是,若要正确地运用该策略,首先必须得度量出资产价值和负债价值对利率的敏感程度,这一问题由弗雷德瑞克·麦考莱(Frederick Macaulay)在 1938 年提出的久期概念得到了圆满的解决。

久期起初用于衡量债券价格对利率的敏感性,后来被移植到资产负债管理技术中。在连续复利计算的前提下,久期公式如下:

$$D = \sum_{t=1}^{n} \frac{t \frac{CF_t}{(1+y)^t}}{P_0} = \frac{1}{P_0} \sum_{t=1}^{n} t \frac{CF_t}{(1+y)^t} \qquad (10-10)$$

式中,t 为债券产生现金流的各个时期;n 为债券到期期限;y 为债券的到期收益率,也即利率[①];CF_t 为债券在第 t 期产生的现金流;P_0 为债券的理论价格,由 $P_0 = PV =$

---

① 注:此处利率指债券型金融资产的到期收益率。

$\sum_{t=1}^{n} \dfrac{CF_t}{(1+y)^t}$ 给出。

这个公式给出的是久期的原始形式,即麦考莱久期。对于久期概念可以从时间角度和久期的作用与功能角度两个方面来理解:从时间角度考察,式(10-10)表明债券的久期是债券在未来时间产生的收益现金流的加权平均时间长度,权数为各期收益现金流的现值 $\dfrac{CF_t}{(1+y)^t}$ 在债券理论价格中所占的权重。可以证明,对于任何零息债券(Zero-coupon Bond)来说,其久期一定就是其到期期限。进一步可以证明,如果通过剥离技术(Strip Off)将任一生息债券分解为一系列零息债券的组合,则该债券的久期即为这一系列债券零息债券到期日的加权平均期限[1]。

从久期的功能和作用考察,久期本质上反映了债券价格对利率的敏感程度,它衡量了债券未来收益的平均时间,也反映了投资于该债券或债券组合而使资产或资产组合暴露于风险中的时间长短。因此,久期越长,风险就越大。另外,久期也可以解释为债券价格对利率变化的弹性,这也是久期的本质所在,在数学上这种本质借助于一阶导数关系来体现。

根据债券定价模型:

$$P_0 = PV = \sum_{t=1}^{n} \frac{CF_t}{(1+y)^t} \qquad (10-11)$$

该式两边对利率 y 求导数得到:

$$\frac{d_{P_0}}{dy} = -\sum_{t=1}^{n} t \frac{CF_t}{(1+y)^t}$$
$$= \frac{DP_0}{1+y} \qquad (10-12)$$

故: $$D = -\frac{\frac{d_{P_0}}{P_0}}{\frac{d_y}{1+y}}$$

于是,久期使债券价格对利率的弹性得证。

在实际运用中,经常对上述久期值进行修正,即得到所谓修正久期(Modified Duration),定义为:

$$D_m = \frac{D}{1+y}$$

显然,修正久期是衡量债券或债券组合的利率风险暴露(Risk Exposure)的有效工具和

---

[1] 注:零息债券即折现债券(Discount Bond),指以低于面值发行的但以面值为偿还额的债券。该问题的证明涉及久期可加性的证明,后文将有提及。

手段。

但是,现实金融活动中,投资机构、银行等金融机构以及非银行金融机构所持有的资产和负债通常来源广泛,如何计算资产组合或负债组合的久期"似乎"颇为棘手。幸运的是,久期有一种非常有趣的,但对资产负债组合的久期的计算与管理中免疫策略的运用却至关重要的性质,即久期具有可加性。任一资产组合或负债组合的久期是构成组合的各项单一资产或单一负债的久期的加权平均值,权重则为该项资产或负债的价值在整个资产组合或负债组合价值中所占的比重。用数学表达,则资产或负债组合的久期 D_p 即:

$$D_p = \sum_{i=1}^{n} w_i D_i$$

式中,$w_i = \dfrac{v_i}{v_p}$;D_i 为第 i 项资产或负债的久期值;v_i 为第 i 项资产或负债的价值;v_p 为资产组合或负债组合的价值。

这一性质是下面所要介绍的免疫策略运用到实际风险管理中的关键。

在完成对债券或债券组合价格对利率敏感性的度量后,也就完成了对资产和负债久期的度量与计算,余下的工作即可进入利率风险免疫策略的研究。免疫策略最早由雷丁顿提出,该策略的目的是通过使资产组合价值与负债组合价值之差对利率敏感性最小来进行资产负债的搭配与选择。

假定某一投资公司发行了 n 项债券,第 i 项债券到期日为 N_i 年,年利率为 r_i,且假定 n 项债券折现后的现值之和为 PV,同时根据债券付息方式、发行期限与利率即可分别计出各项债券的久期 D_i,假定该债券组合的久期值为 D_l,显然 $D_l = \sum_{i=1}^{n} D_i w_i$,其中 w_i 为第 i 项债券价值在总负债价值中的比重。

现在该公司决定将这 n 项债券筹集到的 PV 金额的资金投资于 m 项公债。假定第 j 项公债到期期限为 m_j 年,年利率为 R_j(注:当 $m_a < m_b$ 时,一般有 $R_a < R_b$)。根据投资情况可以分别计算出该 m 项资产的久期,设为 D_{Aj}。现在的问题是该投资公司如何进行资产的配置决策,也即如何将资金 PV 恰当地投资于这 m 项债券,使得这 m 项债券对利率风险能完全免疫,亦即在利率发生变动时,使得其资产组合的价值变动和负债组合的价值变动相等。

在该公司目前情况下,其资产价值与负债价值相等,在利率期限结构为平坦状,且利率以平移方式变动时,可以证明实现利率风险免疫策略的充要条件是资产组合的久期等于负债组合的久期,因此得到:

$$\sum_{j=1}^{m} D_{Aj} p_j = D_l$$

$$\sum_{j=1}^{m} p_j = 1$$

且 $0 \leqslant p_j \leqslant 1$，$p_j$ 为第 j 项资产占总资产的比例；对于此方程的解涉及线形规划方法，但是只要有 $D_{Aj}=D_l$，即可知 $p_j=1$，即整个资产组合只有一种公债构成；在 $D_{Aj} \neq D_l$ 时，可以证明只要有两项债券就可以构成该资产组合。这样在利率发生变动时，m 项公债构成的资产组合的价值变动一定正好等于 n 项债券构成的负债组合的价值变动，也就实现了利率风险的免疫。

但是，利用久期进行利率风险免疫仍有局限性。首先，其隐含的假设是利率期限结构是平坦形状的，且利率以平移方式变动，这两点与现实经济活动中利率曲线的形状及移动相背离。其二，久期是静态的概念，在极短暂的时间间隔中，资产组合与负债组合可能相互匹配，从而有效地进行风险免疫。但是，随着时间的消逝，由于资产组合与负债组合的久期变化可能不一致，因此就需要不断地调整资产组合与负债组合，以使二者的久期趋于一致，但这无疑会带来高额的交易成本。其三，由于久期衡量的是债券价格和债券组合价格对利率变动的弹性，在数学上表现为一阶导数关系，因此只有在利率变动较小时久期才能准确反映债券或债券组合价格对利率的敏感性。但一旦利率发生大幅度震荡，久期的运用便相形见绌了。因此，引入凸度（Convexity）概念以准确刻画利率大幅度震荡对债券或债券组合价值的影响。其衡量方法是：

$$c=\frac{\partial^2_{P_0}}{\partial_{y^2}}$$

二、套期保值：基本原理与套期保值比率的确定

资产负债管理并不能完全解决风险暴露的问题，此类策略的运用有两个主要缺陷：一是机会成本可能较大，二则是频繁的调整组合所带来的高额的交易成本。因此作为表外风险管理方式运用的套期保值的作用就凸显出来了。

（一）套期保值的基本原理

套期保值，又称为对冲，是指构筑一项头寸来保护现有某项资产（负债）头寸的价值直到其得以变现而采取的行动，它常常采取表外项目的形式。套期保值基本上可以分为多头套期保值（Long Hedge）和空头套期保值（Short Hedge）。所谓多头套期保值即在持有某一资产的同时持有期货合约空头以防止资产未来价格下跌而导致损失的策略；而空头套期保值策略则是在预计未来买入某一项资产的同时买入期货合约，以防止资产未来价格上涨所带来的高昂的交易价格。在这两种情况下，套期保值者在资产现货价格上的变动都为期货合约的价格变动所抵消，因而组合价值基本上保持稳定。归纳起来，可以得到套期保值的基本原理，即是构筑对冲组合，使得影响组合价值变化的因素出现时，组合的总价值变动基本上为零。假定由 n 项资产（包括起套期保值作用的资产或资产组合）构成的组合，其价值为 v_p，令：

$$v_p=\sum_{i=1}^{n} N_i A_i \quad (i=1,2,\cdots,n)$$

式中，A_i 为组合中第 i 项资产；N_i 为第 i 项资产或合约的份数。则当某一影响组合价

值变动的因素 x 出现时,应该选择适当的资产份数 $N_1, N_2, \cdots, N_n$,使得:

$$\frac{v_p}{\partial_x} = N_1 \frac{\partial_{A1}}{\partial_x} + \cdots + N_n \frac{\partial_{A_n}}{\partial_x} = 0$$

因此,x 的变化对组合价值基本上没有产生影响,因为资产组合的价值变化基本稳定,从而实现了套期保值的目的。

(二)套期保值比率的确定:基本方法、回归方法与其新的发展

1. 风险最小化下的套期保值比率的确定

所谓套期保值比率是指持有期货合约的头寸大小与风险暴露中资产头寸大小的比率。该比率的确定一直是套期保值理论所研究的重点,几乎整个套期保值理论就是围绕该比率的确定问题展开的。在套期保值理论的初始研究中,该比率一直被假定为1,即一份期货合约可以用来对冲一份资产头寸,但这一假定违背了基本的投资理论和实践,在理性人追求风险最小化的假设前提下,该比率是不可取的。

记:Δ_S 为套期保值期限内现货价格 S 的变化量,即 $\Delta_S = S_t - S_{t-1}$;Δ_F 为套期保值期限内期货价格 F 的变化量;σ_S 为 Δ_S 的均方差;σ_F 为 Δ_F 的均方差;ρ 为 ΔS 与 ΔF 之间的相关系数;h 为理想的套期保值比率。

对于空头套期保值而言,该套期保值者持有资产的同时卖空期货合约,则其组合头寸的价值变化为:

$$\Delta_S - h\Delta_F$$

而对于多头套期保值者而言,其组合头寸的价值变化为:

$$h\Delta_F - \Delta_S$$

对于这两种情况,该套期保值者组合头寸变化的方差,记为 σ^2,由基本概率论知识得:

$$\sigma^2 = \sigma_S^2 + h^2\sigma_F^2 - 2h\rho\Delta_S\Delta_F \tag{10-13}$$

该式两边对 h 求导则有:

$$\frac{\partial_{\sigma^2}}{\partial_h} = 2h\sigma_F^2 - 2\rho\sigma_S\sigma_F$$

$$\frac{\partial_{\sigma^2}^2}{\partial_{h^2}} = 2\sigma_F^2 \geqslant 0$$

显然,要使组合价值变动风险最小,使得 σ^2 最小即可,因此在 $\begin{cases} \dfrac{\partial_{\sigma^2}}{\partial_h} = 2h\sigma_F^2 - 2\rho\sigma_S\sigma_F \\ \dfrac{\partial_{\sigma^2}^2}{\partial_{h^2}} = 2\sigma_F^2 \geqslant 0 \end{cases}$ 时求得:

$$h = \rho\frac{\sigma_S}{\sigma_F}$$

此即风险最小化情况下的最佳套期保值比率,该式表明风险最小化下的最佳套期保值比率是套期保值者现货头寸价值变动的均方差与期货头寸价值变动的均方差的比率与现货头寸价值变动与期货价值变动之间的相关系数的乘积。

2. JSE 方法下的套期保值比率的确定

20 世纪 60 年代初,约翰逊(Johnson L. L,1960)和斯腾(Stein J,1961)提出了风险最小化前提下确定最佳套期保值比率的回归分析方法,到 70 年代,艾德灵顿(Edlingtong,1979)在二者研究的基础上将其研究结果由商品期货的套期保值推广到金融期货的套期保值,这一系列研究成果被简称为 JSE 模型。该模型假定现货价格 S 与以其为标的资产的期货价格 F 之间存在稳定的线性关系,因而可以利用现货价格与期货价格的历史数据进行回归分析,然后利用最小二乘法进行参数估计,就可以得到最佳套期保值比率。该回归模型为:

$$S = \alpha + hF + \varepsilon$$

式中,α 为截距项;h 为回归直线斜率,也即所要求解的最佳套期保值比率;ε 为随机扰动项。

该回归模型还可以采用现货价格的变化量与期货价格的变化量之间的关系进行参数估计,而且该方法在理论上要优于上述回归方法。其回归模型为:

$$\Delta_S = \alpha + h\Delta_F + \varepsilon$$

式中,$\Delta_S = S_t - S_{t-1}$;$\Delta_F = F_t - F_{t-1}$。

上述两种传统的确定最佳套期保值比率的方法存在很大的缺陷,尤其是第二种方法,即 JSE 回归分析法本身就存在模型假设上的内在缺陷。回归分析假定随机干扰项相互独立,随机干扰项之间不存在序列相关的现象。但是,现在业已证明,对于某些商品而言,随机干扰项序列相关性确实存在,这就势必影响到回归参数估计的准确性和可信度。而且回归分析假定解释变量(现货价格)与被解释变量之间存在稳定的线性关系。这说明在此假设前提下,现货价格与期货价格之差基本稳定,也即基点差(Basic Point,下文将有介绍)的期望值基本上不会有所变动。但是,根据套利原理,随着期货到期日的临近,期货价格会逐渐与现货价格趋于一致,否则即会产生无风险套利机会。因此,该方法的第二个假设与现实金融活动严重不符,按此方法进行套期保值很可能带来严重的模型风险(Model Risk)。

3. HKM 方法:套期保值理论的新发展

在 JSE 方法中,基点差被假定为恒定不变的量,这已经被证明并不符合实际。在下面的分析方法中将引入变动的基点差因素,考虑到这一因素,期货价格则由现货价格和全部持有成本(Cost of Carry)两部分构成。后者由利息成本加上储存成本减去现货资产所提供的便利收益(Convenience Yield)得到,从而期货价格与现货价格被界定为:

$$F = S_t(1 + r + w - c)$$

式中,r 为持有期间利率;w 为储存成本;c 为便利收益;w 与 c 以现货价格的百分数表示;$r+w-c$ 为全部持有成本。

由于 w 与 c 以现货价格 S 百分数的形式表示,因而可以将 $r+w-c$ 转换为按连续复利计算的年率,记为 y。记从目前到期货合约到期日之间的时间长度为 λ,λ 以 $\frac{1}{365}$ 与实际距离到期日的天数之积表示,则根据连续复利与年复利的关系可得:

$$y\lambda = \ln(1+r+w-c)$$

因此
$$e^{y\lambda} = (1+r+w-c)$$

从而
$$F = S_t e^{y\lambda}$$

$$\frac{S_t}{F} = e^{-y\lambda} \tag{10-14}$$

等式右边即是套期保值比率,该比率与时间是保持非线性关系的,这一点与 JSE 方法显然相去甚远。

下面考察赫伯斯特、凯尔以及马歇尔(1990)在两篇论文中提出的 HKM 方法在直接套期保值(Direct Hedging)中对套期保值比率的确定。这里,直接套期保值指套期保值者选择与所要套期保值的资产头寸在各方面完全一致的标的资产期货合约的策略,任何不一致的情况都将导致交叉套期保值(Cross Hedging)。在直接套期保值情况下,HKM 模型方法同样利用回归分析进行最佳套期保值比率的求解。对式(10-14)两边取自然对数得:

$$\ln\frac{S_t}{F} = -y\lambda$$

于是可以写出该模型的回归形式:

$$\ln\frac{S_t}{F} = \alpha + \beta\lambda + \varepsilon$$

式中,α、ε 同前;$\beta = -y$,为回归直线的斜率。

这样利用 S_t 与 F 的历史数据,即可得到 α、β 的估计值,从而确定最佳套期比率。

$$h = e^{\beta\lambda}$$

在上述分析基础上,HKM 模型又将套期保值理论在直接套期保值中的应用推广到现实金融活动中更为常见的交叉套期保值交易的情况。

记:F_1 为商品 1 的期货合约价格;S_1 为商品 1 的现货价格;S_2 为套期保值者持有的商品 2 的价格。

假定期货市场不存在标的资产为商品 2 的期货合约(这种情况下在期货套期保值十分常见),但商品 1 与商品 2 之间的价格相关性很高(如棉花与棉籽就可能属于这种情况),另外假定商品 1 与商品 2 的现货价格之间为线性关系,因而二者的相关系数可由回归分析得到。此时,该套期保值者对其所持有的商品 2 的头寸进行套期保值,那么在风险最小化的前提下,如何确定其最佳套期保值比率?

根据式(10－14)得到:

$$S_1 = F_1 e^{-y\lambda} \tag{10-15}$$

再根据商品 1、2 的价格之间的线性关系假定建立回归方程:

$$S_2 = \alpha + \beta S_1 + \varepsilon \tag{10-16}$$

根据 S_1、S_2 的历史数据即可得到 α、β 的估计值,从而可以得到最佳套期保值比率为 β 的估计值与 $e^{-y\lambda}$ 之积。

(三) 小结

事实上很多的金融衍生工具如互换均可以用作套期保值的有效手段和策略,但是理论界与实务界最常关注的则是期货期权两种。考虑到运用期权进行套期保值涉及组合期权策略的运用,鉴于此,将运用期权进行套期保值的策略放在下一节与组合期权策略进行探究。

三、运用期权进行的套期保值策略

由第一节对 Black-Scholes 期权定价模型的分析可知,期权价格主要取决于标的资产股票的价格 S、期权执行价格 X、无风险利率水平 r_f、期权到期时间 T 以及股票价格波动率 σ 等五个因子,因而期权价格波动的风险也就基本上源自上述五个因素。同时由前面的分析可知,套期保值的基本原理即是构筑套期保值组合或对冲组合,要求套期保值组合的设计应使得组合头寸价值变化对可能引起风险的各种因素不敏感,即 $\frac{d_{V_p}}{d_x}=0$。因此,鉴于这种分析,就可以利用影响期权价格的各种主要因素进行套期保值组合的构筑与设计。对应于标的资产股票价格 S、无风险利率 r_f、期权到期时间 T 以及股票价格波动率 σ 等因子,即可进行 Delta 套期保值、Gamma 套期保值、Rho 套期保值、Theta 套期保值、Vega 套期保值策略的设计。

(一) 标的资产股票价格的变动:Delta 套期保值和 Gamma 套期保值

由于金融衍生工具的价值基于其标的资产的价格变动,因此标的资产的价格直接构成衍生工具市场风险的首要因素,进而衡量因标的资产价格变化而引致的期权等金融衍生工具的价值变动即成为衡量衍生工具市场风险和利用期权等衍生工具进行套期保值的首要任务。衡量的指标为期权的 Delta(Δ) 和 Gamma(γ) 值。

Delta 衡量的是期权的价格对其标的资产股票价格变化的敏感程度,在数学上 Delta 值则表示为期权价格 f 对标的股票价格的一阶导数。根据 Black-Scholes 期权定价公式可知:

对于欧式买权有:

$$\Delta_c = \frac{\partial_c}{\partial_S} = N(d_1)$$

对欧式卖权则有：

$$\Delta_p = \frac{\partial_p}{\partial_S} = -N(-d_2) = N(d_1) - 1$$

在得到 Delta 值之后，即可利用该值对所持有的股票进行 Delta 套期保值。定义 Delta 套期保值即是构筑一个组合，使得其价值在标的资产价格发生变动时保持不变，即套期保值组合的 Delta 值为 0。

$$\Delta = \frac{\partial_{V_p}}{\partial_S} = N_1 \frac{\partial_{A_1}}{\partial_S} + \cdots + N_n \frac{\partial_{A_n}}{\partial_S} = 0$$

如在持有一单位股票的同时持有 $\frac{1}{1 - N(d_1)}$ 份以该股票为标的资产的卖权合约，即可以实现完全的套期保值，在股票价格发生变动时，组合的价值对此反应并不敏感，因为组合的 Delta 值为零。其推导是，组合的价值为 $S + p$，对 S 求偏导则得到：

$$\Delta = \frac{\partial_{V_p}}{\partial_S} = 1 + \frac{\partial_p}{\partial_S}$$

$$= 1 + \frac{1}{1 - N(d_1)}\left[N(d_1) - 1\right]$$

$$= 0$$

从而实现完全的套期保值目的。

然而，类似于以久期计量债券价格对利率变动的敏感性一样，Delta 值只有在标的资产股票价格变动幅度较小时才比较准确可靠，而一旦标的资产股票的价格因某种因素而发生大幅度波动时，Delta 值便失去了作用。此时，就得考虑期权价格对其标的股票价格的二阶导数值，即 Gamma 指标（γ）。因此 Gamma 指标实际上衡量的是 Delta 值变动的速率，是计量期权凸度的指标。即：

$$\gamma = \frac{\partial_f^2}{\partial_{S^2}}$$

显然，对于欧式期权而言：

$$\gamma_c = \gamma_p = \frac{\partial_c^2}{\partial_{S^2}} = \frac{N'(d_1)}{S\sigma\sqrt{T}}$$

其中，

$$N'(d_1) = \frac{1}{\sqrt{2\pi}} e^{-\frac{d_1^2}{2}}$$

这样即可定义 Gamma 套期保值策略,即是构筑组合使该组合 Gamma 为零的策略或方法,在数学表示为 $\gamma=\dfrac{\partial^2_{V_p}}{\partial_{S^2}}=N_1\dfrac{\partial^2_{A_1}}{\partial_{S^2}}+\cdots+N_n\dfrac{\partial^2_{A_n}}{\partial_{S^2}}=0$。若某一个套期保值的组合同时实现 Delta 套期保值和 Gamma 套期保值,则该组合即可规避资产股票价格大幅度变动的风险。

（二）无风险利率、到期时间和股票价格波动率：Rho 套期保值、Theta 套期保值和 Vega 套期保值

Rho 指标衡量的是期权价格对无风险利率变动的敏感程度,即 $Rho=\dfrac{\partial_f}{\partial_{r_f}}$。

对于欧式买权、卖权而言,分别有：

$$Rho_c=\frac{\partial_c}{\partial_{r_f}}=XTe^{-r_f T}N(d_2)$$

$$Rho_p=\frac{\partial_p}{\partial_{r_f}}=-XTe^{-r_f T}N(-d_2)$$

Theta 值 (θ) 是用来衡量期权价格合约到期时间对期权价格影响程度的指标,在数学上以期权价格对到期时间的一阶导数表示：$\theta=\dfrac{\partial_f}{\partial_T}$。由于 θ 值同样衡量了在其他条件既定的情况下,随着到期日的临近期权价格在理论上下降的数量,因此有时 θ 值也被称为期权的时间损耗（Time Decay）。

显然欧式看涨期权的 θ 值为：

$$\theta_c=\frac{\partial_c}{\partial_T}=-\frac{SN'(d_1)\sigma}{2\sqrt{T}}-r_f Xe^{-r_f T}N(d_2)$$

而欧式看跌期权的 θ 值则为：

$$\theta_p=\frac{\partial_p}{\partial_T}=\frac{SN'(d_1)\sigma}{2\sqrt{T}}+r_f Xe^{-r_f T}N(-d_2)$$

式中,$N'(d_2)$ 同前述。

期权的 Vega 值 (Λ) 是衡量期权价格变化对其标的股票价格波动率 σ 的比率,在数学上可表示为期权价格对标的股票价格波动率 σ 的一阶导数关系,该值又称为 Lambda 值或 Kappa 值,或 Sigma 值。对于欧式买权或卖权而言：

$$\Lambda_c=\frac{\partial_c}{\partial_\sigma}=S\sqrt{T}N'(d_1)$$

$$\Lambda_p=\frac{\partial_p}{\partial_\sigma}=S\sqrt{T}N'(d_1)$$

$$=\Lambda_c$$

此处 $N'(d_1)$ 同前。

根据前述套期保值的基本原理,同样可以构筑 Rho 套期保值策略、Theta 套期保值策略和 Vega 套期保值策略。同时根据 Black-Scholes 微分方程:

$$\frac{\partial_f}{\partial_t}+r_f S \frac{\partial_f}{\partial_S}+\frac{1}{2}\sigma^2 S^2 \frac{\partial_f^2}{\partial_{S^2}}=r_f f$$

而

$$\theta=\frac{\partial_f}{\partial_t} \quad \Delta=\frac{\partial_f}{\partial_S} \quad \gamma=\frac{\partial_f^2}{\partial_{S^2}}$$

故得:

$$\theta+r_f S\Delta+\frac{1}{2}\sigma^2 S^2=r_f f$$

此即 Delta 和 Gamma 和 Theta 之间的关系方程式。

(三) 小结

上述对于 Delta、Gamma、Rho、Theta 和 Vega 值的分析是在假定其他影响期权价格因素不变的情况下,单独探讨某一个影响因素(如股票价格)对期权价格变动的影响,在多个影响因素或所有影响因素共同起作用时,则分析更加复杂。归结起来,对仅包含股票和期权的某一组合而言,在可能对该组合价值产生影响的各种因素产生时,只要组合同时达到上述条件,即组合的 Delta、Gamma、Rho、Theta 和 Vega 值同时为零,即可同时实现组合的 Delta、Gamma、Rho、Theta 和 Vega 套期保值策略,或称组合同时达到了 Delta 中性、Gamma 中性、Rho 中性、Theta 中性和 Vega 中性。

第三节　金融工程与风险管理

作为现代金融理论的支柱之一,风险管理(Risk Management)一直是金融工程的核心内容,金融工程的发展从根本上改变了风险管理乃至整个金融科学的含义,并继续影响着风险管理和整个金融领域的发展变化。金融工程技术的发展、完善促进了金融机构的市场风险(Market Risk)管理技术的日臻成熟和完善。近年来,随着信用衍生产品(Credit Derivatives)的突起和迅速发展以及信用风险量化技术的发展,金融工程技术已逐步渗入信用风险管理领域中,并日益促进信用风险量化管理技术发展。

一、风险管理

(一) 基本概念

在界定和理解风险管理的内涵及外延之前,必先对风险的基本内涵进行分析。但是,目前风险一词在金融经济学领域尚无公认且统一的权威定义,理论界对风险的界定主要存在五种观点:其一,将风险界定为事件结果的不确定性,因而将风险与不确定性等同起来;其二,将风险解释为事件结果对行为者期望的偏离;其三,将风险等价于可能发生的损失;其四,认为风险是导致损失的变化因素;最后一种观点则认为风险是事件实际结果偏离预期结果的概率。在理论研究和实际金融领域中常常倾向于将风险界定为事件未来结果的不确定性,但二者之间仍有区别。奈特(Frank Knight)(1938)认为,风险是不能确定未来结果概率的不确定性的,而不确定性则是可以确定未来不同结果的概率的事件,因此,风险概念的外延要小于不确定性概念,二者还是有所区别的。尽管如此,二者在实际中仍难以区分,因而常常被视为同一概念而加以使用。

为了进一步认识并把握风险和风险管理的性质特征,可以对风险进行分类。

按照性质分类,风险可分为纯粹风险(Pure Risk)和投机风险(Speculative Risk)。前者指只可能给风险承担者带来损失而无任何获利可能的风险,如火灾、地震、空难等导致的风险;后者则是指既有损失的可能性,同时又有获利的可能性的风险,如因利率变动或汇率变动所导致的利率风险或汇率风险等。一般而言,只有纯粹风险才可保险,投机风险通常不可保。

根据风险发生的范围可分为系统风险和非系统风险,系统风险指整个市场所承担的风险;而非系统风险则是指企业所特有的风险,又称为企业风险。根据马科维茨投资组合理论和威廉·夏普的资本资产定价模型,通过组合投资可以消除非系统风险,但是却不能消除系统风险,因此,市场也只对系统风险提供风险补偿(反映在 β 系数上),对非系统风险则不提供任何风险补偿。

在风险管理理论研究和实践中,常根据诱发风险的具体因素将风险划分为市场风险(Market Risk)、信用风险(Credit Risk)、流动性风险(Liquidity Risk)、结算风险(Settlement Risk)、操作风险(Operating Risk)、法律风险(Legal Risk)、人才风险和声誉风险等。所谓市场风险即指因市场变量的变动而导致的风险,如利率风险、汇率风险、股票价格风险及商品价格风险等;信用风险常又称为违约风险(Default Risk),系指债务人不能按时还本付息的风险。流动性风险则是指金融机构因持有流动性差的资产和对外筹资能力枯竭而引致的损失或破产风险。这三种风险是金融机构所面临的主要风险形式,但是在当今强调金融机构全面风险管理(Entire Risk Management)的背景下,结算风险、操作风险、法律风险和人才风险以及声誉风险也越来越受到重视,并且正日益成为现代金融风险管理研究的新课题。

(二) 风险管理的内涵特征及其历史沿革

由于对于风险尚无统一的权威定义,因此目前对风险管理也并无权威而统一的界定,理论界对其具体的内涵与外延争论颇多。从本质上看,风险管理的核心即是选择最佳的风险管理技术组合,在权衡成本和收益的前提下,进行最优决策的行为。近年来,随着金融工程技术应用到风险管理领域,各种仿真技术、数值分析、神经网络等自然科学前沿技术方法和原理也被运用到风险管理之中。风险管理的客观性、科学性逐渐体现出来,这种趋势使得风险管理不再局限于管理技术或管理手段的范畴,而发展成为一门新兴的边缘学科。

　　风险管理的思想理念古已有之,早在公元前 355 年,古希腊学者色诺芬在《经济论》中即已有了风险管理思想的萌芽。19 世纪法国的管理学家亨利·法约尔(Henri Fayol)首先将风险管理思想引入企业的经营活动中,但未能形成一整套的理论体系。真正的现代意义上的风险管理作为一门新兴学科,其兴起至今不过 30 年左右,而风险管理的艺术性、客观性及日常化、制度化的管理形式的出现则更是现代金融领域的最新发展。

　　风险管理的发展大致经历了三个历史阶段。20 世纪 70 年代以前是其第一个阶段。在这一时期,各国基本上实行固定汇率制。在国际金本位制和布雷顿森林体系下,各国汇率波动相对平稳,利率在各国也受到政府的严格管制,这样国际金融体系中两套价格不能自由波动,因而全球金融机构并未面临明显的市场风险。况且,在 20 世纪 70 年代之前,金融衍生工具交易尚未兴起,因此,在此背景下,风险管理主要以信用风险管理为主。信用风险管理技术在这一时期尽管已发展得很完善,但是仍然停留在传统的信用风险管理阶段。其手段主要有防止集中授信、投资分散化及要求相应的抵押或担保等,总体表现为一种静态风险管理。

　　从 20 世纪 70 年代到 90 年代初是风险管理发展的第二个阶段,这一时期主要以市场风险管理为主。20 世纪 70 年代的四次美元危机最终触发了布雷顿森林体系的崩溃,西方各国货币放弃与美元挂钩而改行浮动汇率制,形成了现行的国际货币体系,即牙买加体系(Jamaica System)。在此体系下,各国货币汇率主要根据市场供求关系状况自由波动,利率也开始了市场化步伐,这样国际金融市场的两套价格机制动荡起伏,各国金融机构为规避利率和汇率波动的风险,开始引入久期、久期缺口管理、利率免疫策略和资产负债管理技术,使得管理利率风险和汇率风险为主体的市场风险管理技术逐步成为现代风险管理发展的重要推动力量。同时,20 世纪 70 年代到 80 年代利率与汇率的波动也导致了大量以规避风险为主要目的的金融衍生工具的创新浪潮。金融衍生工具的产生、发展,为金融机构转移、剥离和对冲风险提供了行之有效的策略手段,同时也对现代风险管理提出了有力的挑战,因为金融衍生工具本身即蕴藏着巨大的风险。因此,利用金融衍生工具进行风险管理和衍生工具自身的风险管理已成为现代金融风险管理的核心内容。

　　风险管理发展的第三个阶段是从 20 世纪 90 年代至今这一历史时期,在这一阶段,风险管理从第一阶段以传统的信用风险管理为主和第二阶段以市场风险管理为主逐渐转变到信用风险管理和市场风险管理并重,兼顾结算风险(Settlement Risk)、操作风险(Operating Risk)、人才风险和声誉风险等其他风险的全面风险管理(Enterprise-wide Risk Management)。这一阶段信用风险管理和市场风险管理的发展主要得益于金融工程技术的运用。为克服 β 系数、久期、久期缺口管理以及 Delta、Gamma 套期保值等方法难以综合反映金融机构风险暴露和管理的缺陷,J.P.摩根研发了用于衡量金融机构总体风险暴露状况的风险管理 VaR(Value-at-Risk)模型。继此之后,J.P.摩根于 1994 年开发了 Riskmetrics 等风险计量模型,从而引发了风险管理的 VaR 革命。在基于金融工程技术的市场风险量化管理迅速发展的同时,信用衍生产品和信用风险量化管理也日新月异地发展起来,并成为 20 世纪 90 年代金融衍生产品和金融创新发展的最新前沿,这种新的发展趋势正成为现代金融领域风险管理发展的一个极其重要的且极具挑战性的重要方面。

在市场风险量化管理与信用风险量化管理的发展因金融工程技术的运用而如火如荼之际,金融机构也日益兼顾并重视操作风险、结算风险、法律风险等其他风险因素,逐步转向全面风险管理。促成此转变的动因主要是 1997 年亚洲金融危机和 1998 年长期资本管理公司折戟沉沙俄罗斯以及爆发于俄罗斯的金融危机。这一系列事件使国际金融市场风处于风雨飘摇之中,诸多知名金融机构损失惨重,从而迫使国际金融界重新审视已有的风险管理理念、技术与方法。

(三) 现代风险管理的策略、手段与工具

金融自由化、全球化与一体化发展的趋势下,金融机构面临的风险日益复杂,各种风险特性不一,因而金融机构风险管理的手段或策略也应采取相机抉择的原则,在充分识别风险的性质和准确衡量风险发生的概率与损失程度的基础上,"对症下药",根据各种不同的风险特征而采取行之有效的策略工具进行管理,有的放矢,进而实现风险收益的最佳配合。

现代风险管理的策略主要包括风险预防、风险分散、风险转移、风险回避、风险自留、风险补偿和风险对冲策略等,各种策略的基本原理及其所运用的基本工具手段分析如下。

1. 风险预防

风险预防策略是指风险实际发生前或风险实际发生时,风险承担主体对所面临的风险的性质、特征、成因及可能导致的损失程度进行准确的分析与评价,进而采取一定的预防措施或方法,以减少风险损失,从而将风险损失和风险控制在可以承受的范围之内的策略或手段。这一策略是一种积极主动的风险管理措施,充分体现出未雨绸缪的思想。该策略对于金融机构难以量化管理的风险,如法律风险、结算风险和操作风险等颇见成效,因此多年来一直为金融机构所沿用。

在金融监管中,风险预防策略要求金融机构等风险承担主体在日常经营中应提取足额的风险准备金,以保证风险实际发生之后金融机构等风险主体仍能正常运作,如银行持有的一线、二线与三线准备金等;另外,1988 年巴塞尔协议要求的 8% 的资本充足比率也反映了风险预防的思想。

2. 风险分散

根据马科维茨的投资组合理论,只要 n 项资产两两之间相关系数不全为 1,那么投资于该 n 项资产即可以有效地分散掉非系统风险。实证研究也表明,多项资产(20～30种)项组合确实可以分散非系统风险,分散化投资策略因而成为投资者规避非系统风险的基本手段和策略。金融机构等风险承担主体同样可以利用此基本原理,通过承担多种性质各异的风险,利用该多项风险之间相关性取得最优风险的组合,进而在投资组合内实现风险的自然对冲,在获取预期收益的同时,使其面临的加总后的总体风险水平最低。

分散化策略主要包括以下几种:① 资产种类分散化,即风险承担主体应持有或投资于不同种类的资产,形成"一揽子"资产组合;② 币种分散化,即通过持有币种不同的资产或负债,使汇率变动的风险在资产组合或负债组合内实现自然对冲;③ 资产或负债期限分散化,即风险承担主体可进行不同期限的资产组合或发行期限不同的负债而形成一定的负债组合,以保证充分的流动性;④ 行业分散化,通过投资于不同的行业,利用行业间行业风险的负相关性进行风险对冲;⑤ 客户分散化,这主要指金融机构应避免集中授信于某几个客户,而应分散授信,以降低其可能面临的信用风险;⑥ 资产质量分散化,指金融机构等风险承担主体投资于证券时,应将资金分散投资于信用级别不同的证券,以获得优质资产的高收益和低收益资产的低风险,保证金融机构实现收益的最优搭配。

3. 风险转移

风险转移是一种事前的风险管理措施,是风险和收益的重新安排。它是风险主体通过一定的交易活动,在向风险受让方支付一定的费用的前提下,将可能发生的风险转嫁给受让方承担的策略。

该策略主要方式有:① 保险,指通过向保险公司支付一定保险费而将风险转嫁给保险公司的策略手段。但是,通常只有纯风险才可采取该策略,投机性风险并不可保,因此这种策略对于金融机构等避险主体而言应用有限。② 担保,即在授信于信誉度较低的客户时,要求该客户寻求第三方对该笔授信业务提供担保的风险管理策略,由该第三方对其债务负连带责任,从而在受信客户实际违约时,金融机构等风险承担主体可向第三方(担保方)求偿,即可避免风险损失。③ 转让,指风险承担主体将风险资产转让给另一方,进而达到风险控制目的的策略。④ 套期保值,与风险分散化策略仅能消除非系统风险不同,该策略不仅可以管理包含系统风险在内的全部风险,还可以根据风险承担主体风险承受能力和偏好的差异,通过套期保值比率的动态调整将风险控制在风险主体所偏好的水平之内。

4. 风险回避

作为一种事前的风险控制策略,风险回避是指风险发生之前,风险承担主体主动放弃或拒绝承担可能导致巨大风险损失的经营活动或经营项目,对该经营活动或项目所内涵的风险采取回避的策略。但是,在回避风险的同时也放弃了风险可能带来的潜在收益,因此在采取该策略时,决策者应考虑并权衡放弃该风险的机会成本和风险可能导致的风险损失,一旦决定主动承担该风险时,就意味着决策者采取了风险自留的策略,即风险承担主体以其自身的资本主动承担风险可能带来的风险损失。

5. 风险补偿

风险补偿既是一种事后的风险控制策略,也是一种被动的风险控制策略,它是指风险承担主体利用资本和抵押品拍卖取得的资金,弥补其因某种风险暴露而招致的损失。这种策略实际上并不能使风险损失得到全部或足额补偿,其目的仅是保证风险承担主体经营活动的正常进行或避免形象受损而已。

该策略主要有三种方式,通常最先考虑的风险补偿方法是将风险报酬打进资金价格中,即金融机构等风险承担主体在进行资产定价时,除考虑一般的投资报酬因素和货币时间价值及贬值因素外,还应将风险报酬因素考虑进来;其次则是采取预备补偿措施,在授信时订立抵押条款,其抵押价值应高于被抵押的资产价值;最后可以采取指数化策略,如在货币购买力不稳定时期,可在授信时订立保值条款,按某一固定利率加减一定的通货膨胀率或通货紧缩率,以确保其收益不会因通货膨胀或紧缩而波动。

二、金融工程应用于风险管理的特点与缺陷

金融工程技术在风险管理中的应用颇为广泛,前面所讨论的久期技术、凸度、缺口管理和利率免疫策略,以及利用期货和期权的 Delta 和 Gamma 值等进行套期保值等本质上都是金融工程技术在风险管理中的实际运用,因为风险管理本身即是金融工程的狭义定义。

本部分在上述分析的基础上,结合利用金融工程技术进行风险管理的典型技术——组合保险(Portfolio Management)的基本原理,对利用金融工程技术进行风险管理的特点及优缺点进行分析。值得注意的是,本部分及第二节的分析并非金融工程应用于风险管理的全部内容,在下一部分将继续分析金融工程技术在信用风险管理中的应用。

(一) 组合保险策略:基本原理与特点

20 世纪 80 年代初,鲁宾斯坦(M.Rubinstein)与利兰德(A.Leland)将保险的基本原理引入到证券组合投资中,首次提出了证券组合保险技术,并将之用于管理证券组合的市场风险中。该技术综合采用了模拟期权、期货和期权等金融衍生工具来对投资组合所面临的市场风险进行管理,它内含了组合复制、动态调整策略和无风险套利等金融工程学的基本原理和策略手段,使组合投资者在获得最基本的收益率的前提下,享有组合内资产市场价格上涨所带来的潜在收益机会。因此,该技术策略实质上是利用期权原理向证券的投资者提供了类似保险单的风险管理产品。

股票市场中多头投资者为防止股票价格下跌所导致的损失,理想而有效的策略莫过于在买入股票的同时持有或购入以该股票为标的资产的看跌期权(Put Option),且该期权的到期期限与投资者预期持有股票的期限一致,从而将其最大损失锁定在购入看跌期权费的水平上。但是,问题恰恰在于市场上并不提供以该股票为标的物的期权交易,此时,即可利用无套利均衡分析原理与复制技术,复制出所需的卖权(模拟期权),进而达到同样的套期保值目的。

根据基于无红利支付的欧式卖权定价公式:

$$p = Xe^{-r_fT}N(-d_2) - SN(-d_1)$$

其中:

$$d_1 = \frac{\ln\left(\dfrac{S}{X}\right) + \left(r_f + \dfrac{\sigma^2}{2}\right) T}{\sigma \sqrt{T}}$$

$$d_2 = d_1 - \sigma \sqrt{T}$$

可知:利用 $N(-d_2)$ 份无风险证券多头和 $N(-d_1)$ 份股票空头即可复制出一份欧式卖权多头部位。

因此,保险后的证券组合(此处假定组合仅由一种股票和一种无风险证券构成)价值为:

$$\begin{aligned}
V_p &= S + p \\
&= S + Xe^{-r_f T} N(-d_2) - SN(-d_1) \\
&= SN(d_1) + Xe^{-r_f T} N(-d_2)
\end{aligned}$$

这说明保险后的整个组合由 $N(d_1)$ 份股票多头和 $N(-d_2)$ 份无风险证券多头构成。假定组合投资者投资于股票组合的比例为 w_s,则投资于无风险证券的比例 w_{rr} 为 $1 - w_s$,于是 w_s 一定是组合中股票价值与整个组合价值 V_p 之比,因此,

$$w_s = \frac{v_s}{v_p} = \frac{SN(d_1)}{SN(d_1) + Xe^{-r_f T} N(-d_2)}$$

$$w_{rr} = 1 - w_s$$

在数学上可以证明:w_s 是 S 的增函数,其意义在于,在股票市场价格上升时,w_s 值也同步上升,此即意味着投资者应加大对股票的投资比重,直到市场价格上升到所有的资金都投入股票市场的价格水平为止;而在股票价格 S 下跌时,w_s 也随之下调,此时,投资者则应将适当比例的投资由股票市场转移到无风险证券市场,以获取最低水平的收益——无风险收益。这种组合保险者根据股票市场行情变化在股票和无风险证券之间进行投资比例调整,以确定获取一个事先假定的基本收益率的策略方法即是所谓的动态调整策略,这也是组合保险策略的实质所在。

组合保险策略自问世以来直至 20 世纪 80 年代上半期,颇受市场青睐。但是 1987 年 10 月 17 日"黑色星期一"的美国股市的崩盘,却使其风光不再,因为此次股市的崩盘在很大程度上肇因于组合保险策略。在该策略指导下,组合保险者遵循相同的投资策略,即牛市中买进,熊市中卖抛盘。而且由于组合保险策略直接导致了程序化交易,而该策略被程序化后,更易于加大市场的系统性风险。因此,在此次股灾中,遵循组合保险策略的投资者集中抛盘,进而导致了股市的最后崩盘。

另外,在利用金融工程技术复制模拟期权的过程中,大量地运用了数理模型和技术。而这些数理技术本身隐含的前提假设即是市场变量(如股价)是连续变量,这显然有悖于现实情况。比如我国股票市场中,股票价格即是离散型变量,其变动幅度被限制为 0.01 元,况且尚有涨、跌停板的限制。因此,这一隐含假设在变量发生跳跃时,利用

模拟期权规避风险的组合保险策略就显得捉襟见肘,与直接购买可交易期权的保值策略相形见绌。例如,在 1987 年 10 月 17 日的股灾中,道·琼斯工业平均指数下跌 500 点,那些通过购买可交易看跌期权来保险的证券组合管理者很好地躲过此次灾难,而选择构筑模拟期权的管理者则无法足够快地卖出股票或指数期货以保护原头寸免遭损失。

(二) 应用于风险管理中的金融工程技术:特点与缺陷

1. 金融工程技术用于风险管理的特点

从目前金融理论和实务界运用金融工程技术处理和管理风险技术及策略的特征考察,运用金融工程技术管理风险问题有两种对策,其一是彻底消除风险,将不确定性转化为确定性;其二则是允许面临金融风险的套期保值者根据自身的风险、收益偏好,运用金融工程技术将风险设定在保值者期望的水平上和范围内。

在运用金融工程进行风险管理过程中,大量地引入工程思维,综合采用数学建模、数值分析、神经网络、人工智能和仿真模拟以及先进的计算机技术对金融市场的风险进行辩识分析、评价,优选出恰当的技术组合,进而对所要管理的风险进行有效的控制。这种自然科学的思想、技术及基本原理被大量引入金融市场交易活动和金融风险管理的结果,也促成了当今金融科学向数理方向发展的转变。

金融工程在管理利率风险、汇率风险等易于量化的市场风险方面尤为突出,它利用久期、利率免疫策略和缺口管理策略等管理理念,借助精密的数理工具技术对冲掉金融机构所面临的风险;或利用复制技术和分解技术,对金融工具的收益风险特性进行重构,从而改变金融工具的风险收益特性,创造出能转移风险的金融产品,进而用于风险管理的目的。但是,这种转移风险的方法也导致了形形色色的金融工具创新活动,从而使金融机构面临管理新的金融工具所带来的风险问题。自 1992 年信用衍生产品的产生和信用风险量化技术的发展,金融工程技术开始被应用于信用风险管理领域,促进了信用衍生产品和信用衍生产品定价技术的发展,也为信用风险管理提供了另一可循之道。

传统的风险管理手段——资产负债管理、保险和证券组合投资等三种风险管理技术采取表内控制法(On-balance-sheet Transaction),即通过金融机构资产负债表内资产负债项目的调整和优化组合来消除市场风险。而金融工程对风险管理则采取表外控制法(Off-balance-sheet Transaction)大量地采用多种衍生工具,如期货、期权、互换交易等实现规避风险的目的。由于此类业务并不在资产负债表中反映出来,故称之为表外业务。

三种传统的风险管理手段中,资产负债管理的交易成本过高,且其调整存在时滞,因此应用范围较窄;保险只能用于纯粹风险的管理,对于管理金融机构所面临的投机风险则无能为力;至于证券组合投资方法则只能分散非系统风险,对系统性风险的管理则一筹莫展。相比之下,金融工程应用于风险管理领域,则具有高准确性和时效性,以及较低的交易成本(体现在杠杆操作中)和更高的灵活性(盯市操作)等明显的比较优势,这些特点也使得金融工程技术成为风险管理的基石。

2. 金融工程技术用于风险管理领域的缺陷

尽管金融工程在风险管理中大显身手，并有主宰风险管理领域之势，但其缺陷也非常明显。尤其是 1998 年以长于运用金融工程技术进行风险和套利的长期资本管理公司败走麦城，更使金融工程技术用于风险管理的理念遭到重创，这也使得金融理论界和实务界人士不得不重新审视金融工程技术在风险管理中的不足之处，以防患于未然。

金融工程技术是建立在马科维茨投资组合理论、威廉·夏普和罗斯的资本资产定价理论以及 Black-Scholes 期权定价理论之上，这些理论有两个共同的、基本的前提假设，即理性预期（Rational Expectation）和有效市场假说（Efficient Market Hypothesis）。但是，市场实践证明，市场中的行为人并非完全理性，市场存在噪声（对该假设的理论反驳即导致了行为金融学理论的崛起）；金融市场也并非强型有效，因此理论前提对市场实际产生了背离。而金融工程技术却是建立在该前提假设之上，因此，一旦市场出现非正常变化，如发生股灾、金融危机等系统性风险致使金融市场中的变量发生跳跃性变化时，金融工程技术对于管理风险就望尘莫及了。

另外，小概率事件和模型风险也会导致金融工程技术在风险管理中应用的失灵，小概率事件始终是以数理模型为基本风险分析工具的金融工程的致命缺陷。金融工程技术大量采用数值分析概率统计方法和数理模型，导致了金融工程技术对数理模型的过分依赖。而运用数理模型进行分析研究，需对模型的有效性进行验证，对各参数的有效性进行统计检验。但是，在建立模型时，参数估计和统计检验过程汇总却始终存在一个人为设置的小概率，只有在该小概率范围之外，才能接受模型的有效性，一旦小概率事件发生，则模型就对实际市场活动失去了描述分析和预测等功能。而且在建立模型时，采用不同的参数估计方法可能得到不同的估计结果，进而极可能导致所谓的模型风险，使模型本身的可靠性受到影响。

三、金融工程技术在信用风险管理中的应用：信用衍生产品

信用衍生产品和信用风险管理量化技术的长足发展已成为全球金融市场一道新的风景线，标志着金融工程技术正日益被应用到信用风险管理领域。信用风险历来是金融机构风险管理的主要内容，但是长期以来却因难以量化等原因而缺乏有效的转嫁风险的技术，信用风险衍生产品的出现则填补了这一空白；与此同时，基于金融工程技术、理念的信用衍生产品定价及量化管理模型相继发展，并成为现代金融领域的前沿课题，这对信用风险管理产生了革命性的影响，也促成了现代信用风险管理模式的形成。

信用衍生产品指在不转移标的资产（Underlying Asset）所有权的前提下，将标的资产风险、收益由交易一方转移到另一方的合约。它通常采取互换、远期和期权合约三种基本构筑方法，主要包括违约互换（Default Swaps）、总收益率互换（Total-rate-of-return Swaps）和信用息差卖权（Credit-spread Put Options）三种类型。

（一）违约互换

违约互换合约可以用来转移参考资产（Reference Asset）的可能损失风险，这种风险主要是由某一特定的信用"事件"（Credit Event），如公司违约、破产或信用评级降低等所引致。该合约主要涉及保护买方（Protection Buyer）和保护卖方（Protection Seller）。买方向卖方支付定期的费用（Periodic Fee），作为互换，卖方则向买方提供保护，一旦特定的信用事件发生或标的资产发生实际违约，卖方则应该向买方支付一定的违约金额；否则，如果没有发生信用事件或标的资产没有发生违约，则卖方并不发生任何的资金支付（见图10-5）。该信用衍生产品交易已成为信用衍生产品市场的最大组成部分。

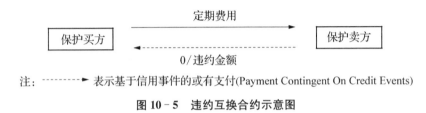

注：⬝⬝⬝⬝⬝⬝⬝▶ 表示基于信用事件的或有支付（Payment Contingent On Credit Events）

图10-5 违约互换合约示意图

（二）总收益率互换

总收益率互换（TRORSs）又称为贷款互换（Loan Swaps）或信用互换（Credit Swaps），该合约能够将参考资产的收益和风险由交易一方转移到另一方，主要涉及总收益买方（Total-return Buyer）和总收益卖方（Total-return-Seller）。在该合约中，买方向卖方支付定期的费用，而卖方则向买方支付参考资产的全部收益，主要包括利息和参考资产市场价值的变化。若参考资产市场价格上涨，卖方除向买方支付资产利息外，还应支付资产价值增值部分予买方；反之，若参考资产市场价格下跌，则买方应向卖方支付包括定期费用和资产贬值额在内的金额，如图10-6所示。

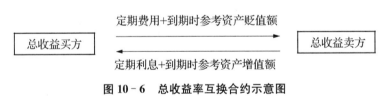

图10-6 总收益率互换合约示意图

（三）信用息差卖权

该信用息差卖权合约本质上就是将所谓的息差扩大看作是某一特定信用事件的违约互换合约。此处所指息差通常指参考债券（Reference Bond）收益率与具有相同到期期限的利率掉期收益率之差。息差卖权也常包括两个交易方，即息差卖权买方和卖方。在交易中，买方向卖方支付定期的费用（相当于期权费），而只有当息差超过合约中预先约定的息差水平时，卖方才向买方支付违约金额。如图10-7所示，很显然只有在息差扩大这一特定信用"事件"发生时，买方才可能有利可图。

注：--------▶ 表示在息差扩大时，卖方才支付违约金额，否则卖方无须向买方支付任何金额。

图 10－7　信用息差卖权合约示意图

信用衍生产品的产生和迅速发展为金融机构的风险管理，尤其是信用风险的管理带来了新的手段、工具，也为信用风险管理带来了福音。通过信用衍生产品的交易，金融机构即可对其所面临的信用风险进行有效的剥离，从而克服传统信用风险管理方法的种种不足与缺陷，促进了信用风险管理由传统的静态管理向动态管理和主动管理的转变。

金融机构利用信用衍生产品进行风险管理具有如下特点：

首先，利用信用衍生产品进行风险管理，无须实际运作贷款或债券资产，这就导致了金融机构成本的降低，同时也可以对借款人保守机密，简化了法律程序。另外，传统的信用风险管理手段，如信用保险或担保等，由于不可交易性，因此缺乏流动性。而信用衍生工具的使用则大大提高了金融机构的流动性，使得风险主体在规避信用风险的同时，享受到信用衍生产品带来的流动性提高的好处。

其次，信用衍生产品能独立地剥离信用风险这一特点，使得金融机构或风险主体独立地对其资产组合的市场风险或信用风险进行管理成为可能。在传统的信用风险管理阶段，由于资产组合的信用风险与市场风险存在一定的相关性，信用风险难以单独地剥离出来。因此，任何调整组合以规避或管理信用风险或市场风险的企图都会导致相应的市场风险或信用风险的变化，这就使得金融机构在管理这两种风险时处处掣肘。但是，信用衍生产品产生并应用于信用风险管理领域，则使得这一景况大为改观。金融机构可以利用信用衍生产品在不影响市场风险暴露状况的前提下，将组合的信用风险单独地分离出来加以管理，从而实现信用风险管理和市场风险管理的分离。

最后，信用衍生产品的发展同时也对金融机构的风险管理和金融监管当局的金融监管提出了强有力的挑战。如同其他金融衍生产品一样，信用衍生产品本身也具有很强的杠杆特征。其在设计过程中风险比较复杂，不仅涉及信用资产本身的风险，还会涉及交易对手的违约风险。因此，一旦被用于投机目的并且发生违约事件，则很可能导致灾难性的结果，从而引发金融危机，对一国经济乃至全球经济造成破坏。

参考文献

［1］董秀良,等.注册制下科创板首发定价合理性及高回报成因研究［J］.上海财经大学学报,2020(12).

［2］邵建新,等.中国新股发行中分析师合谋高估及其福利影响［J］.经济研究,2018(6).

［3］王静.中外投资银行历史演进中的若干支持条件［J］.金融研究,2005(8).

［4］封文丽,等.注册制下科创板退市制度优化研究［J］.华北金融,2020(1).

［5］李沁莲.浅析投资银行在公司并购中的作用［J］.企业技术开发,2016(5).

［6］曹大宽,等.全球投资银行发展模式及借鉴［J］.国际金融研究,2004(3).

［7］李勇,陈耀刚.高盛投资银行业务:经验与借鉴［J］.金融论坛,2007(3).

［8］罗伯特·劳伦斯·库恩.投资银行学［M］.北京:北京师范大学出版社,1996.

［9］牛建波.国外证券公司治理结构比较分析［J］.管理科学,2004(2).

［10］何诚颖,陈东胜.证券公司股权激励改革的路径及模式选择［J］.证券市场导报,2006(11).

［11］郭琳.新股发行制度的历史变迁［J］.公共财政研究,2019(4).

［12］张春辉.券商资管业务创新:历史演进、制约因素与发展策略［J］.证券市场导报,2013(6).

［13］华泰证券课题组.证券公司数字化财富管理发展模式与路径研究［J］.证券市场导报,2020(4).

［14］程子淇.上市公司反并购策略研究［J］.会计师,2021(11).

［15］马广奇.美国投资银行的组织形式、治理结构与激励约束机制［J］.金融教学与研究,2006(5).

［16］刘文彬.证券公司资产管理业务风险策略研究［J］.时代金融,2016(21).

［17］黄运成,等.股票发行制度的国际比较及我国的改革实践［J］.国际金融研究,2005(2).

［18］崔浩雄.证券公司资产管理业务发展研究［J］.中国物价,2020(9).

［19］刘慧玲.注册制改革文献综述［J］.财经界,2019(4).

［20］程翼,魏春燕.股票定价理论及其在中国股票市场的应用［J］.中国社会科学院研究生院学报,2005(3).

[21] 陈海明,许琳.股票定价理论的发展及其对我国的适用性研究[J].中央财经大学学报,2003(12).

[22] 颜廷峰.发行方式的国际比较及启示[J].特区经济,2006(6).

[23] 桑榕.美式累计订单询价机制的运作及启示[J].证券市场导报,2006(2).

[24] 王佳宁,等.互联网券商的商业模式转型创新之路[J].管理评论,2018(30).

[25] 屈婷婷.注册制改革对传统投行业务的影响和挑战[J].黑龙江工业学院学报,2020(9).

[26] 邹熹.我国证券市场引进做市商制度的障碍与风险[J].财经论坛,2005(3).

[27] 梁婷.券商经纪业务发展现状及转型浅析[J].当代经济,2020(5).

[28] 孙涛.公司并购中目标公司定价风险的度量及应用[J].证券市场导报,2003(10).

[29] 张颖.花期分拆的原因和启示[J].国际金融研究,2009(3).

[30] 于艳伟,李宇立.金融危机中的美国高盛[J].财会研究,2008(22).

[31] 应展宇.功能视角下投资银行组织模式变迁的回顾与前瞻[J].国际金融研究,2009(7).

[32] 刘新.融资融券业务带给我国证券公司的机遇、风险及应对措施[J].特区经济,2009(2).

[33] 屈小粲,罗忠洲.我国推出融资融券的风险及其对策[J].浙江金融,2009(7).

[34] 沈继银,刘金文.证券公司自营业务的风险识别及处理[J].会计之友,2009(3).

[35] 周丹,王恩裕.私募股权投资基金存在性的经济学分析[J].金融理论与实践,2007(6).

[36] 广发证券课题组.注册制下券商定价责任与能力研究[J].证券市场导报,2020(1).

[37] 王磊,师萍.私募股权投资国内发展现状初探[J].西安电子科技大学学报(社会科学版),2008(3).

[38] 吕雄伟,等.论证券公司融资融券业务的风险管控体系[J].广东行政学院学报,2016(6).

[39] 李海建.风险投资的国际趋势及我国发展风险投资的对策[J].价值工程,2009(9).

[40] 李文红,等.证券融资交易国际监管改革进展及对我国的启示与借鉴[J].金融研究,2018(12).

[41] 常红军.试论我国创业板的特点和设立的作用[J].甘肃社会科学,2009(6).

[42] 张琼.日本资产证券化中特殊目的机构信用评级的法律问题[J].武汉大学(哲学社会科学版)[J].2008(9).

[43] 宣昌能,王信.金融创新与金融稳定:欧美资产证券化模式的比较分析[J].金融研究,2009(5).

[44] 冯晶.次贷危机中投资银行巨亏的根源[J].西南金融,2008(10).

［45］张成军,谢海玉.证券公司开展融资融券业务的风险控制［J］.中国金融,2010(4).

［46］卫东.关于证券公司集合资产管理业务的比较优势分析［J］.中国期货,2009(11).

［47］吴万华,等.证券公司集合资产管理业务发展探讨［J］.证券市场导报,2008(11).

［48］吴琴伟,等.中外资产管理业务的比较与启示［J］.证券市场导报,2004(8).

［49］马达,等.券商集合理财产品收费模式研究［J］.金融教学与研究,2009(4).

［50］朱有为,等.证券公司资产管理业务发展的机遇、定位与路径分析［J］.金融纵横,2008(8).

［51］王长江.投资银行学［M］.南京:南京大学出版社,2013.

［52］马雯.投资银行在企业债券中的作用［J］.科技经济导刊,2020,28.

［53］白牧蓉.注册制下的证券市场"看门人"职能［J］.中国金融,2021(16).

［54］张蓓.创业板注册制解读与思考［J］.财会通讯,2021(2).

［55］刘李胜.证券发行注册制的实质［J］.中国金融,2021(11).

［56］郭春磊,等.证券公司债券承销业务的数字化转型路径研究［J］.金融纵横,2021(6).

［57］陈邑早,等.论中国式注册制信息披露革新:理念、实践与建议［J］.当代经济管理,2019(12).

［58］董士君.高盛因债券承销支付天价罚款事件分析及启示［J］.债券,2021(3).

［59］吴树畅,等.关于我国券商财富管理业务转型的问题探讨［J］.西部金融,2019(11).

［60］肖函.互联网金融背景下券商经纪业务佣金"价格战"的法律规制［J］.证券市场导报,2019(3).

［61］王毅.智能投顾在证券经纪业务中的应用探析［J］.金融纵横,2018(5).

［62］周代数,等.券商金融科技发展的动因、风险与对策［J］.金融科技,2020(3).

［63］吕红兵,等.证券市场参与者的监管职责审视与重构［J］.北京行政学院学报,2019(2).

［64］王萍萍.证券市场监管职能的重构与风险防范［J］.重庆科技学院学报,2020(1).

［65］皮六一,等.看穿式监管的国际实践及主要模式研究［J］.证券市场导报,2019(1).

［66］赵红丽,等.我国资产证券化业务存在的风险及防控研究［J］.上海金融,2018(12).

［67］袁灏,等.资产证券化:一个文献综述［J］.金融理论与实践,2018(2).

［68］丁逸宁,等.资产证券化发展现状及统计探索［J］.武汉金融,2019(5).

［69］唐秀元.基于风险管理的证券公司自营业务内部控制研究［J］.财经界,

2021(5).

    [70] 褚剑,等.中国式融资融券制度安排与股价崩盘风险的恶化[J].经济研究,2016(5).

    [71] 孟醒,等.证券公司财富管理业务的竞争优势、战略目标与转型路径[J].南方金融,2018(4).

图书在版编目(CIP)数据

投资银行学 / 王长江主编. —3 版. —南京：南京大学出版社，2022.8

　ISBN 978 - 7 - 305 - 25777 - 3

　Ⅰ. ①投… 　Ⅱ. ①王… 　Ⅲ. ①投资银行－银行理论－高等学校－教材 　Ⅳ. ①F830.33

　中国版本图书馆 CIP 数据核字(2022)第 091058 号

出版发行　南京大学出版社
社　　址　南京市汉口路 22 号　　　　邮编　210093
出 版 人　金鑫荣

书　　名　**投资银行学**
主　　编　王长江
责任编辑　武　坦　　　　　　　编辑热线 025 - 83592315

照　　排　南京开卷文化传媒有限公司
印　　刷　南京人文印务有限公司
开　　本　787×1092　1/16　印张 19.25　字数 444 千
版　　次　2022 年 8 月第 3 版　　2022 年 8 月第 1 次印刷
ISBN　978 - 7 - 305 - 25777 - 3
定　　价　52.00 元

网　　址:http://www.njupco.com
官方微博:http://weibo.com/njupco
微信服务号:njuyuexue
销售咨询热线:(025)83594756